总顾问　徐显明
总主编　张　伟

社会性别与人权教程

主编　刘小楠

顾问　白桂梅

撰稿人　戴瑞君　何瑞霞　陆海娜　张晓玲

　　　　孙世彦　马雷军　柳华文　郝万媛　冯媛媛

　　　　刘小楠　孙萌　孙世彦

中国政法大学出版社

2019·北京

文库编委会

总顾问
徐显明

总主编
张　伟

学术顾问（以姓氏拼音为序）

班文战　常　健　陈佑武　陈振功　樊崇义　龚刃韧　韩大元

李步云　李君如　刘海年　刘小楠　柳华文　陆志安　齐延平

曲相霏　单　纯　舒国滢　宋英辉　孙世彦　汪习根　王灿发

夏吟兰　杨宇冠　张爱宁　张晓玲　张永和

国际特邀顾问

Bård A. Andreassen（挪威奥斯陆大学挪威人权中心教授）

Barry Craig（加拿大休伦大学学院校长）

Bert Berkley Lockwood（美国辛辛那提大学教授）

Brian Edwin Burdekin AO（瑞典罗尔·瓦伦堡人权与人道法
研究所客座教授）

Florence Benoît-Rohmer（法国斯特拉斯堡大学教授）

Gudmundur Alfredsson（中国政法大学人权研究院特聘教授）

执行编委
张　翀

"人权文库"总序

　　"人权"是个充满理想主义而又争议不断的概念，"人权"实践的历史堪称跌宕起伏、波澜壮阔。但不可否认的是，当今世界，无论是发达国家还是发展中国家，人权都已经成为最为重要的公共话语之一，对人权各个维度的研究成果也蔚为大观，认真对待人权成为了现代社会的普遍共识，尊重和保障人权成为了治国理政的重要原则。正如习近平总书记所强调的："中国人民实现中华民族伟大复兴中国梦的过程，本质上就是实现社会公平正义和不断推动人权事业发展的进程。"

　　——人权之梦，是实现民族伟大复兴中国梦的应有之义。改革开放40年以来，中国政府采取了一系列切实有效的措施，促进人权事业的进步，走出了一条具有中国特色的人权发展道路。在沿着这条道路砥砺前行的过程中，中国人权实践取得了举世瞩目的成就，既让广大人民群众体会到了实实在在的获得感，也向国际社会奉献了天下大同人权发展的"中国方案"。

　　——人权之梦，是我们对人之为人的尊严和价值的觉悟和追求。过去几年来，中国政府加快推进依法治国的重大战略部署，将"人权得到切实尊重和保障"确立为全面建成小康社会的重要目标，建立和完善保障人权的社会主义法律体系。《民法总则》《慈善法》《反家庭暴力法》《刑事诉讼法》《民事诉讼法》等一系列法律陆续出台或得到修订，中国特色人权发展道路的顶层设计被不断丰富和完善。

　　——人权之梦，是人类历史发展的必然趋势和时代精神的集中体现。1948年《世界人权宣言》颁布以后，人权事业的普及、发展进入了新的历史阶段。1993年第二次世界人权大会通过的《维也纳宣言和行动纲领》，更是庄严宣称："所有人的一切人权和基本自由……的普遍性不容置疑。"我国于1991年发表了第一份人权白皮书《中国的人权状况》，其序言里指出："享有充分的人权，是长期以来人类追求的理想。"2004年"国家尊重和保障人权"被写入《宪法》。2007年，人权又被写入《中国共产党章程》。自2009年以来，中国先后制定并实施了三期国家人权行动计划，持续加大人权保障力度。

今年适逢我国改革开放40周年和《世界人权宣言》颁布70周年，中国政法大学人权研究院决定着手策划出版"人权文库"丛书。文库着眼国内外人权领域，全面汇集新近涌现的优秀著作，囊括专著、译著、文集、案例集等多个系列，力求凝聚东西方智慧，打造成为既具有时代特色，又具备国际视野的大型人权丛书，为构建我国人权话语体系提供高品质的理论资源。这套丛书的筹备和出版得到了中宣部的大力支持，并有赖其他七家国家人权教育基地和国内学界多位专家学者的积极参与，同时还要感谢中国政法大学出版社的倾力相助。

此刻正值一年中收获的季节，文库的第一本著作即将面世，"九万里风鹏正举"，我们期待并且相信"人权文库"将会硕果累累，"人权之梦"终将照入现实。

是为序。

文库编委会　谨识
2018年9月

任重道远：

消除性别歧视在路上（代序）

展现在我们面前的这本教科书是由 11 位作者完成的，其中不是清一色的女性，还有几位男性学者或专家和实干家。他们中的每一个人都是我学习的榜样，尽管他们都比我年轻很多。

我是从 1993 年才开始从人权的视角关注妇女问题的。当时新建立的中国女检察官协会找我去做一个论坛的主持人，该论坛是两年后在怀柔举办的 1995 年第四届世界妇女大会（以下简称 95 世妇会）的边会，是非政府论坛中 40 多个中国人组织的论坛之一。除了这个需要我主持的论坛（题目是"妇女与法律"），我还应邀参加了另外两个论坛，即由中国女法官协会组织的"反对和消除对妇女的暴力论坛"和中国社会科学院法学研究所组织的"妇女与人权论坛"。为期一年多的准备工作（主要是各种不同的国际和国内研讨会和交流活动）和怀柔非政府论坛的亲身经历，让我学到了很多在学校里学不到的东西，还有一些概念是第一次听说，例如非政府组织（NGOs）、社会性别（gender）、性工作者（sex workers）等。

从那以后，我的国际法和人权教学与研究都自觉地加上了社会性别的视角。北京大学人权研究中心（即现在的北京大学人权与人道法研究中心，以下简称北大人权中心）与瑞典隆德大学（Lund University）罗尔·瓦伦堡人权与人道法研究所（Raoul Wallenberg Institute of Human Rights and Humanitarian Law，RWI）合办的人权硕士项目（2004 年开始）的课程里也有妇女与人权的专题和相关讲座。转眼 20 多年过去了，95 世妇会给我带来的影响一直伴随着我的学术和日常生活。我对所有

1

关于妇女权利和反歧视的学术活动都加以特别的关注并尽力参与，有时还做一些力所能及的研究。由于从 2004 年开始一直教授《国际人权保护机制研究》课程，我对消除对妇女歧视委员会的工作，特别是缔约国报告的审议更感兴趣。我曾经先后两次亲临了审议中国报告的现场：第一次是 2006 年在纽约审议中国的第 5 次和第 6 次合并报告；第二次是 2014 年在日内瓦审议中国的第 7 次和第 8 次合并报告。特别是 2006 年的审议，我作为来自中国大陆六七个非政府组织的一员，观摩了审议的全过程。为了在审议中国报告的前一天举行的非政府组织与委员会的交流会上能够充分利用分配给我们的几分钟发言时间，我们还专门在国内提前召开了准备会议。值得一提的是，为了更好地参与这次审议，我所在的北大人权中心得到了联合国开发计划署的资助，在北京大学和卧佛山庄饭店分别开了两个与审议相关的研讨会。第一次是在中国报告审议之前举行的，主要讨论委员会在中国提交的报告基础上给中国提出的问题。研讨会上，来自国务院妇女儿童工作委员会、全国妇联国际部和妇女研究所以及国内几个妇女非政府组织的代表围绕给中国提出的问题进行了深入研讨和热烈讨论，给政府提出了许多意见和建议。对于非政府组织亲自参与到审议缔约国报告过程的这次经历，我如今还感触良多，记忆犹新。第二次研讨会是审议中国报告回国之后举行的。与会者主要是在纽约参加了审议的政府代表团的一些成员和我们这些非政府组织成员。我们还请到了主持审议中国报告的主席罗萨里奥·马纳洛女士（Ms. Rosario Manalo）。她对我们在审议后专门举行会议讨论委员会的总结性意见感到非常满意。曾于 2001 年至 2004 年期间担任消除对妇女歧视委员会委员的来自瑞典的米兰德（Göran Melander）教授（他是时任唯一的一位男委员，并且在其担任委员时，常被误认为是女性，并常被人以米兰德女士相称；他也是罗尔·瓦伦堡研究所的奠基人以及首任所长）也应邀前来参会并分享其在委员会工作时的经验。近年来，我还应邀参与了中国政法大学宪政研究中心组织的反歧视年会，会上我最关注的还是性别歧视和性别平等的问题。通过聆听与会者的发言以及和他们交流，我学到了很多东西，也深深地认识到，消除性别歧视最大的障碍是几千年来传承并植入在人们头脑里的旧观念，具体地说，就是关于不同性别的人在工作和生活中角色的刻板印象。要实现《消除对妇女一切形式歧视公约》中规定的各项目标，我们还有很长的路要走，必须克服重重困难。而要破除那些旧观念和刻板印象，教育是首要的任务。

尽管社会性别与人权的主题一直没有成为我学术研究的主要领域，研究成果更是少得不能再少，但是我还是应邀成为本教科书出版前的先读者之一。和以往一样，我认为参与的过程就是学习的过程。在阅读每一章的过程中，我都感觉自己的眼界得到了拓展。从性别的视角看人权，同时反过来从人权的视角分析性别问题，是本教科书的重要特点。同时作为国内第一本把两者紧密联系在一起的教科书，它一定会将中国关于社会性别和人权的教学和研究推向深入。

白桂梅于燕园
2019 年 4 月 1 日

编写说明

　　《社会性别与人权教程》是我国第一本传播性别平等和人权观念，并用社会性别视角对人权问题进行分析的教科书。

　　性别与人权方面课程的开发以及教材的编写既是我国作为多项国际公约缔约国的义务，也是我国"国家人权行动计划"的要求。

　　我国签署的国际公约除了强调保障提供义务教育的重要性，要求保证所有的人享有平等的教育机会，还强调教育要包含人权和性别的内容，消除性别定型观念。例如，《经济、社会、文化权利国际公约》第13条强调"教育应鼓励人的个性和尊严的充分发展，加强对人权和基本自由的尊重，并应使所有的人能有效地参加自由社会"。《消除对妇女一切形式歧视公约》第10条要求"为消除在各级和各种方式的教育中对男女任务的任何定型观念，应鼓励实行男女同校和其他有助于实现这个目的的教育形式，并特别应修订教科书和课程以及相应地修改教学方法"。《北京行动纲领》更是把"发展非歧视性教育和培训"作为教育和培训领域中的战略目标之一，呼吁各国政府、教育当局以及其他教育和学术机构制定人权教育方案，将性别教育纳入所有等级的教育——尤其是高等教育机构，鼓励其在大学及研究生法律、社会和政治学课程中加入有关联合国各项公约所载妇女人权的课程。

　　男女平等是我国的一项基本国策。我国《国家人权行动计划（2016~2020年）》中明确了我国人权发展的包含且不仅限于："充分保障各类特定群体权利"，"努力消除性别歧视"，"深入开展人权教育。将人权教育与国民教育、全民普法相结合；弘扬社会主义核心价值观的人权精神内涵，培育全社会尊重人权的文化"。

从 20 世纪 90 年代开始，中国高校中的人权研究和人权教育逐渐有所发展。根据《国家人权行动计划（2009~2010 年）》的要求，迄今为止，教育部已经在高校中建立了 8 个人权教育与培训基地[1]。基地的主要任务是：推动大学人权教育和理论研究，开展中小学人权教育及方式方法的研究实验，编写教材，组织师资培训和各类相关社会培训，为社会提供咨询并向国家有关部门定期提供咨询报告，以及开展人权领域的国际交流与合作等。目前全国越来越多的法学院开设了人权法方面的课程，人权法教材不论在数量上还是质量上都不断提高。在性别研究和教学方面，2000 年之后，一些老师也开始尝试在法学院中开设"性别与法律"的课程，本人从 2008 年开始给中国政法大学的本科生开设性别与法律的选修课，也有幸参与了 2012 年出版的两本"性别与法"教材的编写[2]。

随着中国人权教育和性别研究的逐步发展，一些高校教师也萌生了开展社会性别与人权方面教学的想法。2017 年本人开始给中国政法大学的硕士研究生开设"性别、社会与人权"的跨学科选修课，给本科生开设"性别与人权"的通识课程——本人可能是中国第一个开设这门课程的老师。为了鼓励并帮助更多的老师从事性别与人权方面的研究和教学，或者在现有的研究和教学中增加人权和性别视角，中国政法大学人权研究院、复旦大学人权研究中心与瑞典隆德大学罗尔·瓦伦堡人权与人道法研究所（Raoul Wallenberg Institute of Human Rights and Humanitarian Law，RWI）和隶属于挪威奥斯陆大学（Universitetet i Oslo）的挪威人权研究中心（Norwegian Centre for Human Rights，NCHR）合作，在 2017 年、2018 年先后举办了四次社会性别与人权教学师资研修

---

[1] 《国家人权行动计划（2009~2010 年）》，明确提出要"选取若干开展人权教育较早的高等院校作为人权教育与培训基地"。南开大学、中国政法大学和广州大学作为第一批 3 个国家人权教育与培训基地于 2011 年 10 月挂牌成立。2014 年 4 月中国人民大学人权研究中心、复旦大学人权研究中心、武汉大学人权研究院、山东大学人权研究中心和西南政法大学人权教育与研究中心入选第二批国家人权教育与培训基地。

[2] 刘明辉主编：《社会性别与法律》，高等教育出版社 2012 年版；李秀华、李傲：《性别与法》，中国政法大学出版社 2012 年版。

班/系列讲座。2018年起，广州大学人权研究院和西南政法大学人权研究院的老师也开始给学生开设"社会性别与人权"课程。其他多位参与社会性别与人权教学师资研修班的老师也开始教授"多元性别、社会与法律"、"性别与权利保障"等课程。

为了弥补社会性别与人权教学中教材和资料匮乏的缺憾，我们从2017年开始筹划社会性别与人权教材的编写，2018年初正式启动了教材的编写工作。本教材的十余位作者均为国内人权及性别研究领域知名的专家和学者，都对社会性别与人权有深入的理论研究和踏实的实践经验，为教材的写作投入了大量的时间和心血。在RWI和NCHR的大力支持下，作者们于2018年6月到瑞典和挪威的多所大学访问，学习社会性别与人权课程的教学经验，并为教材编写搜集了丰富的资料。

我们也非常幸运地邀请到北京大学法学院的白桂梅教授和中国社会科学院国际法研究所的孙世彦教授作为本教材的顾问，两位老师不仅积极参与了教材的开发和编写，也认真审读了全书，并提出了宝贵的修改建议。

本教材分为六章。教材的结构及作者分工如下：

第一章　社会性别与人权概述

第一、二、三节　戴瑞君（中国社会科学院国际法研究所副研究员）

第四节　马雷军（联合国妇女署驻华办公室高级项目官员）

第二章　性别平等与性别歧视　刘小楠（中国政法大学人权研究院教授）

第三章　性别视角下的经济、社会及文化权利

第一节　何霞（西南财经大学法学院副教授）

第二节、第四节　柳华文（中国社会科学院国际法研究所研究员）

第三节、第五节　孙萌（中国政法大学人权研究院副教授）

第四章　性别视角下的公民权利和政治权利

第一节、第三节　陆海娜（中国人民大学法学院副教授、中国人民大学人权研究中心秘书长）、郝万媛（中国人民大学人权研究中心研究

员）

第二节　孙世彦（中国社会科学院国际法研究所研究员）

第四节　张晓玲（中共中央党校［国家行政学院］政治和法律教研部教授）

第五章　性别暴力　冯媛（北京为平妇女权益机构共同发起人）

第六章　保障性别平等的法律和机制

第一节　孙萌（中国政法大学人权研究院副教授）

第二节　刘小楠（中国政法大学人权研究院教授）

本教材试图弥补现有性别与法律教材没有把社会性别问题放入国际人权法的框架和视野中进行深入分析，现有人权法教材中缺乏社会性别视角，妇女人权所占篇幅过小的不足和缺陷。但是本教材的定位并不是妇女人权法教程，而是试图将性别研究放在人权框架下解读，把人权研究放在性别视角下审视，给学生展示性别与人权的交互影响和发展，实现人权领域的社会性别主流化。虽然我们运用性别视角和人权视角进行研究之后，更多发现的是妇女人权的问题，但同时也发现在性别刻板印象和传统性别分工以及传统的人权保障和法律制度框架下，男性以及性和性别少数群体的人权问题也常常被误解、被忽视并且不能得到应有的保护。

本教材力求内容简洁、易懂，旨在为在校本科生、研究生提供全面介绍社会性别与人权关系的基础知识，展现社会性别理论对人权法的解构与建构；全面解读性别平等、性别歧视的概念，以及性别平等理念的发展变化及其在国际公约和国内法律制度中的体现；全面呈现用社会性别视角对人权进行分析后不同性别群体面临的人权问题，以及国家保障相关人权、消除性别歧视、实现性别平等的义务；全面阐释保障性别平等、消除性别歧视的国际标准、国内立法、国际国内机制以及国内在保障性别平等方面的法律制度及相关探索和发展。本教材也可作为公众了解性别平等和人权基础知识以及提升公众的性别平等和人权意识的入门读本。

作为国内第一本社会性别与人权的教材，其中的错误和不足想必不会少，但是我们相信这种尝试和努力是有价值的。我们希望通过这部教材，可以鼓励更多的高校教师从事性别与人权相关的研究和教学。我们更希望通过这本教材，可以帮助读者树立正确的人权观念、性别意识，改变社会和文化中沿袭已久的性别刻板印象和性别偏见；增强学生对人权和性别议题的关怀心、敏感度，用社会性别分析方法分析和解释日常生活中的不平等现象，在将来的工作和生活中更有人权意识、平等理念和宽容精神；尤其希望帮助法学专业学生用人权和社会性别的视角审视现行法律制度，发现其中的性别盲点以及人权保障的不足，挖掘其原因并探讨对策，使未来从事法律职业的法学院校学生树立公平正义的法律理念和人权观念，进而影响我国的立法、执法和司法活动，从而使每个人都能平等、自由和全面地发展，都能有尊严地生活。

刘小楠

2019 年 1 月

中华人民共和国法律文件全简称对照表

本书名称（缩略语）	规范性法律文件名称
《宪法》	《中华人民共和国宪法》
《民法总则》	《中华人民共和国民法总则》
《刑法》	《中华人民共和国刑法》
《劳动法》	《中华人民共和国劳动法》
《就业促进法》	《中华人民共和国就业促进法》
《劳动合同法》	《中华人民共和国劳动合同法》
《社会保险法》	《中华人民共和国社会保险法》
《工会法》	《中华人民共和国工会法》
《婚姻法》	《中华人民共和国婚姻法》
《人口与计划生育法》	《中华人民共和国人口与计划生育法》
《农村土地承包法》	《中华人民共和国农村土地承包法》
《收养法》	《中华人民共和国收养法》
《未成年人保护法》	《中华人民共和国未成年人保护法》
《残疾人保障法》	《中华人民共和国残疾人保障法》
《母婴保健法》	《中华人民共和国母婴保健法》
《妇女权益保障法》	《中华人民共和国妇女权益保障法》
《职业病防治法》	《中华人民共和国职业病防治法》
《食品安全法》	《中华人民共和国食品安全法》

本书名称（缩略语）	规范性法律文件名称
《精神卫生法》	《中华人民共和国精神卫生法》
《就业促进法》	《中华人民共和国就业促进法》
《广告法》	《中华人民共和国广告法》
《物权法》	《中华人民共和国物权法》
《教育法》	《中华人民共和国教育法》
《义务教育法》	《中华人民共和国义务教育法》
《职业教育法》	《中华人民共和国职业教育法》
《高等教育法》	《中华人民共和国高等教育法》
《教师法》	《中华人民共和国教师法》
《继承法》	《中华人民共和国继承法》
《村委会组织法》	《中华人民共和国村民委员会组织法》
《女职工劳动保护特别规定》	《中华人民共和国女职工劳动保护特别规定》
《慈善法》	《中华人民共和国慈善法》
《反家庭暴力法》	《中华人民共和国反家庭暴力法》
《刑事诉讼法》	《中华人民共和国刑事诉讼法》
《民事诉讼法》	《中华人民共和国民事诉讼法》

国际公约和纲领性文件中英文对照表

国际公约	
《公民权利和政治权利国际公约》	International Covenant on Civil and Political Rights
《经济、社会、文化权利国际公约》	International Covenant on Economic, Social and Cultural Rights
《消除一切形式种族歧视国际公约》	International Convention on the Elimination of All Forms of Racial Discrimination
《消除对妇女一切形式歧视公约》	Convention on the Elimination of All Forms of Discrimination against Women
《禁止酷刑和其他残忍、不人道或有辱人格的待遇或处罚公约》	Convention Against Torture and Other Cruel, Inhuman or Degrading Treatment or Punishment
《儿童权利公约》	Convention on the Rights of the Child
《保护所有移徙工人及其家庭成员权利国际公约》	International Convention on the Protection of the Rights of All Migrant Workers and Members of Their Families
《残疾人权利公约》	Convention on the Rights of Persons with Disabilities
《保护所有人免遭强迫失踪国际公约》	International Convention for the Protection of All Persons from Enforced Disappearance
《国际联盟盟约》	Covenant of the League of Nations

《保护生育公约》（国际劳工组织第 3 号公约）	Maternity Protection Convention（No. 3）
《妇女夜间工作公约》（国际劳工组织第 4 号公约）	Night Work（Women）Convention（No. 4）
《1948 年（妇女）夜间工作公约（修订本）》	Night Work（Women）Convention（Revised），1948（No. 89）
《制止贩运妇女和儿童公约》	Convention for the Suppression of the Traffic in Women and Children
《制止贩运一切年龄妇女公约》	Convention for the Suppression of the Traffic in Women of Full Age
《已婚妇女国籍公约》	Conventionon the Nationality of Married Women
《妇女政治权利公约》	Convention on the Political Rights of Women
《关于婚姻之同意、结婚最低年龄及婚姻登记之公约》	Convention on Consent to Marriage，Minimum Age for Marriage and Registration of Marriages
《对男女工人同等价值的工作付予同等报酬公约》	Convention concerning Equal Remuneration for Men and Women Workers for Work of Equal Value，（Equal Remuneration Convention），1951（No. 100）
《1958 年消除就业和职业歧视公约》	Discrimination（Employment and Occupation）Convention，1958（No. 111）
《关于有家庭责任的男女工人享受平等机会和平等待遇公约》（《有家庭责任工人公约》）	Convention concerning Equal Opportunities andEqual Treatment for Men and Women Workers：Workers with Family Responsibilities（Workers with Family Responsibilities Convention），1981（No. 156）
《取缔教育歧视公约》	Convention against Discrimination in Education
《妇女井下作业公约》	Underground Work（Women）Convention，1935（No. 45）

《夜间工作公约》	Night Work Convention, 1990（No. 170）
《结社自由与组织权利保护公约》	Freedom of Association and Protection of the Right to Organise Convention, 1948（No. 87）
《组织权与集体谈判权公约》	Right to Organize and Collective Bargaining Convention, 1949（No. 98）
《强迫劳动公约》	Forced Labour Convention, 1930（No. 29）
《废止强迫劳动公约》	Abolition of Forced Labour Convention, 1957（No. 105）
《准予最低就业年龄公约》	Convention concerning Minimum Age for Admission to Employment（ILO Minimum Age Convention, 1973［No. 138］）
《禁止和立即行动消除最有害的童工形式公约》	Convention concerning the Prohibition and Immediate Action for the Elimination of the Worst Forms of Child Labour, 1999（No. 182）
《保护生育公约》	Convention concerning the revision of the Maternity Protection Convention（Revised）, 2000（No. 183）
《技术与职业教育公约》	Convention on Technical and Vocational Education
《欧洲人权公约》	European Convention on Human Rights
《美洲人权公约》	American Convention on Human Rights
《美洲防止、惩罚和根除对妇女暴力行为公约》	Inter‐American Convention on the Prevention, Punishment and Eradication of Violence Against Women
《欧洲委员会防止和反对针对妇女的暴力和家庭暴力公约》（伊斯坦布尔公约）	Council of Europe Convention on preventing and combating violence against women and domestic violence（Istanbul Convention）

《欧洲委员会保护儿童免受性剥削与性虐待公约》	Council of Europe Convention on the Protection of Children against Sexual Exploitation and Sexual Abuse (Lanzarote Convention)
《防止及惩治灭绝种族罪公约》	Convention on the Prevention and Punishment of the Crime of Genocide
《禁止贩卖人口及取缔意图赢利使人卖淫的公约》	Convention for the Suppression of the Traffic in Persons and of the Exploitation of the Prostitution of Others
《禁奴公约》	Slavery Convention
南亚区域合作联盟（南盟）的《防止和打击贩运妇女儿童从事卖淫公约》	SAARC Convention on Preventing and Combating the Trafficking in Women and Children for Prostitution (SAARC: South Asian Association for Regional Cooperation)
《欧洲委员会打击贩运人口行动公约》	Council of Europe Convention on Action against Trafficking in Human Beings
纲领性文件	
《发展权利宣言》	Declaration on theRight to Development
《联合国宪章》	Charter of the United Nations
《世界人权宣言》	Universal Declaration of Human Rights
《消除对妇女歧视宣言》	Declaration on the Elimination of Discrimination against Women
《国际联盟盟约》	The Covenant of the League of Nations
《维也纳宣言和行动纲领》	Vienna Declaration and Programme of Action
《消除对妇女的暴力行为宣言》	Declaration on the Elimination of Violence against Women
《北京宣言》和《北京行动纲领》	Beijing Declarationand Platform for Action

《关于将国际人权法应用于性倾向和性别认同相关事务的原则（日惹原则）》	Principles on the application of international human rights law in relation to sexual orientation and gender identity（The Yogyakarta Principles）
《国际人口与发展大会行动纲领》（《开罗行动纲领》）	Programme of Action of the International Conference on Population and Development（Cairo Programme of Action）
《欧洲社会宪章》	European Social Charter
《非洲人权和民族权利宪章》	African Charter onHuman and Peoples' Rights
《德黑兰宣言》	Proclamation of Teheran
《世界人口行动计划》	The World Population Plan of Action
《关于妇女平等地位和她们对发展与和平的贡献的墨西哥城宣言》	Declaration of Mexico on the Equality of Women and their Contribution to Development and Peace
《墨西哥城人口与发展宣言》	The Mexico City Declaration on Population and Development
《联合国千年宣言》	United Nations Millennium Declaration
《非洲儿童权利与福利宪章》	African Charter on the Rights and Welfare of the Child
《国际刑事法院罗马规约》	Rome statute of the International Criminal Court
《联合国妇女十年后半期行动纲领》	Programmefor the Second Half of the United Nations Decade for Women
《提高妇女地位内罗毕前瞻性战略》	Nairobi Forward-looking Strategies for the Advancement of Women
《2030 年可持续发展议程》	The 2030 Agenda for Sustainable Development
《阿姆斯特丹条约》	Treaty of Amsterdam
《欧共体条约》	EC Treaty（EC：European Community）

《国际劳工组织关于工作中基本原则和权力宣言》	ILO Declaration on Fundamental Principles and Rights at Work

国际组织/机构/会议中英文对照表

联合国人权委员会	United Nations Commission on Human Rights
妇女地位委员会	Commission on the Status of Women
联合国人权事务高级专员办事处	Office of the United Nations High Commissioner for Human Rights
国际劳工组织	International Labour Organization
美洲妇女委员会	Inter-American Commission of Women
世界妇女大会	World Conference on Women
经济及社会理事会	United Nations Economic and Social Council
联合国妇女署	UN Women
消除对妇女歧视委员会	United NationsCommittee on the Elimination of Discrimination against Women
联合国人权理事会	United Nations Human Rights Council
全球妇女峰会	Global Summit of Women
儿童权利委员会	Committee on the Rights of the Child
消除种族歧视委员会	Committee on the Elimination of Racial Discrimination
经济、社会、文化权利委员会	Committee on Economic, Social and Cultural Rights
1993 年维也纳世界人权大会	World Conference on Human Rights

联合国第四次世界妇女大会	The United Nations' Fourth World Conference on Women
经济合作与发展组织	Organization for Economic Co-operation and Development
国际劳工组织公约和建议书实施专家委员会	ILO Committee of Experts on the Application of Conventions andRecommendations
禁止酷刑委员会	Committee Against Torture
残疾人权利委员会	Committee on the Rights of Persons with Disabilities
世界卫生组织	World Health Organization
联合国教育、科学及文化组织	United Nations Educational, Scientific and Cultural Organization
联合国儿童基金会	United Nations Children's Fund
联合国机构间常设委员会	United Nations Inter-Agency Standing Committee
国际特赦组织	Amnesty International

各国立法中英文对照表

瑞典《反歧视法案》	Discrimination Act
泰国《2015 年性别平等法》	Gender Equality Act in 2015
澳大利亚《性歧视修正案（性取向、性别认同和双性人身份）法》	Australian 2013 Sex Discrimination Amendment（Sexual Orientation, Gender Identity and Inter-sex Status）
马耳他《性别认同、性别表达和性特征法》	Malta's Gender Identity, Gender Expression and Sex Characteristics Act（ACT XI of 2015）
印度《刑法典》	Indian Penal Code
荷兰《宪法》	Constitution
挪威《平等与反歧视法》	Equality and Anti-Discrimination Act
美国《1964 年民权法案》	Civil Rights Act of 1964
英国《平等法》	Equality Act
瑞典《育儿假法》	Parental Leave Act
美国《平价医疗法案》	Patient Protection & Affordable Care Act
约旦《个人身份法》	Personal Status Law
厄立特里亚《土地公告》	Land Proclamation No 58/1994
莫桑比克《土地法案》	Land Act
坦桑尼亚《土地法案》	Land Act
马拉维《国家土地政策》	National Land Policy
伊朗《民法典》	The Civil Code of the Islamic Republic of Iran

尼泊尔《民法典》	Muluki Ain（尼泊尔文）
英国《人类受精和胚胎法案》	Human Fertilisation and Embryology Act
西班牙《男女平等组织法》	Organic Law for Effective Equality between Women and Men
津巴布韦《婚姻法》	Marriage Law
巴西《玛丽亚潘哈法》	Maria da Penha Law
韩国《家庭暴力罪处罚特别法》	Special Act on Domestic Violence（referred to as the "Punishment Act"）
日本《配偶暴力防治暨受害人保护法》	Act on the Prevention of Spousal Violence and the Protection of Victims
蒙古国《家庭暴力法》	Law to Combating Domestic Violence
印度《保护妇女免受家庭暴力侵害法》	The Protection of Women from Domestic Violence Act
柬埔寨《预防家庭暴力和保护受害人法》	Law on the Prevention of Domestic Violence and the Protection of the Victims
捷克《民事诉讼法》	Civil Procedural Law
捷克《警察法》	Police Act
越南《预防和控制家庭暴力法》	Law on Domestic Violence Prevention and Control
瑞典《刑法典》	Criminal code of the Kingdom of Sweden（Swedish：Brottsbalken）
新西兰《家庭暴力受害者保护法案》	Family Violence Act
加拿大《刑法》	The Criminal Code（French：Code Criminel）
土耳其《刑法》	Penal Code of Turkey
英国《性犯罪法》	Sexual Offences Act
纳米比亚《打击强奸法》	Combating of Rape

莱索托《性犯罪法》	Sexual Offences Act
澳大利亚新南威尔士州《消除歧视法》	New South Wales Anti-Discrimination Act
冈比亚《儿童法》	Children's Act
塞拉利昂《儿童权利法》	The Child Right Act
印度《禁止童婚法》	The Prohibition of Child Marriage Act
英国《平等报酬法》	Equal Pay Act
英国《性别歧视法》	Sex Discrimination Act
美国《怀孕歧视法》	Pregnancy Discrimination Act
荷兰《男女同工同酬法》	Equal Pay Act
荷兰《平等待遇法》	Equal Opportunity Act
爱尔兰《男女就业平等法》	Employment Equality Act
法国《男女职业平等法》	Law on Professional Equality between Women and Men
澳大利亚《反性别歧视法》	Sex Discrimination Act
日本《男女雇用机会平等法》	Act on Securing, Etc. of Equal Opportunity and Treatment between Men and Women in Employment
韩国《男女就业平等法》	Sexual Equality Employment Act
菲律宾《禁止歧视妇女法》	An Act Strengthening the Prohibition on Discrimination against Women with Respect to Terms and Conditions of Employment（Republic Act 6725）
菲律宾《反性骚扰法》	Anti-Sexual Harassment Act of 1995
德国《联邦男女平等法》	Law on Equal Rights for Men and Women in the Field of Civil Law

续表

澳大利亚《刑事诉讼法》	Criminal Procedure Law
墨西哥《男女平等一般法》	General Act for Equality between Women and Men
韩国《国家人权委员会法》	National Human Rights Commission Act
韩国《促进男女就业机会平等和支持工作与家庭平衡法案》	Act on Equal Employment and Support for Work-Family Reconciliation
韩国《性别平等框架法》	Framework Act on Gender Equality
韩国《雇佣政策基本法》	Framework Act on Employment Policy
韩国《女性发展基本法》	Framework Act on Women's Development
韩国《劳动标准法》	Labor Standards Act
英国《平等工资法》	Equal Pay Act
英国《性别歧视法》	Sex Discrimination Act
英国《种族关系法》	Race Relations Act
英国《残障歧视法》	Disability Discrimination Act
芬兰《平等法》	Equality Act
奥地利《平等待遇法》	Federal Law on the Equal Treatment
法国《平等机会法》	Law for the Equal Opportunities
比利时《一般反歧视法》	The General Anti-Discrimination Law
土耳其《人权与平等机构法》	Law No. 6701 on Human Rights and Equality Institution of Turkey
肯尼亚《就业法》	Employment Act
德国《一般平等待遇法》	General Act on Equal Treatment（AGG）
德国《劳动法庭法》	Labor Courts Act（Arbeitsgerichtsgesetz）
美国《1991年民权法案》	Civil Rights Act of 1991
法国《刑法典》	Penal Code

目 录

第一章　社会性别与人权概述

第一节　妇女权利运动与社会性别理论

"社会性别"一词由英文"Gender"翻译而来，以区别于性别或称生理性别（Sex）。社会性别理论的提出与西方妇女权利运动相伴相生、密不可分，并于 20 世纪 60、70 年代成为女权运动的核心概念。在中国，社会性别作为一个与权利主张相关的概念，被学界理解、接受并广泛运用，始于 1995 年在北京召开的第四次世界妇女大会。[1] 本节在简要梳理妇女权利运动及贯穿其中的女权主义理论基础上，对社会性别理论进行系统介绍，为下文分析社会性别与人权的关系提供理论铺垫。

一、妇女权利运动与女权主义流派

（一）妇女权利运动

妇女权利运动或称女权运动，是人们为消除性别歧视与偏见，尤其是希望改变妇女在社会生活中的附属地位，而在社会各方面所做的争取性别平等的种种努力。女权运动从产生到现在，是一个不断行进的过

---

[1] 根据现有文献，至少在 20 世纪 80 年代，"社会性别"概念已被中国医学界广泛使用。对"中国知网"的检索结果显示，1980 年~1994 年间中国学者共发表相关论文 150 余篇。例如，一位作者写道："由于从小起其家庭只是根据患者外表特征的倾向性而为其扮男或扮女，这种性别属社会性别。因为未经染色体检查或剖腹探查性腺的情况（是睾丸或卵巢），是不可能决定其真正的性别的"。陈宁欣："假两性畸形四例报告—染色体组型分析"，载《广东解剖通报》1980 年第 2 期。

程。为便于学术讨论，人们把系列波形式出现的女权运动划分为几个关键阶段。

1. 第一波女权运动。人们对第一波女权运动的起始时间说法不一，从较为宽泛的历史界定来看，第一波女权运动被认为始于 18 世纪末、19 世纪初，结束于 20 世纪 20 年代。

实际上，早在大规模女权运动出现之前，已经有不少关心妇女权利的女权主义[1]思想萌芽。比如，被誉为第一位真正意义上的女权主义者的女作家克里斯蒂娜·德·皮桑（Christine de Pisan），17 世纪英国最激进、最系统的女权主义者玛丽·艾斯泰尔（Mary Astell）等。[2]

对妇女权利的倡导在法国大革命时期达到第一个高潮。18 世纪、19 世纪，随着《人权和公民权宣言（Declaration of the Rights of Man and of Citizens）》在欧美的传播，妇女也开始为自己争取平等权利。英国学者玛丽·沃斯通克拉夫特（Mary Wollstonecraft）1792 年出版的《女权辩护（A Vindication of the Rights of Woman）》一书，被认为是第一波女权运动中第一部系统的女权主义论述。沃斯通克拉夫特通过言论声援法国大革命和美国独立革命，她主张男女两性在智力上和能力上没有差异，男女应该平等享受公民权和政治权。与此同时，法国妇女阿伦普·德·古杰（Olympe de Gouges）与泰鲁瓦涅·德·梅里古（Theroigne de Mericout）也在为扩大法国大革命允诺给妇女的权利而斗争。1789 年《人权和公民权宣言》没有赋予女性政治公民权。1791 年，阿伦普·德·古杰发表了《妇女与女公民权利宣言（The Declaration of Human and Civil Rights for Women）》，以回应大革命中的"男性与公民权利宣言"。对此，阿伦普·德·古杰在宣言中指出，男女生而平等，同男性一样，女性也是独立的个体，正因如此，女性应该拥有与男性同等的权利。在阿伦普·德·古杰被推上断头台后，她的著名论断"女性有权登上断头台；同样，女性也有权登上演讲台"成为女权主义者重整旗鼓的

---

〔1〕 Feminism，国内学者译为"女权主义"或"女性主义"，二者所指并无差异，本书统一使用"女权主义"。

〔2〕 李银河：《女性权力的崛起》，文化艺术出版社 2003 年版，第 116~117 页。

伟大号召。[1]

第一波女权运动有它特定的运动目标和政治主张。其首要目标是为妇女争取选举权，希望铲除法律上的不平等，通过法律改革矫正对妇女的歧视。运动在世界各地取得了明显成果：1894年新西兰妇女取得选举权；1914年芬兰和挪威妇女取得选举权；1918年英国30岁以上妇女可以参加选举，到1928年最终所有妇女获得与男性平等的选举权；1920年，美国妇女获得完全的选举权。这一波女权运动的目标还包括争取受教育权和就业权。这一时期的代表人物约翰·斯图亚特·米尔（John Stuart Mill）在其代表作《女性的附属（The Subjection of Women）》一书中指出，法律的不平等使得婚姻关系犹如主人与奴隶之间的关系。现代社会和封建社会的差别使人们有迁徙自由、选择职业的自由以及改善生活的机会。但对已婚妇女而言，她们没有这些现代男性享有的自由。因此，他反对就业市场对女性的限制，主张女性应该有一技之长与经济独立的能力，提出就业市场应该向女性敞开，让妇女与男性在就业市场上平等竞争，争取同工同酬。

2. 第二波女权运动。第二波女权运动指的是20世纪60年代末至70年代的女权复兴运动。有学者认为，1963年美国学者贝蒂·弗里丹（Betty Friedan）《女性的奥秘（The Feminine Mystique）》[2]一书的发表标志着第二波女权运动的开始。[3]这一波女权运动依然集中于抗议妇女的不平等遭遇，不过当时的抗议不仅指向妇女在政治上的不平等，还指向工作领域、教育领域以及家庭、性行为等方面的不平等。

法国作家西蒙·德·波伏娃（Simone de Beauvoir）的著作《第二性（The Second Sex）》在第二波女权运动中发挥了重要作用。这本书发表于1949年，后被译为多种语言的版本，成为女权主义的经典著作。其

〔1〕［英］简·弗里德曼：《女权主义》，雷艳红译，吉林人民出版社2007年版，第39页。

〔2〕Betty Friedan, *The Feminine Mystique*, Harmondsworth：Penguin Books, 1965 (First Pub. 1963).

〔3〕Evans, Judith, *Feminist Theory Today：An Introduction to Second-Wave Feminism*, London, Thousand Oaks and New Delhi：Sage Publications, 1995, p. 2.

著名论断"女人不是天生的，而是后来形成的"（One is not born, but rather becomes, a women）[1]为关于性别的社会建构理论的发展奠定了基础。波伏娃在书中用大量哲学、心理学、人类学、历史、文学等材料证明，女性自由的障碍不是其生理条件决定的，而是社会、政治、法律等限制造成的。

第二波女权运动旗帜鲜明地提出妇女要从父权制社会的压迫中解放出来。弗里丹在其《女性的奥秘》一书中对美国妇女的家庭角色进行了尖锐的解析和批评。她指出，父权社会文化塑造出了幸福家庭的主妇形象，使妇女从小就向往这个理想形象，唯一的梦想就是当个幸福的贤妻良母，把自己的一生都寄托于家庭和婚姻，唯一的奋斗目标是找到一个好丈夫并保持稳定的婚姻。但当获得这一切时，妇女并不能从家庭妇女的角色中得到自我实现，她们充满无名的烦躁感和无意义感。弗里丹指出，为了发挥妇女的自我潜能，妇女必须和男性一样从事公共领域的活动。

第二波女权运动中，妇女在就业以及具体的劳动分工、家庭、身体、性、生育等各类公共领域和私人领域的问题被广泛关注，不少女权主义的主张和观点得到普及。例如，女权主义者提出的口号"个人的即是政治的"（the personal is political）广为人知。该口号指出，丈夫殴打妻子、男性性骚扰妇女等许多看起来是个体的、个别的妇女经历，其实都是男权社会控制女性的政治表现，是社会不平等的两性权力关系结构造成的。

3. 第三波女权运动。对第二波女权运动是否仍在继续，是否出现了第三波女权运动等问题，人们存在不同看法。但从20世纪90年代开始，对第三波女权运动的系统讨论就已经出现了。[2]一般认为，第三波女权运动从20世纪90年代开始，以新一代年轻女权主义者为主体，她们认可并继承了第二波女权运动的知识和实践成果，同时开始看到传

---

[1] Simone de Beauvoir, *The Second Sex*, Harmondsworth: Penguin Books, 1972, p. 295.

[2] Lesley Haywood and Jennifer Drake (eds), *Third Wave Agenda: Being Feminist, Doing Feminism*, Minneapolis: University of Minnesota Press, 1997.

统女权主义的局限性，致力于推进女权主义理论的进一步发展。

在第三波女权主义者看来，第二波女权主义的部分论述过于强调妇女的"受害者"角色，而对妇女的主体性强调不够，她们因此拒绝"受害者女权主义"这个标签。第三波女权运动强调视角和评价标准的多样，强调种族、不同性倾向等其他边缘力量的声音，注重跨国界的合作。她们更加个性鲜明地要求承认各种不同的身份认同及其主体性，要求在"女性气质"中承认个人选择以及消费的自由，并把这种主体性渗透到流行音乐、流行消费文化、流行电视剧、互联网等大众文化媒体中，希望以积极的姿态展现妇女的平等权诉求和主体性。

从本质上看，第三波妇女运动还存在各种不确定性，但可以肯定的是，它并非是对第二波妇女运动的抛弃或否定，而是对其的继承和发展。[1]

（二）女权主义理论流派

女权主义理论贯穿于女权运动之中。女权主义流派复杂多样，各自具有独特的历史渊源、分析视角和具体主张，并且随着女权运动的发展而发展。但所有女权主义理论又有某些共同基础，即女权主义流派本身关注的是妇女在社会中的劣势地位以及因性别所遭受的歧视。在大多数人的印象里，所有女权主义者都呼吁社会、经济、政治或文化秩序的变革，希望减少并最终克服针对妇女的歧视。本节着重介绍几种代表性的女权主义理论。

1. 自由主义女权主义。从出现时间来看，自由主义女权主义是所有女权主义理论流派的起点；从理论观点来看，自由主义女权主义也是其他各派理论的出发点和改造对象。

自由主义女权主义出现的背景与法国大革命和欧洲启蒙运动关联密切。18 世纪，受到新资产阶级男性反抗君权的启发，自由主义女权主义者开始质疑男性权力的神圣性，她们追随自由主义传统，崇尚理性、自主、平等的基本理念。自由主义女权主义者在自由主义国家的框架

---

〔1〕 刘建中、孙中欣、邱晓露主编：《社会性别概论》，复旦大学出版社 2010 年版，第 8～9 页。

下，致力于争取妇女平等权利，她们认为国家建立的理论基础是合理的，但是它所赋予的权利和特权必须惠及妇女，必须给予妇女与男人同样的公民权。这一理论强调了男女应当具有平等权利的主张。自由主义女权主义在第一波女权主义运动中发挥了重要的指导作用。自由主义女权主义的代表人物较多，例如 18 世纪英国的玛丽·沃斯通克拉夫特、19 世纪英国的约翰·斯图亚特·米尔、20 世纪美国的贝蒂·弗里丹等。

自由主义女权主义的基本观点可以概括为：不同性别的男女是生而平等的，妇女同样具有理性思维能力，男女不平等是习俗、教育等社会因素造成的。为了消除两性之间的不平等，应该赋予妇女同样的受教育权，给予妇女充分的平等机会，保证妇女自我潜能的充分实现。她们认为，女性之所以不如男性，是长期以来没有获得平等的受教育机会，如果妇女受同等教育，并在其他领域获得平等机会，那些两性之间的不平等就会逐渐消失。

2. 激进女权主义。随着实践的推进和认识程度的提高，一些学者批评早期自由主义女权主义在倡导男女平等时，一味强调向男性标准看齐，贬低传统的女性工作，而不质疑男性标准本身。此外，在强调男女之间的共性的同时，对两性的差异认识不足，没有从理论上进行剖析，一定程度上采取了"去差异"的办法，或者说是以男性标准为标准的"中性化"办法。对自由主义女权主义的反思促进了新的女权主义理论的产生和发展。激进女权主义应运而生，对第二波女权运动产生了重要影响。

激进女权主义将矛头直指妇女受压迫的根源——父权制（Patriarchy）。父权制是激进女权主义理论的核心概念。这个概念的字面含义是社会单位（家庭或部落）由男性首领统治的制度。20 世纪早期，女权主义者开始用这个词指代男性统治女性的社会制度。到 20 世纪 60 年代，父权制被界定为男尊女卑的系统化的社会机制。

激进女权主义的代表人物有美国的凯特·米列特（Kate Millett）、凯瑟琳·麦金侬（Catherine MacKinnon）、苏拉米斯·费尔斯通（Shulamith Firestone），澳大利亚的杰梅因·格里尔（Germaine Greer）等人。

激进女权主义者认为，男性对女性的统治是父权制的产物，它并不依赖于其他社会结构，也就是说，它并非资本主义的产物，并不仅仅存在于资本主义社会。

例如，米列特在其代表作《性政治（Sexual Politics）》一书中指出，父权制夸大了男女的生理差异，以确保男性拥有支配角色，妇女处于附属地位。性别的刻板印象，让她们失去在社会生活各个方面的主动性、自主性。[1] 又如，格里尔的代表作《女太监（The Female Eunuch）》一书指出，女人受制于社会要求女性保持所谓"女性化"的特征，其中包括要求女人"无性"的阴柔形象。这些刻板印象压制女性的性能量，也压制妇女其他方面的生活与活动。[2]

总之，激进女权主义者们从各个领域批判妇女受压迫的根源，直面性别差异的议题，并阐述了生理性别与社会性别的概念之分，其中涉及妇女的性、身体、生育等各种问题。长期以来，人们将男尊女卑的社会根源归结为妇女的生理性别特征，但是在激进女权主义者看来，性别属于社会建构，妇女并非天生不如男性，而是后天受教化、被压制的结果。

对性别差异的反省和反思是激进女权主义的重大理论贡献。社会性别的概念和理论就出现在第二波女权运动中，为激进女权主义者所提出和倡导并将其作为分析和建构的工具。

3. 马克思主义/社会主义女权主义。第二波女权运动也是马克思主义/社会主义女权主义大发展的时期。这一流派吸收了马克思主义理论以及社会主义理论的一些要素，强调历史唯物论，主张特定历史时期的生产方式是形成特定社会经济结构的基础。马克思主义/社会主义女权主义认为，社会性别的不平等与妇女所受的资本主义生产和劳动分工制度的压迫是一致的。

马克思主义/社会主义女权主义的基本观点认为，妇女受压迫是政治、社会、经济制度的产物。妇女要解放，就要推翻资本主义，实现社

---

〔1〕　Kate Millett, *Sexual Politics*, New York：Ballatine Books, 1971.
〔2〕　Germaine Greer, *The Female Eunuch*, New York：Bantam Books, 1971/1972.

会主义，让所有人都成为生产资料的所有者，让妇女经济独立。

马克思主义/社会主义女权主义吸收了恩格斯（Friedrich Engels）在《家庭、私有制和国家的起源（The Origin of The Family, Private Property and the State）》中的许多论述。恩格斯指出，一个社会中妇女的社会地位可以用来衡量社会的进步程度，而妇女解放的第一个先决条件是妇女重新回到公共劳动中。他还认为，只有消除了资本主义对男女双方的剥削并把私人的家务劳动变成公共行业后，男女平等才能真正实现。

马克思主义/社会主义女权主义的代表人物是英国的朱丽叶·米切尔（Juliet Mitchell）。她在代表作品《妇女：最漫长的革命（Women：the Longest Revolution）》中指出，妇女被压迫和剥削是通过四个领域来进行的：生产、生殖、性以及儿童的社会化。这四个领域之间相互独立又相互依存。

4. 黑人女权主义与第三世界女权主义。有些女权主义者感到，第一波和第二波女权运动和女权理论过多地被白人中产阶级妇女主导，她们从自身经历的视角进行理论构建和普遍概括，却忽视了工人阶级和黑人妇女的经历。不仅如此，人们还认为，第一波和第二波女权理论的范式是欧美中心主义的，其理念和行动建立在欧美妇女生活的基础上，忽视或低估了第三世界妇女的生活和经历以及殖民主义环境对这些国家妇女生活的影响。

黑人女权理论家贝尔·胡克斯（Bell Hooks）在其著作《我本女人（Ain't I a Woman）》中指出女权主义存在的问题。她以种族歧视为例，指出某些女权主义虽然也谈到强奸和性暴力，但对美国奴隶制时期黑人妇女被强奸的问题，它们认为这只是特殊历史时期的产物，并未考虑问题的后续影响。结果，这些女权主义者忽视了黑人妇女仍然遭受的性别歧视和性别压迫。在胡克斯看来，后奴隶制时代，黑人妇女遭受的持续剥削和贬低，其实是一种精妙的社会控制手段，用以支持白人优越论。胡克斯认为，在美国，种族主义的影响超过了男性至上主义。这个观点表明，任何试图以全球方式解决妇女压迫的女权理论都存在严重问题。

胡克斯还认为，"妇女解放主义者所倡导的姊妹关系是建立在普遍压迫这种观念基础上的，但是这个平台却是错误的、不可靠的，它掩饰或遮蔽了女性多样性与复杂性的本质。"事实上，种族差异、民族与宗教背景差异、阶级以及性倾向差异等，都会对妇女的生活经历产生深刻影响，因此几乎无法描述普遍的、统一的妇女压迫。[1]

第三世界的女权主义者指出，白人女权主义忽视了第三世界女权主义的内在性。人们认为第三世界妇女是父权压迫的被动受害者，而忽视了她们的主动性。西方女权主义者对割礼、伊斯兰家庭法典等问题的看法让人们以为"第三世界妇女"是软弱无力的受害者。事实上，女权主义并非西方的发明创造，第三世界也是女权主义的发源地，例如18世纪的中国已经出现了妇女权利讨论；19世纪的印度出现了支持妇女解放的运动。第三世界女权运动是从内部生长出来的，有其特定的目标。对第三世界女权主义而言，思考性别不平等有一个基本出发点，就是必须结合不同国家在全球权力结构中的地位高低来理解性别议题。现有的女权主义论题及界定，应该考虑不同国家、阶级、种族的差异性。第三世界女权主义的最重要主张是，拒绝将女性受压迫简单归为父权制，因为如果排除了种族、阶级、国别因素，女权主义论述并没有真正讨论和关注到非白人妇女、下层社会妇女以及第三世界国家的妇女所面临的问题。[2]但这并不否认西方对第三世界女权主义发展的影响。斯里兰卡女权主义学者库马里·贾亚瓦德纳（Kumari Jayawardena）认为，资本主义的扩张是引发妇女解放斗争的重要因素，因为资本主义的扩张把越来越多的妇女从传统的家庭角色带入家庭之外的劳动市场，因而在一定程度上推动了女权组织的发育。[3]

5. 后现代女权主义与后结构主义女权主义。后现代女权主义者认

---

〔1〕[英]简·弗里德曼：《女权主义》，雷艳红译，吉林人民出版社2007年版，第98～100页。

〔2〕[英]简·弗里德曼：《女权主义》，雷艳红译，吉林人民出版社2007年版，第104～108页。

〔3〕Kumari Jayawardena, *Feminism and Nationalism in the Third World*, Zed Books, 1986, p. 8.

为，女权理论必然是后现代的，因为它挑战了自然的、固定的、普遍的性别关系定义。启蒙运动中普遍的、理性的主体概念天生就是男性气质的，而且总是把历史理解为一种宏大叙述的进步。人们用后现代主义批评源于启蒙运动的思想，这些批评基本上都是女权主义者提出的。

后结构主义认为，男性气质和女性气质都处于不断变化中，虽然大多数论述都想对其进行固化，但这种主观做法注定无法长久。

后现代主义和后结构主义提出了"女性气质和男性气质的含义不是固定的、可知的"这一假设。它们的最大特点是对传统理论的批判和颠覆，主张对固定的女性范畴进行解构，批评了其他女权主义流派界定女性和女性气质的本质主义范式，[1]拒绝传统理论中所隐含的男性中心的思想，重视女性群体内部的差异，主张发展女权主义的多元性。

二、社会性别理论

不论是女权运动还是贯穿其中的女权主义思想，如何对待"两性差异"都是其核心话题。女性存在哪些与男性不同的生理和社会差异？什么才是结束女性社会从属地位的最佳策略？是主张平等还是强调差异？不同的女权主义流派都试图给出解释和定义性别差异的方式。

社会性别概念的提出及社会性别理论的形成正是解释这种差异的一种尝试，它在第二波女权运动中得到丰富和发展，至今仍是主张妇女权利和性别平等的一个重要分析工具。

（一）社会性别的基本概念

1. 生理性别与生物决定论。生理性别（sex）指的是男女两性在生物学意义上的差别，包括生殖器、基因、染色体、荷尔蒙等。人们对性别的认定自出生时即已确立，其认定的基础是婴儿的第一性征：生殖器官，在儿童的成长过程中，男女两性完成第二性征的发育。成年后，男女两性又各自选择异性配偶结婚、成家，生育繁衍。男女之间的差异似乎是与生俱来、自然存在、恒久不变的。

随着一个人生理性别的确认，周围人及社会便开始给予男孩和女孩

---

〔1〕 所谓本质主义（essentialism），强调的是人的本质的生理和遗传决定论，以为用自然或人性可以解释一切，而且认为自然和人性是不会改变的。

不同的对待。例如男孩得到的礼物往往是小车、恐龙、机器人；女孩得到的礼物则是布娃娃、发饰、公主裙。男孩和女孩从服装、用具到房间的颜色选择都自始不同：人们为男孩选择冷色调，为女孩选择暖色调。很快，儿童心里便确立了男女孩的差别，他们会知道什么玩具、服装、颜色是属于男孩的，什么是属于女孩的。显然从幼年开始，男女即在家庭、社会、教育、文化中逐渐形成了对男性、女性应当具备的"适当"特征和行为模式的判断，为性别角色的进一步发展奠定了基础。

几百年来，生理差异一直被认为是导致男女社会分工不同的出发点和冠冕堂皇的理由。社会普遍认为，女性生育与哺乳的生理功能以及普遍较差的体能决定了其家庭地位，女性只能操劳家务，养育子女；生理差异还使女性无法胜任公共领域的工作，例如认为女性的理性程度不如男性，更易受情绪控制，不适于政治决策。19世纪至20世纪，随着人体科学的发展，有人开始使用数据，如大脑的体积来证明男女之间存在的智力差异。20世纪80年代末至90年代，社会达尔文主义复兴，不少科学理论甚至试图根据人类进化与生存的需求来解释男性与女性行为，以支持纯粹的生物学解释。

2. "社会性别"的提出。社会性别概念的提出源于女权主义者对"生物决定论"的反思和驳斥。面对一些人试图以所谓科学依据来反对妇女权利的问题，女权主义者开始怀疑生理特征与男女社会角色自然分工之间的联系。一些女权主义学者强调，应把生物意义上的男女两性同社会建构上的男女在社会中的角色和地位加以区别。她们认为"女性"是生物学上的分类，是自然而然产生的差异，但女性行为模式和角色则是在生物分类基础上的社会构建，是各种社会历史的创造物。"社会性别说"即建立在此基础上。生理性别与社会性别的区分也给一些女权主义者赢得了"激进女权主义"的称谓。激进女权主义认为，任何事物都要从社会性别的视角来分析，要在社会性别视角下重新认识社会体制与个人的关系。

区分生理性别与社会性别的先驱是西蒙娜·德·波伏娃。虽然《第二性》一书并没有采用"生理性别"和"社会性别"这样的术语，但她提出的著名论断——"女人不是天生的，而是后来形成的"，意味着女性地位低下并不是"自然"或"生理"事实，而是社会一手制造的。文明分配给女性的社会角色和行为方式使得女性地位低于男性，这意味着女性并不像马克思主义意识形态中的工人阶级；她们不是由于特殊的历史环境才以被压迫团体形式出现的，而是在各种社会组织形式中，一直都受到压迫。波伏娃认为，心理和行为层面的性别差异，是父权制文化的创造物，而非生理差异的必然产物。男女之间的生理差异无法缩小，但所有与女性气质相联系的行为很明显是一种社会建构。因此，妇女解放依靠的是将妇女从"永恒的女性气质"这一社会建构中解脱出来，因为正是它使得女性的社会和经济地位低下。但这并不表示，妇女解放取决于否认"男人"和"女人"这两种典型的生物种类。

从 20 世纪 70 年代初开始，女权主义者开始使用"社会性别"来指称有关女人的社会文化含义。区分"社会性别"与"生理性别"的目的在于"指出妇女扮演的性别角色，并非如以前的社会学家和心理学家所说，是由女性的生理所决定的，而是由社会文化规范的；人的性别意识不是与生俱来的，而是在对家庭环境和父母与子女关系的反映中形成的；性别意识和性别行为都是在社会文化制约中形成的；生理状况不是妇女命运的主宰，男女性别角色是可以在社会文化的变化中改变的"。[1]

3. 社会性别的定义与内涵。社会性别是社会、历史、文化所界定和建构的对于男女的角色、态度和价值的期望，因而也是社会认为在"公共"和"私人"领域男女两性的恰当表现。学者将"社会性别"界定为由社会和文化建构的、分别属于男性和女性的群体特征和行为模式，进而形成男女两性在社会中的不同角色和地位。[2]

联合国消除对妇女歧视委员会也曾为"社会性别"下了一个定义，

---

〔1〕 王政："'女性意识'、'社会性别意识'辨异"，载《妇女研究论丛》1997 年第 1期。

〔2〕 谭兢娥、信春鹰编著：《英汉妇女与法律词汇释义》，中国对外翻译出版公司 1995年版，第 145、273 页。

认为社会性别一词是指"社会意义上的身份、归属和妇女与男子的作用，以及社会对这类生理差异赋予的社会和文化含义，正是这类社会意义导致男子与妇女之间的等级关系，还导致男子在权力分配和行使权利方面处于有利地位，妇女处于不利地位。妇女和男子这种社会定位受到政治、经济、文化、社会、宗教、意识形态和环境因素的影响，也可通过文化、社会和社区的力量加以改变。"[1]

理解社会性别的概念，需首先理解与社会性别密切相关的两个核心要素，即社会性别刻板印象与性别气质。

社会性别刻板印象（Gender stereotype）[2]或称社会性别角色定型，是一个内涵广泛的术语，指向"关于女性和男性个人属性的一组结构化的信念"。这组信念由一系列要素组成，包括性格特征、行为和角色、身体特征和外表、职业，以及对性倾向的假设。个人刻板印象反映的是个人对某一群体或某一刻板印象主体的个人信念；而文化或集体的刻板印象反映的则是对某一群体或某一刻板印象主体的广泛共识。[3]

性别气质是社会性别刻板印象的表现，性别气质是由社会文化一步步逐渐建构起来的，孩子在受教育的过程中会接受老师以及课本所传达的性别观点，媒体对性别实践的呈现也会影响孩子的性别观点。

在不同的社会形态中，人们把某一种模式设为标准，并以此标准来评判社会中的每一个男女，把不符合标准的人视为另类。例如，女孩留短发会被称为"假小子"，性格坚强的女性会被叫做"女汉子"；男生说话声音细柔，会被唤做"娘娘腔"。这些称谓反映出人们对男女社会

---

〔1〕　UN Doc. CEDAW/C/GC/28，消除对妇女歧视委员会《关于缔约国在〈消除对妇女一切形式歧视公约〉第2条之下的核心义务的第28号一般性建议》，第5段。消除对妇女歧视委员会是根据《消除对妇女一切形式歧视公约》建立并监督其执行情况的条约机构。

〔2〕　刻板印象（stereotype）是对特定群体（如女性、同性恋、青少年）成员所应具有或应该扮演的属性或特征的概括观点或先入之见。根据这种观点，刻板印象假定一个社会群体的所有成员都具有特定的属性或特征，或扮演特定的角色（例如，女性是照顾者）。参见 Rebecca J. Cook and Simone Cusack, *Gender Stereotyping: Transnational Legal Perspectives*, University of Pennsylvania press, 2010, p. 9.

〔3〕　Rebecca J. Cook and Simone Cusack, *Gender Stereotyping: Transnational Legal Perspectives*, University of Pennsylvania press, 2010, p. 20.

形象的想象，以及现实与想象发生冲突时的反应。因为在人们的想象中，标准的女性气质是长发飘飘，性格温柔甚至多愁善感，说话轻声细气。而男性应该刚强，声音粗犷。如果突破了这种社会规定的性别气质，则会被唤作是假"男性"或假"女性"。在人们对男女气质的想象中，男性应该是有担当的、养家的、做主的；而女性则是受保护的、在家照顾家人的、服从领导指挥的。

基于性别刻板印象的性别气质导致对男女的不同的社会分工和家庭角色分工。它对男女两性的职业选择做出限制，认为某些职业适合男性，而另一些职业适合女性。当幼儿园出现了男老师或是在医院碰上了男护士，人们会诧异男人怎么来干"女人应该干的活"。当女人当上了司机、考取了博士或是担任领导职位，一定会被冠以"女司机""女博士""女领导"的称呼，以示其不同"寻常"。20 世纪 60 年代，美国华盛顿大学教授爱德华·格罗斯（Edward Gross）提出了著名的"职业性别隔离"概念，意思是在劳动力市场中，劳动者会因性别不同被分配到不同的行业类别，担任不同性质的工作，比如女性会集中在一些低收入、低声望的"女性化职业"里。[1] 性别隔离水平越高，男女收入的差距就越大。虽然越来越多的女性参与到经济中来，但是，基于性别的职业隔离成为女性在就业上的最大障碍。这种隔离还影响许多非经济利益，比如工作条件、生活方式、消费行为等。

性别的家庭角色分工让女性承担更多的家庭责任。如果一种儿童用药的说明书只明确讲解"母亲"应如何帮助患儿服药，却没有提及"父亲"，那么从这个例子中，我们就能看到女性/母亲被赋予子女当然的照料者的社会性别角色，从而承担了更多的家庭责任。2014 年经济合作与发展组织（Organization for Economic Co-operation and Development, OECD）对 29 个主要成员国男性分担家务的时间进行的调查显示，中国女性每天干家务的时间是 155 分钟，工作时间是 291 分钟，排名第一。把工作和家务加起来，女性每天比男性多工作 44 分钟。中国

---

〔1〕 Edward Cross, "Plus CA Change... The Sexual Structure of Occupations over Time", 16 Social Problems. 198 (1968), pp. 198~208.

男性每天有 248 分钟花费在运动和看电视等娱乐生活上，而女性则只有 211 分钟（排名倒数第三）。该调研结果显示，中国与韩国、日本和印度一同成为男性帮忙做家务时间最少的几个国家。[1]

社会性别刻板印象并不一定成为问题。然而，当它忽视个人的特点、能力、需求、愿望和环境，进而剥夺人权和基本自由，或是制造出社会性别等级时，它就成为问题了。针对性别刻板印象和性别气质，我们要努力的是解构传统性别气质对男女的限制，解构男尊女卑的性别架构，修改那些不利于女性平等参与社会的法律和文化习俗，建立多元、包容性的性别架构。

4. 社会性别的体制化。社会性别角色一旦被强化或被固化，就会变成人们的一种社会期待、评价或社会规范。这种定型化的过程是潜移默化的、不自觉的，在个人社会化的过程中通过文化、资源分配、经济体制等社会制度不断得到传递、巩固和复制，因而看上去往往显得自然、稳固，顺应人们的思维惯性而不易被察觉。

社会性别不是简单地通过某些文化象征来识别出男女之差别，而是一整套确定两性社会地位和社会角色的社会制度。它通过政治、文化和经济的作用，使男性处于统治地位、女性处于被统治的从属地位。这一整套制度被称为社会性别体制。[2]"社会性别体制"（gender system）这个概念是美国人类学者盖尔·鲁宾（Gale Rubin）提出的。她指出，社会性别体制是不隶属于经济制度，又与经济政治制度密切相关、有自身运作机制的一种人类社会制度，这套制度使妇女从属于男性。她指出："一个社会的'社会性别制度'，是该社会将生物的性转化为人类活动的产品的一整套组织安排，这些转变的性需求在这套组织安排中得到满足。"[3]

---

〔1〕　经济合作与发展组织（OECD）2014 年《各国男性参与家务时间调查报告》。参见："中国男性做家务时间仅 48 分钟"，华声在线，http://news.voc.com.cn/article/201403/201403131515071217.html，访问日期：2018 年 10 月 28 日。

〔2〕　刘明辉主编：《社会性别与法律》，高等教育出版社 2012 年版，第 6 页。

〔3〕　[美]盖尔·卢宾："女人交易——性的'政治经济学'初探"，载王政、杜芳琴主编：《社会性别研究选译》，生活·读书·新知三联书店 1998 年版，第 23～24 页。

要理解女性不平等的社会性别经历，就需要识别并了解社会性别体制是如何体现和促成性别刻板印象的。以法律制度为例，长期以来，男性主导立法，认为女性不具备充分的民事行为能力，因此妇女不能够当选或被任命为议会成员，或从事法律、医学等职业。因而，这种社会性别刻板印象通过法律制度得以固化、正当化、合法化。

社会性别体制是一个宽泛的认识工具，可以用以分析一整套不平等的，并长期有效存在于人类历史上的社会制度。它使人们从文化、性及亲密关系、劳动分工等制度上反思两性不平等制度的产生、发展、维持和改变的机制。

（二）社会性别分析方法

社会性别分析以社会性别为视角，即在不同领域和面对不同问题时，运用社会性别概念，通过观察、分析和透视妇女的现实经历而获得某种体验与认知，挑战男性垄断的知识系统。

1. 社会性别视角。"社会性别对于人类文明史中与男权社会有关性别的基础认知是具有颠覆性的，它提供了一种解构的方法，否认'客观中立'的存在，从而为我们的认知提供了过去所没有的新视角"。[1]社会性别视角是多元的，可以概括为以下几种：[2]

视角一，社会性别不是与生俱来的，而是复杂的社会、历史、文化的产物；社会性别关系不是简单地源于生物性别差异和生育能力。生物差异并非绝对，重要的是文化对男女两性不同的期望。

视角二，社会性别和社会性别关系从根本上安排社会生活和社会机制。社会性别角色在于将女性定位于从属、微不足道的地位。

视角三，社会性别关系和男性气质与女性气质的建构并非对称性质，而是二元对立的，建立在男性至尊和男性对女性在社会、政治、经济上的支配这样一项组织原则的基础之上。社会性别的区分是权力等级

---

〔1〕 李楯："序"，载刘明辉主编：《社会性别与法律》，高等教育出版社 2012 年版，第 II 页。

〔2〕 Helen M. Eigenberg, "Overview", in *Women Battering in the United States: Till Death Do Us Part*, Waveland Press, Inc., 2001, pp. 3~11.

的一部分，正如男女之间的差异被用以维持女性的屈从。历史上，女性对家庭、对社会的贡献从来未得到重视和承认。

视角四，知识系统反映男性对自然、社会和世界的看法；知识的创造被社会性别化。例如，有关人类进化的理论即是建立在男性性别之上的。人类学家德斯蒙德·莫里斯论证说，人类之所以能够直立行走是因为雄性在狩猎过程中需要利用它们的上肢向猎物投掷石块。这样的理论并没有为女性为什么会直立行走做出任何解释。

视角五，女性应成为学术探索的中心，而不是边缘、隐性或附属于男性。

2. 社会性别分析。社会性别分析是指任何把社会性别当作分析的重要范畴的理论框架或研究方法，通过社会性别分析，系统检审和评估男女的角色、责任和机会，以便预测政策和干预手段给男女带来的不同影响。

社会性别分析始于对男女社会角色的识别，以及这些角色对地位、机会、获得和控制资源的影响。因此，它涉及收集和使用分性别统计的数据，以反映男女的作用及责任。这些数据被纳入政策流程，使人们能够评估现有和拟定中的政策方案、计划如何对男女产生不同的、不平等的影响。社会性别分析还涉及评估社会性别角色和社会性别不公正的权力关系如何影响一系列发展目标的实现，包括社会性别平等和公正的目标。

社会性别分析需要定量和定性。在人口统计、人类居住模式、家庭、教育、健康、经济活动、获得土地和信贷、法律权利、基于性别的暴力以及宏观经济学等领域使用性别敏感的指标可以提供有用的定量数据。同时应当以定性的数据作补充，包括跟踪历史的、政治的、经济的、社会的、文化的力量，以阐明如何以及为什么会产生社会性别差异，从而提出如何进行改变的指标。

3. 社会性别分析的意义。"社会性别"与仅仅关注"妇女"相比，是一个更有用的定义类别和分析工具。这是因为：首先社会性别不仅涉及妇女；社会性别分析也适用于男性。其次社会性别不是一个孤立的问题，而是与许多因素相互影响的，包括经济发展水平、环境、立法、执法和守法情况。再次，关注社会性别，将重点从妇女的特别诉求转移到确定社会中的不同需求，并制定满足这些需求的政策和策略。因此，政策可以考虑到差异，同时不会损害男女法律平等和禁止基于性别的歧视的假设。社会性别因此优先考虑的是机会和结果平等，而不是形式平等。最后，既然社会性别是一种可以改变的社会建构，那么对其含义的假设也是可以检验和改变的。关于社会性别角色，没有什么是"自然的""命中注定的"或"永恒不变的"。

在人权语境下使用社会性别视角有助于理解社会建构的男女角色如何将妇女置于被贬低的次要地位，如何对妇女享有人权产生不利影响。自 20 世纪 90 年代起，社会性别概念成为联合国和世界各地、各国的一个有力分析工具，成为促进性别平等的重要全球战略。

问题与思考

1. "保护女童就是保护未来的母亲。"请用社会性别视角分析这一论断。

2. 2018 年 9 月 1 日，中国中央电视台《开学第一课》节目因为邀请几位化着浓妆的年轻男星参加而饱受争议。有人直呼这些人为"娘炮"，有人评论"男子汉，是对一个男孩、男士的最美称呼。无论是在中国传统的性别定义中，还是在现代的男性性别角色定位中，男子历来都是有担当的角色，男子应该有阳刚男子气，而不是女子气息"。你怎么看待这一事件及评论？

拓展资料

1. "社会性别"这一术语源自医学和精神病学。20 世纪 30 年代，心理学家用"社会性别"描述人们的心理属性，当时尚未将其与男人和女人联系起来。1968 年，精神病学家罗伯特·斯托勒（Robert Stoller）出版了《生理性别与社会性别》一书，解释了生物学上根据染色体判断属于此性别的孩子，为什么看起来却属于彼性别。更普遍的发现是，那些婴儿在基因上是女性，然而却长着男性的外生殖器（即我们今天所说的间性人），这些孩子既可以被认为是女性，也可以被当作男性来养育，并逐渐形成了"适合的社会性别身份"。斯托勒于是用"社会性别"指代与生理性别有关，但又不完全受生理决定的属性。这一做法为女权主义者所采用，用以区分男女之间自然而然的生理差异与社会建构导致的差异。[1]

第二节　社会性别理论对人权法的解构与建构

一、社会性别理论对人权法的解构

20世纪90年代初，女权主义将关注转向国际法，特别是国际人权法，透过社会性别视角，审视、揭示人权法中的性别盲点。1991年，希拉里·查尔斯沃斯（Hilary Charlesworth）、克里斯汀·钦金（Christine Chinkin）和谢莉·莱特（Shelley Wright）开启了对国际法的女权主义批判。她们在《对国际法的女权主义分析（Feminist Approaches to international Law)》一文中指出妇女被排除在规则制定的过程之外，揭示"公共"关注如何忽略生活在私领域的女性的经历，主张听取不同声音、重新分配资源。这篇论著为挑战男性主义的国际法结构奠定了基础。[2]

激进女权主义的代表人物凯瑟琳·麦金侬（Catharine A. MacKinnon）也指出："国内制度在社会上和政治上已经被确定为属于男性化的制度，表现出以下特征：一是它们区分公共和私人；二是它们将支配地位归因于差异；三是它们以所谓同意掩盖胁迫；四是它们模糊道德背后隐藏的政治。[3] 这些性别等级化的特征在民族国家被广泛地制

---

〔1〕　转引自［英］简·弗里德曼：《女权主义》，雷艳红译，吉林人民出版社2007年版，第18页。

〔2〕　Hilary Charlesworth, Christine Chinkin and Shelley Wright, "Feminist Approaches to international Law", *American Journal of International Law*, 1991 Vol 85 (4), pp. 613~645.

〔3〕　Catharine A. MacKinnon, *Toward a Feminist Theory of the State*, Harvard University Press, 1991.

度化。而国际法的许多领域呈现出更高程度的男性支配模式制度化。例如，国家主权的首要原则是在国际法领域建立起对公共和私人的划分。"[1]

女权主义者从人权法建立的理论基点、人权法的主要内容、国家的人权保障义务等角度对传统人权法进行了全面的社会性别分析，揭示出妇女权利如何被边缘化。女权主义者对人权法的主要批评在于：以往的人权是"男人"的人权，并且"国际人权机构本身以及人权法许多规范的实质内容对妇女地位的提高构成障碍。因为国际法律秩序的造法机制总是被、并继续被男性主导，国际人权法反映的是男性的经验，并且大体上排除了女性的经验，由此使人怀疑国际人权法的客观性和普遍性"。她们提出，"如果不能承认并改变人权制度本身的社会性别属性，则不可能实现妇女的真正进步。"[2]

（一）传统人权法的理论基点——公私两分

与其他国际法律制度一样，国际人权法的一个重要方面是它主要在公领域运行，即在政府、政治、经济、职场等传统上属于男性的领域运行。与之对立的领域是家庭、灶膛的私人领域，传统上妇女所在的领域，一般认为这些领域不属于国家法律和国际人权法的适用范围。然而，对妇女最普遍的伤害发生在私人领域的内部密室中，发生在家庭内部。公私两分，并且仅关注公领域的人权，掩盖了对女性的歧视。

1. 女权主义者关于公私两分的讨论。女性被排除在政治权力运作之外这一事实历来是女权主义政治分析的起点。在相当长的历史时期，女性无投票权；即便今天，全世界正式的政治机构和决策主体中，女性代表的比例仍明显不足。欧美女权主义者认为，女性被排除在政治之外的真正根源是西方的政治理论与政治制度。为了找出女性长期被排除在政治领域之外的原因，女权理论家批评了构建西方民主制度的理论基

---

[1] Fareda Banda and Catharine A. Mackinnon, "Sex, Gender and International Law", in *Proceedings of the Annual Meeting* (*American Society of International Law*), Vol. 100, Mar. 29–April 1, 2006, pp. 24~248.

[2] Hilary Charlesworth, "Human Rights as Men's Rights", in Julie Peters & Andrea Wolper (eds), *Women's Rights, Human Rights: International Feminist Perspectives*, Routledge, 1995.

石，尤其是公私领域的划分，这是自由主义和共和主义理论的核心，当然也是这两种传统建构个体公民的核心。

自由主义和共和主义传统都依赖于公共领域与私人领域的主要区分。在自由主义传统中，私人领域是个人自由的领域，人们在私人领域的行为不受国家权力的约束。一般认为，由于女性天生就缺乏独立的品质和能力，因此也不能享受公民在私领域的自由。由此产生的结果是公民自由的男性特质，而男性特质又取决于家长权力。因此，两性差异意味着政治差异，意味着自由与从属的差异。

在共和主义传统中，公共领域是真正自由的领域，因为人们通过积极的公民权和政治参与，实现了人之为人。民主制不只是平等问题，还是身份问题，是赋予充分公民权的个体身份问题。民主理论家担心性别平等将抹杀男女之间必要的区别，导致男性气质和女性气质的混淆。比如卢梭认为，女性是"共和国宝贵的半边天"，女性制定风俗，男性制定法律。因此，女性应当局限于家务管理，不要掺和到政治的公共领域。显然，共和主义对公私领域的划分是根据性别做出的。[1]

不论是自由主义还是共和主义传统，都无一例外地把女性驱逐到生活的私人领域，即家庭。人们认为，家庭才是女性该在的地方，而且私人领域与家庭生活在执政者的关注范围之外。在女权主义者看来，私人领域其实是权力关系和性别关系不平等的主要场所。

2. 人权法背景下讨论公共和私人领域区分的意义。从人权主张的源头来看，有论者指出："接受西方教育的有产男性，他们提倡人权的原因是担心自己在公共领域的公民和政治权利受到侵犯，因此这一领域成为人权工作的优先事项。然而，他们并不担心家庭和私领域的侵犯，因为那是他们的领地，他们是那里的主人。"[2] 当然，妇女在公共政治领域的人权也非常重要，并且由于妇女进入公共领域的机会在许多方面

---

〔1〕［英］简·弗里德曼：《女权主义》，雷艳红译，吉林人民出版社 2007 年版，第 32~38 页。

〔2〕 Charlotte Bunch, "Transforming Human Rights from a Feminist Perspective", in Julie Peters & Andrea Wolper (eds), *Women's Rights*, *Human Rights*: *International Feminist Perspectives*, Routledge, 1995.

受到限制，因此更经常被剥夺。然而，对大多数妇女和许多男人来说，对日常的人权侵犯威胁并不应作如此狭隘地理解。多数对妇女的侵犯是一个更大的社会经济和文化网络的组成部分，这些侵犯不能完全被划为政治性的，也不仅仅是由国家造成的。因此，人权法语境下讨论公私两分，涉及两个基本问题。

第一，政治、法律和社会进程是如何建构公共和私人领域的。在社会中划分公共和私人生活是一个固有的政治过程，既反映又加强了权力关系，特别是性别、种族和阶级的权力关系。在这个过程中，某些活动被认为属于公领域，某些被归入私领域。例如，在多数社会，参与公共治理和在公共部门就业被视为典型的公共活动，婚姻和抚养子女的关系被定义为私人生活的核心。女权主义者长期以来一直强调这种分别的社会性别特征。经济、社会、政治权力存在于公共领域，妇女介入这些领域的机会有限，并且她们对这些领域的控制也有限。法律建构并维持着私生活中的权力关系：它一方面通过社会福利、税收制度等手段积极调整私人生活的某些方面，另一方面对私人生活的其他行为又不加调整。不同社会，不同群体对公共和私人的界定可能不同，但不同背景下公共/私人区分的共同特征是赋予女性在私人生活中的活动以较低的经济、社会、政治价值。此外，当国家试图控制失去权力的群体时，公共和私人之间的界限又是从来都可以相互渗透的。

第二，私人行为与国家责任的关系。把某些活动归为私人领域的政治决定为国家免除对这些活动承担责任找到了理由。[1] 蕴含在国际法中的公共和私人领域的二分法，在国际和国家层面均对妇女产生了影响。国际层面，对公共和私人的划分导致在国际法上只有国家承担责任。非国家行为主体并不对侵犯人权的行为直接负责；而落入非国家行

---

〔1〕 Hilary Charlesworth et al., Feminist Approaches to International Law, 85 *Amercian Journal of International Law* 613（1991）. 国际人权法的发展对这些批评的回应，以及仍然存在的挑战，参见 Hilary Charlesworth, "General Introduction", in *Women and International Human Rights Law*, Vol. 1, at xix-xxiii（Kelly D. Askin & Dorean M. Koenig eds., 1999）；Christine Chinkin, "Feminist Interventions into International Law", 19 *Adelaide Law Review* 13（1997）；Christine Chinkin, "A Critique of the Public/Private Dimension", 10 *European Journal of International Law* 387（1999）.

为主体手中的妇女却更易遭受虐待。国家层面，对公共和私人的二分法让国家不干涉私人关系合理化，成为挡在系统侵犯妇女人权面前的烟雾弹，让其不被发现。法律也将自己留在公共领域，如果私人以及私人侵犯事件不能进入公共领域，那么法律和法律权力就无计可施。

公私两分对人权法的定义、内容、国家义务设定都产生了根本性的影响。

（二）人权法的定义与内容

国际人权法青睐公民及政治权利，表明了一种男性的、西方自由主义倾向，忽略了非西方、非白人、非成人、非男人的需求。妇女的生活经验以及妇女的权利因为公、私划分而被忽视、被剥夺的教训表明，不能再理所当然地使用普遍人权的概念，而要重新进行谈判。"普遍"人权最大的问题是，形成普遍理论的过程中许许多多的人都没有参与。[1]

1. 普遍人权并不"普遍"。国家和国际法律秩序的结构和制度反映并保证了男性观点持续占据统治地位。各国政府中的权力结构表现为清一色的男性主导，只有极少数国家有女性占据权力要职。有女性官员的国家，其数量也是很少的。在国家乃至全球的决策过程中，没有女性代表或女性代表严重不足。国际组织复制了国家的结构。在具有编纂和逐步发展国际法的专门职能的机构，女性的失声和隐形化同样突出。虽然人权问题被认为是可以引起对女性关注的适当领域，但在联合国的专门人权机构中，妇女仍然代表性不足。例如，除了消除对妇女歧视委员会和儿童权利委员会，各人权条约机构中女性人数非常少。

坚持主张女性的重要代表性价值何在？长期的男性主导意味着传统上男性关切的问题会被视为人类的整体关切；相反，妇女的关切被视为遥远的、有限的领域。因为男性通常不是性别歧视、家庭暴力或性暴力的受害者，因此这些问题通常会被降格为专门化和边缘化的领域，顶多通过较弱的方法予以监管。女权主义者指出，"准确来说，国际人权法

---

〔1〕　Elisabeth Friedman, "Women's Human Rights: The Emergence of a Movement", in Julie Peters & Andrea Wolper (eds), *Women's Rights*, *Human Rights*: *International Feminist Perspectives*, Routledge, 1995.

应称之为国际男人权利法。除非女性在造法一开始就能获得平等的代表性，否则国际人权法将无法主张它的普适性"。[1]

2. 公民权利和政治权利的优先性。公民权利和政治权利是被发达国家赋予首要地位的传统权利，旨在保护公共领域中男人与其政府间的关系。对该领域多项权利的界定主要考虑男性的关切，并未虑及女性的生活体验，因此具有明显的性别属性。下面仅举两例说明。

（1）生命权。《公民权利和政治权利国际公约》第6条规定了生命权，该权利与被公共行为任意剥夺生命联系在一起。公共行为任意剥夺生命或自由，虽然很重要，但是没有充分说明女性生命受到威胁的表现形式，以及女性需要法律保护以享有生命权的特殊方式。从受孕到年老，女性的一生都充满风险。首先，文化传统及经济压力导致的男孩偏好，致使女性胎儿面临堕胎和杀婴的危险。其次，幼年时期，因为社会实践使男性和男孩在食物方面享有优先权，女孩因营养不良导致死亡或精神伤害的比率高于男孩。成年后，在威胁生命的生产过程中，女性无法控制自己的身体，贫困和缺乏保健服务让女性的生命更为脆弱。此外，所有国家普遍存在针对妇女的暴力。然而，传统的生命权定义并未包含这些对女性生命的威胁。[2]

（2）酷刑。酷刑的核心特征是发生在公领域。它必须是由公职人员或以官方身份行事的人同意或默许或在其激励下进行的行为。虽然许多妇女也是这种"公共"意义上的酷刑的受害人，但到目前为止，对妇女最严重、最常见的暴力发生在"私领域"——家庭中的暴力。这是对酷刑的国际定义没有触及的。

在更广的文化范围内，许多针对妇女的重大暴力形式，如杀妻、殴打、强奸，通常不会被起诉，或相对量刑较轻，并不作为严重的暴力犯罪处理。世界各地，官方对暴力侵害妇女的容忍源于一个明示或默示的

---

〔1〕 Hilary Charlesworth, "Human Rights as Men's Rights", in Julie Peters & Andrea Wolper (eds), *Women's Rights, Human Rights: International Feminist Perspectives*, Routledge, 1995.

〔2〕 Charlotte Bunch, "Women's Rights as Human Rights: Toward a Revision of Human Rights", in *Human Rights Quarterly*, Vol. 12, (1990).

认识，即这是"私人"的事情，不是适合国家刑事司法制度处理的问题。在暴力侵害妇女问题上区分"公共"和"私人"，掩盖了对女性造成的最持续的伤害，是对妇女人权的严重漠视。

3. 经济、社会、文化权利中的性别盲点。人们一般认为，经济、社会和文化权利跨越了公共和私人领域，因此可能会给妇女带来更多实惠。然而，国际公约对这些权利的定义同样显示出人权法对公共和私人世界的区分。实际上，《经济、社会、文化权利国际公约》并没有触及妇女生活背景下的经济、社会、文化议题，因为对大多数女性而言，关键性的经济、社会、文化权力关系不是存在于妇女与国家之间，而是存在于妇女与男性之间。父权制的国家机构支撑起了父亲、丈夫或兄长的权威，以及妇女对他们的依附。例如，《经济、社会、文化权利国际公约》第 7 条规定的"有权享受公正和良好的工作条件"的定义，限定于公共领域的工作。大量女性的经济活动是隐形的，不为人知的，原因是女性从事的这些活动没有报酬、发生在私人和家庭领域。如果不看到、不承认妇女工作的范围和经济价值，那么第 7 条规定的"特别是保证妇女享受不差于男子所享受的工作条件，并享受同工同酬"，听起来便相当空洞。[1]

此外，文化和宗教权利的概念通常会强化公共和私人世界的区分，对妇女产生不利影响：文化和宗教可以被视为不受法律规制的领域，而它们常常又是男性压迫妇女的领域。虽然性别平等与宗教文化权利间的关系，可以通过限制后者得以协调，但在政治实践中，在国家和国际层面，文化和宗教自由通常被赋予相当高的优先地位。

4. 集体权利。集体权利（也被称为第三代权利）对社区整体的福利给予优于或超越特定个人利益的更大承诺。这些权利似乎对女性来说特别有希望，她们的生活通常更多地集中于家庭、群体和社区，而不是个人。但在女权主义者看来，它们在本质上与第一代和第二代权利没有什么不同，因为它们也是以男性中心主义的方式发展起来的，在第三代

---

〔1〕　Hilary Charlesworth，"Human Rights as Men's Rights"，in Julie Peters & Andrea Wolper (eds)，*Women's Rights*，*Human Rights*：*International Feminist Perspectives*，Routledge，1995.

权利的理论和实践发展进程中，事实上很少谈论女性。

（1）发展权。联合国《发展权利宣言》所阐释的发展权的普遍性和普适性被男性中心主义的国际经济体制破坏了，这一经济体制赋予男性主导的公共领域的工作比女性在私领域的工作更大的价值。发展曾被片面地理解为是经济增长。国际上对发展权的界定和执行巩固了男性对经济的支配地位，却忽视了增长可能给社会一半人口带来的不利影响和利益损失。事实上，发展中国家的许多妇女的状况在 20 世纪后期不断恶化。虽然发展实践对第三世界妇女造成的不利影响不能简单归因于对发展权的国际法律规定，但国际法的用语不仅反映而且强化了妇女的从属地位。

（2）自决权。自决权也一样，允许"所有人民""自由决定其政治地位，自由追求其经济、社会和文化发展"，最终对妇女也是不利的。声称拥有自决权的群体从不认为对妇女的压迫与自决的有效性或自决应采取的形式有关。这样一来，自决权与大多数男性政治生活的公领域相关。通常情况下，自决团体忽视了对妇女的镇压，导致实际上"人民"的自决权仅属于男性。

（三）国家人权义务的局限

国际法的国家中心性质，公民和政治权利话语的统治地位，以及对家庭制度的尊重，这三个要素的共同作用，致使人权法强调国家消极的不干预义务，并仅要求国家对其直接实施的侵犯人权行为承担责任。由此，许多侵犯妇女的行为没有被承认为是侵犯人权的行为，因为这些行为的实施者是私人而不是国家机构或国家的代理人。关于家庭生活的国际规范要求国家保护家庭制度并赋予家庭隐私权。保护家庭和隐私权的义务都阻碍了国家对家庭生活的直接干预。由于家庭是许多最严重侵犯妇女身心健全的行为发生地，因此，任何对家庭制度或家庭隐私权的全面尊重都可能会给妇女带来灾难性后果。

国际法对公共和私人生活的区别成为要求国家对私领域负起人权责任的主要理论障碍。区分私人和公共的二分法主要用于证明妇女的从属地位，将在家庭中发生的人权侵犯从公共审查和监督中排除出去。但相反的例证近在眼前，如奴隶制和种族歧视。这些侵犯也大多发生在私人领域，并且曾经被宣扬为文化传统或国家主权事项。国家不对私人领域或文化领域侵犯妇女权利的行为承担责任的假设，忽略了一个事实，即就算侵犯行为的直接行为人是私人，但此类侵犯通常得到了国家的宽恕或准许。当然，解决问题的重点不是取消对国家严重侵犯公民和政治权利问题的关注，而是要扩大当前不适合保障妇女权利的框架范式，将妇女所遭受的虐待也含纳进来。[1]

（四）被边缘化的女性权利

当妇女被剥夺了私领域的民主和人权时，她们在公共领域的人权也受到损害，因为私领域发生的事情影响了她们充分参与公共领域的能力。包括联合国在内的国际机构，妇女的代表性严重不足，这可能是人权法的定义和内容中普遍存在性别偏见的一个原因，当然这绝不能成为证明其合理性的借口。

然而，即便女性权利已经被国际议程接纳，它依然是被边缘化的。妇女人权问题长期无法进入国际讨论的主流，有一系列的原因。首先，联合国系统设立处理妇女问题的专门机构，初衷是为强调和重视妇女问题，而实际效果却可能是免除了主流人权机构处理这一问题的责任，导致将妇女人权作为较小的权利看待。其次，由于大多数国家允许或宽容基于性别的歧视，因此侵犯妇女权利不会对和平、领土完整和国际关系造成威胁，从而也不会引起国家乃至国际社会的重视。

联合国大多数与提高妇女地位相关的工作都集中于妇女地位委员会和《消除对妇女一切形式歧视公约》。具有讽刺意味的是，创建专门的妇女人权法分支实际上已经允许将其边缘化了。尽管有不能将妇女人权与所有人的人权割裂开来的原则，但《消除对妇女一切形式歧视公约》在观念上还是被隔离了。在很长一段时间，《消除对妇女一切形式歧视公约》的存在似乎给国家和其他人权行动者把妇女人权边缘化的行为提

---

〔1〕　Donna Sullivan, "The Public/Private Distinction in International Human Rights Law", in Julie Peters & Andrea Wolper (eds), *Women's Rights*, *Human Rights*: *International Feminist Perspectives*, Routledge, 1995.

供了一个理由。

联合国人权委员会最初具有预防基于性别的歧视的职能。1946 年经济及社会理事会决定设立一个专门处理妇女地位问题的职司机构——妇女地位委员会。但多年的实践表明，人权委员会和妇女地位委员会在议程、机制、政治分量方面有很大不同。虽然人权委员会的预防性别歧视的职能从未被排除，但直到维也纳世界人权大会之前，似乎存在一个共识，即所有与妇女有关的问题，包括妇女人权问题都由妇女地位委员会处理。人权委员会从最初的人权促进者转变为后来的人权保护者的剧变过程中，几乎从未关注过妇女的人权问题。1973 年，联合国秘书处负责妇女问题的主要机构由人权司转移到经济和社会事务部社会发展与人道事务中心。从此，联合国机构，包括联合国大会，就在经济与社会发展的议程下讨论妇女问题，妇女人权的视角从此被边缘化。

而负责监督《消除对妇女一切形式歧视公约》实施状况的消除对妇女歧视委员会也受到了地域和机构隔离。它在 2008 年之前曾在维也纳和纽约开会，受到提高妇女地位司的支持。而其他人权条约机构则位于日内瓦，受到联合国人权高专办公室的支持。在很长一段时间里，妇女人权在其他人权条约机构是缺位的。这进一步强化了男性权利是普遍的，而妇女权利是事后想起来加上去的看法。

二、社会性别理论对人权法的建构

综观上述表现，女权主义者认为，人权法的程序和内容都是社会性别化的，因此其权威性和有效性也是片面的。因此，女权主义者呼吁，作为一个提高妇女地位的重要策略，必须保证妇女的声音和经历被纳入所有人权规范的定义中。[1] 最根本的是，"主流"国际法的界限必须重新定位，纳入妇女的经验。所有的联合国工作都应使用性别包容的语言，才能降低国际立法中的男性文化。在人权法语境下，质疑对公共和私人领域的性别划分，并重塑理论基础。

20 世纪最后 20 年国际女权运动的发展表明，妇女在重新界定发

---

〔1〕 Hilary Charlesworth，"Human Rights as Men's Rights"，in Julie Peters & Andrea Wolper (eds)，*Women's Rights*，*Human Rights*：*International Feminist Perspectives*，Routledge，1995.

展、民主、人权、世界安全、环境等社会概念和全球政策问题时发挥着主导作用。这意味着"妇女议题"不再仅仅被视为一个被社会边缘化的独立问题，相反，通过质疑社会秩序中最基本的概念，妇女已经从边缘走向了中心，人们在讨论这些问题时开始考虑妇女的生活经历，新的人权模式开始形成。

（一）扩展人权法的内容和定义

"人权的概念不是静态的，也不是任何一个群体的财产；相反，它的意义随着人们重新认识自己的需求和希望而扩大。本着这种精神，女权主义者重新定义了侵犯人权的行为，包括贬低和侵犯妇女的行为。传统的人权方法中必须纳入妇女的具体体验和经历，使妇女问题受到正视，改变现行文化中人权的概念和做法，以便能更好地考虑妇女的生活。"[1]

为此，虽然原始的人权条约并未进行修改，但国际机构和缔约国在解释和适用人权条约的过程中，逐步纳入了对妇女及性和性别少数群体经历的关注。一方面，已有的联合国人权条约机构通过发表一般性意见/建议的形式，对公民权利和政治权利、经济、社会和文化权利等各项权利的内涵作出更具有社会性别意识的解释和发展。例如，人权委员会在阐释《公民权利和政治权利国际公约》第9条规定的人身自由与安全权时，指出权利的主体首先包括"男孩、女孩、士兵、残疾人、女同性恋者、男同性恋者、双性恋、变性人"等；"人身安全权保护个人身体或精神不被故意伤害，不论受害者是被拘留还是未被拘留"，这就要求"缔约国必须针对不同类受害者所遭受不同形式的暴力作出适当的反应"，包括对妇女的暴力、家庭暴力、基于性倾向或性别身份的暴力。[2] 禁止酷刑委员会最近的实践也发展了对《禁止酷刑和其他残忍、不人道或有辱人格的待遇或处罚公约》中"酷刑"概念的理解，具有

---

〔1〕 Charlotte Bunch, "Women's Rights as Human Rights: Toward a Revision of Human Rights", *Human Rights Quarterly* Vol. 12 (1990).

〔2〕 UN Doc. CCPR/C/GC/35，人权事务委员会第35号一般性意见：《第9条（人身自由和安全）》（2014），第3段、第9段。

了明确的社会性别敏感度，纳入了对女性、性少数、不同性别身份认同人群具体关切的考虑。[1] 经济、社会、文化权利委员会在阐释"人人享有公正和良好的工作条件"的权利时，申明这一权利不分性别地适用于所有场所的所有工人，包括家政工人、自营职业工人、农业工人、无薪工人等；而公正和良好的工作条件除其他外，包含免受性骚扰、提供带薪产假、陪产假、育儿假。[2]

另一方面，后续制定的国际人权公约采用了更具性别包容性的术语。例如联合国大会 1990 年通过的《保护所有移徙工人及其家庭成员权利国际公约》将"家庭成员"界定为"移徙工人的已婚配偶或依照法律与其保持具有婚姻同等效力关系的人"，突破了对婚姻关系的刻板印象。该公约在规定移徙工人及其家庭成员的人身自由和安全时，包含了不受来自个人、团体或机构实施的暴力、身体伤害、威胁或恫吓。[3]

总之，具有社会性别视角的国际人权法在内容上更加丰富，将视野从以男性为中心的公领域扩大到关照社会所有成员关切的公共和私人领域。过去一度被隐形化的家庭暴力、性骚扰、无酬家务劳动、农村妇女的境遇等问题被纳入了人权法的议程。

（二）重新定义性别平等与歧视

1. 从形式平等、机会平等到实质平等、结果平等。在制定《消除对妇女一切形式歧视公约》之前，许多国际文件都规定了禁止基于性别歧视的一般义务。例如《世界人权宣言》第 2 条，《公民权利和政治权利国际公约》第 2 条、第 3 条，《经济、社会、文化权利国际公约》第 2 条、第 3 条。不得基于性别歧视的非歧视原则要求在保障各个公约规定的权利方面，男女应获平等对待。然而，传统的人权框架局限于形式上的机会平等。而历史和文化传统造就的妇女实际处境，使其即便在面对法律授予的相同机会时，也无法实际去把握和利用机会。因此，禁止

---

〔1〕 例如，UN Doc. CAT/C/GC/3，禁止酷刑委员会第 3 号一般性意见：《缔约国对第 14 条的执行》（2012）。

〔2〕 UN Doc. E/C.12/GC/23，经济、社会、文化权利委员会第 23 号一般性意见：《关于享受公正和良好的工作条件的权利》（2016），第 5、6 段。

〔3〕 《保护移徙工人及其家庭成员权利国际公约》第 4 条、第 16 条第 2 款。

歧视本身并不足以确保妇女像男人一样有提高和充分享有权利的相同机会，还需要社会政策和方案支持妇女切实获得机会。这样的实质平等要求所有人都能够享有平等的人的尊严，充分参与社会。为实现实质平等的目标，它允许差别对待。为此，《消除对妇女一切形式歧视公约》第4条第1款专门规定，"为加速实现男女在事实上的平等而采取的暂行特别措施，不得视为本公约所指的歧视"。

2. 揭露结构性歧视。20世纪70年代联合国主持起草《消除对妇女一切形式歧视公约》时，"社会性别"在国际上还不是一个流行的概念，因此该公约并没有使用"社会性别"这一术语。然而，该公约的起草者对性别歧视发生的社会及政治环境有深刻理解，并将其带入到起草工作中。他们认识到，法律、习惯与传统、对男女角色的信念、社会和经济制度、社会中及男女间的权力关系等因素，都反映并固化着对妇女的歧视。社会结构将许多歧视现象制度化，使这些歧视变得"自然"或者"正常"，以致往往掩盖了系统的"男性"利益偏好。

起草者的这些认识集中体现于《消除对妇女一切形式歧视公约》第5条。该条要求缔约国"改变男女的社会和文化行为模式，以消除基于性别而分尊卑观念或基于男女任务定型所产生的偏见、习俗和一切其他做法"。尽管第5条没有提及歧视，但它承认社会性别刻板印象或固定的父母性别角色是歧视妇女的基础。该条提到的行为的社会和文化模式以及对角色的定型观念，均基于偏见和贬低女性的传统或习俗观念，否定了妇女个人以其自身权利成为一个人，并运用作为一个人的所有能力过有意义生活的可能性。因此性别刻板印象以及固定的父母性别角色不仅否定妇女作为一个平等的有尊严的人受到尊重的权利，还否定了妇女根据自我选择进行生活的自主性，以及她们对自己、对人类持续和发展做出的独特贡献的信念。若不根除这些缘由，就不可能实现消除对妇女一切形式的歧视。而偏见以及所有基于女性卑微和男女定型任务的习俗和做法本身都是歧视性的。

《消除对妇女一切形式歧视公约》是首个揭示性别刻板印象造成结构性歧视的人权公约。消除对妇女歧视委员会秉承了同样的认识，指出

"顽固的父权制和扎根于社会中的对男子和妇女作用和职责的定型观念构成对妇女的歧视。而维持不良的文化习俗和传统行为，造成妇女在家庭和社会中继续处于附属地位，很大程度上妨碍了妇女行使基本权利"。[1] 这些现象"不仅通过个别人的个别行为影响妇女，而且存在于立法、法律与社会结构及制度中"。[2] 因此，《消除对妇女一切形式歧视公约》通过纳入第5条，不仅讨论性别意识形态，而且讨论妇女面临的系统和结构性不平等，并且，为克服由此产生的歧视，呼吁将平等理解为一种变革的原则。[3]

3. 倡导变革性平等。针对性别刻板印象导致的结构性歧视，有学者提出了——"变革性平等"（transformative equality）的平等概念，认为只有建立于性别或社会性别基础上的社会等级与支配结构发生变革时，全面、真实的平等才有可能实现。[4] 有些情况下生理性别是无关紧要的；而另一些情况下，男女之间的差异会在社会安排中得到适当的承认和重视。一位学者对变革性平等的描述颇具代表性：

平等作为一种变革，其目标不在性别中立的未来，而是一个社会性别得到适当考虑的未来。未来不是简单地允许妇女进入男性定义的世界。相反，妇女的平等包括对社会的重构，因此不再是由男性定义。变革要求重新分配权力和资源，并改变使压迫妇女永久化的制度结构。它要求废弃公—私划分，重建公共世界，使对子女的养育和照料成为得到

---

〔1〕 CEDAW/C/BDI/CO/4（2008）对布隆迪的结论性意见，第17段。

〔2〕 消除对妇女歧视委员会第25号一般性建议：《涉及暂行特别措施的第4条第1款》（2004），第7段。

〔3〕 S. Fredman, "Beyond the Dichotomy of Formal and Substantive Equality: Towards a New Definition of Equal Rights " in I. Boerefijn, F. Coomans, J. Goldschmidt, R. Holtmaat, and R. Wolleswinkel（eds）, *Temporary Special Measures: Accelerating De Facto Equality of Women under Article* 4（1）*UN Convention on the Elimination of all Forms of Discrimination Against Women*（2003）116; D. Otto, "Rethinking the 'Universality' of Human Rights Law"（1997~1998）29 *Columbia Human Rights Law Review*, pp. 1~46.

〔4〕 S. Fredman, "Beyond the Dichotomy of Formal and Substantive Equality: Towards a New Definition of Equal Rights" in I. Boerefijn *et al*（eds）, *Temporary Special Measures: Accelerating de facto Equality of Women under Article* 4（1）*UN Convention on the Elimination of All Forms of Discrimination Against Women*（2003）, p. 111.

父母和社会重视的共同责任。它的目标是帮助妇女充分表达自己的能力和选择，充分融入社会……这表明，平等作为一种变革不仅要求去除障碍，还需要能带来改变的积极措施。[1]

变革性平等也可以被看作是一种具有制度和结构维度的实质平等，但使用"变革性平等"一语可以表达一种具有根本性的深远的变革。《消除对妇女一切形式歧视公约》的文本和精神已经包含了这个目标。

4. 正视性别身份与交叉歧视。建构性别刻板印象和固定的父母性别角色的最终依据是存在两种相反的、互斥的生理性别的假设。按照这一界定，异性恋者处于该图景的中心位置。对父权制下女性性别身份及其固定的性别（慈母）角色最公然的违反是女同性恋者选择放弃男性性伴侣、拒绝男性户主的保护以及所有其他男性对其生活的监督和控制。女同性恋者遭遇着严重的暴力侵害，包括（集体）强奸以"治疗"她们"不正常"的性偏好。[2] 通过性别刻板印象的机制，基于性倾向的歧视和对变性人、间性人的歧视与基于性别的歧视相互交叉。[3] 除此之外，性别刻板印象还可能与社会、法律和文化秩序所构建的一系列其他身份交叉，经济地位、阶级或阶层、宗教、性倾向、法律地位、健康、年龄、社会地位、国籍、民族或种族，都会成为歧视的基础，并得到与性别刻板印象相结合、相交叉的描述性和规定性刻板印象的维持。

目前，监督人权公约实施的各条约机构都将人权规定视为一个整体，逐步考虑到交叉歧视问题。消除种族歧视委员会开始处理性别与种

---

〔1〕 S. Fredman, "Beyond the Dichotomy of Formal and Substantive Equality: Towards a New Definition of Equal Rights" in *Temporary Special Measures*: *Accelerating de facto Equality of Women under Article 4 (1) UN Convention on the Elimination of All Forms of Discrimination against Women*, Ineke Boerefijn et al. eds, Intersentia, 2003, p. 115.

〔2〕 例如 UN Doc. E/CN. 4/2006/6/Add. 1, 联合国人权委员会《酷刑和其他残忍、不人道或有辱人格的待遇或处罚, 特别报告员曼弗雷德·诺瓦克的报告》（2006 年 3 月），第 180 和 183 段。

〔3〕 K. Crenshaw, "Demarginalizing and Intersection of Race and Sex, a Black Feminist Critique of Antidiscrimination Doctrine, Feminist Theory, and Antiracist Politics", (1989) *University of Chicago Legal Forum*, pp. 139~167; 相关术语有"复合歧视"或"多重歧视"。

族的交叉性。[1] 消除对妇女歧视委员会将交叉性作为一个"理解缔约国义务的范围的基本概念",承认某些妇女群体"除受到性别刻板印象的影响外,还面临多种形式的歧视,例如因其民族或性倾向而受到歧视"。[2] 该委员会在一般性建议以及对缔约国报告的结论性意见中已经指出,"某些妇女群体"更易遭受某些特定形式的歧视,包括"被剥夺自由的妇女、难民、寻求庇护者和移民妇女、无国籍妇女、同性恋妇女、残疾妇女、被贩运的妇女、丧偶妇女和老年妇女"。[3] 此外,该委员会通过关于特定妇女群体的一般性建议,提出了更详细、更有针对性的具体意见和建议。

(三)重构国家人权义务体系

对人权法的社会性别分析让私领域的人权侵犯行为浮出了水面,由此引发对国家是否应该对私领域侵犯人权的行为承担责任的反思。

在这一过程中,有学者提出三重维度的国家人权义务,即尊重人权、保护人权和实现人权的义务。[4] 所谓尊重人权的义务,是指国家应避免采取行动侵犯个人的人权。如,不得实施酷刑的义务。保护人权的义务,是指国家应该采取行动预防或惩治对人权的侵犯。例如,如果国家未能执行禁止绑架的国内法,则会因此承担责任。即便绑架者没有得到国家的怂恿或协助,完全是个人行为,国家如果未尽调查和惩治义务,就要承担过失责任。如果国家不将非国家行为主体实施的侵犯人权的行为罪行化,调查并惩治这些侵犯行为,则国家将成为侵犯行为的同谋。家庭暴力就是一例。所谓实现人权的义务,是要求国家确保所有公

---

〔1〕 UN Doc. HRI/GEN/1/Rev. 9(Vol Ⅱ),消除种族歧视委员会第 25 号一般性建议,第287 页。

〔2〕 消除对妇女歧视委员会第 28 号一般性建议,第 18 段。

〔3〕 消除对妇女歧视委员会第 28 号一般性建议,第 31 段。

〔4〕 Asbjorn Eide,"Realization of Social and Economic Rights:The Minimum Threshold Approach",43 *I. C. J. Rev.* (1989),pp. 40~42. Andrew Byrnes & Jane Connors,"Enforcing the Human Rights of Women:A complaints Procedure for the Women's Convention?",21 *Brooklin Jounral of International Law* (1996),pp. 679,711~712 Partrick Macklem & Craig Scott,"Constitutional Ropes of Sand or Justiciable Guarantees? Social Rights in a New South African Constitution",141 *University of Pennsylvania law Review.* 1 (1992),pp. 72~84.

民实现最低标准的人类福利，这是一项确保公民人权的积极义务。从这层义务来看，权利不再是自由主义的自由，而是实质性的最低标准。它要求国家关注对权利的享有，而不仅仅是免于干涉。事实上，它恰恰需要干预，当然也包括对私领域的干预，以确保最低标准的人类福利作为人权能够得到保障。

　　人权条约机构在监督国家履行人权公约的实践中，接受并贯彻了这种多层次的国家义务模式：它们经常在同缔约国的建设性对话中询问有关私人侵犯人权的行为，并要求国家对此类行为承担恪尽职守（due diligence）的调查义务。经济、社会、文化权利委员会在其一般性意见中分析非歧视背景下缔约国义务的三个层次。[1] 消除对妇女歧视委员会采纳了同样的分类方法，在针对妇女的暴力[2]、妇女的保健权[3]以及更一般的暂行特别措施问题上[4]，将其作为一种有用的分析工具。消除对妇女歧视委员会全面阐释了消除对妇女歧视语境下缔约国义务的不同层次。尊重的义务，通常被称为缔约国的消极义务，要求缔约国避免通过制定法律、政策来直接或间接地干扰妇女平等享有她们的权利。缔约国因此必须保证它们的政策不会对妇女产生未预见的或非故意的不利后果。保护的义务，是缔约国确保妇女免遭私人行为者的歧视的积极义务，并"采取步骤，其直接目标就是要消除主张某一性别低于或高于另一性别的偏见、习俗和所有其他惯例"。实现（或增进）的义务是面向未来的，要求缔约国和其他相关行为人采取短期的、中期的和长期的公共政策、方案和体制框架以打击各种形式的对妇女的歧视，旨在最终全面实现在与男子平等基础上不受歧视的权利以及妇女潜能的全面发展。[5]

----

〔1〕　例如，经济、社会、文化权利委员会第 12 号一般性评论（UN Doc. E/C.12/1999/5），第 15 段。在经济、社会、文化权利委员会第 16 号一般性评论（UN Doc E/C.12/2005/4）中，委员会解释了在对妇女的非歧视背景下不同的义务层次。

〔2〕　UN Doc. CEDAW/C/32/D/2003，消除对妇女歧视委员会 2003 年第 2 号来文（2005），AT 女士诉匈牙利，第 9.6 段。

〔3〕　消除对妇女歧视委员会第 24 号一般性建议，第 13 段。

〔4〕　消除对妇女歧视委员会第 25 号一般性建议，第 4 段。

〔5〕　消除对妇女歧视委员会第 28 号一般性建议，第 9 段。

从性别到社会性别，这一术语的变化为人权在 20 世纪 90 年代取得突破性进展带来了实质性变化：它揭示了历史建构的妇女在公共和私人生活、政治、家庭、社区以及社会中的从属地位、不平等的权力关系；指出基于性别的歧视既存在于公领域也存在于私领域；使得人权的涵盖范围从个人针对政府的纵向关系扩展到个人之间、家庭内部、社区中的横向关系；由此也拓宽了政府的人权义务范围，要求其纠正两性之间的结构性不平等。

问题与思考

1. 请用社会性别视角分析联合国《消除一切形式种族歧视国际公约》，思考其中的规定是否存在性别盲点。

拓展资料

1. Rebecca J. Cook and Simone Cusack, *Gender Stereotyping：Transnational Legal Perspectives*, University of Pennsylvania Press, 2010.

2. Marsha A. Freeman, Christine Chinkin and Beate Rudolf（eds）, *UN Convention on the Elimination of All Forms of Discrimination against Women, A Commentary*, Oxford University Press, 2010.

3. ［加］丽贝卡·J. 库克编著：《妇女的人权：国家和国际的视角》，黄列译，中国社会科学出版社 2001 年版。

第三节　人权领域的社会性别主流化

尊重人权是《联合国宪章》和"国际人权宪章"的核心。社会性别主流化需要在尊重妇女和男子的人权的背景下进行。由于人权话语最初并未关注妇女的人权，因此了解这些权利的国际法要求是社会性别主流化的重要基础。

一、作为人权的妇女权利

（一）普遍人权

尊重人权是国际社会及绝大多数政府公认的目标之一。国际社会对人权的关注最早可以追溯到 20 世纪初国际联盟关于奴隶制和贩运妇女的工作、国际劳工组织对职场平等的承诺、泛美联盟的早期工作等。联合国主持下的工作始于 1945 年的《联合国宪章》。1948 年，联合国大会通过了《世界人权宣言》，雄辩地阐释了"人类家庭所有成员的固有尊严和平等不移的权利"，在国际社会的历史上树立了道德的里程碑。该宣言，与实施宣言的两个公约——《经济、社会、文化权利国际公约》和《公民权利和政治权利国际公约》及其任择议定书，构成了著名的"国际人权宪章"。这些公约与《消除一切形式种族歧视国际公约》《消除对妇女一切形式歧视公约》《禁止酷刑和其他残忍、不人道或有辱人格的待遇或处罚公约》《儿童权利公约》《保护所有移徙工人及其家庭成员权利国际公约》《残疾人权利公约》《保护所有人免遭强迫失踪国际公约》等诸项联合国核心人权条约对缔约国具有法律拘束力，为缔约国政府提供了应予履行的行为标准。

普遍人权规范中不乏保障性别平等的条款，许多国际文件规定了禁止基于性别歧视的一般义务。例如，《联合国宪章》规定联合国的宗旨之一是"不分性别""增进并激励对于全体人类之人权及基本自由之尊重"；《世界人权宣言》也规定"人人有资格享受本宣言所载的一切权利和自由"，"不分性别"。随后，《经济、社会、文化权利国际公约》和《公民权利和政治权利国际公约》都规定，两公约所宣布的权利应予普遍行使，而"不得有性别"等任何区分；缔约国各国承担保证男子和妇女在两公约所载一切经济、社会及文化权利、公民及政治权利方面享有平等的权利。

平等和非歧视的原则要求在保障各公约规定的各项权利方面，禁止基于性别的歧视，并要求国家承担保证男女应获平等对待的积极义务。

（二）作为人权的妇女权利

尽管上述国际文件明确声明不得基于性别进行歧视，但直到 20 世纪 90 年代，妇女权利才被明确宣示为国际人权不可分割的组成部分。联合国《消除对妇女一切形式歧视公约》的通过是重要的里程碑[1]，其他国际文件对确定国家承认和保护妇女权利的责任也发挥了重要作用。

1. 争取妇女权利的国际努力。争取妇女权利的斗争发生在世界各地，形式多样，得到社会各领域妇女的响应和支持。在国际层面，故事开始于第一次世界大战之后，国际联盟的建立。[2] 《国际联盟盟约》没有纳入妇女权利。国联曾试图讨论妇女地位问题，并于 1937 年任命了一个专家委员会，对世界妇女的法律地位展开调查。但这项工作随着第二次世界大战的爆发以及联盟的解散而告终结。

在没有关于妇女权利的一般国际规定的情况下，人们着眼于处理某些特定问题。例如，1919 年，国际劳工组织通过了《保护生育公约》（国际劳工组织第 3 号公约）以及《妇女夜间工作公约》（国际劳工组织第 4 号公约）。这些条约的适用范围有限，在性质上属于保护性的，[3] 并未指向妇女对权利的享有。事实上，这些保护性的姿态限制了妇女选择就业形式（夜班）以及产假导致的后果，反而不利于保证妇女的自主权利。为处理贩运妇女问题，国际联盟于 1921 年通过了《制止贩运妇女和儿童公约》，又于 1933 年通过了《制止贩运一切年龄妇女公约》。

区域层面，1928 年美洲地区成立了美洲妇女委员会，这是第一个明确致力于妇女地位相关问题的政府间机构。美洲委员会负责起草了 1933 年《已婚妇女国籍公约》，被认为是《消除对妇女一切形式歧视公约》有关国籍规定的先导。

---

〔1〕 虽然《消除对妇女一切形式歧视公约》于 1979 年即获通过，但直到 1993 年维也纳世界人权大会才第一次明确提出"妇女的权利是人权"。

〔2〕 Hilkka Pietila, *The Unfinished Story of Women and the United Nations*, UN Non-Governmental Liaison Service, 2007.

〔3〕 娜塔莉·赫文·考夫曼将专门规定妇女问题的条约概括为三种类型：保护型、纠正型、非歧视型。Natalie Hevener Kaufman, "International Law and the Status of Women: An Analysis of International Legal Instruments Related to the Treatment of Women", (1978) 1 *Harvard Women's Law Journal* 131.

1945 年在旧金山参加联合国成立大会的妇女代表（特别是美洲国家的妇女代表）协调一致，推动《联合国宪章》最终纳入了基于性别的非歧视条款，这也使之成为第一个明确规定关于性别歧视问题的国际条约。宪章的两项核心关注点——获得平等对待的权利以及在享有人权方面的非歧视，在后续的人权文件中继续得到确认。

1946 年，联合国经济及社会理事会成立了妇女地位委员会，负责"就增进妇女权利"和"妇女权利领域需要立即引起注意的问题"向经济及社会理事会提出建议。为保证《世界人权宣言》中保留"男女权利平等"的规定，妇女地位委员会发挥了积极作用。后来，它负责起草了三项"纠正型"公约，以应对妇女在特定领域的不利处境，分别是1952 年《妇女政治权利公约》、1957 年《已婚妇女国籍公约》以及1962 年《关于婚姻之同意、结婚最低年龄及婚姻登记之公约》。这些公约的重要意义在于确立了具有法律拘束力的平等原则，但主题太过特定和狭窄，而且缺乏相应的问责机制。

到 20 世纪 60 年代，尽管《联合国宪章》和"国际人权宪章"都包含有妇女享有权利的非歧视原则，但是显而易见，"歧视妇女的现象仍然普遍存在"。[1] 妇女们已经认识到一般的平等和非歧视条款的缺陷，为确保男女平等，需要改变妇女和男子的传统角色。[2] 于是，她们尝试通过一个文件来识别和谴责世界各地妇女所面临的多种形式的歧视。

2.《消除对妇女一切形式歧视公约》的通过。作为努力的第一步，联合国大会于 1967 年通过了《消除对妇女歧视宣言》。[3] 该宣言包括序言和 11 个条款。宣言第 1 条宣明对妇女的歧视是对人的尊严的侵犯，第 2 条声明"应当采取适当措施……为男女平等权利建立充分的法律保护"，第 3 条确认习俗和偏见在否定妇女平等权中扮演的角色，要求采取适当措施根除这些习俗和偏见，并废除"基于妇女从属观念"的做

---

〔1〕《消除对妇女一切形式歧视公约》序言第 6 段。
〔2〕《消除对妇女一切形式歧视公约》序言第 6 段。
〔3〕 UNGA Res 2263（XXII）（1967 年 11 月 7 日）。

法。之后的条款确认了特定领域对妇女的歧视：公共事务、已婚妇女国籍、家庭、刑法典、贩运和卖淫剥削、教育、经济和社会生活，并声明"应当采取适当措施"来处理这些问题。最后，宣言申明"男女权利平等的一般原则要求所有国家按照《联合国宪章》和《世界人权宣言》中的原则予以执行"。

《消除对妇女歧视宣言》是联合国大会通过的决议，不具有法律拘束力，而且用语大多是激励性的。尽管如此，对这些原则的合意加速了一项有拘束力的国际公约的起草进程，《消除对妇女歧视宣言》通过不到一年后，妇女地位委员会即开始考虑起草《消除对妇女一切形式歧视公约》。1972 年，妇女地位委员会成立了起草公约的工作组。《消除对妇女歧视宣言》中的许多条款反映在公约的最终文本中。尽管《消除对妇女一切形式歧视公约》也受到了 1965 年《消除一切形式种族歧视国际公约》的用语（包括歧视定义）和结构的影响，但是像《消除对妇女歧视宣言》一样，公约主要是由妇女起草，反映了对妇女生活和生命的理解。起草者必须考虑到种族歧视和基于性别的歧视的重要差异，最重要的是需要禁止发生在妇女的家庭和社区中的对妇女的歧视。

"联合国妇女十年"（1975～1985）活动以及期间举行的三次世界妇女大会有力地推动了《消除对妇女一切形式歧视公约》的通过和生效。1975 年墨西哥城全球妇女峰会通过的《1975 年墨西哥城世界行动计划》建议"消除对妇女歧视公约及其执行程序的议定和通过，应作为高度优先事项"。[1] 1977 年妇女地位委员会完成了公约起草工作，交由联合国大会第三委员会审查。1979 年 12 月 18 日联合国大会以第 34/180 号决议通过了公约，表决结果为 130 个国家赞成、0 票反对、10 票弃权。[2] 公约于 1980 年在哥本哈根召开的第二次世界妇女大会上开放

---

〔1〕《关于妇女平等地位和她们对发展与和平的贡献的墨西哥宣言》，UN Doc. E/CONF. 66/34（76. IV. 1）（1976），第一部分第 198 段。

〔2〕 UN Doc. A/RES/34/180，孟加拉国、巴西、科摩罗、海地、马里、毛里塔尼亚、墨西哥、摩洛哥、沙特阿拉伯和塞内加尔弃权；阿尔巴尼亚、吉布提、多米尼加、赤道几内亚、伊朗、马拉维、巴布亚新几内亚、圣卢西亚、塞舌尔、所罗门群岛、南非、喀麦隆联合共和国未参加投票。

签字。在为此举行的专门的仪式上，64 个国家签署了公约，2 个国家提交了批准书。1981 年 9 月 3 日，在第 20 个国家向联合国秘书长提交加入书 30 天之后，公约正式生效。截至 2018 年 9 月 24 日，公约共有 189 个缔约国，缔约国数位居联合国人权条约体系的第二位。[1]

《消除对妇女一切形式歧视公约》的诞生成为最有效的促进妇女平等的工具。

3. 妇女的权利是人权。从国际法角度看，《消除对妇女一切形式歧视公约》的通过显然已经表明妇女的权利是人权。但传统、偏见和社会经济利益一般将妇女排除在对基本人权的普遍定义和解释之外，使妇女在人权问题上处于次要和/或"特殊"地位上。直到 20 世纪 90 年代，妇女的权利才被明确表达为国际人权法的内在组成部分。国际妇女运动的高涨是促进逐渐认可"妇女的权利是人权"的重要因素。

"联合国妇女十年"间召开的三次世界妇女大会，将妇女问题置于政府间国际组织的议程之上。这些会议通过的最终文件尽管没有法律拘束力，但是为未来的战略与行动提供了重要蓝图。十年间最后一次大会通过的《提高妇女地位内罗毕前瞻性战略》为"克服提高妇女地位十年目标的障碍"提出了具体措施。[2] 20 世纪 80 年代末，妇女人权运动受到了人权主流化运动的明显协助。多年来，随着人权准则不断得到阐释，以及人权条约受到越来越广泛的批准，全球性的人权运动开始出现。人权运动促使妇女人权活动家觉醒，她们不断转向人权法，与主流人权团体建立联系，开始运用国际人权规范和法律来提高妇女权利。

妇女人权倡导者抓住了 1993 年世界人权大会的机会，促使非政府组织论坛和官方会议纳入他们关切的议题。"妇女权利是人权"的标语随处可见，妇女权利团体的主张被写入了《维也纳宣言和行动纲领》。这次会议声称"所有人权不可分割、相互依存、相互联系"。171 个国家政府签署了《维也纳宣言和行动纲领》，这份文件强调了政府促进和

---

〔1〕 截至 2018 年 9 月 24 日，《儿童权利公约》共有 196 个缔约国，位居第一位。

〔2〕 1985 年 7 月 15~26 日于肯尼亚内罗毕，《回顾与评价联合国妇女十年成就世界大会报告：平等、发展与和平》，UN Doc A/CONF. 116/28/Rev. 1 (85. I. V. 10) (1986)，第 8 段。

保护所有人权和基本自由的责任，不论其是何种政治、经济、文化制度。

从妇女围绕人权议题动员起来，到妇女人权写入《维也纳宣言和行动纲领》，关于妇女人权的全球运动已经形成，这些活动在第四次世界妇女大会（1995 年于北京召开）达到了顶峰，达到了妇女人权与地位国际行动的顶点。下述文件不断巩固着这一成果：

1993 年《维也纳宣言和行动纲领》首次承认，对妇女的暴力是对人权的侵犯，声称："妇女和女童的人权是普遍性人权当中不可剥夺和不可分割的一个整体部分。使妇女能在国家、区域和国际各级充分、平等地参与政治、公民、经济和文化生活，消除基于性别的一切形式歧视，这是国际社会的首要目标。"[1]

1993 年《消除对妇女的暴力行为宣言》将对妇女的暴力界定为："对妇女造成或可能造成身心方面或性方面的伤害或痛苦的任何基于性别的暴力行为，包括威胁进行这类行为、强迫或任意剥夺自由，而不论其发生在公共生活还是私人生活中。"它声称国家应当"做出适当努力，防止、调查并按照本国法律惩处对妇女施加暴力的行为，无论是由国家或私人所施加者"。此外，国家"不得以任何习俗、传统或宗教考虑为由"逃避其对消除对妇女的暴力行为的义务。

1995 年《北京宣言》和《行动纲领》重申所有人权——公民、文化、政治、社会，包括发展权——都是普遍的、不可分割的、相互依存和相互联系的，妇女和女童的人权是人权内在的、不可剥夺、不可分割的一部分。北京行动纲领在以下 12 个关键领域设立了战略目标，以及国家为实现这些目标应当采取的行动：贫困、教育、健康、暴力、武装冲突、经济、权力与决策、制度机制、人权、媒体、环境和女童。因此，它为国家提供了行动计划。

2000 年"北京+5"结果文件。在北京第四次世界妇女大会召开五年后举行的这次"2000 年妇女：21 世纪的性别平等、发展与和平"

---

[1]《维也纳宣言和行动纲领》，第 18 段。

（俗称"北京+5"）主题会议发布了一份政治宣言和结果文件《执行北京宣言和行动纲领的进一步行动和倡议》，承认充分实现所有人权和基本自由对妇女赋权至关重要。虽然应该铭记国家和区域的特殊性以及不同的历史、文化、宗教背景，但国家不论其政治、经济、文化制度，均有义务促进和保护所有人权和基本自由。

二、社会性别主流化

1995 年第四次世界妇女大会，听到了女权主义从社会性别视角对国际人权法的批判。各国及联合国机构作出承诺改善妇女对人权的享有。它们承诺保障男女平等享有人权，并将对妇女的特别关切置于其工作的核心，而不是将妇女人权作为单独的、特殊的事项予以边缘化。会议超越了平等的自由主义理念，承认享有人权在事实上和法律上都存在障碍。人们认识到，人权不仅意味着形式上的平等机会，更是享有权利的结果。这次会议上各国代表一致同意：必须在妇女的充分参与下，设计、落实和监测切实有效、相互促进并对性别敏感的政策和方案，包括发展政策和方案，以便赋予妇女权力，提高妇女地位。联合国机构自此以后正式承诺实行性别主流化。这不完全是"加上妇女"的做法，而是要求平等考虑男女，将他们都视为人权法上的权利持有者。性别问题处于任何调查的核心。"理性男人"标准被真正的"理性人"标准取代，以回应男女的经历。此外，尤其应关注交叉歧视问题，例如种族和性别、残障和性别、年龄和性别等。

（一）什么是社会性别主流化

将社会性别视角/观点纳入主流是在各个领域和各个层面对任何行动计划（包括立法、政策和规划）对男女造成的影响进行评估的过程。这是一个策略，使妇女和男子的关切和经历成为任何政治、经济和社会政策和方案在设计、执行、监测、评估时一个不可或缺的维度，使男女平等受益、终止不平等现象。最终目标是实现社会性别平等。[1]

与此同时，社会性别主流化并不能自动取代专门针对妇女的方案或

---

[1] UN Doc. A/52/3/Rev.1, 1997 年经济及社会理事会的报告，第四章：A. 将性别观点纳入联合国系统所有政策和方案的主流。

针对妇女的项目。这些对于解决历史上的歧视或长期的、系统性歧视的特定情况仍是必要的。然而，不论何时，在社会性别观点纳入主流背景下为妇女单独建立的方案、项目或机制，至关重要的一点是确保它们含有整合和协调的具体措施。专门针对妇女的方案和社会性别主流化是两个指向性别平等这一相同目标的策略，可以同时进行也可以分别进行。

（二）社会性别主流化提出的背景

人们越来越意识到，尽管有普遍人权的愿景，以及将这一愿景具体化的机制，社会性别歧视在世界范围内仍然持续存在。不论各国在经济发展水平、社会结构、占主导的宗教和世俗意识形态方面存在怎样的差异，有一个共同点是男女之间的不平等。这为倡导在所有国家的社会性别主流化创造了可能。

自 1985 年内罗毕第三次联合国世界妇女大会以来，社会性别主流化被上升为一个实现性别平等的国际战略，这一战略在 1995 年北京第四次世界妇女大会及其后续进程中得到了进一步的促进。

1995 年《北京行动纲领》指出，"权利的存在与其有效享有之间存在差距"。主流化作为一项工具可以用来解决这一差距。此外，《北京行动纲领》声明"必须加紧努力，将所有妇女和女童的平等地位和人权问题纳入联合国整个系统的活动主流"。该文件将联合国机构的义务扩展到成员国，规定"各国政府应推行一项积极鲜明的政策，将社会性别观点纳入所有政策和方案"。

2000 年 6 月联合国大会第 23 届会议的结果文件《2000 妇女：21 世纪的社会性别平等、发展与和平》承认，有必要加快社会性别观点主流化的进程。《执行北京宣言和行动纲领的进一步行动与倡议》呼吁政府："制定和应用有关框架、准则和其他切实可行的工具和指标，包括基于社会性别的研究、分析工具和方法、培训、个案研究、统计数字和资料，加快将社会性别观点纳入主流。"[1]

除这些国际政策声明中对性别主流化的承诺外，还有其他原因导致

---

〔1〕 UN Doc. A/RES/S-23/3，《执行〈北京宣言〉和〈行动纲领〉的进一步行动和倡议》，附件，第80段。

政府采取性别主流化的政策。社会性别主流化将人置于决策的核心位置；促进更明智的决策，从而提升政府形象；充分利用所有的人力资源，承认男女在社会秩序各个领域分担责任；使社会性别问题在社会各个层面都是可见的；并考虑到男女之间、女人与女人之间以及男人与男人之间的多样性。

总之，效率、效力、经济、公正和社会正义等各方面的论点都支持将社会性别问题纳入到国家法律、政策和计划中。

（三）社会性别主流化的方法

社会性别主流化涉及一系列活动，举例来说，它包括在地方、国家、区域和全球各个层面建立和加强实现性别平等和公正的政治意愿；将社会性别视角纳入政府所有部委、部门的规划过程，特别是涉及宏观经济和发展规划、人事政策、法律和宪法事务，包括司法审判的部门；将社会性别观点纳入到部门计划周期的所有阶段，包括政策、方案、项目的分析、开发、评价、执行、监测和评估各个阶段；开发制度化体系，在做统计分析时收集和使用分性别统计的数据，以揭示政策对男女有何不同影响；增加政府、公共及私人部门中决策岗位的妇女人数；为决策者、高级管理者以及其他关键人士提供关于社会性别意识、社会性别分析和社会性别规划的工具及培训，确保他们理解社会性别视角/观点的重要性，并懂得如何将其纳入他们的工作中。

为此，政府、私人部门、民间社会和其他利益相关方之间需要建立联系，确保资源的相互协调。

三、社会性别主流化在人权领域的体现

社会性别主流化政策的发展与完善必须在尊重妇女人权的语境下进行。联合国机构反复承诺将对女性关切保持高度敏感；特别是在人权领域，人权机构通过自己的实践让人权法向着更具性别敏感度的方向发展。

1993 年维也纳世界人权大会强调在联合国人权机构内实现妇女人权的主流化，联合国秘书长和联合国人权事务高级专员办事处（以下简称人权高专办）负责制定实现这一目标的方法。办公室在人权高专办

1995 年关于形成将性别观点纳入人权活动和方案的指南的专家组会议[1]之后，人权条约机构主席年度会议接受了关于纳入性别问题的提议[2]，人权委员会通过了一系列决议确认了该原则[3]。自 1997 年以来，经济及社会理事会每年通过一项题为"将性别观点纳入联合国系统所有决策和方案的主流"的决议。1998 年联合国秘书长关于《将妇女人权纳入联合国全系统工作的问题》的报告确认了 1995 年专家组的建议，声明这么做的目的在于："确保对男女各自作用的必然的社会塑造不允许使女子从属于男子或将女子置于任何低下地位的歧视或偏见。……在人权领域，这项工作主要是让人们理解，每次发生的侵犯人权行为都涉及性别问题。"[4]

联合国保障人权的宪章机制和条约机制在纳入社会性别观点方面都取得了一定进展。

（一）联合国宪章机制

联合国人权理事会（于 2006 年取代人权委员会）作为在全球范围内加强促进和保护人权的机构，决心以系统和透明的方式有效地将妇女人权以及两性平等观点纳入其工作及各机制的工作中，包括普遍定期审议的所有阶段、咨询委员会及其各项任务的审查工作。[5]

实践中，人权理事会的核心机制之一普遍定期审议进程要求采用"充分纳入两性平等观点"的原则；对一些国家的定期审议指出了侵犯妇女人权的问题。

就特别程序而言，从人权委员会到人权理事会，都设立了一系列专

---

〔1〕 UN Doc. E/CN. 4/1996/105（1995），《专家组报告》，第 71 段。

〔2〕 参见 UN Doc. HRI/MC/1996/2（1996）《改进人权条约机构的运作：对第六次人权条约机构主席会议的结论和建议的后续行动》，第 100~108 段；UN Doc. A/53/432（1998）《人权条约机构主席第十次会议的报告》附件，第 53~54 段。

〔3〕 例如 UN Doc. E/CN. 4/RES/1995/86（1995），ESCOR Supp（No4）253，人权委员会第 1995/86 号决议，《将妇女人权纳入联合国人权机制的问题》；UN Doc. E/CN. 4/RES/1996/48，ESCOR Supp（No. 3）159，人权委员会第 1996/48 号决议，《将妇女人权纳入到联合国全系统的问题》。

〔4〕 UN Doc. E/CN. 4/1998/49（1998），《秘书长关于将妇女人权纳入联合国全系统的问题的报告》，第 8~9 段。

〔5〕 联合国人权理社会第 6/30 号决议。

门针对妇女权利的专题程序。1994 年，人权委员会即设立"暴力侵害妇女、其原因和后果问题特别报告员"，2004 年设立"贩运人口、特别是贩卖妇女和儿童问题特别报告员"，这两项任务至今仍在继续。2010年，人权理事会又设立了"法律和实践中歧视妇女问题工作组"，这一任务也一直延续至今。2015 年，人权高专办出版了《生而自由，一律平等，国际人权法中的性取向和性别认同》，强调各国保障每个人在行使所有人权时均不遭受歧视，无论其性取向或性别认同如何。2016 年，人权理事会任命了"防止基于性倾向和性别认同的暴力和歧视问题独立专家"。此外，人权理事会的一些特别程序也在他们的报告中关注特定的妇女议题。[1]

（二）联合国条约机制

联合国人权系统在性别主流化的激励下，各人权条约机构逐渐增加对性别问题的讨论。这一点体现在条约机构履行职能的各项活动中。条约机构平等考虑妇女的人权，将它们视为核心议题，具体表现在：通过一般性建议和意见的形式，以性别敏感的视角解释条约；在审议国家履约报告、与缔约国进行互动对话时，向缔约国提出性别敏感的问题；逐步重视交叉歧视问题等方面。

1. 缔约国报告机制。各条约机构先后制定了缔约国报告指南，促请缔约国在定期履约报告中纳入分性别统计的数据，以反映公约权利在性别方面的差异，以及国家为解决这些问题所采取的措施。经济、社会、文化权利委员会是最早对女权主义批评做出回应的条约机构，它于1990 年修改了缔约国报告指南，希望缔约国提交分性别统计的数据。它还要求提供关于女性就业、同工同酬、社会保障、孕产妇保护、婚姻权利、妇女获得食物的权利、女性健康、妇女和女童受教育方面的专门信息。随后，人权委员会、消除种族歧视委员会等条约机构先后修改了

---

[1] 例如 UN Doc. A/HRC/7/3/Add. 5，《酷刑问题特别报告员：对多哥的访问》（2008），第 88 段和第 97 段；UN Doc. A/HRC/7/16/Add. 3，《关于适足住房权的特别报告员，对南非的访问》（2008），第 84~87 段；UN Doc. A/HRC/14/20/Add. 2，《人人有权享有可获得的最佳身心健康问题特别报告员：对印度的访问》（2010）。

报告指南。

在与缔约国的互动对话中，各人权条约机构都开始对国家歧视妇女的法律，例如法定结婚年龄、一夫多妻、婚姻财产、国籍法和继承法中的歧视、对离婚妇女的歧视，以婚姻为强奸辩护、妇女健康权、堕胎的罪刑化、家庭暴力、性骚扰等问题提出质疑。这些关切超越了传统的公领域关切。

同时，各条约机构要求缔约国对来自非国家行为体的侵犯人权行为承担尽职调查义务；并对缔约国存在的"男女角色和责任的传统的、陈规定型的态度"表示关切，要求国家采取措施改变歧视性的消极的社会态度。

2. 一般性意见或建议。自 20 世纪 90 年代中期起，各条约机构在解释公约规定的权利时逐步纳入了社会性别维度。人权委员会《关于男女权利平等》的第 28 号一般性意见，经济、社会、文化权利委员会《关于男女在享有所有经济、社会和文化权利方面的平等权》的第 16 号一般性意见从妇女经验和侵犯妇女人权的角度分析了《公民权利和政治权利国际公约》和《经济、社会、文化权利国际公约》。禁止酷刑委员会和消除种族歧视委员会也分别通过了将各自的公约适用于妇女情境的一般性意见。[1] 所有的条约监督机构都开始处理侵犯妇女人权的问题，只是有些机构比另一些更有持续性。根据这些纳入社会性别视角的一般性意见，孕产妇死亡率高意味着对生命权的侵犯；强奸和家庭暴力侵犯了免遭酷刑或残忍、不人道和有辱人格的待遇的权利；贩运人口是对不受奴役规定的违反；对男女提供的证据赋予不同分量的法律，涉及侵犯获得司法的权利。

3. 交叉歧视问题。2000 年，消除种族歧视委员会发表了一份关于交叉歧视的一般性建议，承认当种族与性别发生碰撞时出现的不同形态的不利处境。消除种族歧视委员会指出，种族歧视并非总是以同样的方式对男女产生影响。在某些情况下，种族歧视只影响或主要影响妇女，

---

〔1〕 UN Doc CAT/C/GC/2，禁止酷刑委员会，第 2 号一般性评论（2007），第 22 段；UN Doc HRI/GEN/1/Rev. 9（Vol. II），消除种族歧视委员会，第 25 号一般性评论（2000）。

或者以不同的方式影响妇女，或对妇女的影响程度与男性不同。如果没有明确承认男女不论在公共或私人生活领域的不同生活经历，这类种族歧视往往无法被识别。2016 年，残疾人权利委员会发表了《关于残疾妇女和女童的一般性意见》，明确承认残障妇女和女童面临的多重和交叉形式的歧视。[1] 因性倾向和性别身份受到歧视的问题也于近年来得到各条约机构的关注。例如消除对妇女歧视委员会开始对因性倾向或性别身份受到歧视或骚扰的妇女表达关切。[2] 它发表的第 28 号一般性建议明确承认，同性恋妇女尤其易受歧视。

国际人权机构的工作实践展现了它在实现社会性别主流化方面的努力。其中最显著的特征是，这些机构超越了公私划分，开始讨论不论何地发生的侵犯妇女人权的问题。然而，实践中还存在诸多困难和障碍，与妇女人权和社会性别主流化的目标还有较大差距，还有很长的路要走。[3]

四、国家层面的社会性别主流化：仍然在路上

《北京宣言》和《北京行动纲领》为国家层面贯彻社会性别主流化提出了要求。然而现实中，各国落实社会性别主流化都面临各式各样的障碍。确定实现社会性别主流化的障碍非常重要，因为这就是我们要解决的问题。这些障碍可能存在于现有的法律中，包括制定法和习惯法，也可能存在于被视为"自然的""事情就该如此""道德的"社会结构中。其他障碍可能是重要的利益相关方的态度；表达社会性别关切可能被视为外国的、"西方的"舶来品；与宏观经济和全球化相关联的政策，包括结构调整方案和从前被视为公共服务的私有化。以下方面展现了社会性别主流化面临的主要障碍。

---

〔1〕 UN Doc. CRPD/C/GC/3，残疾人权利委员会，《关于残疾妇女和女童的第 3 号一般性意见》（2016）。

〔2〕 例如，CEDAW/C/KGZ/CO/3（2008），对吉尔吉斯斯坦的结论性意见，第 43 段；CEDAW/C/DEU/CO/6（2009），对德国的结论性意见，第 61~62 段（要求"缔约国与间性人、变性人的非政府组织进行对话，以便更好地理解他们的诉求、采取更有效的措施保护他们的人权"）。

〔3〕 UN Doc. A/HRC/12/46，联合国人权事务高级专员办事处的报告：《将妇女的人权纳入整个联合国系统》（2009）。

（一）法律层面

有些国家仍没有关于禁止基于性别歧视的宪法保障，或者非歧视的宪法保障需要让位于习惯或传统法。许多国家没有反歧视立法，对国家或非国家行为者实施的性别歧视行为，妇女无法获得法律救济。还有些国家有可能存在多种不同的法律制度和结构，包括世俗国家的法律（民法和刑法）、人身法、宗教法和习惯法。即便政府有意愿为社会性别平等立法，但法律等级的冲突，以及因担心社会动荡不稳而不愿应对这些差异，都会限制妇女主张权利。根据不同法律运作的不同法庭导致不一致和不确定。

（二）政治层面

重要的利益相关方可能对性别平等漠不关心或缺乏理解。利益相关方可能无法向该部门的人员解释政策，因此在执行过程中遇到阻力。而妇女的政治参与有限进一步加剧了这一问题。在大多数国家，妇女仍是正式的、制度化的政治进程的边缘参与者。

（三）文化层面

有些国家存在非正式的亚法律文化，由没有国家正式授权的行为者行使准法律权力，例如宗教组织或乡村社区或长者。在一些国家，村委会（多数由男性组成）会对妇女违反宗教法或道德标准的行为施加严酷的惩罚。

早婚或习俗婚等文化传统剥夺了女童接受教育的机会，也限制了她们开发社会、获得经济独立所需技能的机会。过早的性行为和生育可能引起严重的健康问题。习俗婚可能未经注册，使妇女无法主张财产权、继承权或获得经济支持。

接受社会性别歧视的文化依然盛行。这包括认为妇女在社会中的低下地位是"自然的"，试图解决这一问题将破坏和分裂社会。宗教原教旨主义的抬头，强调并不时扭曲文化、宗教、社区、家庭的作用，强化女性在家庭内外的角色，剥夺她们全面实现权利的机会。

媒体可能助长文化的负面影响。主流媒体可能不愿刊载有关妇女所关心的问题的文章或节目，或是认为这些问题微不足道。在支持出版自由、允许不同观点的充分表达和有必要通过大众传媒对抗社会性别刻板印象之间，可能存在意识形态的张力。

（四）经济层面

经济自由化和私有化的不利影响不成比例地落在妇女身上。一些国家禁止妇女拥有土地，导致她们无法获得信贷。

劳动的性别分工仍是导致妇女不利经济地位的主要因素。妇女的许多时间花在了家庭事务上，例如挑水拾柴、做饭、照顾老人小孩。由于缺乏对妇女无偿劳动的认可，导致在有偿劳动中也会对相同任务的价值予以低估。某些形式的有偿劳动被认为尤其适合妇女，特别是涉及照料、服务、家庭类型的任务或是被动的工作。无偿家务劳动和有偿劳动的双重任务并未得到承认。

（五）社会层面

多数国家城乡妇女之间存在显著差距。农村妇女可能更难获得教育、就业、缺乏保健或法律服务机会，在当地社区长者面前更加脆弱。

工会和非政府组织，一方面它们的活动可能受到政府的限制，限制它们有效参与变革；另一方面，这些组织可能因为男性主导而没有纳入对妇女的关切，不能有效促进对妇女的保护。

在多数国家，上述障碍或多或少地存在。在社会性别主流化进程中，识别这些障碍是第一步，减轻或消除这些障碍要求从政治、法律、预算或社会层面采取措施，需要包括政府、法律机构、雇主、媒体、公共和私人部门等所有利益攸关方的合作。

问题与思考

1. 举例说明，某一项国家政策如何体现或欠缺社会性别视角。

2. 识别并分析现行某部法律中的性别盲点。

拓展资料

1. ［美］凯利·D. 阿斯金等编：《妇女与国际人权法·第1卷，妇女的人权问题概述》，黄列、朱晓青译，生活·读书·新知三联书店

2007 年版。

2. Christine Chinkin，*Gender Mainstreaming in Legal and Constitutional Affairs：A Reference Manual for Governments and other Stakeholders*，Commonwealth Secretariat，2001.

第四节　社会性别平等和男性参与

性别平等不仅仅是女性的问题，也牵扯到男性以及性别少数人群的权益保护，因此，男性也是社会性别平等不可或缺的重要参与者。社会性别的三个核心要素——性别和性别气质、性/性别身份认同和表达、性倾向——都与男性直接相关，男性也是不平等的性别关系的受害者。现有的性别架构中，男性是权力的拥有者，必须有男性的加盟，不平等的社会性别制度才有可能改变。

进入 21 世纪以来，越来越多的人意识到男性参与性别平等的重要性。联合国开始强调男性参与性别平等的工作，一些国家也大力倡导男性参与社会性别平等活动，在国际上推动性别平等方面成为典范。

一、社会性别核心要素与男性直接相关

社会性别的核心要素包括三个方面，性别和性别气质；性别身份认同和表达（顺性别、跨性别等）；性倾向（同性恋、双性恋、异性恋等）等。很多情况下，社会上把性别和性别气质、性别身份认同和表达、性倾向等几个方面混在一起，不利于具体权利的倡导和实施。事实上，只有把这几个性别相关的要素厘清，男性参与性别平等的问题才能做好。

瑞典于 2018 年新通过的《反歧视法案》规定[1]，禁止基于性别、跨性别身份认同和表达、民族、宗教或其他信仰、残障、性倾向、年龄共七种事由的歧视。与性别相关的三种禁止歧视的事由的相关问题可以

----

[1]　2018 年瑞典《反歧视法案》，载 http：//www. do. se/other-languages/english/discrimination-act/，访问时间：2018 年 12 月 28 日。

用表 1 说明：

表 1　与性别相关的三种禁止歧视的事由的相关问题

Discrimination 歧视总类	Norm 规范/标准	Clarification 呈现的问题	Needs 需要工作
Sex 性别	Masculinity, Feminism 男：阳刚气质； 女：阴柔气质	传统性别气质对男女的限制，"娘炮""女汉子"等，女性平等的政治、经济、社会参与等	解构二元性别架构和男尊女卑的性别架构，建立多元、包容性的性别架构、男性产假
Transgenderidentity and expression 跨性别身份认同和表达	Cis-identity 顺性别	顺性别 VS 跨性别	变性手术程序的简化、激素替代治疗（HRT）、性别标记（手术后的性别认可以及登记）公共厕所的便利性等
Sexual orientation 性倾向	Heterosexuality 异性恋	同性恋、双性恋 VS 异性恋	同性婚姻、继承权、人工辅助生育技术的可及性、收养权，以及公开身份后的平等就业参政以及社会参与权

（一）性别和男性气质（sex and masculinity）

性别和性别气质指的是男性或者女性，以及基于对男女性别的刻板印象而导致的社会角色分工和家庭角色分工。传统的性别和性别气质表达是异性恋模式标准化（heteronormativity），即在某些社会形态中，人们把某一种模式设为标准，并且以这种标准来评判社会中的每一个男性女性，把那些不符合这种标准的人视为异端。"男性气质"首先指社会对"男人应该怎样做"，"什么是真男人"的想法。虽然每个人对它有不同的理解，但是大多数国家对"真男人"的定义大概可以归纳为几条，如男人一定要坚韧、强壮，应该要有好胜心；男性要有性能力，一个真正的男人要能吸引女性、与其发生性关系，繁衍后代，不能是同性恋；男人不能软弱——所谓"男儿有泪不轻弹"；男人要比女人有掌控权，男人挣钱要比老婆挣钱多，要承担重要的养家糊口的责任等。反之，稍微不符合规范的人们，则被视为异端。例如，男孩稍微白净一点或者"奶油小生"一点，就被认为"娘"。[1]

性别气质表达不仅仅指对男性的要求，女性在男性气质的影响下也有固定的"画像"。例如，大家认为女性应该温柔，应该为人妻母、贤惠持家，应该尊重自己的丈夫，应该注意自己的穿着容貌，甚至于应该长发飘飘等。在不同的文化背景下，性别气质表达也不同。有的文化对女性的限制更多一些。例如，在伊朗的文化里，女性出现在公共场合时应该戴头巾。[2] 在很多文化中，女性如果刚强果敢，则被称为"女汉子"。这些规范，对女性是不公平的，是一种限制女性的架构。

国际上普遍认为，性别气质是由社会文化一步步逐渐建构起来的，孩子在受教育的过程中会接受老师以及课本所传达的性别观点，社会媒体对性别实践的呈现也会影响孩子的性别观点。英国作家伊丽莎白·克罗尔（Elisabeth Croll）在《亚洲的女性是怎么丧失自信的（Endangered Daughters-Discrimination and development in Asia）》一书中分析了亚洲的传统的性别教育是怎样一步步使男性更加战略，使女性更加细致的，在很大程度上说明了所谓的"男性气质"是塑造出来的，而不是与生俱来的性别本质。

性别气质表达也在慢慢改变。这几年"小鲜肉"等现象的出现，就是对传统性别气质的挑战和改变。各国对男性的定义也在发生变化。例如英文中的"阿尔塔男"（alta-male），直译的意思是"更高的男

---

〔1〕 2018 年，有关"少年娘则国娘"的文章在中国获得了非常多的关注。

〔2〕 2018 年 6 月 22 日媒体报道：18 岁伊朗国际象棋冠军 Dorsa Derakhshani 女士因为在西班牙一次国际象棋比赛中没有戴头巾，而被国家队开除。参见快资讯，http：//sh.qihoo. com/pc/9a4bbaddf795fd4ed？sign＝360_e39369d1，访问时间：2018 年 12 月 28 日。

性"，和强调攻击性和统治性的"阿尔法男"（alpha male）相对应。英国《COACH》杂志网站将"阿尔塔男"定义为：相比传统的"成功"标准，更重视个人价值的实现，并且致力于自我完善的男人。[1] 研究认为，随着"阿尔塔男"的诞生，和力量、强悍、事业雄心相联系的传统男性气质，已经被强调友善、智慧和共情能力的新型男性气质所取代。"阿尔塔男"等价值的出现就是对传统的男性气质的挑战，倡导的是多元的性别气质。也就是说，男性有性格刚强型的，也有性格委婉型的，这些都是社会的正态；反之亦然，女性中有性格谨小慎微的，也有大大咧咧的、勇敢干练的，这些都是应该被社会接受的。

基于性别和性别气质的刻板印象，人们往往认为男性适合某种职业，女性适合某种职业。世界范围内，政治领域仍是男性占绝对主导地位的领域，是男女差距最大的领域。虽然越来越多的女性参与到经济中来，但是，基于性别的职业隔离仍是女性在就业上的最大障碍[2]。性别的家庭角色分工使女性承担了更多的家庭责任。2014 年经济合作与发展组织（OECD）对 29 个主要成员国男性分担家务的时间进行的调查显示，中国女性每天干家务的时间是 155 分钟，工作时间是 291 分钟，排名第一。把工作和家务加起来，女性每天比男性多工作 44 分钟。中国男性每天有 248 分钟花费在运动和看电视等娱乐生活上，而女性则只有 211 分钟（排名倒数第 3）。该调研结果显示，中国与韩国、日本和印度一同成为男性帮忙做家务时间最少的几个国家。[3] 性别职业隔离和男性少做/不做家务不仅仅对女性就业产生负面的影响，对男性就业也会产生负面影响，如男性从事自己喜欢的但被认为是"女性的"

---

〔1〕 2016 年，该网站联合一家消费者意见调查机构，对英国 1000 名男性和女性、外加一个由 21 名 22~55 岁男性组成的焦点小组进行研究。结果显示，86%的男性同意"社会对我作为男人的期待在改变"，79%的男性"愿意考虑换工作，以便和家人拥有更多的共处的时间"，86%的男性称在过去 5 年内开始了一项体育锻炼。

〔2〕 早在 20 世纪 60 年代，美国明尼苏达大学教授爱德华·格罗斯（Edward Gross）就提出一个著名的概念——职业性别隔离。

〔3〕 经济合作与发展组织（OECD）2014 年《各国男性参与家务时间调查报告》。参见："中国男性做家务时间仅 48 分钟"，华声在线，http://news.voc.com.cn/article/201403/201403131515071217.html，访问日期：2018 年 10 月 28 日。

职业而受到歧视，或男性愿意干家务，但因怕别人说三道四、被骂为"小白脸""吃软饭"而不敢付诸实践或者不敢承认，等等。

针对性别和性别气质，我们要努力解决二元性别架构以及传统性别气质对男女的限制问题，解构男尊女卑的性别架构，修改那些不利于女性平等社会参与的法律和文化习俗，建立多元、包容性的性别架构。欧洲国家，尤其是北欧国家的经验表明，实行男性育儿假，使父母双方共同承担起生育孩子的责任，也是改变女性在政治经济上不利地位的有效的措施。

《消除对妇女一切形式歧视公约》第一部分第 5 条规定：（a）缔约各国应采取一切适当措施，改变男女的社会和行为模式，以消除基于性别而分的尊卑观念或基于男女定型任务的偏见、习俗和其他一些偏见做法。（b）保证家庭教育应该包括正确了解母性的社会功能和确认教养子女是父母的共同责任，但了解到在任何情况下应该首先考虑子女的利益。《消除对妇女一切形式歧视公约》第一部分第 11 条规定各国应采取一切适当措施，消除在就业方面对妇女的歧视，以确保她们在男女平等的基础上享有相同的权利，特别是该条（b）款：享有相同就业机会的权利，包括在就业方面相同的甄选标准[1]。

（二）性别身份认同和性别身份表达（gender identity and gender expression）

性别身份认同和性别身份表达指的是一个人出生被指派的性别（身份证上的性别）和自己所认同的身份和想表达的身份是否一致的问题，这包括顺性别者和跨性别者。顺性别者（cis-identity），即自己的身份认同和出生被指派的性别（身份证上的性别）一致的人，例如身体上有男性生殖器官，性别身份认同也是男性；或者身体有女性的生殖特征，性别身份认同也是女性。而跨性别者（transgender），即自己的身份认同和出生被指派的性别（身份证上的性别）不一致的人，例如身体具有男性生殖器官，而性别身份认同不是男性，是女性；或者身体具

---

〔1〕《消除对妇女一切形式歧视公约》第一部分第 11 条。

有女性的生殖器官，而性别身份认同却是男性。或者身份认同也不一定一直是某一种性别，而是变化的。

然而，全球范围内，跨性别者面临着很多的挑战，例如，一些跨性别者想做变性手术（不是所有的跨性别者都想做），但变性手术要求十分烦琐（心理治疗、诊断为异性癖、父母签字等），使手术很难实施。激素替代疗法（Hormone Replacement Therapy，HRT）的规范标准及其可及性等是跨性别者面临的挑战。另外，变性手术后的性别认可是目前变性人面临的一个非常大的挑战，从一种性别身份，变成了另外一种，他/她们面临着身份证件、社会保障等很多方面的改变，需要容易、便捷的改变性别身份的程序，使他们能够融入新的身份生活中。

除此之外，跨性别者在日常生活中也面临着很多的问题，如公共浴室和如厕的问题。一些国家通常使用男性的标准来分配公共资源的，这是男权社会最典型的特征。《联合国人道主义援助宪章》规定，考虑到男女的生理差别，合理的厕所蹲位男女比例应该是 1∶3[1]，但在很多地方，这个比例往往是 1∶1。因此，在火车站、电影院、比赛场馆、学校等公共场所，都出现女性如厕难的问题。看似简单的厕所问题，其实是深层的社会资源分配的问题。无性别厕所的设立从根本上解决了女性和跨性别者如厕难的问题。

（三）性倾向（Sexual orientation）

性倾向是指一个人在爱情和性欲上对男女两性有何种类型的永久吸引。性倾向包括同性恋、双性恋、泛性恋或者异性恋等。人人有权不受歧视，包括基于性倾向和性别认同的歧视。这一权利受到《世界人权宣言》第 2 条以及核心国际人权条约的不歧视条款的保护。世界卫生组织在 1990 年的 5 月 17 日正式将"同性恋"从精神疾患的名单上剔除，同性恋非病理化得到国际医学界的正式承认。在这以前，同性恋以及其他性和性别少数人群都被认为是精神疾病。这一天标志着一个多世纪以来医学界恐同的终结。5 月 17 日被定为"国际不再恐同日"，联合国秘书

---

〔1〕 The Sphere Handbook, *Humanitarian Charter: Minimum Standards in Humanitarian Response*, 2018 Edition, p. 118.

长每年都会在这一天发表演讲，支持性和性别少数人群的权益。这几年，国际上在性和性别少数人群的平权方面取得了很大的进步。

性倾向的人群所需要的权利保障包括同性婚姻、继承权、人工辅助生育技术的可及性、收养权、公开身份后的平等就业、参政以及社会参与权等。

《世界人权宣言》第 26 条规定，法律之前人人平等，并有权享受法律的平等保护，不受任何歧视。以《世界人权宣言》为基础的国际人权法以及后续制定的国际人权条约，在实践和发展中均有解释国家负有保护女同性恋者、男同性恋者、双性恋者和变性人以及间性人的法律义务。所有人，无论性别、性倾向或性别认同如何，都有权享有国际人权法提供的保护、享有各项国际人权条约所规定的所有权利。

2006 年《关于将国际人权法应用于性倾向和性别认同相关事务的原则》（以下简称《日惹原则》）普遍认可：人人生而自由且平等地享有尊严和权利，而性倾向与性别认同是人性中不可或缺的成分，不得成为歧视的理由。在 2016 年的"《日惹原则》+10"中，这些原则得到了重申。消除对妇女歧视委员会的第 28 号、第 33 号和第 35 号一般性建议都提到了跨性别者的平等权利 。

联合国人权高专办出版的《生而自由，一律平等，国际人权法中的性取向和性别认同》强调：各国应保障每个人在行使所有人权时均不遭受歧视，无论其性倾向或性别认同如何。这是国际人权法规定的紧迫的共同义务。各国应当通过全面立法禁止公共和私人领域基于性取向和性别认同的歧视。此类立法应当包括对歧视受害者的补救。各国还应采取提高认识运动和培训计划，通过转变社会的歧视性态度阻止歧视。

女同性恋者、男同性恋者、双性恋者和变性人在日常生活的很多不同领域遭到歧视，既有来自官方的歧视，包括将同性恋规定为犯罪的国家法律和政策、禁止其从事特定类型的行业或剥夺其获得福利的机会，也有来自非官方的歧视，包括在工作、家庭、学校和卫生机构遭遇社会鄙视、排斥和偏见。但是，国际人权法禁止基于性倾向和性别认同的歧视。就像种族、性别、肤色或宗教信仰一样，性倾向和性别认同不是实行歧视的理由。[1]

国际社会用"LGBTI"（lesbian, gay, bisexual, transgender, intersex）来概括不同性倾向和多元性别认同的群体。研究表明，LGBTI人群广泛存在于各国、各民族、各种社会经济发展水平的地方。性倾向与性别身份认同无关。之所以将性倾向与性别认同放在一起讨论，是因为二者面临许多共同的挑战，遭受着相同类型的人权侵犯行为。但正如上面所分析的，性倾向和性别身份认同是两个不同的概念，各自有不同的问题呈现和解决诉求。

二、男性也是现存的性别不平等的受害者

人们往往认为，比起女性以及性和性别少数人群，男性是性别不平等的利益既得者或者缔造者，但其实，男性也是性别不平等的受害者。2016年9月20日，在纽约总部举办的联合国妇女署峰会暨为签名参与"他为她"运动的130万男性及男童举办的庆祝活动上，联合国儿童基金会亲善大使埃德加·拉米雷斯（Edgar Ramirez）做了演讲，向在场的各界名人和国家元首传达了这样的讯息：性别不平等，对于男童及男性来说，也是一个严峻的问题。

拉米雷斯认为，在男性气质主导的文化中，小男孩被要求"男儿有泪不轻弹"；他们被教导要压抑自身的恐惧，或是将恐惧转化为愤怒表现出来。男性青少年被告知，他们需要在社会关系中占主导地位，而学习艺术、音乐或戏剧有些"不够男人"。另外，我们文化中所传达的男性气质，往往意味着男性要做"阳刚"的人，不必重视或尊重女性。成为男人的过程，即意味着要凌驾于他人之上、成为成功人士、赚许多钱。人们还教导男性，如果他们无法做到这些，就会被认为是彻底的失败者。

这样的观念，导致男性更容易遭遇失败，也更难以接受失败。被要求"像个男人"，使得男性无法以健康的方式表达自己的绝望、悲伤或愤怒等负面情绪，这一方面使他们更可能表现出暴力行为——包括性暴

---

〔1〕 2015年联合国：《生而自由，一律平等，国际人权法中的性取向和性别认同》手册，第38页。

力与家庭暴力，另一方面则提高了他们患抑郁症及自杀的比例。研究显示，男性的自杀率约比女性高出三倍。而在世界上许多地方，关于男性精神健康的讨论，仍然是社会普遍无法接受的。"长久以来，人们一直错误地认为，性别平等是一场女性的运动。"拉米雷斯说，"但事实上，性别平等仅仅是关于'平等'二字。这是一场解放所有性别的运动。"[1]

在很多还没有认可同性恋的国家，同性恋者因为社会和家庭的压力，被迫走入婚姻。这是性别文化和男性气质的要求对男性的伤害，这种伤害无论对男性或女性，还是整个社会都是有害的。由联合国开发计划署、北京大学社会学系和北京同志中心共同发布的报告指出，"被骂""被逼改变""被逼婚"等仍是目前中国性少数群体面临的主要困境，且来自家庭的歧视更严重。据该报告测算，因为面临种种困难，中国的性少数群体仅有5%选择"出柜"（即公开自己的性倾向或性别认同）；在已婚的性少数者中，有13.2%选择缔结"形婚"，还有84.1%服从于社会压力，最终仍与异性恋配偶结婚。[2]

在中国，男性更是被赋予了更多的承担家庭责任的重担。由全国妇联主导的每十年一次的中国妇女地位调查的数据显示，女性在政治经济上还远远落后于男性。在经济上，2010年，中国城市女性收入占男性收入的67.3%，农村女性收入占农村男性收入的56%。同时，农村失地女性的比例比十年前上升了11.8%[3]。女性没有平等的参政、就业的机会，但另一方面，现有的社会把买房等压力全部强加在男性的身上，

---

〔1〕 联合国妇女署："【"他为她"】讲真，性别不平等也会伤害男性！"，联合国妇女署微信公众号 https://mp. weixin. qq. com/s/cAWAVIcAtOoUXOlawx6lcg?，访问时间：2018年12月22日。

〔2〕 2017年5月17日联合国开发计划署、北京大学社会学系和北京同志中心共同发布的《中国性少数群体生存状况调查报告》，参见："中国性少数者仅5%愿'出柜'13%选择'形婚'"，形式婚姻微信公众号，https://mp. weixin. qq. com/s/ExKksrGfZfFuxBb6kNWbKQ，访问时间：2018年11月5日。

〔3〕 全国妇联，国家统计局：《第三期中国妇女社会地位调查主要数据报告》，2011年10月21日，中国妇女研究网，http：//www. wsic. ac. cn/staticdata/84760. htm，访问时间：2018年10月28日。

男性也是受害者；美团点评发布的《2016 结婚行业蓝皮书》显示，婚纱摄影、婚戒首饰和婚宴已成为"结婚标配"，80% 以上的结婚用户会选择这三样服务。一场婚礼的平均花费少则数万元，在上海这样的大都市可能超过 20 万元。高额的彩礼使得很多年轻男性苦不堪言。从 2016 年开始，四川省[1]、河南省等政府出台了相应的文件控制彩礼过高的现象[2]。

适婚年龄的男性数量上大大多于女性是形成高彩礼现象的主要原因。根据国家统计局 2016 年末数据显示，我国男性人口数为 70 815 万，而女性人口数为 67 456 万。[3]对男孩的强烈喜爱以及现代胎儿性别检测技术是造成我国男性比例偏高的重要原因。大量女性胚胎和女婴仅仅因为性别遭受被堕胎和溺婴的厄运，因此，大批单身男青年必然面临找不到妻子的尴尬局面。"1980 年代后出生的男性中，将有 10% 至 15% 的人找不到或不能如期找到配偶。考虑到边远地区是婚姻挤压的最后一级，农村失婚青年的比例要高得多。这轮危机规模大、来势猛，持续时间长，必将构成困扰 21 世纪中国社会的一个突出问题。"[4] 农村青年找媳妇难的问题，归根到底是中国根深蒂固的社会性别方面的问题，中国正在为失衡的出生性别比、重男轻女的计划生育政策，以及畸形的婚配观买单。

三、男性参与性别平等的全球实践

近些年，越来越多的国家意识到了男性参与性别平等的重要性，开始采取措施鼓励，确保男性参与到性别平等的事业中，以改变/改进那些不利于性别发展的政策、做法或文化，以促进性别平等发展。

---

〔1〕　凉山州人民政府办公室关于印发《开展婚丧嫁娶高价彩礼和铺张浪费问题调研方案》的通知（凉府办函〔2015〕89 号）。

〔2〕　2016 年 12 月 27 日，河南省台前县下发《台前县推动移风易俗 树立文明乡风 建设德美台前实施方案》以及《台前县农村红白事标准参照指导意见（征求意见稿）》。

〔3〕　国家统计局，http://data. stats. gov. cn/easyquery. htm? cn=C01&zb=A0301&sj=2016，访问时间：2018 年 11 月 19 日。

〔4〕　彭训文："3000 万'剩男'跟谁结婚"，载《人民日报》2017 年 2 月 13 日，第 05 版。参见人民网，http://paper. people. cn/rmrbhwb/html/2017-02/13/content_1749450. htm，访问时间：2018 年 8 月 20 日。

（一）全球行动和高层承诺

1. 联合国"他为她"活动。"他为她"（He For She）是由联合国妇女署发起的男性参与的致力于女性发展、维护女性权益的全球运动，由联合国前秘书长潘基文（Ban Ki-moo）和著名演员艾玛·沃特森（Emma Watson）于2014年9月20日在联合国的演讲发起。该活动旨在号召所有人，尤其是男性，在面对性别不平等的事情的时候，参与行动，进行改变。"他为她"基于"性别不平等会在社会、经济、政治等方面影响所有人、不应该仅仅只有女性为女性权益抗争"的观点，在全世界范围倡导男性积极参与性别平等并付诸行动，为全世界因性别而遭受不公平对待的男性和女性们做出改变。"他为她"不仅是一次女性发起的只为女性权益奋斗的运动，它同样还为男性的平权运动。

联合国妇女执行董事兼副秘书长姆兰博-努卡（Phumzile Mlambo-Ngcuka）说："'他为她'是联合国妇女署对性别平等的开创性的举措。我们知道改变是困难的。'他为她'计划先影响改变那些可以做到性别平等的社区领导人。让他们成为活动大使，进而带领企业和政府的更多的人参与进来，最终，我们需要每个人都参与进来，因为如果我们要改变现状的话，必须每个人都参与进来。"

2. 主流论坛里加入性别议题。在现有的性别架构下，经济、气候变化、国家安全、维和、科技等论坛以男性为主（这是努力改变和正在改变的），在这些论坛里加入性别讨论，可以使参加该论坛的男性了解性别议题，进而参加到性别平等的进程中来。以气候变化为例，国际社会对应对气候变化及防灾减灾不断做出承诺。2015年3月18日，第三次联合国减灾大会通过了《2015～2030年仙台减灾框架》。同年12月12日，195个国家签署了《巴黎气候变化协定》。在讨论这些框架和协定的时候，都设有性别议题的讨论。值得一提的是，上述"框架"与"协定"均认识到气候变化及灾难中的性别问题，并呼吁各个国家在减灾和应对气候变化中要采取性别敏感的政策。这些具有性别敏感的指导性文件，对于在气候变化中加入性别平等的视角在全球的推动是非常重要的。

2015 年 1 月 23 日于达沃斯举办的 2015 年经济论坛上，联合国 "他为她" 活动为了进一步影响和推进性别平等，发起了 "Impact 10×10×10" 倡议，倡导每个国家至少发动 10 个政府、10 个大学，以及 10 个企业参与到性别平等的事业中来。在男性为主的论坛议题里加入性别讨论也是促进男性参与的有效方法之一，也是联合国社会性别主流化的具体实践和要求。

3. 全球妇女峰会各国领导人承诺。邀请男性参与到性别平等的对话中来并做出积极承诺是特别有意义的促进政府承诺性别平等的举措。消除对妇女歧视委员会建议各缔约国，在高级政府一级建立和/或加强有效的国家机制、机构和程序，赋之以充分的资源、承诺和授权。[1] 2015 年 9 月 27 日，习近平总书记参加全球妇女峰会，发表题为《促进妇女全面发展共建共享美好世界》的讲话，回顾了北京世界妇女大会召开 20 年来全世界及联合国妇女事业的发展进程，充分肯定了联合国妇女署做出的工作和贡献，指出了当今世界妇女赋权领域仍存在的不足，并为今后的性别平等工作指明方向并做出承诺。

在习近平总书记的带领下，各个国家的领导人都在峰会上做出国家承诺。例如，瑞典首相斯特凡·勒文（Stefan Lofven）提出："我们将确保国家政策和国家财政预算的分配有助于性别平等。并且我们将确保在一切合作与支持领域内的发展和人道主义援助都具有性别敏感性。……我们将开发一个女性调停者网络，并将在两年内做好在任何地方进行和平行动援助的准备。"[2] 卢森堡首相格扎维埃·贝泰尔（Xavier Bettel）称："截至 2019 年，我们承诺妇女将在所有执行委员会占 40%，在大型企业和商界妇女也占 40%……我们期待在选举中有 40%（的女性候选

---

〔1〕　UN Doc. CEDAW/C/GC/6 消除对妇女歧视委员会通过的第 6 号一般性建议《有效的国家机制和宣传》，第 1 段。

〔2〕　联合国妇女署："全球妇女峰会——各国首脑承诺系列报道（六）"，联合国妇女署微信公众号，https://mp.weixin.qq.com/s/2I-oDzruWSIpsK7DsvOWzg，访问时间：2019 年 6 月 18 日。

人），（我国政府）将尽快批准《伊斯坦布尔公约》。"[1] 泰国总理巴育·詹欧差（Prayuth Chan-ocha）提出："最近，泰国颁布了《2015年性别平等法》，已于9月9日生效，保护每个人都免于遭受性别歧视。泰国决心推进性别平等……正在开发一个关于性别角色的课程，以培育积极的态度和从小接受性别平等的观念"等。[2]

这些男性为主的高层承诺，在推动全球以及各个国家内部的性别平等方面起到了非常大的作用。具体到国家层面，每年三八国际妇女节邀请男性领导致辞；邀请一些有话语权的男性参与到性别相关的论坛中等，都会对性别平等起到正向的推动作用。

（二）各国立法与政策保障

1. 男性育儿假。男性育儿假是男性参与性别平等的有利政策保证。欧盟要求成员国采取生育保护措施，对产假和父母假都有最低限度的规定。比如，1992年，欧盟规定各成员国的最低产假时长为14周；1996年，欧盟要求实行父母假，最短期限为3个月；2010年，欧盟规定父母假最短期限为4个月。除此之外，为了推进在就业市场上的性别平等，一些欧洲国家不仅实行了父母假，还作出休假权利不可转让的硬性规定。比如，荷兰实行6个月的父母假，其中，父亲和母亲必须各自休假3个月，权利不可转让。卢森堡实行12个月的父母假，其中，父亲和母亲各休6个月，权利也不可转让。瑞典是第一个于1974年就实行父母假的国家，目前父母假时长是18个月，其中，要求有2个月必须由父亲申请，剩下的16个月可以由父亲和母亲自行决定。

以挪威的父母育儿假为例（如图1），1977年挪威只规定有家庭育儿假，男女都可以休假，并没有任何的男性产假规定。实践证明，如果只是这样的规定，在实践中往往是女性在休产假，而男性是不休产假

---

[1] 联合国妇女署："全球妇女峰会——各国首脑承诺系列报道（五）"，联合国妇女署微信公众号，https://mp.weixin.qq.com/s/9PUAw-dzJ6nhaUkI3Qx92w，访问时间：2019年6月18日。

[2] 联合国妇女署："全球妇女峰会——各国首脑承诺系列报道（六）"，联合国妇女署微信公众号，https://mp.weixin.qq.com/s/2I-oDzruWSIpsK7DsvOWzg，访问时间：2019年6月18日。

的。所以从 1993 年开始，挪威设置了男性产假，规定父母共同育儿假有 38 周，而男性育儿假有 4 周。这样，男性就开始休产假了。而从 2018 年开始，挪威的产假有了进一步的改善。养育孩子的家庭有两种选择：9 个月的 100%带薪育儿假，或者一年的 80%带薪育儿假。而在 9 个月 100%带薪的育儿假中，男性育儿假有 15 周，女性育儿假有 15 周，共同育儿假则为 19 周。

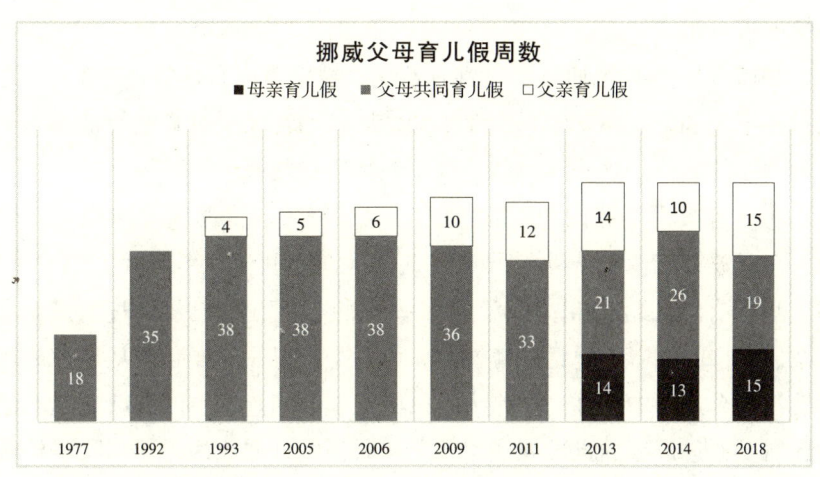

图 1　挪威父母育儿假周数[1]

当然，挪威的政策也不是完美的，在现有的制度下，女性必须全职工作或者学习，男性才能得到这些权利规定下的产假。如果女性不上班，而是在家当全职妈妈，男性则不能获得法律规定的 15 周的产假。

在我国，2016 年两会期间全国妇联副主席孟晓驷曾提出"丈夫带薪休长假应全国推行"议案；2018 年两会期间人大代表林勇关于"男性休产假"的议案再次引起网上热议，仅在中国妇女报的官方微博上，这条消息的阅读量就达到 134 万，网友纷纷留言支持男性同休产假，支持婚内男女共同养育孩子。这些都是我国推行男性产假好的开始。

----

〔1〕 此图示由挪威男性资源中心提供。

2. 性别身份表达。近年来，许多国家坚决采取措施，加强性别身份表达领域的人权保护。一系列新法律获得通过，包括禁止歧视、惩处仇视同性恋的仇恨罪、认可同性关系以及让变性人更容易获得体现本人意愿的官方文件等。

2013 年澳大利亚通过了《性歧视修正案（性取向、性别认同和双性人身份）法》，这是全世界第一部纳入双性人身份作为独立的禁止歧视理由的法律。澳大利亚参议院也对双性人非自愿或被迫接受绝育手术的情况进行正式调查。

2015 年，马耳他通过了《性别认同、性别表达和性特征法》，这是全世界第一部禁止在未经未成年人知情同意的情况下对其性特征实施手术和治疗的法律。该法律也禁止基于性特征的歧视。

2018 年 8 月，德国内阁批准了一项草案，使得德国可能成为欧洲第一个开放第三性别选项的国家（此前，澳大利亚、新西兰、加拿大、印度和尼泊尔已经这样做了）。早在 2013 年，德国就已经通过了另一项法案，允许间性者不登记法律性别，而不是像以往一样必须从男性或者女性这两个选项中选择一个作为自己的法律性别。这次内阁新通过的法案还需要通过议会的批准才能生效，届时德国官方承认的性别除了传统的"女性"、"男性"之外，还将增加一项"其他"。[1] 法律将有助于"Ta"们获得法律的认可并避免被歧视。

3. 性倾向。几十年以前，联合国正式的政府间会议上很少出现"性倾向"和"性别认同"这两个词，而时至今日，联合国人权理事会正在就女同性恋者、男同性恋者、双性恋者和变性人的权利展开辩论。人权理事会的讨论将政治关注集中于国家层面的歧视性法律和做法以及国家依据国际人权法承担的关于通过立法和其他措施解决这些问题的义务。全球范围内，为性倾向争取权利的运动从来没有停止。

2018 年 9 月 7 日，印度最高法院决定将经双方同意的同性关系合法化，联合国人权事务高级专员米歇尔·巴切莱特（Michelle Bachelet）

---

〔1〕 "德国联邦内阁批准新法案草案：身份登记将新增'第三种性别'"，参考消息网，http：//www.cankaoxiaoxi.com/world/20180822/2314166.shtml，访问时间：2018 年 10 月 28 日。

对此表示称赞。巴切莱特说："对于印度和所有相信人权普遍性的人们来说，这是美好而重要的一天。通过这一具有里程碑意义的决定，印度最高法院在自由和平等方面迈出了一大步。我希望世界其他地方的其他法院能以印度为榜样，激励他们朝同一方向迈进。"将经双方一致同意的同性关系定为刑事犯罪的法律侵犯了包括隐私权和免于歧视的权利等基本权利。联合国人权事务高级专员巴切莱特表示："这些法律在世界各地造成了针对男女同性恋、双性恋和变性人的一连串虐待行为，包括任意逮捕、暴力、校园欺凌、拒绝提供医疗保健，以及在工作中的骚扰等行为。印度最高法院已经认识到这种歧视性的法律在 21 世纪是没有地位的，我对此感到欣慰。（9 月 7 日的）决定是一致通过的，且不可上诉，有效地解决了印度的这一问题。"印度最高法院这一裁决的最直接影响是，印度《刑法典》第 377 条——一项殖民时代的法律——将不再把经双方同意的私下同性关系定为刑事犯罪。但它的真正影响可能会更加广泛：通过将同性关系合法化，该法院发出了一个强有力的信号，即：男女同性恋、双性恋和变性人群享有平等的权利，而且是印度社群的重要成员。

截至 2018 年年底，全球已有 45 个国家和地区承认同性婚姻合法或者承认同性民事结合。[1]

（三）机构行动与教育示范

1. 专门关注男性问题的机构。在北欧，一些专门男性机构的成立，会更容易让男性参与到性别平等的工作中来。例如成立于 2004 年的挪威男性资源中心（Resources Center for Men，REFORM），该中心完全以男性为中心，从男性的视角出发，考虑男性的利益。例如，家暴案件中，人们往往认为女性是受害者，但该机构的负责人认为，男性也是受害者，也需要心理的治疗、帮助。挪威男性资源中心开展的项目包括父

----

〔1〕 这些国家和地区为：荷兰、比利时、西班牙、挪威、瑞典、葡萄牙、冰岛、丹麦、法国、英国、卢森堡、爱尔兰、芬兰、斯洛文尼亚、德国、马耳他、奥地利、捷克、英国北爱尔兰地区、瑞士、匈牙利、列支敦士登、克罗地亚、斯洛文尼亚、安道尔、希腊、爱沙尼亚、意大利、加拿大、阿根廷、巴西、美国、墨西哥、哥伦比亚、哥斯达黎加、厄瓜多尔、乌拉圭、智利、南非、新西兰、澳大利亚、美属关岛、美属波多黎各、泰国、我国台湾地区。

亲亲子关系教育、对男性暴力和情绪控制的咨询、在学校开展多元男性气质的讨论，以及给那些因为不够"男子汉气概"而被欺凌的学生提供心理咨询等。这些项目的开展和会让男性深切地感受到该机构是为他们服务的，而不是出于保护女性的利益来无端指责男性，因此，挪威男性资源中心很受男性的欢迎。在该机构的带领下，挪威和北欧其他国家的很多社会服务机构，尤其是以性别研究为主的社会服务机构都开展了男性气质研究的项目，例如奥斯陆大学社会性别研究中心。

2. 学校教育中加入性别平等教育。《消除对妇女一切形式歧视公约》第三部分第 10 条（c）款规定，"为消除在各级和各种方式的教育中对男女任务的任何定型观念，应鼓励实行男女同校和其他实现这个目的的教育形式，并特别应修订教科书和课程以及相应地修改教学方法"，这为学校教育加入有关性别平等的教育提供了法律依据。在学校教育中加入性别平等教育，可以让更多的男孩从小树立性别平等的理念，使其在成人后更容易加入到性别平等的倡导中来。学校加入性别平等教育不仅仅包括改变课本中性别角色的呈现，还包括老师在教授的过程中要去掉传统性别刻板印象对男女的束缚等。1998 年，瑞典议会通过法案，要求学校（包含托儿所）必须确保男孩和女孩享有同等权利，在性别教育上打破陈规旧习；并开展特殊培训项目，以帮助老师完成性别教育。例如，在舞蹈班上，男孩和女孩有平等选择角色的权利，不论王子与公主、还是国王与海盗，都取决于孩子对角色的喜好，而非性别。瑞典学校的这些举措，很大程度去掉了性别刻板印象束缚男孩和女孩的教育方式，使学生更能够发现自己的特长，更能够有良好的发展。

我国全面的性别教育还没有展开，国务院妇女儿童工作委员会在广东省中小学中进行性别平等教育的试点工作。在北京和上海，有一些试点学校开始在小学教育里加入性教育，其中一节专门谈论性别问题。另外，一些大学老师意识到了性别问题，在他们的课程里加入了对性别的讨论。

3. 树立男性榜样也是促进男性参与性别平等的有力措施。科菲·安南（Kofi Annan）在任联合国秘书长期间（1997 年至 2006 年），曾在很多公开场合表达：性别平等需要男性的参与。他每天下班后首先要接孩子放学，然后做饭，因为他妻子做财务工作，没时间照顾孩子。这给全世界的男性传达了明确的信息：男性也应该承担家庭责任。在我国，联合国妇女署和网易举办的中国女性传媒大奖每年评选出 10 名非传统领域女性榜样（飞行员、科学家、环保领域、技工等），旨在给社会以启示，女性可以在很多领域中做得很好。但同时，该奖项也设立男性榜样奖，奖励那些有影响力并对性别平等工作做出了贡献的男性。通过这样的举措，能够让男性榜样也发出声音，让大家看到榜样的力量，鼓励更多的男性参与到性别平等的努力中来。

4. 厕所革命。很多北欧国家采用的都是无性别厕所，也就是不分性别的厕所，这在很大程度上解决了性少数人群和女性的如厕问题。美国白宫从 2015 年 1 月起，设立第三性厕所。我国一些大城市近几年也开始在公共区域设立无性别厕所，以解决女性以及性少数人群的如厕问题。例如，2016 年上海首座"无性别公厕"——位于浦东张家浜滨河绿地内的无性别公厕对外开放，公厕采用敞开式设计，没有性别限制。从 2017 年起，北京陆续已经有 30 多个机构设立了性别友善厕所，诸如联合国驻华代表处、"Cafe Zarah"咖啡馆、方家胡同的双城咖啡酒吧、南锣鼓巷的"The Pool Bar"、三里屯的"Adam's"等，这些地方的洗手间门上多了一个"性别友善厕所（All Gender Toilet）"的圆形标识。

性别平等不仅仅是为了保护女性的权利，更多的是在公共政策的范畴，通过政策的调整，使男性、女性以及性少数人群都平等受益，所以在性别平等推进的过程中，一定要有各种性别的参与，才能够更好地推动性别平等的发展。北欧最大的性别研究中心——奥斯陆大学社会性别研究中心（Center for Gender Research，Oslo College）名称的改变在一定程度上能够说明性别平等发展从单纯的"女性权利为中心"到男性参与以及"多元性别权利为中心"的积极改变：1986 年该中心成立之初名称为奥斯陆大学妇女研究中心（Women's Studies）；2001 年该中心改名为奥斯陆大学妇女和性别研究中心（Center for Women's and Gender Studies）；2008 年该中心更名为奥斯陆大学社会性别研究中心（Center for Gender Research，Oslo College)，并一直沿用至今。

当然，该中心的课程也随着社会的发展不断丰富，以前的课程只有单纯的女权主义理论（feminist theory），现在课程非常丰富，除了原有的女权主义理论外，还包括：男性和男性气质研究（men and masculinity studies）、社会性别和人道主义研究（gender and the humanities-studies of gender and culture）和性学研究（sexuality studies）等，这些积极的改变，促使更多的男性参与到性别平等的事业中来。

问题与思考

1. 回想一下，在你的成长过程中，你有没有什么东西因异于性别气质规范而被大家嘲笑过？

2. 对你来说，男性参与性别平等意味着什么？

拓展资料

1. 范红霞："男性在中国妇女运动兴起中的作用与启示"，"性别研究视界"微信公众号，2017 年 9 月 14 日。

2. 联合国"他为她"（He For She）发起人艾玛·沃特森的演讲。

3. 法国作家西蒙·波伏娃的著作《第二性》。

4. 好莱坞电影《疯狂动物城》。

第二章 性别平等与性别歧视

"平等是近代以来人类追求的强势价值，它既可以是人类追求的理想目标，也可以是一种具体的权利，甚至是一个政治法律制度。平等的重要性在于它是政治正当性的'试金石'和法律制度的基本出发点，是所有人权的核心。"[1] 性别平等作为平等的重要方面，同样是一项基本人权，而性别歧视是实现性别平等的障碍，是对平等权的侵犯。

第一节 平等与不歧视原则在人权法中的地位与确认

平等的观念源远流长，是自古希腊时期智者就开始不断追求的目标。在西方启蒙运动中，平等与自由、博爱等概念受到重视，成为与封建主义等级观念相斗争的思想武器。平等与公平、公正、正义等彰显了人类共同的价值追求，指引着社会发展，作为人类社会的主题一直延续到现在。[2] 追求平等必然要求反对歧视。同时，平等和歧视的含义也一直处于发展之中。

一、平等与不歧视原则在人权法中的地位

平等与不歧视原则是人权法的基本原则和价值，是现代人权法的支柱。尤其是二战后，平等与不歧视原则成为国际人权立法的一条主线。

---

[1] 李薇薇：《反歧视法原理》，法律出版社 2012 年版，第 54 页。
[2] 韩大元主编：《宪法学》，高等教育出版社 2006 年版，第 193 页。

在国际公约中，平等与不歧视（equality and non-discrimination）常常被并列使用，不歧视原则是平等原则的必然延伸。平等与不歧视原则要求缔约国确认，在法律面前，人人平等，有权不受任何歧视地享有法律给予的平等保护和平等权益。

同时，平等与不歧视也是一项独立的人权。"这一平等与不歧视原则对于保证所有其他权利的真正实现至关重要，它不仅是所有其他权利的前提和基础，也是一项独立的可以诉求的平等权。"[1] 比如，《公民权利和政治权利国际公约》第 26 条规定："所有的人在法律前平等，并有权受法律的平等保护，无所歧视。……"这意味着，不平等或歧视即使没有违反该公约的任何一项其他权利或者可以适用的条款，仍然可以构成对第 26 条的违反。人权委员会在茨旺－德·维尔斯诉荷兰案（Zwaan-de Vries v. the Netherlands，182 号/1984）中明确地表达了这种观点。人权委员会确认，在失业救济方面对妇女的歧视待遇构成了对公约第 26 条的违反。尽管《公民权利和政治权利国际公约》并不保护诸如失业救济这样的社会权利，但是委员会仍然作出了这样的裁决。[2]

在各国国内法中，平等权经历了从 1776 年美国《独立宣言》第一次将"人人生而平等"确认下来，到目前平等权已经被各国国内法普遍认可和确认。平等权首先是各国宪法保障的一项基本权利。比如，我国《宪法》第 33 条第 2 款和第 3 款规定："中华人民共和国公民在法律面前一律平等""国家尊重和保障人权"。再如，荷兰《宪法》第 1 条规定："所有的荷兰人应该在相同的情况下被同等对待。禁止基于宗教、信仰、政治见解、种族、性别，或者其他任何理由的歧视。"保障平等、禁止歧视的条款也出现在很多部门法之中。20 世纪 90 年代之后，世界上很多国家开始出台专门的平等法或者反歧视法来促进平等的实现。例如，挪威 2018 年开始实施的《平等与反歧视法》第 1 条就表明该法的立法目的在于"促进平等、防止基于性别、怀孕、因为生育或者收养有

〔1〕 李薇薇：《反歧视法原理》，法律出版社 2012 年版，第 56 页。
〔2〕 国际人权法教程项目组编写：《国际人权法教程》，中国政法大学出版社 2002 年版，第 384 页。

关的休假、照顾责任、种族、宗教、信仰、残障、性倾向、性别认同、性别表达或者一个人其他显著特征的歧视"。

二、当代主要国际人权公约和条约对平等权的确认和保护

（一）国际公约对平等与不歧视的规定

《世界人权宣言》以及九大核心人权公约都涉及平等与不歧视方面的规定。

《世界人权宣言》第1条即规定："人人生而自由，在尊严和权利上一律平等。他们赋有理性和良心，并应以兄弟关系的精神相对待。"第7条规定："在法律面前人人平等，并有权享受法律的平等保护，不受任何歧视。人人有权享受平等保护，以免受违反本宣言的任何歧视行为以及煽动这种歧视的任何行为之害。"

《公民权利和政治权利国际公约》第2条规定："本公约每一缔约国承担尊重和保证在其领土内和受其管辖的一切个人享有本公约所承认的权利，不分种族、肤色、性别、语言、宗教、政治或其他见解、国籍或社会出身、财产、出生或其他身分等任何区别。"第3条规定："本公约缔约各国承担保证男子和妇女在享有本公约所载一切公民和政治权利方面有平等的权利。"第26条规定："所有的人在法律前平等，并有权受法律的平等保护，无所歧视。在这方面，法律应禁止任何歧视并保证所有的人得到平等的和有效的保护，以免受基于种族、肤色、性别、语言、宗教、政治或其他见解、国籍或社会出身、财产，出生或其他身分等任何理由的歧视。"

《经济、社会、文化权利国际公约》第2条第2款要求缔约各国保证，"本公约所宣布的权利应予普遍行使，而不得有例如种族、肤色、性别、语言、宗教、政治或其他见解、国籍或社会出身、财产、出生或其他身分等任何区分。"第3条强调："本公约缔约各国承担保证男子和妇女在本公约所载一切经济、社会及文化权利方面有平等的权利。"

《儿童权利公约》第2条规定："缔约国应尊重本公约所载列的权利，并确保其管辖范围内的每一儿童均享受此种权利，不因儿童或其父母或法定监护人的种族、肤色、性别、语言、宗教、政治或其他见解、民族、族裔或社会出身、财产、伤残、出生或其他身份而有任何差别。"

《残疾人权利公约》将"不歧视"规定为公约一般原则之一，其第2条定义中规定："基于残疾的歧视"是指基于残疾而做出的任何区别、排斥或限制，其目的或效果是在政治、经济、社会、文化、公民或任何其他领域，损害或取消在与其他人平等的基础上，对一切人权和基本自由的认可、享有或行使；基于残疾的歧视包括一切形式的歧视，包括拒绝提供合理便利；"合理便利"是指根据具体需要，在不造成过度或不当负担的情况下，进行必要和适当的修改和调整，以确保残疾人在与其他人平等的基础上享有或行使一切人权和基本自由。该公约对于合理便利的规定以及拒绝提供合理便利也是歧视的规定，发展了歧视的概念。此外，该公约第5条要求缔约国确认，在法律面前人人平等，有权不受任何歧视地享有法律给予的平等保护和平等权益；缔约国应当禁止一切基于残疾的歧视，保证残疾人获得平等和有效的法律保护，使其不受基于任何原因的歧视；为促进平等和消除歧视，缔约国应当采取一切适当步骤，确保提供合理便利。为加速或实现残疾人事实上的平等而必须采取的具体措施，不得视为本公约所指的歧视。

《保护所有移徙工人及其家庭成员权利国际公约》第7条规定：缔约国依照关于人权的各项国际文书，承担尊重并确保所有在其境内或受其管辖的迁徙工人及其家庭成员，享有本公约所规定的权利，不分性别、种族、肤色、语言、宗教或信念、政治见解或其他意见、民族、族裔或社会根源、国籍、年龄、经济地位、财产、婚姻状况、出身或其他身份地位等任何区别。

《禁止酷刑和其他残忍、不人道或有辱人格的待遇或处罚公约》中对"酷刑"的界定也包括了"……基于任何一种歧视的理由，蓄意使某人在肉体或精神上遭受剧烈疼痛或痛苦的任何行为，而这种疼痛或痛苦是由公职人员或以官方身分行使职权的其他人所造成或在其唆使、同意或默许下造成的"（第1条），并强调诉讼所有阶段的公平的待遇（第7条）以及公平的赔偿（第14条）。

《保护所有人免遭强迫失踪国际公约》第13条中也强调了"如果

被请求缔约国有充分理由认为，提出引渡要求的目的，是因某人的性别、种族、宗教、国籍、族裔、政治见解或属于某个特定的社会群体而对之进行起诉或惩罚，或同意引渡将在上述原因的某个方面造成对该人的伤害，则本公约的任何内容均不得解释为强制的引渡义务。"

此外，九大人权核心公约中还包括两个专门禁止歧视的国际人权公约。

1965 年《消除一切形式种族歧视国际公约》是专门禁止种族歧视的国际人权公约，禁止其目的或效果为取消或损害政治、经济、社会、文化或公共生活任何其他方面人权及基本自由在平等地位上的承认、享受或行使的基于种族、肤色、世系或民族或人种的任何区别、排斥、限制或优惠。

1979 年《消除对妇女一切形式歧视公约》是专门禁止性别歧视（对女性的歧视）的国际人权公约。该公约明确要求缔约国承担在所有领域，特别是政治、社会、经济、文化领域的责任，采取一切适当措施，包括制定法律，保证妇女得到充分发展和进步，以确保女性在与男性平等的基础上，行使和享有人权和基本自由。

从上述国际文件的规定中可以看出，1948 年《世界人权宣言》的发布，宣示了人人有资格享有平等的权利，并明文规定了禁止歧视。虽然《世界人权宣言》不属于国际条约，但作为联合国大会的决议文件，对于整个国际人权法具有引领和奠定基础的作用。同样的，关于平等和不歧视的规定在"人权两公约"即《公民权利和政治权利国际公约》《经济、社会、文化权利国际公约》中也被加以强调。而《消除一切形式种族歧视国际公约》和《消除对妇女一切形式歧视公约》旨在消除针对种族和妇女的歧视。其他核心人权条约也从被保护群体的角度重申了平等与不歧视的原则。国际人权法对平等与不歧视的规定，经历了从原则性的宣示发展到禁止针对特定群体的歧视的变化。

（二）国际人权公约和文件中对性别平等的规定和理念

促进性别平等、禁止性别歧视是平等与不歧视原则的核心内容和重要体现。

1. 保护性别平等的主要国际公约和国际文件。在国际法层面，《消除对妇女一切形式歧视公约》（1979 年 12 月通过，1981 年 9 月生效）是国际人权法律框架的一部分，旨在确保所有人享有所有人权，并消除一切形式的以生理性别和社会性别为由对妇女的歧视。此外，《联合国宪章》《世界人权宣言》《经济、社会、文化权利国际公约》《公民权利和政治权利国际公约》《儿童权利公约》《保护所有移徙工人及其家庭成员权利国际公约》和《残疾人权利公约》等均载有明确条款，确保男女平等享有公约所载权利。

此外，国际劳工组织 1951 年《对男女工人同等价值的工作付予同等报酬公约》（第 100 号公约）、《1958 年消除就业和职业歧视公约》（第 111 号公约）和 1981 年《关于有家庭责任的男女工人享受平等机会和平等待遇公约》（第 156 号公约），联合国教育、科学及文化组织（以下简称"联合国教科文组织"）颁布的《取缔教育歧视公约》，以及《消除对妇女歧视宣言》《维也纳宣言和行动纲领》《开罗行动纲领》《北京宣言》和《北京行动纲领》等也是有关男女平等和不歧视国际法律制度的组成部分。这些国际公约和国际文件构成促进性别平等的国际法律框架。

2. 国际人权公约和文件中关于性别平等的主要内容和理念。上述国际公约中体现出的主要性别理念是，"性别平等既要考虑到两性的生理差异，又要把握其社会差异"，"性别平等是指在所有年龄段、阶层、各种岗位中的男女享有平等的权利、机会和待遇，所有人都应不受性别角色或男女性格的传统固有思维或偏见的限制，自由地发展个人能力和做出选择"。[1]

除了全面禁止性别歧视，保障平等机会和待遇，相关国际公约也要求各国政府和其他行动者应该把性别意识纳入所有政策和方案的主流，积极促进实质平等；要求各国政府制定政策，特别是教育政策，改变强调男女分工的观念，以宣传分担家务责任的概念，特别是分担照顾子女

---

[1] 汪雁、田晓青、孙丽君："工会推动完善企业社会性别平等指标体系国际研讨会综述"，载《工运研究》2013 年第 18 期，第 12 页。

和老年人的责任；实施带薪产假；鼓励提供必要的辅助性社会服务，特别是通过促进建立和发展托儿设施系统，使父母得以兼顾家庭义务和工作责任并参与公共生活；对于怀孕期间从事有害于健康的工作的妇女给予特别保护；等等。

1995 年在北京召开的第四次世界妇女大会，各国政府将社会性别主流化确定为促进社会性别平等的全球战略。《北京行动纲领》要求各国政府和其他行动者应该推行一种积极醒目的政策，把性别意识纳入所有政策和方案的主流，从而在做出决定之前分析对妇女和男子各有什么影响，及时消除和修正不利于妇女或男子发展的方案，坚持以人为中心，保证政策的协调发展。会议敦促各国政府加强性别分析和性别规划，将社会发展、经济发展与妇女发展的规划政策协调起来。

很多联合国机构和国际组织都积极出台政策、采取行动推动性别平等。例如，国际劳工组织于 1999 年制定社会性别平等主流化战略，使性别平等原则系统地纳入所有政策、计划、项目、机制和预算之中。同时制定并执行专门措施，保护男女的生育权，为男性和女性在工作和家庭方面的不同需求提供支持，消除社会和工作中存在的性别歧视。

第二节　性别歧视的概念、分类和例外

性别歧视是实现性别平等的障碍，是对平等权的侵犯，被国际公约和各国法律明确禁止。但是，歧视并不是一个中国本土化的概念，而是翻译自英文"discrimination"。在日常生活中，"歧视"往往被理解为"偏见""成见"或"瞧不起"，但法律意义上的歧视有着特殊的含义、分类和构成要件。

一、性别歧视的概念

《消除对妇女一切形式歧视公约》第 1 条中将"对妇女的歧视"定义为："基于性别而作的任何区别、排斥或限制，其影响或其目的足以妨碍或否认妇女不论已婚未婚在男女平等的基础上认识、享有或行使在

政治、经济、社会、文化、公民或任何其他方面的人权和基本自由。"

而根据国际劳工组织《1958年消除就业和职业歧视公约》（第111号公约），工作领域中的性别歧视是指，基于性别的任何区别、排斥或特惠，其效果为取消或损害就业或职业方面的机会平等或待遇平等。

根据联合国教科文组织的《取缔教育歧视公约》，教育领域的性别歧视是指，基于性别的任何区别、排斥、限制或特惠，其目的或效果为取消或损害教育上的待遇平等。

我国《妇女权益保障法》《劳动法》《就业促进法》《教育法》等多部法律法规中明确禁止性别歧视，但是都没有对性别歧视做出界定、进行分类。消除对妇女歧视委员会在对中国政府履约报告的结论性意见中，也多次指出中国法律仍然没有按照《消除对妇女一切形式歧视公约》的要求，为"对妇女的歧视"做出定义，建议"中国按照《公约》第1条的规定在本国立法中通过关于歧视妇女的全面定义，以确保妇女在生活的各个领域不会受到直接和间接的歧视。尤其是，缔约国应当确保有适足的执行机制和制裁措施配合禁止基于性和/或性别的歧视。"[1]

二、性别歧视的构成要件

从国际公约对性别歧视的界定可以看出，性别歧视主要包括以下几个构成要素：

（一）差别对待的行为或事实

法律意义上的歧视是一种违法的差别对待的行为或事实，这种差别对待可能是区别、排斥、限制或优惠。"偏见""成见"是产生歧视的原因，人们基于偏见做出的差别对待可能构成法律上的歧视，但是偏见本身并不能等同于法律意义上的歧视。性别偏见或者性别定型观念往往是对不同性别群体的缺乏客观依据的、固定的、先入为主的观念和态度，但是如果仅限于观念和态度本身，而没有以作为或者不作为的方式表达出来，对法律保护的特定群体产生不利影响，不属于法律禁止的范围。

---

〔1〕 消除对妇女歧视委员会：《关于中国第七和第八次合并定期报告的结论性意见》，CEDAW/C/CHN/CO/7-8（2014），第12段。

区别、排斥或者优惠的立法、标准、措施、行为，都是差别对待的表现。这些差别对待可能体现在具体的实践中，构成行为性歧视；也可能体现在法律法规政策中，构成制度性歧视。行为性歧视是雇主、学校等特定领域中的主体基于法律所禁止的歧视事由而做出的区别、排斥或优惠的差别对待行为。例如，高校招生中，提高对女生的录取分数。制度性歧视，是指在制度安排和政策制定层面上以法律、法规、条例、政策的形式将含有歧视性的内容予以制度化，使一定社会群体持续遭受普遍的、规范化的不合理的差别对待。过去的法律制度中这种明确对男女进行区别对待，给予女性不利待遇的制度性歧视较为多见，例如《大清律例》对家庭暴力的规定："凡妻殴夫者，但殴即坐，杖一百，夫愿离者，听；须夫自告乃坐。至折伤以上，各验其伤之轻重，加凡斗伤三等；至笃疾者，绞；死者，斩；故杀者，凌迟处死。其夫殴妻，非折伤勿论；至折伤以上，减凡人二等。须妻自告乃坐。先行审问夫妇，如愿意离者，断罪离异；不愿离异者，验所伤应坐之罪收赎，仍听完聚；至死者，绞监候；故杀者亦绞。若夫诬告妻及妻诬告妾，亦减诬罪三等。"[1]现代法律政策中，直接的、显性的制度性歧视已经显著减少，但是由于缺乏性别视角，片面追求形式平等而造成事实上不平等的制度，或者以保护为目的而把某一性别群体排除在某一职业或教育之外的法律规定也可能构成制度性歧视。

（二）禁止实施歧视行为的主体和特定领域

国家和特定领域中的私人行为者都可能成为性别歧视的实施主体。国家有义务避免通过作为或不作为导致的性别歧视，还有义务对性别歧视行为做出正当反应，不论这种作为或不作为是否是由国家或私人行为者造成的。消除对妇女歧视委员会第28号一般性建议强调，缔约国有义务确保防止私人行为者参与实施《消除对妇女一切形式歧视公约》定义的对妇女的歧视。缔约国有义务采取适当措施，对私人行为者的行动进行监管，包括教育、就业、医疗政策和做法、工作条件和工作标准

---

〔1〕《大清律例》卷28《刑律·斗殴下·女婢殴家长》。转引自李傲：《性别平等的法律保障》，中国社会科学出版社2009年版，第58页。

等领域，以及银行和住房等由私人行为者提供服务或设施的其他领域。[1]

各国立法中也对禁止歧视的领域作出规定。对于婚姻领域里个人的种族、民族、身高、相貌等偏好，法律不以反歧视的方式进行干预，留下当事人自治的空间。但是对于涉及公共资源配置的就业、社会保障、公共教育、公共场所进入使用等领域，各国法律都比较一致地禁止性别歧视。因为这些领域涉及公共资源的配置，影响到公共利益。[2] 但是一些国家和地区禁止歧视的领域并不限于公共领域，比如瑞典的《反歧视法案》禁止①工作；②教育；③非依公共合同的劳动力市场政策活动及就业服务；④创立或经营企业及职业认证；⑤特定组织的会员资格；⑥商品、服务及住房供给等；⑦健康和医疗保健及社会服务等；⑧社会保险体系、失业保险及助学金；⑨国家军事服役和民事服役；⑩公务人员的聘任共 10 个领域中的歧视；我国香港特别行政区的《性别歧视条例》禁止①雇佣；②教育；③货品、设施及服务的提供；④房产的处理或管理；⑤会社及体育活动；⑥政府的活动；⑦进入处所共 7 个领域的歧视。可见，除了传统的雇佣、教育、公共服务等涉及公共资源配置的领域，这些国家和地区在商品和房产交易活动中也禁止歧视。

（三）差别对待是基于"性别"这一被法律禁止的歧视事由

"性别"是国际公约和各国立法普遍禁止的一种歧视事由。根据消除对妇女歧视委员会的第 28 号一般性建议，这里的"性别"既包括生理性别也包括社会性别。"生理性别"一词指的是男性与女性的生理差异。而"社会性别"一词指的是社会意义上的身份、归属和女性与男性的作用，以及社会对这类生理差异赋予的社会和文化含义。正是社会性别导致男性与女性之间的等级关系，还导致男性在权力分配和行使权利方面处于有利地位，女性处于不利地位。女性和男性的这种社会定位受到政治、经济、文化、社会、宗教、意识形态和环境因素的影响，也

---

〔1〕 消除对妇女歧视委员会第 28 号一般建议，第 13 段。

〔2〕 何霞："反歧视法概述"，载刘小楠主编：《反歧视法讲义》，法律出版社 2016 年版，第 10 页。

可通过文化、社会和社区的力量加以改变。虽然《消除对妇女一切形式歧视公约》仅仅提到基于生理性别（sex）的歧视，但结合其他条款，如第1条所载关于歧视的定义明确表明，实际上《消除对妇女一切形式歧视公约》也涵盖了基于社会性别（gender）的歧视。[1]

同时，性别歧视也从禁止对男性或女性的歧视，扩展到基于性别表达、性别认同、性倾向的歧视。有的国家和地区虽然在立法中没有明确禁止基于性别表达、性别认同、性倾向的歧视，但通过对于"性别"概念进行扩大解释，提供了对性和性别少数群体的保护。比如，美国《1964年民权法案》（以下简称《民权法案》）第七章是美国联邦层面最为重要的反就业歧视法律渊源，其规定禁止基于种族、肤色、宗教信仰、性别和来源国的歧视。立法之初，性别仅指生理性别，而且只包括男性和女性，之后美国联邦最高法院在普华永道诉霍普金斯[2]一案中对"性别"概念进行了扩大解释。该案中，在会计事务所工作的女性安·霍普金斯（Ann Hopkins）工作业绩卓著，但是没能成功地晋升为合伙人，至少部分原因是她的上司们认为她的行为举止和穿衣打扮过于男性化。联邦最高法院在判决中认为《民权法案》第七章不仅禁止基于"性别"的歧视，还禁止基于"某人没有表现出其生理性别特质"的歧视。联邦最高法院将这种情况定义为禁止基于"性别角色刻板印象"（gender role stereotyping）的歧视。这一解释实际上是对"性别歧视"进行了扩大解释，从生理性别扩展到社会性别。之后，很多法院认为《民权法案》第七章可以适用于保护跨性别者免受歧视，一些法院在判决中进一步提出《民权法案》第七章禁止的"性别歧视"可以涵盖基于性别认同、性别表达和性别转换的歧视。

2012年，美国平等就业机会委员会（Equal Employment Opportunity Commission，EEOC）在对梅西（Mia Macy v. Eric Holder）[3]一案的裁决中，明确指出对跨性别人群的歧视构成性别歧视。2015年，EEOC在

---

[1] 消除对妇女歧视委员会第28号一般性建议，第5段。

[2] Price Waterhouse v. Hopkins 490 U.S. 228 (1989).

[3] Appeal No. 0120120821 (EEOC 2012).

鲍德文（Baldwin v. Foxx）[1]这一行政处罚案件中进一步扩大了普华永道诉霍普金斯案中禁止基于性别刻板印象歧视的范畴，即社会对于男性和女性的刻板印象也包括"男人只能和女人约会，女人只能和男人约会"。EEOC 明确提到性倾向和性别这两个概念是无法完全分开的。如果一个女性在桌上摆一张她的女性伴侣的照片，她可能受到歧视；相反，如果是一个男性在桌上摆一张他的女性伴侣的照片，那么这个男性就不会受到歧视。美国一些巡回法院采纳了 EEOC 在鲍德温案中的理论，判决性倾向歧视实质上就是性别歧视，性倾向应当受到《民权法案》第七章的保护。

越来越多的国家和地区的平等法（反歧视法）中把性别、性别认同、性别表达、性倾向等并列作为禁止歧视的事由。比如，瑞典于 2008 年通过的《反歧视法案》在原有立法已经禁止基于性别和性倾向的歧视之外，又新增了"跨性别的身份认同或表达"这一禁止歧视的事由。挪威《平等与反歧视法》也明确禁止基于性别、性别认同、性别表达、性倾向的歧视。英国的《平等法》禁止基于性别、性倾向和性别重置（gender reassignment）的歧视。

（四）消极影响或后果

歧视的构成要件，还包括区别对待给受害者造成的损害后果，例如在教育、就业、接受公共服务等方面机会的丧失、权利的减损，以及精神损害。这种损害后果不仅仅是已经发生的后果，还包括将来可能发生的后果。《消除对妇女一切形式歧视公约》第 1 条所载关于歧视的定义明确表明，该公约适用于基于性别的歧视。该定义指出，"任何区别、排斥或限制行为，如果其影响或目的足以妨碍或否认妇女认识、享有或行使其人权和基本自由，这类行为都是歧视，即使这类歧视并非有意。这可能意味着，即使对妇女和男子给予相同或中性的待遇，如果不承认妇女在性别方面本来已处于弱势地位且面临不平等，上述待遇的后果或影响导致妇女被拒绝行使其权利，则仍可能构成对妇女的歧视"。[2] 根

---

〔1〕 Baldwin v. Foxx, EEOC Appeal No. 0120133080, 2015 WL 4397641 (July 16, 2015).

〔2〕 消除对妇女歧视委员会第 28 号一般性建议，第 5 段。

据国际劳工组织《1958 年消除就业和职业歧视公约》规定，差别对待"其效果为取消或损害就业或职业方面的机会平等或待遇平等"则涉嫌就业歧视。根据联合国教科文组织颁布的《取缔教育歧视公约》，基于性别的任何差别对待，"其目的或效果为取消或损害教育上的待遇平等"则可能构成教育歧视。欧盟理事会《关于建立就业与职业平等待遇总体框架的旨令》（2000/78/EC 号）规定，在可比情况下，基于性别、种族或民族出身、性倾向、年龄，个人相比他人已受到、受到或将受到不利待遇的情况应视为直接歧视的发生。

由此可见相关国际公约中对性别歧视构成中消极影响或损害后果要件的强调。也就是说，歧视并不要求必须有歧视的故意，即使是出于保护女性的目的，对男女进行差别对待，只要造成消极的影响或者后果，影响机会均等或者待遇平等，仍然可能构成制度性歧视或者行为性歧视。

三、性别歧视的分类

根据不同的标准可以对歧视进行不同的分类。消除对妇女歧视委员会第 28 号一般性建议要求，缔约国应确保不对妇女实施直接或间接歧视。[1] 在各国的反歧视法律中，性别歧视根据其表现形式可以分为直接歧视、间接歧视、性骚扰、报复性歧视、拒绝提供合理便利等种类。其中直接歧视（direct discrimination）和间接歧视（indirect discrimination）是最主要和普遍的歧视类型。

（一）直接歧视

"直接歧视即处于同样情况下的一个人因为一种禁止的理由所受待遇不如另一个人。直接歧视还包括在没有可比较的类似情况下出于禁止的理由所采取的有害行为或不行为（例如，在妇女怀孕的情况下）。"[2] 基于性别的直接歧视，即是指法律政策或者实践操作中对不同性别的群体进行不合理的差别对待。例如，男女同工不同酬或者女性员工没有平等的获得培训或晋升的机会。再如，在招聘广告中规定只招

---

〔1〕　消除对妇女歧视委员会第 28 号一般性建议，第 16 段。
〔2〕　经济、社会、文化权利委员会第 20 号一般性意见，第 10 段（a）。

男性或男性优先，而性别并不是履行该工作的内在要求，这样的行为也会构成直接歧视；或者基于性别成见、偏见和预期的性别角色，以可能怀孕为由拒绝雇用妇女；或基于一种成见认为，女性不愿意像男性那样把很多时间用在工作上，因而给她们分配低级的或非全日的工作（full-time work），这都属于性别歧视。拒绝给予男性陪产假也可能构成对男性的歧视。另外，虽然在招聘广告中没有明确的关于性别的要求，但企业在实际操作中将女性排斥在外，这样的行为构成隐性的直接歧视。

（二）间接歧视

间接歧视是指表面上中性的规定、措施、行为，使特定群体处于相对不利的后果，除非这种规定具有合法的目的和客观的理由，并且实现该目的的手段是必要的和适当的。[1] 禁止直接歧视要求行为人不得公然或者隐秘地实施差别对待，而禁止间接歧视则要求在制定形式中立的、普遍适用的规则的时候要尽到审慎注意义务，防止规则在实施中可能对特定群体产生不成比例的不利影响。[2] 在美国法律中，直接歧视和间接歧视分别被称为差别对待歧视（disparate treatment）和差别影响歧视（disparate impact）。其实，间接歧视虽然不直接针对法律保护的群体进行差别对待，但是看似对被保护群体中立的一些其他差别性要求，可能导致对特定群体造成消极的影响或者后果。

根据消除对妇女歧视委员会第 28 号一般性建议，对妇女的间接歧视指的是，一项法律、政策、方案或做法看似对男性和女性无任何倾向，但在实际中有歧视妇女的效果。[3] 比如，雇主要求求职者必须达到 170cm 的身高，这一身高要求虽然看似性别中立，但由于身高达到 170cm 的女性明显少于男性，这一要求实际上对男性和女性产生不同的影响，除非这个身高的要求是胜任工作的必须要求，否则这样的以身高为区分的标准就可能构成间接的性别歧视，因为对平均身高低于男性的

---

[1] 何霞："反歧视法概述"，载刘小楠主编：《反歧视法讲义》，法律出版社 2016 年版，第 7 页。

[2] 李成："禁止歧视的基础价值"，载刘小楠主编：《反歧视法讲义》，法律出版社 2016 年版，第 27 页。

[3] 消除对妇女歧视委员会第 28 号一般性建议，第 16 段。

女性群体造成了更为不利的影响。再如，很多国家普遍执行的每天 8 小时、每周 40 小时的工作制同样适用于男性和女性，看似客观中立，但是只有那些不需要照顾年幼子女的人才容易完成，对有家庭照顾责任的人是非常不利的。由于在实践中，女性往往是家庭照顾责任的主要承担者，在一个期望女性来承担主要养育子女任务的社会中，女性与男性相比更易受全职工作时间的不利影响。[1] 非全日制员工（part-time worker）中绝大多数是女性，女性由于生育和主要承担家庭照顾责任无法从事全日制工作，或者由于生育中断职业生涯后，很难再回到全日制的职业轨道上，因此主动选择或者被动从事非全日制临时性工作。如果非全日制员工和全日制员工同工不同酬，即尽管非全日制工和全日制工的工作性质或内容相同，但所获的时薪和福利待遇差别较大，对非全日制员工的不利影响构成了间接的性别歧视。[2]

间接歧视的产生不仅仅与不同性别群体之间的自然差异有关，往往也与历史上存在的性别歧视、现存的性别定型观念和文化以及社会结构密切相关。"如果法律、政策和方案基于似乎不分性别但实际上对妇女有不利影响的标准，则会发生间接歧视妇女的情况。不分性别的法律、政策和方案保留过去歧视妇女的后果可能并非故意，以男人生活方式为模式因而未考虑到与男子生活方式不同的妇女生活经历也可能出于无心。存在这些区别是因为基于男女生理区别对妇女的陈规定型期望、态度和行为，还可能因为普遍存在的男尊女卑现象。"[3]

因此，女权主义者质疑传统的性别分工和性别刻板印象，同时致力于揭示法律中的性别盲点，揭示"中立"标准掩盖下的男性标准和男性特权，以及对女性经历和需求的忽视、遗漏，从而造成的间接性别歧视。"因为明显中性的措施没有考虑原本存在的不平等状况。此外，因为不承认歧视的结构和历史模式以及男女之间不平等的权力关系，可能

---

〔1〕　Martha Chamallas, *Women and Part-Time Work: The Case for Pay Equity and Equal Access*, 64 N. C. L. Rev. 1986, p. 709.

〔2〕　何霞："反歧视法概述"，载刘小楠主编：《反歧视法讲义》，法律出版社 2016 年版，第 7~8 页。

〔3〕　消除对妇女歧视委员会第 25 号一般性建议，注 1。

使现有的不平等状况因间接歧视更为恶化。"[1] 比如，目前一些国家和地区开始推行弹性工作制，以保证员工（无论男女）可以兼顾工作和家庭；再如，我国香港特别行政区有专门的《家庭岗位歧视条例》保障有家庭照顾责任的雇员免受歧视。

（三）性骚扰

联合国《消除对妇女的暴力行为宣言》第 2 条将性骚扰视为针对妇女的暴力。[2] 消除对妇女歧视委员会在第 19 号一般性建议中指出，《消除对妇女一切形式歧视公约》第 1 条所界定的对妇女的歧视包括基于性别的暴力，即"因为妇女的性别而对之施加的暴力或不成比例地影响妇女的暴力"，且其构成对人权的侵犯。如果妇女遭到基于性别的暴力，例如在工作单位遭受性骚扰时，就业平等权利也会严重减损。性骚扰包括不受欢迎的具有性动机的行为，如身体接触和求爱动作，带黄色的字眼，出示淫秽书画和提出性要求，不论是以词语还是用行动来表示。这类行为可以是侮辱人的，构成健康和安全的问题。如果妇女有合理理由相信，她如拒绝的话，在工作包括征聘或升职方面，对她都很不利，或者造成不友善的工作环境，则这类行为就是歧视性的。[3] "基于性别的暴力侵害妇女的行为是一种将女性在地位上从属于男性及其陈规定型角色加以固化的根本性社会、政治和经济手段。"[4]

但是，在 20 世纪 70 年代以前，世界范围内都还没有一个词语来表达性骚扰这种现象。我们现在认定为性骚扰的行为过去长期存在却没有为法律所规制，其原因主要在于性骚扰的受害者绝大部分是女性，男性很少有类似的这种经历。美国学者麦金侬在她 1979 年的著作中分析了

---

〔1〕 消除对妇女歧视委员会第 28 号一般性建议，第 16 段。

〔2〕《消除对妇女的暴力行为宣言》第 2 条规定，对妇女的暴力行为应理解为包括但不仅限于下列各项：（a）在家庭内发生的身心方面和性方面的暴力行为，包括殴打、家庭中对女童的性凌虐、因嫁妆引起的暴力行为、配偶强奸、阴蒂割除和其他有害于妇女的传统习俗、非配偶的暴力行为与剥削有关的暴力行为；（b）在社会上发生的身心方面和性方面的暴力行为，包括强奸、性凌虐、在工作场所、教育机构和其他场所的性骚扰和恫吓、贩卖妇女和强迫卖淫；（c）国家所做或纵容发生的身心方面和性方面的暴力行为，无论其在何处发生。

〔3〕 消除对妇女歧视委员会第 19 号一般性建议，第 17、18 段。

〔4〕 消除对妇女歧视委员会第 35 号一般性建议，第 10 段。

女性在工作中的不利地位如何被女性性行为的社会含义强化。过去在美国，只有男女受到不同待遇时才认为构成性别歧视，但是麦金侬主张，工作场所中女性受到性骚扰是因为她们的性别。性骚扰不是工作场所中的偶发行为，也不仅仅是因为某个男性个体的欲望，而是一个使女性在工作场所处于不利地位永久存续的因素和机制，所以应该被视为一种性别歧视。麦金侬认为，如果一种规定造成社会不平等，而受害者正是由于自身性别而受到伤害，这种规定就是歧视性的。[1] 麦金侬关于性骚扰的研究对实践有很大的影响。她在著作中所描述的性骚扰的两种分类（"交换物"与"敌意环境"）后来被美国平等就业机会委员会（EEOC）采用，为该组织提起这一领域的诉讼提供了基本的依据。

麦金侬的学说不仅影响了美国的立法和司法实践。性骚扰正在成为世界范围内一种法律禁止的违法行为，并被视为性别歧视的一种类型，这与女权主义者的努力是分不开的。在各国立法中，性骚扰一般被界定为直接针对受害者的不受欢迎的与性有关的行为，或者是制造了恐吓性的、充满敌意、羞辱环境的行为，侵害他人尊严，并进而把性骚扰分为交换型性骚扰和敌意环境型性骚扰。

（四）报复性歧视

对提出歧视申诉的个人，或对在诉讼中提供证据和信息的个人实施不利对待或者威胁实施不利对待，就构成报复性歧视。[2] 报复的对象既可以是举报歧视或者在他人举报歧视的案件中提供帮助的个人本人，也可以是与其有密切关系的第三者。报复性歧视在各国反歧视法中已经普遍被列为一种歧视类型，其原因主要是歧视行为的实施主体往往是雇主、学校等机构性组织，歧视受害者的力量与之相差悬殊，很容易遭受打击报复，因此法律要求可能实施歧视行为的主体要容忍对歧视行为的监督、揭发和质疑，这样有助于被保护群体利用法律维护自身权益。比

---

〔1〕　Catharine A. MacKinnon, *Sexual Harassment of Working Women*, Yale University Press, 1979.

〔2〕　何霞："反歧视法概述"，载刘小楠主编：《反歧视法讲义》，法律出版社 2016 年版，第 8 页。

如，挪威《平等与反歧视法》第 14 条规定，禁止报复基于该法案提出投诉或者声称要投诉的人，除非此人有重大过失。此外，也禁止报复投诉案件证人或在歧视案件中提供支持的人，以及禁止报复不听从命令和指示对他人实施歧视、骚扰、报复行为的人。瑞典《反歧视法案》第 18 条规定，雇主不得因雇员的以下行为而对其进行报复：①告发或揭露雇主违反本法的行为；②参与本法所规定的调查；③拒绝或屈从于来自雇主方的骚扰或性骚扰。该禁止报复的条款也适用于：①咨询或申请工作的人；②申请或进行实习的人；③临时工或借用工。

（五）拒绝提供合理便利的歧视

在不歧视的消极义务以外，在不造成过度或不当负担的情况下，教育机构、用人单位等可能还需承担为残障者、女性等特定群体根据其具体需要，提供合理便利的积极义务，也即对通常程序、步骤或者设施等进行必要的适当的修改或调整，以使这些群体能够在与其他人平等的基础上享有或行使一切人权和基本自由。例如，正处在哺乳期的女员工或者有家庭照顾职责的员工可能需要用人单位向其提供相对灵活的工作时间、工作地点，以及在工作场所设置哺乳室等合理便利。挪威《平等与反歧视法》第 23 条规定，怀孕的学生有权在学习、教学和考试时使用与个人需求相适应的设施；怀孕员工和求职者有权在求职过程中、在工作场所以及承担工作任务时使用与个人需求相适应的设施。但是她们在使用合理便利的时候，不应带来不成比例的负担，在评估这一问题时，主要应该考虑：相关设施在消除女性参与教育和工作的障碍方面的作用；与该设施相关的成本；可供使用的资源。

（六）复合型歧视（交叉歧视）

消除对妇女歧视委员会第 28 号一般性建议中指出，以生理性别和社会性别为由对妇女的歧视与影响妇女的一些其他因素息息相关，如种族、族裔、宗教或信仰、健康状况、年龄、阶级、种姓、性倾向和性别认同等。以生理性别或社会性别为由的歧视对这类群体妇女的影响程度或方式不同于对男子的影响。[1]

20 世纪 80、90 年代之后，一些从事性别研究的学者开始对"性别本质主义"展开批判，强调女性之间的差异，关注以往被忽略的处于边缘地位的女性亚群体的状况，主张用复合视角去解释种族、阶级、性别等因素如何以多种方式相互交叉，对特定的女性亚群体产生不同形式的影响和歧视。比如，美国学者凯瑟琳·巴特雷特（Katharine Bartlett）从边缘群体的角度出发，把性别本质主义概括为两种形式，即"错误的普遍主义"和"性别帝国主义"。"错误的普遍主义"是指用最特权的女性群体——白人中产阶级异性恋妇女——作为范本来遮蔽非特权女性群体的不同的经历和需求，这与主流叙说中用隐藏的男性标准来掩盖女性的视角是同一道理。"性别帝国主义"或称为"性别首位主义"，是指过分强调性别压迫，而淡化基于种族、阶级、性倾向的压迫的影响。[2]

一些学者发现主流学说二元对立逻辑对世界进行互相排斥的分类导致某些群体女性的不可见。例如，在美国最常见的用来描述依附群体的简略表达方式是"女性和少数族裔"。从表面上看，这个短语好像没有什么问题，但实际上这一术语掩饰了对少数族裔女性的微妙的排除，因为人们倾向于假定未加修饰的"女性"一词意味着"白人女性"，而"少数族裔"意味着"黑人男性"。这些排除技巧不仅是语言学上的惯例，而且是深深植根的思考的习惯，把我们的注意力指引到依附群体中的有特权的亚群体。把注意力集中于白人女性和黑人男性经常使我们偏离少数族裔女性不同的境况和需要，导致错误的假定少数族裔女性面临的歧视形式是附加的，即简单地把白人女性和少数族裔男性面临的歧视合并起来。但实际上，少数族裔女性的经历和所受的歧视既不同于白人女性、少数族裔男性，也不同于二者简单的相加。我们应该追求一种"两者…都"而不是"或者…或者"的思维习惯，避免把个人复杂的经历和受到的复合的压迫形式简化为个人身份的一个方面，或者一种压迫

---

〔1〕　消除对妇女歧视委员会第 28 号一般性建议，第 18 段。

〔2〕　Katharine T. Bartlett, *Gender Law*, 1 *Duke*, *J. Gender L.* &Poly, 1994, pp. 1, 16.

形式。[1]

凯泊勒·克琳萧（Kimberle Crenshaw）把复合视角引入到法学研究中，主张一种复合的分析方法，给反歧视法提供了实践性的指导。[2]根据美国宪法平等保护条款和《民权法案》第七章提起的诉讼往往把性别歧视和种族歧视视为互相排斥的分类，这导致有色人种女性经常不得不选择是提起性别歧视的诉讼还是种族歧视的诉讼，但任何单一的诉讼都不能充分、恰当地体现有色人种女性所遭受的歧视。因此尽管在最重要的性骚扰和性别歧视的案件中有很多原告是黑人女性，但这些案件中的特殊的种族因素已经很大程度地丧失了。例如，在邓格拉芬瑞德诉通用汽车公司（DeGraffenreid v. General Motors）[3]一案中，邓格拉芬瑞德等五名黑人女性将雇主通用汽车公司以歧视黑人女性为由告上法庭。地方法院以此案既不代表黑人也不代表女性，而仅仅代表了黑人女性为由驳回了原告的请求，并指出：原告没有援引任何表明黑人女性是一个特别群体，从而得依反歧视法进行判决的先例。法律明确规定，原告在遭受歧视后有权寻求相应补偿。但是她们却不能把法律提供的补偿措施联合起来，并进而创造出一种全新的"高级补救措施"，如果这样必将超出相关法规起草者的初衷。因此本案需要从种族歧视和性别歧视，以及种族歧视或性别歧视的角度进行详细考察，但是绝不能将种族歧视和性别歧视合二为一。[4]

为了纠正由于互相排斥的分类而引起的异常现象，克琳萧提出了一种"交叉"理论，这种理论明确认识到有时有色人种女性遭受的不同的伤害和两种不同体系的压迫的具有连锁反应的特点。没有对种族和性别相互交叉的歧视的禁止事由的强调，法律将无法鉴别有色人种女性

---

[1] Martha Chamallas, *Introduction to Feminist Legal Theroy*, Aspen Publishers, 2003, pp. 80~81.

[2] Kimberle Crenshaw, *Race, Gender, and Sexual Harassment*, 65 S. Cal. L. Rev. , 1992, pp. 1467~1468.

[3] 413 F. Supp. 142 (E D Mo 1976).

[4] 孙文恺:《法律的性别分析》，法律出版社 2009 年版。

"种族主义的遭遇由性别塑造，而性别主义的遭遇又经常由种族而产生"[1]。因此，传统的反歧视法把各种歧视看成是分离的并且互相排斥的，倾向于把各种不同的歧视分别处理，很难认识到各种形式的歧视之间如何彼此强化。从而，应该从理论上对反歧视法的局限性发起挑战。

由于人的身份的复杂性以及面临多重歧视的可能性，消除对妇女歧视委员会要求，缔约国应尤为重视被边缘化最为严重的妇女以及遭受各种形式交叉歧视的妇女群体。缔约国必须从法律上承认这些交叉形式的歧视以及对相关妇女的综合负面影响，并禁止这类歧视。消除对妇女歧视委员会缔约国还需制定和实施消除这类歧视的政策和方案，包括酌情采取暂行特别措施，消除对妇女的多种形式的歧视及其对妇女产生的复合不利影响[2]。一些国家的国内法也开始关注复合歧视问题，比如英国《平等法》有专门对"复合歧视：双重特征"的规定，即如果某人因为同时具有两个受保护的特征（年龄、残障、性别重置、种族、宗教或信仰、性别和性倾向），而受到比不具备这两个特征中任一特征的人更加不利的对待，则该人可能遭受到复合歧视。

四、不属于性别歧视的合理差别对待

（一）基于特定工作的内在需要而实施的差别对待

国际劳工组织第 111 号公约第 1 条第 2 款规定，"对任何一项特定职业基于其内在需要的区别、排斥或优惠不应视为歧视"。基于工作实际和真实的需要而采取的特殊雇佣措施不构成歧视，比如，为男女浴室分别雇用各自性别的服务员；基于角色需要对演员性别的要求，这些是基于工作需要的区别对待，因而合理合法不构成歧视。但是，为了防止雇主基于性别刻板印象对"特定工作的内在需要"这一抗辩事由滥用，各国和地区都作了严格的限制。比如：

1. 中国：《妇女权益保障法》《劳动法》《就业促进法》都规定，各单位在录用职工时，除国家规定的不适合妇女的工种或者岗位外，不得

---

〔1〕　Kimberle Crenshaw, *Race, Gender, and Sexual Harassment*, 65 S. Cal. L. Rev., 1992, pp. 1467~1468.

〔2〕　消除对妇女歧视委员会第 28 号一般性建议，第 18 段。

以性别为由拒绝录用妇女或者提高对妇女的录用标准。

我国香港特别行政区《性别歧视条例》第 12 条中明确列举了 7 种"真正职业资格"例外，具体包括：①工作本身性质需要男性或女性担任；②有关工作需要由男性或者女性担任以合乎体统或保障隐私；③有关工作可能需要雇员在私人住宅中工作或者留宿，并与该住宅内居住的人有相当程度的身体或社交接触；④由于有关机构的工作性质或者地点，雇员需要雇主所提供的住所居住，难以另觅居处，而该处并无适合留宿的地方；⑤雇用机构是医院、监狱或其他为需要特别照顾或监管的人士而设的机构；⑥担任该工作的人必须向他人提供一些提高福利或教育水平的个人服务，或类似的个人服务，而该等服务由同一性别的人士提供会最为有效；⑦工作要求雇员在香港以外的地方执行职责，而鉴于该地方的习俗或法律，该职务不许女性（或男性）有效地执行该等职责。

香港特别行政区对于歧视的认定中规定了举证责任倒置的原则，雇主负有证明自己的性别区别对待是符合以上 7 种情况之一的"真正职业资格"抗辩的责任。

2. 挪威：根据《平等与反歧视法》，在雇佣关系中，涉及自主就业和雇佣员工的选择和待遇问题时，基于性别、民族、宗教、信仰、残障、性倾向、性别认同或者性别表达的直接区别对待只有当这些特征对于完成工作具有决定性意义，并且满足下列条件时才被允许：①有客观的目的；②对实现某种目的是必须的；③没有对被差别对待的人造成不成比例的负面影响。

3. 美国：根据《民权法案》第七章，以性别为由作出用工决定的雇主可以提出的一个抗辩理由是，将性别作为考量因素对特定行业或企业的正常经营而言是合理必要的。在这类案件中，性别对这个岗位而言就被称为是一种"真实职业资格"（bona fide occupational qualification，以下简称 BFOQ）。

EEOC 曾经颁布了一个关于就业性别歧视的指导性意见[1]，其中提到："（1）本委员会认为在性别歧视案件中的 BFOQ 抗辩应当越狭窄越好。（2）下列将不构成 BFOQ 抗辩：①基于一些臆断而认为女人在职场有某些特征，从而导致拒绝雇佣女性。比如，某些臆断认为女性的离职率比男性高。②基于性别刻板印象而拒绝雇佣一些雇员。比如，男性不能操作精细机器；女性在销售时不够有冲劲。雇员的工作能力不应由他/她所属的群体而定，需要逐一按每个雇员的个体情况来加以分辨。③其他因为客户、雇主、和同事的偏好而拒绝雇佣的行为。（3）如果必要的话，本委员会认为有些出于真实性的考量可以构成 BFOQ 抗辩。比如演员出演特定性别的角色需求。"

在美国的司法实践中，因为雇主需要承担非常重的举证责任，所以很少能成功使用这种真实职业资格抗辩理由，雇主必须证明：①性别和履职能力之间具有高度关联性；②如果差别对待的政策被取消了，会对企业产生破坏性影响；③不存在其他合理的替代措施可以取代以性别为由的用工政策。比如在一个电话公司案[2]中，雇主拒绝雇佣女性来担任扳道工人这一职位，理由是该职位经常需要搬动超过 30 磅的重物，对于女性来说过于繁重。美国第五巡回法院在判决中指出，对 BFOQ 应当作狭义解释，因为适用范围过于广泛的话会导致反歧视条款被这条抗辩彻底吞没。在这个案子里，法院发现并没有足够证据显示女性不可以有效地完成这份工作，并且搬动重物的机会也没有那么多。最终，法院裁定雇主无法成功使用 BFOQ 这一抗辩事由。

消费者偏好是雇主经常提起的一个 BFOQ 抗辩理由，雇主通常会说，顾客对于某性别的雇员有偏好，若不满足顾客的偏好的话，企业的收益则会受到极大影响。同样，美国法院在消费者偏好这一方面作出了狭义解释，例如，在 1971 年判决的一个著名的航空公司性别歧视案

---

〔1〕 Equal Employment Opportunity Commission: Guidelines on Discrimination because of Sex (29 CFR 1604.2).

〔2〕 Weeks v. S. Bell Tel. and Tel. Co.

（Diaz v. Pan Am. World Airlines）中[1]，一家航空公司拒绝雇佣男性担任空乘人员，理由是乘客觉得女性空乘人员能提供更有效贴心的空中服务，并且可以及时安抚机舱里紧张的乘客，提高整体飞行体验。美国第五巡回法院认为，航空公司的核心业务是将乘客安全地送达目的地，而提供舒适的服务只是航空公司业务的一小部分，没有证据表明聘用男空乘会影响航空公司的将乘客安全送达目的地这一核心业务。法院表示能够理解消费者会对特定性别的工作人员有偏好，比如乘客一般认为空乘人员应当是女性，但是国会颁布《民权法案》的一个原因就是为了克服这种歧视性的社会偏好并让社会更加平等。所以，只有在消费者偏好严重到导致公司无法正常地提供他们核心服务时，消费者偏好才能作为一个正当的 BFOQ 抗辩理由。

（二）暂行特别措施和保护性措施

《消除对妇女一切形式歧视公约》第 4 条规定：①缔约各国为加速实现男女事实上的平等而采取的暂行特别措施，不得视为本公约所指的歧视，亦不得因此导致维持不平等或分别的标准；这些措施应在男女机会和待遇平等的目的达到之后，停止采用。②缔约各国为保护女性而采取的特别措施，包括本公约所列各项措施，不得视为歧视。国际劳工组织第 111 号公约第 5 条规定，除国际劳工大会通过的其他公约和建议书规定的保护或援助的特殊措施外，"凡会员国经与有代表性的雇主组织和工人组织（如存在此种组织）协商，得确定为适合某些人员特殊需要而制定的其他专门措施应不被视为歧视，这些人员由于诸如性别、年龄、残疾、家庭负担，或社会或文化地位等原因而一般被认为需要特殊保护或援助"。上述两个国际公约明确把暂行特别措施和保护性的措施排除在歧视之外，即这种差别对待不属于性别歧视。

暂行特别措施和保护性的措施不是歧视，而是为了实现实质平等而必须采取的措施。例如，消除对妇女歧视委员会在第 25 号一般性意见中特别强调："《公约》所针对是过去和现在阻碍妇女享受人权和基本自

---

[1] Diaz v. Pan Am. World Airlines, 442 F. 2d 385, 389 (5th Cir. 1971).

由的社会和文化上的歧视，其目标是消除对妇女一切形式歧视，包括消除事实上或实际不平等的根源和后果。因此，根据《公约》采取暂行特别措施是实现妇女事实上或实际平等的手段之一，而不是不歧视和平等准则的例外。"[1]

很多国家的国内立法中也明确规定，暂行特别措施和保护性措施不属于歧视行为。比如，挪威《平等与反歧视法》规定，在以下情况下积极的差别对待是允许的：①差别对待用于促进该法案的目的实现；②为了促进法案意欲达到的目的，差别待遇对受到影响的人造成的负面影响不超过合理限度；③要达到的目的实现之后，差别对待将被终止。该法还规定，基于怀孕、生育、哺乳的差别对待，包括给每一方父母保留的休假是合法的，不属于歧视。但是该法也强调，只有与怀孕、生产、哺乳、休假相关的差别对待是保护妇女、胎儿、儿童权益所必须时，差别对待才是法律所允许的。在招聘、解雇或者包括临时工延期方面，基于怀孕、生产、哺乳或者与生育、收养孩子相关的休假而进行差别对待从来都是不被允许的。

但是，目前在对暂行特别措施和保护性措施的理解和实施方面，各国和地区存在一些不足。

1. 对暂行特别措施运用不足。例如，消除对妇女歧视委员会在2014年对中国第七/八次履约报告的结论性意见中指出，暂行特别措施在中国很少使用，建议中国应该实行更多的暂行特别措施，特别应提供给在民族和宗教上处于少数的妇女以及残疾妇女。中国妇女在政治和公共生活中的参与有所进步，但妇女在全国人大、各部委和省一级的代表性仍然很低，而且改善缓慢，建议在选举和任命体制中应该实行更有约束力的暂行特别措施，例如配额制。消除对妇女歧视委员会要确保《村民委员会组织法》修订案的落实，即村委会中须有妇女，村民代表中妇女的比例须超过1/3。[2]

---

[1]　消除对妇女歧视委员会第25号一般性建议，第14段。

[2]　消除对妇女歧视委员会：《关于中国第七和第八次合并定期报告的结论性意见》，CEDAW/C/CHN/CO/7-8（2014），第22、30段。

2. 保护性措施的滥用。对女性在孕期、产期、哺乳期的保护性措施，比如基于对胎儿的保护，女性需要得到与其需求相应的不同对待，包括禁止雇主雇佣孕期女性从事某些有毒有害的工作，这种对于母性的保护，并不构成歧视。但是对以保护的名义将女性整体排斥在某个行业之外的行为，目前国际上的立法趋势是进行谨慎审查。保护性措施的使用要协调好保护与限制的关系，避免过犹不及。比如，根据工作环境明显改善、技术水平显著提高的情况，降低女性职业禁忌门槛，尊重女性个人选择，在健康条件允许且自愿的前提下，给女性选择的权利，以增加女性获得较好经济收入的机会，而不应无视技术条件的改变，一味以职业禁忌为借口拒绝聘用女职工。

问题与思考

1. 法律意义上的歧视包括哪几种？请举例说明。
2. 哪些基于性别的差别对待是法律允许的，不构成性别歧视？

拓展资料

1. 刘小楠主编：《反歧视法讲义》，法律出版社 2016 年版。
2. 李薇薇：《反歧视法原理》，法律出版社 2012 年版。

第三节 性别平等的概念和发展

目前，国际公约和大部分国家和地区的法律都致力于消除性别歧视，促进性别平等。那么，国际法和国内法所致力于消除的性别歧视和保障的性别平等，它们的含义到底是什么呢？

一、性别平等的含义

2010 年 12 月，消除对妇女歧视委员会第 28 号一般性建议中对"性别平等"做出了界定：男女平等（equality between men and women）或者性别平等（gender equality）原则的内在含义指的是，所有人，无论其性别，都有发展个人能力、从事其专业和做出选择的自由，不受任何陈旧观念、僵化的性别角色和偏见的限制。[1]

从这个定义可以看出，虽然《消除对妇女一切形式歧视公约》的重点是妇女遭受歧视问题，强调妇女因为是妇女而一直并且继续遭受形形色色的歧视，但是公约中的性别平等的概念，其实包含了保护男女之间的平等，以及性和性别少数群体免受专横、不公平和/或不公正的待遇。因为，男性同样可能成为性别刻板印象的受害者，其权益也可能受到侵犯，比如，基于传统性别角色观念和性别职业隔离的现实，男性同样可能面临就业性别歧视；男性也可能遭到性骚扰和性侵害；男性从事有毒有害的工种，身体健康包括生殖健康也会受到危害。而在二元性别的框架下，性和性别少数群体更是普遍面临偏见和歧视，其权利经常受到侵犯。

二、性别平等理念的发展

促进性别平等，已成为国际社会的共识和人类追求的目标，但性别平等是一个不断发展的概念。人们主要从三种不同角度看待性别平等问题，国际公约的发展过程也体现出对性别平等的不同理解和保护。

（一）形式平等

平等观念在诞生之初就直接指向封建等级制度，意在打破身份的桎梏。因此，早期平等观念诉诸抽象意义上人性的同质性，选择忽略现实中人与人之间的差异，既然在抽象意义上人人平等，自然应当享受相同的对待。即"相同情况相同对待，不同情况区别对待"，非有正当理由，不得给予不同个体以区别对待。美国联邦最高法院哈兰大法官（John Marshall Harlan）在普莱西（Plessy v. Ferguson）案[2]反对意见中直陈，"我们的宪法是色盲，不知道也不会容许公民有高低贵贱之分。就公民权利而言，法律面前人人平等。最卑微者与最有权势者一视同仁。法律视人为人，在保障其由这片土地上最高法律赋予的权利之时，全然不考虑他的外在条件或者肤色"。哈兰大法官的"色盲论"可以被

---

[1] 消除对妇女歧视委员会第 28 号一般性建议，第 22 段。

[2] 163 U. S. 537（1896）.

视为对形式平等最经典的表述。[1]

形式平等的性别平等观主要强调的是起点平等，认为男女是相同的，因此要得到同样的待遇。形式平等强调法律面前人人平等，法律上权利是所有人分享的完整自由体系，要求不得因性别而差别对待。形式平等为女性提供了一个平等的机会和平等的主体资格，为女性争取权利上的平等是在反对等级身份条件下实现的一次重大历史性飞跃，极大地激发了女性的主体意识，拓展了女性的生存空间。

但是，形式平等也存在局限性，即其忽视了两性之间的生理性别和社会性别差异，忽视了女性的需求及较难取得某些机会的现实。比如，由于男女生理上的差别，以及现实生活中更多由女性带幼儿去卫生间的社会性别差异，与男性同等面积的卫生间无法满足女性的要求。此外，由于传统的性别二元观念，一些性和性别少数人群，无法使用既有的卫生间。因此联合国倡导1∶3的男女卫生间蹲位比例，以及设立性别中立卫生间，都是为了满足不同性别群体的不同现实需要的合理安排，是一种实质平等，而不是对某一群体的特殊保护。

《世界人权宣言》《公民权利和政治权利国际公约》《经济、社会、文化权利国际公约》等许多国际文件都规定了禁止基于性别歧视的一般义务，但侧重于国家和个人承担消极的不歧视义务。《消除对妇女一切形式歧视公约》不仅要求男女起点平等，而且倡导通过创造有利于实现结果平等的环境赋予妇女权利。仅仅保证男女待遇相同是不够的，必须考虑到妇女和男子的生理差异以及社会和文化造成的差别。在某些情况下，必须给予男女不同待遇，以纠正这些差别。

（二）保护性平等

这个视角下的性别平等观认识到男女之间的差异，但往往将这种差异认为是女性的弱点，因此保护性平等从"保护"女性出发，力图避免女性进入所谓"不合适""不安全"或"不适当"的领域。保护性平等不是将环境调整为适合于女性的环境，而是采取管制、控制或排除女

〔1〕 李成："禁止歧视的基础价值"，载刘小楠主编：《反歧视法讲义》，法律出版社2016年版，第29页。

性的方式来提供平等，限缩了女性的平等机会。因此，目前国际公约和各国立法对这种保护性制度和行为趋向于进行谨慎审查。现在各国已广泛认识到，不仅是女性，男性的生育功能及权利也要受到保护。此外，越来越多的国家开始提供父母育儿假来帮助男女双方共担家庭责任。但是，针对出于性别考虑、为了"保护"而限制女性从事某些职业和工作这个问题，各国之间的意见分歧依然存在。辩论往往围绕着禁止还是允许女性从事夜班、井下工作和其他职业以及跨国流动务工展开。赞成禁止者认为这些工作不适合女性；反对禁止者认为这样限制了女性就业，没有考虑到具体女性个体的能力、兴趣和本领，将处于就业弱势的女性劳动者进一步边缘化，使得她们通过非法渠道从事这些工作。国际社会上，当前发展趋势是通过加强劳动保护促进平等，确保一切劳动者获得体面的工作和劳动条件，而不是从法律上禁止女性从事某些工作，因为那样会增加女性遭受劳动剥削的风险。[1]

比如，1935 年国际劳工组织《妇女井下作业公约》（第 45 号公约）规定："凡女性无论其年龄如何，概不得使用于任何矿场的井下劳动。"禁止女性从事矿山井下等工作的出发点是认为女性是弱者，需要保护她们不受伤害。但是这种"保护"以保护的名义将女性整体排斥在某个行业之外，实际上否认了女性自主选择工作的权利和能力，引发性别歧视，没有触及女性从属地位的根源，也没能实现为所有人提供安全的工作环境和工作条件。近年来，很多批准该公约的国家已经声明退出。

再如，1919 年国际劳工组织《（妇女）夜间工作公约》（第 4 号公约）禁止任何年龄的女性于夜间工作，一些国家和地区禁止女性深夜工作，主要是以女性身体构造与生理机能与男性不同，故而需要得到更多的保护为由，并且认为夜间工作的女性回家时不安全，遇到危险（如抢劫、强奸）的可能性会更大些。但没有证据证明夜班劳动对女性身体健康的损害大于对男性的损害。以禁止或限制的方式排斥女性从事夜班工作实际上会对女性的工作机会造成减损。因此，国际劳工组织的 1990

---

〔1〕　国际劳工组织亚太地区局：《促进体面劳动—性别平等主流化战略工具包》，2010年。

年《夜间工作公约》（第 171 号公约）不再单独对女性进行特殊保护，而是采取性别中立的保护方式，加强雇主的安全保障义务，要求雇主采取的措施应普遍适用于男性和女性，如增加路灯、班车等。

在《消除对妇女一切形式歧视公约》的后续工作中，联合国大会要求各国政府定期审议现有法律来保护妇女，根据科技发展状况确定这些法律是否需要修改或扩充。类似的方法已在 1975 年国际劳工大会上得到采纳，在 1985 年平等决议中再次重申，另外也体现在国际劳工组织实施公约和建议专家委员会向各成员国提出的建议中。

（三）实质平等

这种平等观强调的是处于各个年龄阶段、各种生活和工作状态的男女享有平等的权利、机会和待遇。这意味着所有人都可以自由地发展个人能力和做出选择，不受有关性别角色或男女性别特点的成见和偏见所约束。这种平等观认识到不同性别之间存在生理及社会性别差异，纯粹的机会平等并不能让男女获得真正平等的地位。因此，性别平等要考虑、重视和照顾到男性和女性不同的行为、愿望和需求。这并不是说男女两性是相同的或者必须趋同，而是指他（她）们的权利、责任、社会地位和对资源的获取不应因为生为男性或女性而有所不同。[1]

从实质平等角度出发，需要分析男女之间有哪些差异，还存在哪些不平等，这些差异和不平等是什么原因造成的。认识到任何忽略性别地位差异的政策或措施都有可能造成不平等的结果，设计出有效手段消弭女性在地位与权利上的弱势，通过在个体、组织和社会层面采取修正和积极的措施，应用各种法律政策优惠措施等方法解决结构上的不平等。实质平等强调的是结果上的平等，这些结果可能是数量和/或质量性质的结果；即妇女与男子在各领域享有有关权利的人数几乎相等，享有同等的收入，以及同等的决策权和政治影响力，和妇女不遭受暴力。[2]比如，只有通过积极的怀孕福利和产假来保证妇女不因生理上的不同而

---

〔1〕 国际劳工组织亚太地区局：《促进体面劳动—性别平等主流化战略工具包》，2010年，参见：http://www.ilo.org/asia/publications/WCMS_143849/lang--en/index.htm。

〔2〕 消除对妇女歧视委员会第 25 号一般性建议，第 9 段。

处于不利地位，才能确保女性在工作场所的平等机会。相反，如果没有法定的休假，母亲们就不可能像父亲们一样同时拥有工作和家庭。因此，在实现机会平等的基础上还要顾及实质上的平等。

实质平等观在《消除对妇女一切形式歧视公约》和国际劳工组织劳工标准等国际法律文件中得到采纳和体现。《消除对妇女一切形式歧视公约》的总体目标和宗旨是消除对妇女的一切形式歧视，以期在享受人权和基本自由方面实现法律上和事实上的男女平等。仅仅采取正式法律或方案的方式不足以实现男女之间的实质平等，因此，《消除对妇女一切形式歧视公约》要求缔约国有法律义务尊重、保护、促进和实现妇女不受歧视的权利，不仅保证男女起点平等或待遇相同，还必须考虑到妇女和男子的生理差异以及社会和文化造成的差别。国家在消极的不歧视的基础上，还应当主动发现现实社会生活中不同群体间存在的不平等现象；主动通过制定和实施法律、政策措施等方式和手段积极消除现实社会中的不平等，预防产生新的不平等。在某些情况下，必须给予男女不同待遇，以纠正这些差别。而且实现实际平等还需要有效的战略，目的是纠正妇女代表名额不足的现象，在男女之间重新分配资源和权力。要通过创造有利于实现结果平等的环境赋予妇女权力。确保妇女发展和地位提高，以改善她们的处境，实现法律上和事实上的男女平等。[1]

因此，国际公约中对性别平等发展的倡导，从强调保护女性转向打破性别定型观念，关注性别平等；从维护过程平等或起点平等转向结果平等，而缔约国有义务把这些公约内容和理念转化为国内法，保障女性的平等权利。

各国早期的反歧视立法一般强调法律面前人人平等，即形式平等，因此禁止对相同者的不同对待。但人从出生起就处于不平等的起跑线上，某些人群由于健康状况、家庭的经济状况、可能获得的教育资源等因素，无法参与平等的竞争。因此通过措施将在竞争的起点阶段处于后发或弱势的群体予以提升，以保障其公平的竞争机会就成为了平权行动

---

[1]　消除对妇女歧视委员会第 25 号一般性建议，第 8 段。

的一个理论支撑。各个国家和地区的平等法也开始强调对实质平等的追求。比如，挪威《平等与反歧视法》规定平等意味着平等的地位、平等的机会和平等的权利。平等以可获得性和调适性为先决条件。该法案以提高女性和少数群体的地位为特定目的，有助于消除社会造成的障碍，并防止产生新的障碍。西班牙《男女平等组织法》总则"立法缘由说明"中强调"实际上，我们需要通过立法行动，来与因性别而仍然存在的直接或间接的所有歧视现象作斗争，同时推动男女间真正的平等，消除任何阻挡我们达到目标的障碍和社会固有观念""本法最突出的更新在于对歧视行为的预防和制定积极的推动平等的政策""为了实现男女之间真正的有效的平等，本法提出了一个采取积极行动的总体框架"。

三、暂行特别措施和为保护母性而采取的特别措施

《消除对妇女一切形式歧视公约》第 4 条规定："缔约各国为加速实现男女事实上的平等而采取的暂行特别措施，不得视为本公约所指的歧视，亦不得因此导致维持不平等的标准或另立标准；这些措施应在男女机会和待遇平等的目的达到之后，停止采用。缔约各国为保护母性而采取的特别措施，包括本公约所列各项措施，不得视为歧视。"

暂行特别措施和为母性而采取的特别措施是与性别平等、性别歧视密切相关的概念。暂行特别措施和为保护母性而采取的特别措施虽然是基于性别的差别对待，但是并不构成性别歧视，相反是实现妇女事实上平等或实质平等的手段。

（一）暂行特别措施

暂行特别措施是各国为了加速实现男女事实上的平等而采取的临时性阶段性的各种立法、行政和政策、惯例等。"平等和不歧视原则本身并不始终足以保证真正的平等。有时还需要采取暂行特别措施，以便使处于不利地位或受到排挤的个人或群体提升到与他人实际相同的地位。暂行特别措施的目的是不仅要实现男女在法律上或正式的平等，而且还要实现实际上的或实质上的平等。但是，实施平等原则有时候要求缔约国采取优惠妇女的措施，以便削弱或消除维持歧视的状况。只要这些措

施对于消除实际上的歧视是有必要的，而且在实际平等得以实现之后不复采用，这种不同待遇就是合情合理的。"[1]

1. 暂行特别措施的构成要素。暂行特别措施主要有三个方面的构成要素：

（1）采用暂行特别措施的目的是加速实现男女事实上的平等。女性由于历史上的性别歧视或客观原因造成的发展程度不同，无法与男性站在平等的起跑线上。只有有效处理歧视妇女和男女不平等的根本原因，才能改善妇女的状况。采用暂行特别措施的目的是加速改善妇女状况以实现事实上或实际男女平等，寻求必要的结构、社会和文化变革，以纠正过去和现在歧视妇女的形式和后果，并向妇女提供补偿。因此，并非所有可能或将会有利于妇女的措施都是暂行特别措施，提供一般条件保证妇女和女童的公民、政治、经济、社会和文化权利并确保她们过上有尊严、不受歧视的生活，这些一般性社会政策，不能称之为暂行特别措施。暂行特别措施旨在加速实现妇女事实上或实际平等的具体目标，一般性社会政策旨在改善妇女和女童的状况。

（2）暂行特别措施是临时的阶段性措施。暂行特别措施应在男女机会和待遇平等的目的达到之后，停止采用。因此，不应将此类措施视为永久的需要。暂行特别措施的延续时间应根据处理具体问题的效果而定，不应预先确定。如果预期效果已实现并持续了一段期间，则必须中止暂行特别措施。

为了确定是否需要中止暂行特别措施，应区分女性生理上决定的长期不变的需要和经历；过去和现在歧视妇女的个体行为；占主导地位的性别意识形态；社会、文化结构和机构中歧视妇女的各种表现等情况造成的其他需要。针对女性生理上决定的长期不变的需要而采取的措施并非暂行特别措施。

消除对妇女歧视委员会在第 25 号一般性建议中强调，在所有情况下，特别是在医疗卫生领域，缔约国应仔细区分每个领域中持续及永久

---

〔1〕　经济、社会、文化权利委员会第 16 号一般性意见，第 15 段。

的措施和暂行措施，应采取暂行特别措施加速改变和消除歧视妇女或对妇女不利的文化、定型态度和行为。在信贷和贷款、运动、文化和娱乐及法律宣传领域也应采取暂行特别措施。如有必要，应针对受多重歧视的妇女，包括农村妇女，采取此类措施。同时，由于正在采取步骤消除对妇女的歧视，妇女的需要可能改变或消失，或成为男女的共同需要。因此，需要继续监测旨在实现妇女事实上或实际平等的法律、方案和措施，并提供按性别分列的数据，以便衡量在实现妇女事实上或实际平等方面取得的进展和暂行特别措施的效果以避免使可能已失去理由的不同待遇永久化。[1]

（3）暂行特别措施是旨在实现具体目标的"特别措施"。暂行特别措施中，"特别"的含义是这些措施旨在实现具体目标。消除对妇女歧视委员会在第 25 号一般性建议中提醒：虽然"特别"这一术语与人权论述相符，但仍然应对其作出缜密解释。因为有时使用该术语会让妇女和其他受歧视群体显得脆弱、易受伤害并需要额外或"特别"措施才能参与社会或在社会中竞争。[2]

"措施"这一术语包括各种立法、执行、行政和其他管理文书及政策和惯例。比如，为女性创造机会，克服她们在某些领域任职人数不足的问题；在某些领域重新分配资源和权力；和/或开始进行体制改革，消除过去或现在的歧视现象，加速实现事实上的平等。

消除对妇女歧视委员会要求各国在实施暂行特别措施以加速实现妇女事实上或实际平等时，应分析妇女在所有生活领域以及特定、有针对性的领域中的状况，评估暂行特别措施对国内特定目标的可能影响，并采取它们认为最适当的暂行特别措施来加速实现妇女事实上或实际平等。[3]

2. 暂行特别措施实施的领域和具体内容、形式。

（1）暂行特别措施实施的途径。各国应根据具体国情和打算克服

---

〔1〕 消除对妇女歧视委员会第 25 号一般性建议，第 37、38 段，第 11 段。

〔2〕 消除对妇女歧视委员会第 25 号一般性建议，第 21 段。

〔3〕 消除对妇女歧视委员会第 25 号一般性建议，第 27 段。

的问题的具体性质，拟订、实施和评价暂行特别措施行动计划。这些行动计划可以通过法律或者政策来推行。

第一，宪法或其他法律：消除对妇女歧视委员会强调，各缔约国应在其宪法或国家立法中规定，允许采取暂行特别措施。全面反歧视法、机会平等法或关于男女平等的行政命令等立法能够指导应采取哪种暂行特别措施，以实现特定领域的一个或数个特定目标。关于就业或教育的具体立法也可提供此类指导。关于不歧视和暂行特别措施的有关立法应涉及政府行动者及私营组织或企业。[1]

第二，行政指令和政策：暂行特别措施还可以是国家、地区或当地行政部门包括公共就业和教育部门制定并通过的指令、政策指示和/或行政准则。这类暂行特别措施可包括公务员制度、政治领域以及私营教育和就业部门。公营或私营就业部门的社会伙伴也可通过谈判达成此类措施，或由公营或私营企业、组织、机构和政党在自愿的基础上予以实施。[2]

（2）暂行特别措施的实施领域。消除对妇女歧视委员会建议在下列领域实施暂行特别措施：①教育、经济、政治和就业；②妇女在国际一级代表政府参加国际组织工作；③政治和公共生活。缔约国应根据本国国情加强此类努力，特别是涉及各级教育所有方面及各级培训、就业和参加公共和政治生活所有方面的努力。[3]

（3）暂行特别措施的内容和形式。暂行特别措施的内容和形式多种多样，如：推广方案或支助方案；分配和/或重新分配资源；优惠待遇；定向征聘、雇用和晋升；与一定时期有关的数目指标和配额制度。

比如，联合国秘书长采取暂行特别措施是妇女就业领域的实例，包括在秘书处实行关于妇女招聘、晋升和职位安排的行政指示。这些措施的目的是在各级、特别是较高级别实现 50/50 的男女比例。[4]

---

〔1〕　消除对妇女歧视委员会第 25 号一般性建议，第 31 段。
〔2〕　消除对妇女歧视委员会第 25 号一般性建议，第 32 段。
〔3〕　消除对妇女歧视委员会第 25 号一般性建议，第 37 段。
〔4〕　消除对妇女歧视委员会第 25 号一般性建议，注 3。

（二）为保护母性而采取的特别措施

《消除对妇女一切形式歧视公约》第 4 条第 1 款规定的为加速实现男女事实上的平等而采取的"暂行特别措施"和第 4 条第 2 款中为保护母性而采取的"特别措施"的目的不同。公约第 4 条第 2 款对由于女性与男性生理上的差异而给予他们的不同待遇作出了规定，这些措施是永久性措施。

生育不仅具有个人和家庭价值，同时还具有社会价值。保护母性而采取的特别措施是国家和社会为了保护母亲和新生儿的健康，解决女性生育和就业冲突，而为生育女性和家庭提供的就业、收入和休假保障。直接或间接旨在保护女性生育能力的措施是实现真正平等的必要条件。这种认识反映在国际劳工组织关于女性劳动者的标准之中，特别是以下方面：

（1）生育保护：产假和生育护理假、生育医疗费用、生育津贴、生育健康保护、就业保护及反歧视（不得因怀孕、生育、哺乳减薪、解雇等）。

（2）孕期和哺乳期妇女特殊工作条件的规定：为返岗后母乳喂养提供支持，提供特殊劳动保护，如工作时间调节、禁止夜班和危险作业等。

在现实中，女性常常由于生育原因在工作中处于不利地位或者被解雇。其实生育保护不仅是增强女性的劳动力市场融入度和应对就业性别歧视的有力措施，也有利于那些能够更好地招聘和留住具有技能、知识和经验的女职工的企业。

问题与思考

1. 请举例说明什么是形式平等、保护性平等和实质平等。

2. 请举例说明什么是暂行特别措施，采用暂行特别措施时应注意哪些方面。

拓展资料

1. 《消除对妇女一切形式歧视公约》。

2. 消除对妇女歧视委员会：《第 25 号一般性建议：关于〈消除对妇女一切形式歧视公约〉涉及暂行特别措施的第四条第 1 款》，2004 年。

3. 消除对妇女歧视委员会：《第 28 号一般性建议：关于缔约国在〈消除对妇女一切形式歧视公约〉第二条之下的核心义务》，2010 年。

第三章 性别视角下的经济、社会及文化权利

第一节 工作权

工作权是国际人权法律文件所确认和保障的基本经济社会权利。它不仅是人获取物质保障所必要的权利，也是实现人的全面发展所必须的权利。[1] 工作权是实现其他人权的根本所在，并构成人的尊严不可分割和固有的一部分。[2] 工作权的实现还能稳定家庭生活、促进社区平安、推动经济增长、减少贫困、促进社会融合与和谐发展。

一、工作权的概念与内容

工作权从狭义而言是指获得工作的权利，在广义上还包括了工作中的权利。[3]

工作权强调了政府的保护和实现的义务，是一项积极权利。它包含所有形式的工作，无论是独立工作还是依赖性的领薪工作。值得注意的

---

〔1〕 国际人权法教程项目组编写：《国际人权法教程》，中国政法大学出版社 2002 年版，第 295 页。

〔2〕 经济、社会、文化权利委员会第 18 号一般性意见：工作权利，第 1 段，E/C.12/GC/18。

〔3〕 参见国际人权法教程项目组编写：《国际人权法教程》，中国政法大学出版社 2002 年版，第 295 页。

是，工作权利不应当被理解为一项获得就业的绝对和无条件权利[1]，但国家有义务尽可能迅速和有效地确保工作权利的逐步实现。

广义的工作权包括获得工作的权利、自由选择决定工作的权利、享受公正和合适报酬的权利、享受安全和卫生工作条件的权利、获得适当的无歧视的晋升权利、休息休假的权利、获得失业保障的权利、平等非歧视的权利，以及组织和参加工会的权利、集体协商的权利等。这里所指的工作是体面工作，它尊重人的基本人权以及人在工作安全和报酬条件方面的权利，它所提供的收入能够使人养活自己和家庭，以及尊重人在从事就业时的身体和心理健康。

《世界人权宣言》《经济、社会、文化权利国际公约》是工作权的重要国际人权法渊源。此外，联合国《公民权利和政治权利国际公约》、《消除对妇女一切形式歧视公约》《消除一切形式种族歧视国际公约》《儿童权利公约》和《保护所有移徙工人及其家庭成员权利国际公约》等也对工作权进行了规定。国际劳工组织制定的国际劳工标准将工作权具体明确化。下面我们重点从《经济、社会、文化权利国际公约》《消除对妇女一切形式歧视公约》和国际劳工标准三方面来学习。

（一）《经济、社会、文化权利国际公约》对工作权的规定

《世界人权宣言》第 23 条对工作权进行了宣示。《经济、社会、文化权利国际公约》在其基础上对工作权进行了规范和更具体的规定。公约第 6 条从总的方面阐述了工作权利，第 7 条通过承认人人有权享受公正和良好的工作条件，尤其是有权享有安全的工作条件，明确阐明了工作权利的个体权利内涵。第 8 条阐述了工作权利的集体内涵，它阐明人人有权组织工会和参加所选择的工会，并有权使工会自由运作。[2]

《经济、社会、文化权利国际公约》第 6 条规定："一、本公约缔

---

〔1〕　经济、社会、文化权利委员会第 18 号一般性意见：工作权利，第 6 段，E/C.12/GC/18。

〔2〕　经济、社会、文化权利委员会第 18 号一般性意见：工作权利，第 2 段，E/C.12/GC/18。我国对《经济、社会、文化权利国际公约》第 8 条（一）（甲）做出声明，"中国执行公约第 8 条（一）（甲）时，必须与《宪法》、《工会法》以及《劳动法》的相关条款相一致"。

约各国承认工作权，包括人人应有机会凭其自由选择和接受的工作来谋生的权利，并将采取适当步骤来保障这一权利。二、本公约缔约各国为充分实现这一权利而采取的步骤应包括技术的和职业的指导和训练，以及在保障个人基本政治和经济自由的条件下达到稳定的经济、社会和文化的发展和充分的生产就业的计划、政策和技术。"

《经济、社会、文化权利国际公约》第 7 条规定："本公约缔约各国承认人人有权享受公正和良好的工作条件，特别要保证：（甲）最低限度给予所有工人以下列报酬：（1）公平的工资和同值工作同酬而没有任何歧视，特别是保证妇女享受不差于男子所享受的工作条件，并享受同工同酬；（2）保证他们自己和他们的家庭得有符合本公约规定的过得去的生活。（乙）安全和卫生的工作条件；（丙）人人在其行业中有适当的提级的同等机会，除资历和能力的考虑外，不受其他考虑的限制；（丁）休息、闲暇和工作时间的合理限制，定期给薪休假以及公共假日报酬。"

（二）《消除对妇女一切形式歧视公约》对工作权的规定

联合国 1979 年通过的《消除对妇女一切形式歧视公约》第 11 条明确地保护了妇女的工作权。该条规定缔约国有义务采取一切适当措施，消除在就业方面对妇女的歧视，以保证妇女享有相同的就业机会。该公约规定缔约国有义务保障妇女享有自由选择专业和职业、晋升、福利、接受职业培训的权利，享有同样价值工作获得同等报酬的权利，平等享有社会保障的权利，享有健康和安全保障，包括保障生育机能的权利。该条同时规定了缔约国有义务禁止基于婚姻状况、怀孕和生育的歧视，并且有义务提供带薪产假以及提供必要的辅助性社会服务。

（三）国际劳工组织的国际劳工标准

国际劳工组织制定的国际劳工标准也是工作权重要的国际人权法渊源。国际劳工标准主要有国际劳工公约和建议书两种形式。国际劳工公约经国际劳工大会通过后，提交成员国批准，公约一经批准便对批准国产生约束力，成员国必须遵守和执行。而建议书则是提供成员国制定法律和采取其他措施时的参考，不需要成员国批准，成员国也没有必须遵守和执行的义务。国际劳工组织将体面劳动作为重要的目标并围绕其展开 4 项战略，分别为创造就业、保障工作中的权利、扩大社会保护以及推进社会对话与矛盾化解。

国际劳工标准有 4 项核心标准，它们分别为：结社自由和集体谈判的权利、消除一切形式的强迫劳动或强制劳动、有效废除童工，以及消除就业与职业歧视。这 4 项核心标准体现在 8 个核心公约里，分别为 1948 年《结社自由与组织权利保护公约》（第 87 号）、1949 年《组织权与集体谈判权公约》（第 98 号）、1930 年《强迫劳动公约》（第 29 号）、1957 年《废除强迫劳动公约》（第 105 号）、1951 年《对男女工人同等价值的工作付予同等报酬公约》（第 100 号）、《1958 年消除就业和职业歧视公约》（第 111 号）、1973 年《准予最低就业年龄公约》（第 138 号）、1999 年《禁止和立即行动消除最有害的童工形式公约》（第 182 号）。中国目前批准了 4 个核心劳工公约：《对男女工人同等价值的工作付予同等报酬公约》《准予最低就业年龄公约》《禁止和立即行动消除最有害的童工形式公约》，以及《消除就业和职业歧视公约》。

国际劳工组织的下列公约着重实现工作权的性别平等。1951 年《对男女工人同等价值的工作付予同等报酬公约》（第 100 号）和《1958 年消除就业和职业歧视公约》（第 111 号）是关于平等工作的基本公约。1951 年《对男女工人同等价值的工作付予同等报酬公约》（第 100 号）旨在解决男女之间报酬差距的问题，该公约建立了男女同等价值工作同等报酬的原则。《1958 年消除就业和职业歧视公约》（第 111 号）致力于消除工作中一切形式的歧视。第 111 号公约对歧视的定义是广义的，既包含直接和间接歧视，也包含法律和实践中的歧视。该公约促进工作各个阶段中性别平等，从获得培训、就业的机会和所从事的专业领域到待遇平等和同等的退休年龄。公约中体现的平等原则于 1998 年被纳入国际劳工组织《工作中的基本原则和权利宣言》中，为消除工作和社会各领域的歧视提供了工具。

1981 年《有家庭责任工人公约》（第 156 号）旨在实现有家庭责任的男女工人机会和待遇平等。公约要求会员国将其作为一项国家政策，让有家庭责任的工人能够就业而不受歧视。2000 年《保护生育公约》（第 183 号）规定妇女应享有不少于 14 周的产假以及医疗津贴和护理。公约禁止雇主在妇女怀孕和产假期间终止雇佣关系。[1]

（四）区域性的国际公约对工作权的规定

此外，一些区域性的国际公约也对工作权利作出概括性的承认，其中包括 1961 年《欧洲社会宪章》和 1996 年经修订的《欧洲社会宪章》（第 2 部分第 1 条），《非洲人权和民族权利宪章》（第 15 条）和《美洲人权公约在经济、社会和文化权利领域附加议定书》（第 6 条）。这些区域性国际条约都确认尊重工作权利的原则，缔约国有义务采取旨在实现充分就业的措施。[2]

二、社会性别视角下的工作权

从社会性别视角学习工作权，核心问题是理解工作权的性别平等。工作权的性别平等主要包括：就业机会平等，职业发展机会平等，薪酬待遇平等，生育保护，为职工平衡工作和家庭责任提供支持，预防、制止职场暴力和性骚扰。

（一）就业和职业发展机会性别平等

在此，"就业"是一个广义的概念，它覆盖了工作的全部阶段。就业机会平等确保劳动者能获得平等的机会去充分发挥自己的潜能。它包括了在招聘和录用过程中使用无歧视的筛选与测试标准；在工作分配、转岗、调配、降职、离职、裁员、解雇、退休等方面，基于与职工行为、能力或是否适合履行其工作职责相关的合理原因决定，而不是基于性别进行差别对待。职业发展机会平等，是指根据个人能力、经验和勤勉程度等，给予男女职工平等获得培训和晋升的权利和机会。

在招聘和录用中最常见的性别歧视是以性别作为区别、排斥或优惠的标准之一。例如，在公务员招考公告或企业招聘广告上，常见"仅限

---

〔1〕 国际劳工组织中国和蒙古局：《工作中的平等和无歧视（中国）：培训手册》，国际劳工组织 2010 年版。

〔2〕 经济、社会、文化权利委员会第 18 号一般性意见：工作权利，第 3 段，E/C. 12/GC/18。

男性""男性优先"或"适合男性",如果这些限制、优先不是具体工作的真正需要,就构成了直接性别歧视。直接歧视不仅仅只是女性受到不利对待,在一些会计、秘书和护士工作的招聘广告中,就常常会出现"女性优先"字样。这是基于性别的刻板印象而进行的歧视。招聘者认为女性更细心、耐心、更擅长照顾他人,而实际上它们是人类的性格特点,而非归属于某一性别。这些看似优惠女性的招聘不仅仅限制了男性获得这些工作的平等机会,而且造成了职业的性别横向隔离。而这些传统女性的行业通常在工资待遇上低于传统的男性行业,典型的例子就是护士和医生职业中的性别比例和收入状况。

表面上性别中立的规定、措施、行为,如果使某一性别处于相对不利的后果,就会构成间接的性别歧视,除非这种规定具有合法的目的和客观的理由,并且实现该目的的手段是必要的和适当的。例如,对男女适用同样的身高要求作为某项工作的从业资格,除非这个身高的要求是工作的必需,如空乘人员需要达到方便检查行李舱的高度,否则这样的以身高为区分的标准就构成间接性别歧视,因为该标准对平均身高低于男性的女性群体造成了更为不利的影响。

而在培训和晋升机会以及退休年龄上基于性别的不平等,则造成了性别的纵向隔离,即"玻璃天花板"现象。女性在高级管理层的比例偏少,这不仅仅造成消极的示范效应,并且由于决策层缺乏女性的声音和利益代表,致使决策的过程和结果可能考虑不到对不同性别的差异影响。

在此特别需要注意的是,性别并不仅限于男性和女性的二元划分,还包括了多元性别,即性倾向、性别认同和性别表达。[1]

2018年1月,我国首例跨性别就业歧视案由贵阳市中级人民法院作出终审判决,对性别少数群体的平等工作权作出了明确的肯定。该案当事人C先生是位生理性别为女性,但性别认同和性别表达为男性的跨性别者,他在工作一周后便被慈铭体检公司辞退。C先生主张慈铭公司

---

[1]　经济、社会、文化权利委员会第18号一般性意见（E/C.12/GC/18）:工作权利,第12段,明确规定了禁止性取向的歧视。

是因为他的性别认同和性别表达所进行的歧视性解雇，因此提起诉讼。二审法官在判决书中写道："本院认为，自然人的人格权是每个公民应当享有的最基本权利。个人的性别认同、性别表达属于个人人格权的保护范围，对他人的性别表达和性别认同应当予以尊重。同时，劳动者就业不受民族、种族、性别、宗教信仰不同而受歧视，应当消除城乡、行业、身份、性别等一切影响平等就业的制度障碍和就业歧视，尊重个人的性别认知和性别表达，不应当因性别认知和性别表达，使劳动者在就业中受到差别对待。如用人单位在就业过程中存在着对劳动者的性别歧视，构成一般人格侵权，应当依法承担相应的侵权责任。"[1]

（二）同等价值工作同等报酬

同等价值工作同等报酬是工作权中一项基本的内容。但全球范围内以及具体的国家中，仍然存在着男女工人工资的显著差距。在国际劳工组织的统计中，全球范围内性别工资差距约为 22.9%；也就是说，女性收入是男性收入的 77.1%。[2] 在中国，根据第三期中国妇女地位调查数据显示，2000 年城市与乡村在业女性的年均劳动收入仅为男性的67.3%和56.0%。[3]

造成性别工资差距的原因有多种，例如在教育和培训方面的性别差异、工作经验方面的性别差异，女性由于生育可能造成的工作中断等，但还有一些无法理性解释的原因，则可能基于性别歧视。

1951 年《对男女工人同等价值的工作付予同等报酬公约》（以下简称第 100 号公约）旨在解决男女之间报酬差距的问题，该公约建立了男女之间等值工作同酬的原则。该原则可以通过下列方法适用：国家法律或法规；依法制定或认可的决定工资的办法；雇主与工人之间的集体协议或者同时采用上述几种办法。

《消除对妇女一切形式歧视公约》第 11 条 1（d）规定，同样价值

---

〔1〕 （2017）黔 01 民终 5744 号。

〔2〕 ILO：A new era of social justice, Report of the Director-General, Report I（A）, International Labour Conference, 100th Session, Geneva, 2011.

〔3〕 "第三期中国妇女地位调查主要数据报告"，中国妇女研究网，http://www.wsic.ac.cn/staticdata/84760.htm，访问时间：2018 年 10 月 5 日。

的工作享有同等报酬包括福利和享有平等待遇的权利，在评定工作的表现方面，享有平等待遇的权利。消除对妇女歧视委员会对《消除对妇女一切形式歧视公约》缔约国实现同工同酬提出了以下建议：考虑研究、制定和实行以不分性别标准为基础的工作评价制度，再将便于对目前主要以妇女为主的不同性质的工作和目前主要以男子为主的工作进行价值方面的比较；尽可能支持创建执行机构，并鼓励适用集体劳资协议的各当事方，努力确保同工同酬原则得到执行。[1]

1. 同等价值工作同等报酬的定义。"报酬"包括因工人就业而由雇主直接或间接以现金或实物向其支付的常规、基本或最低的工资或薪金，以及任何附加报酬。第 100 号公约中这个广义的概念清楚表明，在常规、基本或最低工资或薪水之外所有的薪资都要被视为报酬的组成部分。同等报酬意味着依据岗位评定方法和岗位定级体系，内容相同或类似的工作获得的报酬应该平等；内容不同但具有同等价值的工作获得的报酬应该平等。

男女承担内容不同但价值相同的工作时所获得的报酬却不相同，这也形成了工资歧视。这种歧视是源于岗位评定方法和岗位定级体系上存在的性别偏见。存在这些偏见的原因是对女性从事的典型工作所需要的技能、付出的劳动、承担的责任和相关工作条件认识不足或评价过低。因此，企业给女性工人评定的岗位级别和薪级通常偏低。[2]

如何建立科学的评估机制？哪些因素是决定工作价值的因素，对不同的工作，这些要素的比重是否不同？在下面的判决中，韩国最高法院就发展出了评估不同工作是否具有同等价值的标准。

韩国最高法院对认定同等价值工作的四个要件"技术、努力、责任及作业条件"进行了阐明。它指出不同工作是否为相同价值的劳动，需要综合考虑在执行职务时要求的技术、努力、责任及作业条件以及员工的学历、经历、工作年限等基准进行判断。"技术"是指根据资格证、

---

〔1〕　消除对妇女歧视委员会第 13 号一般性建议：同工同酬，A/44/38。

〔2〕　Martin Oelz, Shauna Olney, Manuela Tomei：《同工同酬：入门指南》，国际劳工组织 2013 年版。

学位获得的经验、职务执行能力或者手艺的客观水平；"努力"是指肉体及精神上的努力，执行作业所需要的物理性及精神性紧张，也就是劳动强度；"责任"是指工作内在义务的性质、范围、复杂性，雇主对相应职务的依存程度；"作业条件"是指从事噪音、热量、物理化学危险、孤立、严寒或炎热程度等相应工作的员工一般所处的物理作业环境。[1]

在加拿大，最高法院在 2011 年 11 月一份判决中认定主要由女性从事的文秘工作与主要由男性从事的报酬更高的分拣和邮递工作（邮政行业）具有同等价值。[2]。

2. 从同工同酬到同等价值工作同等报酬原则的发展。最开始同等价值工作同等报酬的原则仅仅为同工同酬，但同工同酬不可避免地涉及比较的问题。而现实生活中，由于工作场所基于性别的横向隔离和纵向隔离，有时不能找到和女性从事相同工作的男性。工作中基于性别的横向隔离，是指由于刻板的性别印象，一些行业被人们认为是男性专属的工作，如矿山井下工人、钢铁工人、飞机驾驶员；而某些则被认为是女性专属的工作，如护士、纺织工人、幼儿园教师、空乘人员。在这样基于性别隔离的劳动市场里，很可能找不到从事同样工作的不同性别劳动者，在这样的情形下，无法衡量女性的工作是否被低估。于是同等价值同等报酬的法律制度被创造出来解决隔离产生的没有比较者的问题，以及女性劳动被低估的结构性问题。

（三）对女性的特别劳动保护

在国际劳工组织标准和我国劳动立法中都有对女性特别劳动保护的规定。这种保护分为两类，一类是将女性作为一个群体的保护，另一类是生育保护，即对处于孕期、产假和哺乳期女性的特殊保护。下面我们将以性别视角来分别审视这两种保护。

---

〔1〕 韩国大法院于 2003 年 3 月 14 日宣判 2002 Do 3883 判决，转引自林燕玲、刘小楠、何霞：《反就业歧视的案例与评析：来自亚洲若干国家和地区的启示》，社会科学文献出版社 2013 年版，第 277~278 页。

〔2〕 Public Service Alliance of Canada v. Canada Post Corp. , 2011 SCC 57, [2011] 3S. C. R. 572.

1. 对女性劳动者整体的特殊保护。这种特殊保护的一种形式为将女性作为一个整体排斥在某些重体力、危险的工作之外，如矿山井下劳动、夜班劳动、一定强度的体力劳动。这种立法面临着两个问题：其一，这种不考虑个体实际情况和意愿将女性"一刀切"排除在某种工作外的做法是否构成对女性的就业歧视；其二，男性也有健康权，有害的工作环境同样会影响其生育能力以及后代的健康，危险环境并没有因女性被排斥而得以改善，因此整体排斥性的保护进路是否找错了解决问题的方向。

欧盟法院在欧盟委员会诉奥地利案[1]中，对上述问题进行了深入的分析。奥地利立法中曾有禁止女性从事矿山井下劳动和潜水工作的规定，奥地利政府主张该规定的本意是保护女性，但欧盟委员会认为这种立法违反了欧盟性别平等指令[2]中关于男女平等就业机会的规定，因此将其诉至欧盟法院要求其更改立法。在答辩中，奥地利政府声明，此规定是针对女性的生理特征而给予女性的特殊保护，因为女性在体力、肺活量、红血球数量上普遍弱于男性，对危险的抵御能力也普遍弱于男性，而这几项工作都对体力有较高要求并且也具有一定危险性。例如矿山的工作常带给矿工们肺部、关节和脊柱的损害，容易造成女性的流产，并且会对多次生育后的女性造成腰椎的损害。此外该立法也是签署国际劳工组织公约后必须承担的义务。

法院在审理过程中指出，第一，此种排斥性的立法将女性作为一个整体排斥在所诉工作之外。虽然作为一个整体，女性在体力上不及男性，但作为个体的女性，不乏有符合这些工作条件并且有从事上述工作欲望的人。男性中也有体力不符合从事这些重体力和危险性工作要求的个体，但法律并没有通过立法将其排斥在这些工作机会之外。立法将所有的女性，包括符合工作要求也有工作欲望的女性排斥在所诉工作之

---

〔1〕　Case C-203/03, *Commission of the European Communities v. Republic of Austria*, 〔2005〕 ECR I-0935.

〔2〕　COUNCIL DIRECTIVE of 9 February 1976, on the implementation of the principle of equal treatment for men and women as regards access to employment, vocational training and promotion, and working conditions (76/207/EEC), (amended in 2002), OJ L 39, 14. 2. 1976, p. 40.

外，它的假设前提是，男性有足够的理性依据自己的身体状况来做出选择，而女性缺乏这种选择的理性，因此需要国家的保护。这种假设本身就是对女性的一种歧视。

第二，奥地利政府没有证据证明这些工作对女性的危害性大于对男性的危害性，既然对男性和女性都有危险性，问题的关键应在于政府和雇主需要努力改善工作环境，使其更加安全、更能保护所有人（包括男性和女性）的身体健康，而不是将女性排斥在外。换言之，以排斥女性整体工作机会作为保护女性的立法思路应当被提高工作条件的立法进路所取代，形成"在更高水平上的男女平等"。

第三，针对奥地利所提出的签署国际劳工组织公约的义务的理由，法院提出，在针对矿山井下劳动的立法上，国际劳工组织的立场也在发生变化；并且根据欧盟法，成员国有义务对其签署的和欧盟法不一致的国际公约在到期的时候退出。所以，奥地利政府应当适时退出，并且修改国内立法以符合欧盟指令的规定。[1]

《消除对妇女一切形式歧视公约》第 11 条第 3 款也明确规定，"应参照科技知识，定期审查与本条所包含的内容有关的保护性法律，必要时应加以修订、废止或推广"。

2. 生育保护。对女性怀孕、产假、哺乳期间的特殊保护，既是安全工作的要求，也是性别平等的要求。女性在生理上和男性的最大差异便是怀孕和生产，这是男性不可替代的。而在怀孕、产假、哺乳过程中，基于女性身体健康和胎儿、婴儿安全健康的客观需要，要求法律予以生育保护的回应。

但在现实生活中，女性在就业领域遭受歧视的一个很大原因来自生育。经社文权利委员会特别指出，怀孕绝不能成为就业的障碍，而且不应成为丧失就业的理由。[2]《消除对妇女一切形式歧视公约》第 11 条

〔1〕 Case C-203/03, *Commission of the European Communities v Republic of Austria*，〔2005〕ECR I-0935.

〔2〕 经济、社会、文化权利委员会第 18 号一般性意见：工作权利，第 13 段，E/C. 12/GC/18。

第 2 款就明确规定，国家应采取适当措施，使妇女不致因为结婚或生育而受歧视，对此，国家应当"实施带薪产假或者具有同等社会福利的产假，不丧失原有的工作、年资或社会津贴"。这一条还要求国家"鼓励提供必要的辅助性社会服务，特别是通过建立和发展托儿设施系统，使父母得以兼顾家庭义务和工作责任并参与公共事务"，以及"对于怀孕期间从事确实有害于健康的工作的妇女，给予特别保护"。

关于妇女生育的类似保护也可以在国际劳工组织的规范中找到。2000 年国际劳工组织关于生育保护的第 183 号公约要求成员国采取合适的措施使得妇女不会因为生育原因在就业和工作中遭到歧视。与国际劳工组织 1919 年第 3 号公约和 1953 年第 103 号公约不同的是，第 183 号公约扩大了保护的时间范围，包含了怀孕期间和结束产假返回工作的时间。第 183 号公约第 8 条还规定妇女在结束产假后有权返回原岗位或者同等薪酬和级别的岗位。国际劳工组织专家委员会在其报告中指出强制性的怀孕检测违反了国际劳工组织第 111 号公约。[1] 此外，国际劳工组织公约还要求成员国建立生育保险以提供生育的相关费用，包括产前检查、生产的医疗费用以及产假期间的生活津贴等，并且明确规定了生育津贴应该占该女性产前工资的 45%（第 102 号公约）或 2/3（第 183 号公约）以上，因为津贴的目的是要使该女性能和她的孩子"处于一个健康的状态并维持合适的生活水准"。[2]

生育保护应包括：不得因怀孕而被解雇、降薪、降职，在怀孕期间不得进行不合理的工作调动，享有休产假的权利，享有在产假期间生活保障的权利，在产假结束后享有返回原工作岗位或者与原岗位待遇相同的其他工作的权利，产假期间的职位晋升、考核不得受到影响的权利等。

产假的制度安排是帮助女性产后恢复身体健康，但并不意味着产假

---

〔1〕　ILO：*Report of the Committee of Experts on the Application of Conventions and Recommendations*，Report III（Part 1A），ILC，92nd Session，2004，p. 11.

〔2〕　陆海娜：《我国对平等就业权的国家保护：以国际法为视角》，法律出版社 2015 年版，第 54 页。

越长，对女性的保护就越完善。相反，过长的产假可能导致雇主在招聘及录用阶段隐性地排斥育龄期女性，并且会强化女性应主要承担照顾孩子的责任的性别刻板印象和性别分工。那么，应如何平衡生育保护可能带来的负面效应呢？下面我们从对负有家庭责任员工的积极协助视角来进行分析。

（四）对负有家庭责任工人的积极协助

家庭责任的承担常常成为工人参与社会劳动的阻碍。而在传统的社会分工中，照顾家人、料理家务更多地出女性承担，所以雇主在招募、晋升等阶段更倾向于选择男性。为了促使女性能更好地平衡工作与家庭生活，国际劳工组织在 1965 年制定了有家庭责任的女性工人雇佣建议书。[1] 1981 年国际劳工组织第 156 号《有家庭责任工人公约》取代了该建议书。在此立法思想发生了重大的变化，性别中立的立法在家庭层面鼓励和倡导男性共同承担家庭责任，在国家层面赋予国家义务，通过公共服务、政策引导、法律法规完善等方式促进负有家庭责任的男性和女性员工都能更好地平衡家庭生活和工作，促进在工作机会和待遇上的性别平等。

《有家庭责任工人公约》要求各成员国应将其作为国家政策的一项目标，使有家务责任的工人，无论是已经就业的还是准备就业的，能不受歧视地行使其就业权利，并最大限度地避免就业和家庭之间的冲突。该公约还要求各国政府在社区规划和发展的时候考虑有家庭负担的工人的需要，发展或者促进公共的或者个人的社区服务，比如儿童保育和家庭服务和设施。

第 156 号国际劳工组织建议书中要求给那些仍需要承担家庭责任的人提供职业指导和训练，以保证他们能够成功地找到工作并且不因此失业，同时也使因此失业的人能够重返职场（第 7 条）。建议书清楚地指出需要承担家庭责任绝不能成为终止雇佣关系的正当理由（第 8 条）。

对儿童的养育不仅仅是家庭的事情，也关涉国家的可持续性发展，

---

〔1〕 ILO: Employment（Women with Family Responsibilities）Recommendation, 1965（No. 123）.

国家有义务"扩大儿童照顾服务的范围，使这种服务更价廉，更便捷。"联合国人权机构也提倡在公务系统和私营领域中提供儿童照顾服务或者育儿假。经社文权利委员会在马耳他的履约报告审议中表示，马耳他妇女在权衡工作和家庭中依然面临很多困难。而且某些特定的措施，例如更灵活的"育儿假"制度，主要由公务体系工作的妇女群体所享有，在私营领域中工作的妇女却不能得到同等的待遇。[1] 因此，经社文权利委员会"敦促各国进一步采取计划，使有工作的父母在家庭和工作中得到平衡，包括在公务系统和私营领域中推动更低价的儿童照顾服务和灵活的育儿假期"。[2]

1. 育儿假。基于母亲产后恢复身体健康和照顾新生婴儿的需要，几乎各国立法都对产假进行了规定。国际劳工组织的公约规定产假不少于 14 周，我国立法规定的产假为 98 天，如有难产则增加 15 天，双胞胎、多胞胎的情形，每多一个孩子增加 15 天产假。在低生育率、老龄化的背景下，我国鼓励一对夫妻生育两个孩子。不同省（直辖市、自治区）根据当地实际情况，在其出台的《人口与计划生育条例》中都不同程度地增加了产假的时间。其中最短的省份规定的产假为 128 天，最长的是西藏自治区，妇女生育后产假为 1 年。

产假制度的设立有医学上的依据，女性身体需要恢复；也有心理学上的理由，初生的婴儿和母亲之间存在天然联系，婴儿需要得到母亲更多的照顾。但对后者，则有来自男性和女性两方面的不同观点。男性的异议认为，父亲中也有愿意更多照顾家庭和婴儿的人，他们也需要在孩子出生后享有经济保障的照顾假期，只把假期赋予女性是基于传统的两性分工和性别刻板印象的性别歧视。而女性的异议则主张，没有足够的科学依据证明母亲和孩子的联系比父亲与孩子之间的联系更为紧密，除了母乳喂养是父亲不能替代的以外，其他的照顾工作父亲同样可以承

---

〔1〕　Concluding Observations Malta E/C. 12/1/Add. 101 para. 15. 转引自陆海娜：《我国对平等就业权的国家保护：以国际法为视角》，法律出版社 2015 年版，第 58 页。

〔2〕　Concluding Observations Malta E/C. 12/1/Add. 101 para. 33. 转引自陆海娜：《我国对平等就业权的国家保护：以国际法为视角》，法律出版社 2015 年版，第 58 页。

担。人们的观念来自于长期的生活经验，而生活经验本身就是被性别分工所建构的，换言之本身就是歧视性的经验。而这种假设的后果就是在家庭内女性更多地承担照顾婴幼儿的工作，而在职场中，女性会因此在求职、岗位晋升、报酬、解雇等多方面受到不利的影响。所以单纯对女性产假延长的法律和政策都需要审慎，因为它可能进一步强化性别分工，对女性的工作权造成不利的影响。而这些不利的影响又会降低女性以及家庭的生育意愿，随着女性教育程度的提高和经济能力的增强，劳动市场的歧视会进一步影响生育率。

在确认父母双方都有照顾年幼子女的情感需求以及义务这一前提下，为在家庭生活、社会分工中促进性别平等，不少国家法律规定了育儿假（parental leave）。这个假期相对产假较长，男性和女性皆可选择。有些国家例如瑞典、挪威为了促进父亲参与家庭生活，规定了育儿假中父亲单独享有的时期，如果父亲选择不休假，其假期不能让渡给母亲。

以瑞典为例，1995 年瑞典出台《育儿假法》，并于 2016 年作出修订。根据修订后的法律规定，瑞典的育儿假共为 480 天，父母各享有 240 天。其中父母各有 3 个月的专享假期，其他时间经一方签署同意书后可将自己享有的育儿假让渡给另一方。母亲专享的 14 周的产假也包含在母亲享有的育儿假中。法律的修订、两性共同参与家庭生活的意识倡导对瑞典社会生活方式产生了影响，根据 2016 年瑞典统计局的数据显示，480 天育儿假中的 26% 是父亲们在休假。[1]

2. 对负有家庭责任工人的其他积极协助。除了以育儿假的方式支持负有家庭责任的员工外，第 156 号公约要求成员国采取多种措施保障工人对婴幼儿以及其他生病、残障或高龄直系亲属的照料和护理责任。该公约要求国家在社会保障、社区规划、社区服务提供、公众教育和信息服务、职业指导和训练上提供有利条件，协助有家庭责任的工人实现工作和家庭生活的平衡。公约要求成员国禁止将承担家庭责任作为解雇

---

[1] Statistics Sweden: "Women and men in Sweden 2016: Facts and figures", https://www.scb.se/contentassets/7516e7d2f0834a7b94bfd87593405c7b/LE0201_2015B16_BR_X10BR1601ENG.pdf, 访问时间：2019 年 11 月 18 日。

的合法事由。[1]

灵活的工时安排，包括岗位分享、在家工作和灵活的上下班时间，作为家庭友好型政策的一部分正在企业层面逐步得到采用，对减轻有家庭责任的工人在劳动力市场中面对的结构性不利地位的状况发挥了作用。例如，经修订的日本 2010 年《照料子女和家庭假期法》规定雇主在工人需要照料 3 岁以下子女但不享受相应假期的情况下，有义务应工人的要求减少其工时。

一些欧洲公司与社会上的托幼设施开展协作，使其雇员可以在上班时送托孩子，或者建立免费热线帮助雇员寻找保姆或临时托幼设施。实行收费合理的高质量幼儿照料可以减轻很多人面对的结构性障碍，尤其是那些低收入和可能无法负担其他托幼方式的人员。匈牙利 2007 年开始实行"启动附加计划"，对雇用因照料子女中断就业妇女的雇主，其社会保障缴费可获得补贴。[2]

（五）工作场所性骚扰

国际劳工组织公约和建议书实施专家委员会（Committee of Experts on the Application of Conventions and Recommendations，CEACR）强调性骚扰是一种性别歧视形式，应按照第 111 号公约的规定处理。性骚扰通过挑战工人的名誉、尊严和福利，破坏工作中的平等。由于性骚扰会削弱工作关系的基础，企业的效率也会受损。[3] 同时，性骚扰也是基于性别的暴力。在工作单位遭受性骚扰时，就业平等权利也会严重减损。[4]

在欧盟性别平等指令中，性骚扰指"涉及性的不当的口头、非口头或身体的任何形式行为，其目的或后果是侵犯个人尊严，尤其是形成威

---

〔1〕　ILO：Workers with Family Responsibilities Convention, 1981（No. 156）.

〔2〕　国际劳工局：《工作中的平等：不断的挑战》〔国际劳工大会第 100 届会议 2011 年报告 I（B）〕，2011 年第 1 版，第 25~26 页。

〔3〕　国际劳工组织：《关于对 111 号公约的一般性观察》，《国际劳工组织公约和建议书实施专家委员会报告》Report III，第 91 届国际劳工大会 2003 年，第 463~464 页。

〔4〕　消除对妇女歧视委员会第 19 号一般性建议：对妇女的暴力行为，第 17 段，A/47/38。

胁、敌对、卑劣、耻辱或冒犯的环境"。[1] 性骚扰分为两种形式，一种是交换条件性骚扰（quid pro quo sexual harassment），是指以提供工作中的好处为条件，提出性要求的行为——如承诺加薪、升职或续约等。在这种情形下，性的示好不管女性是否接受，只要是违背了女性的意志都可以构成骚扰。另一种为敌对工作环境性骚扰，是指对被骚扰者造成威胁性、恶劣的或侮辱性的工作环境的行为。[2] 对性骚扰的界定强调了行为的"不受欢迎性"，同时，这些立法规定了雇主有预防工作场所性骚扰的义务，其应制定相应的申诉程序来对出现的性骚扰进行处罚。如果雇主没有尽到该项义务，则应当承担赔偿的责任。

性骚扰的出现不仅仅是骚扰者个人的侵权行为，更重要的它揭示了工作场所存在的性别不平等的权力关系，以及权力不受限制的滥用。消除性骚扰现象，需要的不仅仅是对骚扰者个人的惩罚，更需要组织机构文化和性别不平等权力结构的改变，才能有效地预防和制止性骚扰的发生。性骚扰不仅仅发生在异性之间，也可以发生在同性间。

三、保障工作权的国家义务

如同所有人权一样，前述公约规定的工作权给缔约国确定了三种类型或三种层次的义务：尊重义务、保护义务和实现义务。尊重义务要求缔约国避免直接或间接妨碍享有这种权利。保护义务要求缔约国采取措施，防止第三方妨碍享有工作权利。实现义务包含提供、方便和促进这种权利的义务。它意味着，缔约国应当采取恰当的立法、行政、预算、司法和其他措施，确保工作权利全面实现。[3]

由于各缔约国经济社会发展程度及拥有资源的不同，缔约国的主要义务是确保行使工作权利的逐步实现。但是保证行使工作权利而无任何

---

〔1〕 Directive 2006/54/EC of the European Parliament and of the Council of 5 July 2006 on the Implementation of the Principle of Equal Opportunities and Equal Treatment of Men and Women in matters of Employment and Occupation（Recast）.

〔2〕 国际劳工组织中国和蒙古局：《工作中的平等和无歧视（中国）：培训手册》，国际劳工组织 2010 年版，第 13 页。

〔3〕 经济、社会、文化权利委员会第 18 号一般性意见：工作权利，第 22 段，E/C. 12/GC/18。

歧视，是国家立即生效的义务，它既不受逐步实施的限制，也不依赖所拥有的资源。[1]

下面我们主要从国家保障平等工作权义务的角度来进一步学习。

（一）尊重的义务

具体而言，尊重的义务要求国家保证在立法、执法和司法活动中不得主动侵犯工作权。首先国家应避免制定歧视性的法律和政策；其次，行政执法和司法机构都应平等地施行法律；最后，国家还应在公务员招募中带头遵守平等不歧视原则。

违反尊重工作权利义务的行为包括与《经济、社会、文化权利国际公约》第6条规定的标准相抵触的法律、政策和行动。具体而言，任何基于种族、肤色、性别、语言、年龄、宗教、政治或其他见解、民族或社会出身、财产、出生，或以妨碍平等享有或行使经济、社会和文化权利为目的的其他情况，在进入劳务市场或获得就业途径和权利方面的歧视，均构成对《经济、社会、文化权利国际公约》的违反。缔约国在与其他国家、国际组织和其他实体（例如多边实体）达成双边或多边协议时不考虑其关于工作权利的法律义务，构成对遵守工作权利义务的违反。[2]

从社会性别的视角，国家尊重工作权表现为不得制定没有合理理由基于性别的排斥、限制或优惠性法律法规和政策，使得某一性别群体，尤其是女性在就业机会或就业条件上处于不利地位。国家也不得在公务员招录、晋升、退休等环节实施基于性别的不平等对待。例如"让妇女回家""让妇女提前退休"等政策、制度、措施。

（二）保护的义务

保护的义务要求国家积极制定针对性的法律，禁止来自用人单位方面的歧视。国家的保护义务包括在法律中应明确规定在就业各阶段禁止

---

〔1〕　经济、社会、文化权利委员会第18号一般性意见：工作权利，第19段，E/C.12/GC/18。

〔2〕　经济、社会、文化权利委员会第18号一般性意见：工作权利，第33段，E/C.12/GC/18。

性别歧视，并明确性别歧视的概念、构成要件、证明责任、合理的区别对待，以及构成就业歧视后的法律责任、救济程序。实体责任和救济程序应当能充分、及时地保障平等就业权的实施。

国家应当"通过法律消除歧视，并防止第三方直接或间接地干涉这项权利的享受；通过行政措施和方案，并建立公共机构、机关和方案，以便保护妇女不受歧视。缔约国有义务监测并管制非国家行动者的行为，以便保证这些行动者不侵犯男女享受经济、社会和文化权利的平等权利"。国家"还要在法律和实际中做到男女双方能够平等地得到所有层次和所有职业类别的工作机会，并要求公共和私营部门的职业训练和指导方案能够向男女学员提供必要的技能、信息和知识，使之能够平等地享受工作权"。"要求缔约国认清并消除报酬不平等的内在起因，例如基于性别的工作评断，或认为男女之间存在生产率差异的观点。此外，缔约国应当通过行之有效的劳工监督部门来监测私营部门对国家有关工作条件的法律之遵守情况。缔约国应当通过法律规定平等考虑晋升、非工资的报酬和均等机会，并支持工作场所的职业或专业发展"。[1]

违反保护义务包括如下不作为，例如未能对个人、群体或公司的活动作出约束，从而导致他们侵犯其他人的工作权利；或未能保护工人免遭非法解雇。

(三) 实现的义务

实现的义务则要求国家采取一切必要步骤保障个体或群体能实际享有工作的权利。这些措施和步骤包括了建立国家机制，监督就业政策和国家行动计划的执行；就数量指标和执行的期限作出规定；确保遵守国家一级订立的基准的手段；吸收公民社会，包括劳务问题专家在内，私营部门和国际组织的参与。[2] 国家应建立分性别统计制度，对就业领

---

〔1〕 经济、社会、文化权利委员会第 16 号一般性意见：男女在享受一切经济、社会及文化权利方面的平等权利（第 3 条），第 23~24 段，E/C. 12/2005/4。

〔2〕 经济、社会、文化权利委员会第 18 号一般性意见：工作权利，第 38 段，E/C. 12/GC/18。

域的性别不平等状况有准确地反映。确认妇女从事的无偿家务劳动的价值，并将其计入国民生产总值。国家应"鼓励和支持调查和实验研究来衡量妇女无偿家务活动的价值；例如进行对时间利用的调查作为全国家庭调查方案的一部分，并收集按性别编制的关于参与家务活动和劳动力市场活动所花时间的统计数字；量化计算妇女的无偿家务活动并将其列入国民生产总值。"[1]

国家应当采取暂行特别措施从结构上改变基于性别的不利工作环境的成因，女性通常更易受这种不平等工作环境影响。国家应完善职业培训，消除职业的性别隔离、在质和量上增加托幼设施、逐步推行具有经济保障的育儿假和照料假、鼓励男性共同参与家庭生活、为某一性别群体设置配额等来改变结构性的性别歧视。

国家仅仅采取正式法律或方案的方式不足以实现实际平等的事实上的男女平等。仅仅保证男女待遇相同是不够的，国家应通过创造有利于实现结果平等的环境赋予妇女权力。国家有义务考虑到妇女和男子的生理差异以及社会和文化造成的差别。在某些情况下，必须给予男女不同待遇，以纠正这些差别。实现实际平等还需要有效的战略，目的是纠正妇女代表名额不足的现象，在男女之间重新分配资源和权力。国家"必须有效处理歧视妇女和男女不平等的根本原因，才能改善妇女的状况。在审视妇女和男子的生活时必须考虑到这方面的前因后果，并采取措施以促进机会、机构和制度的真正改变，不再以历史沿袭的男性权力和生活方式的规范为基础"。[2] "应区分妇女生理上决定的长期不变的需要和经历和下列情况造成的其他需要：过去和现在对妇女的歧视个体行为；占主导地位的性别意识形态；社会、文化结构和机构中歧视妇女的各种表现。由于正在采取步骤消除对妇女的歧视，妇女的需要可能改变或消失，或成为男女的共同需要。因此，需要继续监测旨在实现妇女事

---

〔1〕　消除对妇女歧视委员会第 17 号一般性建议：妇女无偿家务活动的衡量和量化及其在国民生产总值中的确认，A/46/38。

〔2〕　消除对妇女歧视委员会第 25 号一般性建设：《公约》第 4 条第 1 款（暂行特别措施），第 10 段。

实上或实际平等的法律、方案和措施，以避免使可能已失去理由的不同待遇永久化"。[1]

国家违反实现义务的例子包括：未能采用或执行旨在确保所有人工作权利的国家就业政策；支出不足或滥用公共基金造成个人或群体，尤其是弱势和遭排斥群体不能享受工作权利；未能在国家一级监督实现工作权利，例如建立工作权利的指标和基准；未能执行技术和职业培训方案[2]。

问题与思考

1. 某市邮政速递物流有限公司发布的招聘快递员职位的广告中写道，"任职资格：男，年龄：18~45 岁，身体健康，无文身，无前科"。马户（化名）是一名女性，她喜欢快递员一职且认为自己能够胜任，于是申请该工作岗位。在说服公司让她试用一段时间并且进行入职体检后，被公司因其为女性而拒绝入职。公司的理由是投递员是法律法规禁止女性从事的负重体力劳动。我国《女职工劳动保护特别规定》第 4 条规定，"用人单位应当遵守女职工禁忌从事的劳动范围的规定。"我国《女职工禁忌从事的劳动范围》第 1 条第 3 项规定，"女职工禁忌从事每小时负重 6 次以上、每次负重超过 20 公斤的作业，或者间断负重、每次负重超过 25 公斤的作业。"邮政公司主张，"速递员专门是指邮政速递物流投送 EMS 物件的工作人员，其最大重量可以达到五十千克"；"搬运邮件楼上楼下，十分辛苦，而且要与社会形形色色的人接触，对女性而言危险性更大"。因此，邮政公司认为它不招募女性员工的行为不是性别歧视，而是对女性的保护。请问该公司的行为是否构成了对马户平等就业权的侵犯？

2. 某省出台政策规定"领导干部不得配备异性身边工作人员"，请

─────────────

〔1〕 消除对妇女歧视委员会第 25 号一般性建议：《公约》第 4 条第 1 款（暂行特别措施）第 8~11 段。

〔2〕 经济、社会、文化权利委员会第 18 号一般性意见：工作权利，第 36 段，E/C.12/GC/18。

问该规定是否损害了女性的平等工作权？如果该政策出台的目的是为了消除权色交易和腐败现象，请问该目的是否构成正当化的理由？

拓展资料

1. 蔡定剑主编：《中国就业歧视现状及反歧视对策》，中国社会科学出版社 2007 年版。

2. 周伟等：《中国的劳动就业歧视：法律与现实》，法律出版社 2006 年版。

3. 陆海娜：《我国对平等就业权的国家保护：以国际法为视角》，法律出版社 2015 年版。

4. 郭慧敏、高涛、段燕华编著：《在法律的边缘处：就业性别歧视案例研究》，西北工业大学出版社 2015 年版。

第二节　适当的生活水准权

不论在欠发达、发展中国家还是发达国家，总有一定数量的人口处于贫困的状态。对他们来说，实现人权最直接的挑战就是达到适当的生活水准。在这些人口当中，女性由于历史、文化、经济、社会等各方面的原因，往往处于更为不利的地位，更需要用社会性别视角来考察和关注。

一、适当的生活水准权的概念和内容

适当的生活水准权是指一个人不分性别地享有获得符合一定条件的生活水平的权利。这是具有典型的经济、社会和文化权利特征的权利。

作为人权，适当的生活水准权对人的生存与发展的重要意义不言而喻，但是它成为一个法律概念，产生法律规则，则可能有点令人费解。在一些人看来，经济、社会和文化权利，如适当的生活水准权，属于一国社会保障政策的范畴，不是个人在法律上享有的一项权利，特别是个人不能因此享有司法救济权，即不能据此向法院要求政府或者他人为其享有适当的生活水准权而提供具体的财物或者服务。

其实，如同健康权不是要求个人一定获得健康一样，适当的生活水准权，是保障个人有机会享有适当的生活水准，不一定是简单地获得财物或者直接的服务。它在国际公约中获得确认，已然成为国际人权法上的概念，当获得国内法的确认后，又可以在国内产生更为具体的法律规则和法律实践，当然不一定是司法实践，而可以是政府的行政工作或者是其他社会行为主体的社会实践。因此，包括中国在内的大多数国家，如同联合国等国际组织的态度一样，将适当生活水准权作为一个法律上的人权概念对待。

《世界人权宣言》第 25 条规定："人人有权享有维护他本人和家属的健康和福利所需的生活水准。"虽然该宣言本身并不具有法律约束力，但是提出了相关的概念，奠定了国际人权法上适当生活水准权的基础。

更主要的国际人权法渊源是作为联合国"人权两公约"之一的《经济、社会、文化权利国际公约》第 11 条规定："一、本公约缔约各国承认人人有权为他自己的家庭获得相当的生活水准，包括足够的食物、衣着和住房，并能不断改进生活条件。各缔约国将采取适当的步骤保证实现这一权利，并承认为此而实现基于自愿同意的国际合作的重要性。二、本公约缔约各国既确认人人享有免于饥饿的基本权利，应为下列目的，个别采取必要的措施或经由国际合作采取必要的措施，包括具体的计划在内：（甲）用充分利用科技知识、传播营养原则的知识和发展或改革土地制度以使天然资源得到最有效的开发和利用等方法，改进粮食的生产、保存及分配方法；（乙）在顾及粮食入口国家和粮食出口国家的问题的情况下，保证世界粮食供应，会按照需要，公平分配。"[1]

与此相关，《儿童权利公约》在第 27 条规定"每个儿童均有权享有足以促进其生理、心理、精神、道德和社会发展的生活水平"。

---

　　〔1〕　关于《经济、社会、文化权利国际条约》中适当的生活水准权的由来和起草过程，参见 A. 艾德："国际人权法中的充足生活水准权"，载刘海年主编：《〈经济、社会和文化权利国际公约〉研究》，中国法制出版社 2000 年版，第 206~210 页。

《消除对妇女一切形式歧视公约》在序言中提到"在贫穷情况下，妇女在获得粮食、保健、教育、训练、就业和其他需要等方面，往往机会最少"。它在第 11 条规定了消除妇女在就业中的歧视，第 12 条涉及健康权，第 13 条规定消除在经济和社会生活的其他方面对妇女的歧视，以保证她们在男女平等的基础上有相同权利，特别是领取家属津贴等权利。第 14 条则是国际人权条约中唯一专门涉及农村妇女的条款，它规定要让农村妇女"从社会保障方案中直接受益"，"享受适当的生活条件，特别是在住房、卫生、水电供应、交通和通讯方面"。

可见，适当生活水准权是一项比较综合性的权利，它包括以下权利的一些要素，或者与这些权利产生交叉——食物权、住房权、工作权、享受公平与良好工作条件权、社会保障权、健康权等。有观点认为，适当生活水准权作为一项具体的人权提出来，是为了弥补其他权利之间的概念上的漏洞，从而确保每个人都获得一定的生活水平。[1]

二、社会性别视角下的适当的生活水准权

妇女的适当生活水准权与妇女权利的整体密切相关，《经济、社会、文化权利国际公约》的相关条款和整个《消除对妇女一切形式歧视公约》应该作为一个整体参照和结合起来，为实现适当生活水准权的落实提供法律基础和保证。

（一）贫困问题

自然灾害、社会动荡等极端条件能造成大规模的饥饿和贫穷。而在平衡发展的社会环境里，需要关注的贫困现象更为复杂。贫困可以体现为缺衣少食、无家可归、失业、负债、慢性病等不同的情况。不仅在农村、在城市，包括在城市工作的来自农村的农民和在城市定居的市民中，女性都可能由于遭受歧视或者处于不利地位，在就业、薪酬水平、维护自身权益能力等方面面临相对男性来说更大的生存和生活压力。特别是在面临社会转型、经济危机或者压力的环境挑战时，妇女有更明显的脆弱性。在这方面，有一个形象的说法，叫做"贫困有一张女性的面

---

〔1〕　白桂梅主编：《人权法学》，北京大学出版社 2011 年版，第 154 页。

孔"。

学者的研究表明，妇女容易陷入贫困的脆弱性，常被官方数字、有争议的定义和学术争论掩盖或者忽视，如"贫困线"的定义、绝对贫困和相对贫困的定义和衡量标准等。有时，以户计量，可能忽视非贫困家族中的贫困女性个体；有时，对贫困风险的重视不够，忽视了妇女在其整个生命周期和经济倒退时面临的更大的贫困风险；妇女照料他人并承担家务劳动的责任，影响并限制了她们在经济生产领域的参与和地位，从而也可能影响他们享有的社会保障和福利。这样，妇女不仅不成比例地成为贫困的受害者，也是面对贫困的应对者，更需要得到关注和支持。[1]

实事求是、立足实际的考察最为重要。权利和性别视角的结合，有助于具体、有针对性地解决女性在现实社会中遇到的难题，避免或者解决她们的贫困问题。

总体上说，国家和地方政府部门需要更有针对性地在立法或者政策制定的过程中，在社会福利制度、社会救助制度、就业保障和工作权保护等方面，更加主动地考虑农村和城市中女性的地位、境况，遇到的困难、问题和障碍。

中国政府把人民的生存权、发展权放在人权事业的首位，致力于减贫脱贫，[2]努力保障和改善民生，发展各项社会事业，使发展更多地公平惠及全体人民，保障人民平等参与、平等发展权利。2016 年 10 月，国务院新闻办公室发布的《中国的减贫行动与人权进步》白皮书指出，妇女、儿童、老年人、残障人、少数民族等特定群体中的贫困人口是扶贫工作的重点对象。2012 年以来，中国政府加大优先扶持政策力度，切实保障这些群体的社会保障权、健康权、受教育权等各项权利。

---

〔1〕 ［澳］帕特里夏·哈里斯："贫困"，载［美］谢丽斯·克拉马雷、［澳］戴尔·斯彭德主编：《路特里奇国际妇女百科全书：精选本·下卷》，"国际妇女百科全书"课题组译，高等教育出版社 2007 年版，第 813~816 页。
〔2〕 中华人民共和国国务院新闻办公室：《中国的减贫行动与人权进步》，人民出版社 2016 年版，第 17、18 页。

白皮书指出，国家落实《中国妇女发展纲要（2011～2020年）》，制定实施保障贫困妇女权益的政策措施；加强贫困地区妇女教育培训，培训中西部农村妇女200多万人；实施妇女小额贷款担保项目及财政贴息政策，促进城乡妇女创业就业。中国开展农村妇女"两癌"检查项目，每年为全国1000万适龄农村妇女进行免费宫颈癌检查，为120万适龄农村妇女进行免费乳腺癌检查，已覆盖532个贫困县。2011～2015年，中央彩票公益金投入4亿元，积极开展"贫困母亲两癌救助"。实施"母亲安居工程""母亲健康快车"等公益项目，帮助贫困单亲母亲、患病贫困妇女改善生存和发展状况。中国建立完善新型社会救助体系，加大对贫困妇女的保障力度。2015年，全国获得低保及特困人员救助供养的居民达7121.5万人，其中女性约2609.4万人，所占比重为36.6%，基本实现了应保尽保。

（二）住房权

住房权益是每一个人的基本利益，运用性别视角来考察保障住房权益非常重要，这是社会性别主流化的一个具体方面。在大多数国家，男权社会的历史传统导致女性在婚后随夫居住和生活，住房往往在事实或者法律上被当作夫家的财产，女性常常处于被动或者无权益保障的地位。这就需要在物权法、婚姻家族法的制定和实施过程中有针对女性权益的制度性保障。

在中国，政府注意积极解决贫困母亲的特殊困难。以帮助贫困母亲脱贫致富、治病保健康为宗旨的"幸福工程"为例，该工程1995年至2010年间投入资金7.3亿元，资助24万贫困母亲，受益人数达108万人。"母亲安居工程"在各地广泛开展。2009年至2011年，辽宁省连续3年将无房或住危房的单亲贫困母亲纳入省政府安居工作规划，划拨专款援建，仅2009年就有981户贫困母亲喜迁新居。2011年，广东省投入5.69亿元健全住房保障体系，将特困母亲危房改造优先纳入住房保障范围。中华全国总工会拨出4000万元专项资金，对单亲困难女职工重点帮扶。[1]

在司法中保护住房权也是一个实现性别平等的关键环节。司法中考虑妇女所处的不利地位，保障她们的适当生活水准权，尤其值得思考。在这方面，中国的司法解释提供了一个典型的实例，这就是2011年8月9日中国最高人民法院正式发布的《关于适用〈中华人民共和国婚姻法〉若干问题的解释（三）》。从中可以发现，有关解释在保障妇女适当生活水准权方面可能存在不足。

该司法解释在第10条规定："夫妻一方婚前签订不动产买卖合同，以个人财产支付首付款并在银行贷款，婚后用夫妻共同财产还贷，不动产登记于首付款支付方名下的，离婚时该不动产由双方协议处理。依前款规定不能达成协议的，人民法院可以判决该不动产归产权登记一方，尚未归还的贷款为产权登记一方的个人债务。双方婚后共同还贷支付的款项及其相对应财产增值部分，离婚时应根据婚姻法第39条第1款规定的原则，由产权登记一方对另一方进行补偿。"

如此司法解释也许是为了防止"谋利婚姻"。但是，值得注意的是，不能用民法的一般规则来调整婚姻家庭法律关系。从《物权法》的角度看，该司法解释遵守了房屋所有权以登记为准的原则，以此进行的权利安排似乎很公平。但是实际上，婚姻不是一般的等价交换，它还有自己的独特性，即以感情为基础，并且除了一般的权利和义务之外，相关主体之间还承担着许多家庭责任。感情是难以简单计价的。虽然隐含或者反映了我们并不鼓励的性别角色刻板印象，但是客观上家庭责任中通常所说的相夫教子、家庭劳动、赡养老人、亲情付出等责任往往是由女性承担的。法律不应该无视这些家庭责任的承担情况。

目前中国社会还在相当程度上存在着男权社会的影响，或者直观地说，现实生活中男性获得的收入和财产仍然比女性多，所以这个规则就是在有利于富人的同时，更有利于男性。或者说，在女性强势、男性弱势的个案中，男性也同样可以成为受害者。某人如果与房屋登记人缔结

---

[1] 中华人民共和国执行《消除对妇女一切形式歧视公约》第七、八次合并报告，第45段。

婚姻，即使一起承担还贷的负担并承担家庭责任，一旦婚姻解体，他/她就可能被扫地出门，感情和安身之所尽失。更有甚者，此人如果为了家庭放弃事业的话，甚至有安身立命之危。在某些特定情形下，立法或者司法解释对处于弱势或者不利地位的妇女可以给予优先保护。

（三）土地权益

土地权益是适当生活水准权保障的重要基础。用社会性别视角审视土地权益，会发现妥善解决农村妇女的土地承包纠纷问题颇为重要。

我国《农村土地承包法》和《妇女权益保障法》规定，农村土地承包，妇女与男子享有平等的权利。2007年通过的《物权法》第63条明确规定："集体经济组织、村民委员会或者其负责人作出的决定侵害集体成员合法权益的，受侵害的集体成员可以请求人民法院予以撤销。"2007年，国家开展了农村土地问题专项治理，农村妇女土地权益受损问题成为治理的重要内容之一。2010年全国人大常委会开展了《妇女权益保障法》执法检查，也将农村妇女土地承包权益落实情况作为检查的重点内容。近年来，各级农业部门加强农村土地承包管理，依法落实妇女的土地承包权益。如广东省以农村股份合作制改革为契机，将股份分配给农民，分配后的股份不因股东生产、生活的变动而变化，使"农嫁女"（主要是农村出嫁、离婚、丧偶的妇女，俗称"农嫁女"，也包括未婚且未离开农村的大龄女青年和入赘女婿等群体）土地权益得到较好保障。加强征地补偿费分配使用监管。许多省（自治区、直辖市）制定了征地补偿费分配使用办法，明确规定在确定征地补偿费的对象、范围和标准时坚持男女平等的原则，不得以结婚、离婚、丧偶等为由，剥夺侵害农村妇女应享有的征地补偿权益。[1]

不过，尽管《农村土地承包法》《婚姻法》等法律为有效保障农村妇女的土地财产权奠定了基础，但是客观上，土地政策的稳定性和婚迁妇女的流动性之间存着冲突，导致妇女土地财产权面临挑战。相关问题更反映相关制度设计和制度实施缺乏性别意识，忽略了"男娶女嫁"

---

〔1〕　中国政府《消除对妇女一切形式歧视公约》第七、八次合并定期报告，第209~211段。

"从夫居"等中国传统社会习俗以及男性作为家庭户主的普遍情况，而行政救济和司法救济在实践中也涉及复杂的因素，具有一定的局限性。[1]

2015年12月4日"国家宪法日"，全国妇联发布"依法维护妇女儿童权益十大案例"，其中就包括"金某某村集体经济组织成员权益纠纷案"，本案中法院依法判决"农嫁女"平等享有土地承包及相关经济权益。该案的基本案情是：金某某离婚后，将户口从丈夫所在村迁回了娘家的某村，靠打零工抚养年幼的女儿，后又再婚。1999年，金某某和女儿与某村签订了期限为20年的集体土地承包合同，并取得土地承包证。在某村部分集体土地被国家征收之后，村里发放补偿款时只给了金某某和女儿实际承包地1/3的亩数补偿，并且对金某某按人口标准的80%，对其女儿按人口标准的50%计算补偿，二人实际所得补偿款远远低于应得数额。母女俩与村里协商要求补足剩余补偿款，但遭到某村经济合作社与村民委员会、村干部的拒绝，她们又先后到多个部门反映，均被以"村民自治"为由置之不理。最后，母女俩找到律师拿起法律武器为自己维权。该案是浙江省温州地区首例被法院受理并予以立案的农村妇女土地权益维护案件。在庭审中，律师指出，母女俩不仅户籍信息上显示为某村村民，也自觉履行了缴纳村建设费、卫生费等村民义务，参与过村委的换届选举，行使了选举权。同时，某村与金某某母女俩签订土地承包合同的行为，以及两次分配给征地补偿款均表明某村认可金家母女村集体成员身份。最终，一审法院采纳了律师代理意见，判令某村集体在10日内支付金家母女剩余土地补偿款，二审法院驳回了某村村委会和村集体的上诉，维持原判。[2]

（四）农村妇女的适当生活水准权应获特别关注

《消除对妇女一切形式歧视公约》从反对歧视的角度保障妇女权

---

〔1〕 班文占、夏吟兰主编：《人权知识妇女权利读本》，湖南大学出版社2012年版，第121~125页。

〔2〕 王春霞："全国妇联发布'依法维护妇女儿童权益十大案例'"，载《中国妇女报告》2015年12月5日A2版。

利，包括就业权、健康权、一定的生活条件权等。消除对妇女歧视委员会也通过了一系列的一般性建议来解释该公约，指导公约的实施和缔约国国家履约报告的撰写。特别地，它在第 34 号一般性建议中专门关注消除对农村妇女的歧视的问题。委员会指出，农村妇女在充分享受人权方面继续面临着系统性和持续性障碍，而且在许多情况下，情势已然恶化；在许多国家，农村妇女的权利和需求要么依然得不到充分满足，要么在各级法律、国家和地方政策、预算和投资战略中遭到忽视。

消除对妇女歧视委员会在第 34 号一般性建议中要求，为了消除经济和社会生活中对农村妇女的歧视，缔约国应：①按照关于城乡家庭企业中无酬女工的第 16 号一般性建议，确保从事无报酬工作或在非正规部门就业的农村妇女获得不缴费的社会保护，并确保在正规部门就业的农村妇女有权获得缴费的社会保障金，不论其婚姻状况为何；②制定促进性别平等的社会保护最低标准，确保所有农村妇女都能获得基本卫生保健、托儿设施和收入的保障。

该建议还指出，农村妇女对土地、水等自然资源、种子和森林以及渔业的权利是基本人权，应采取一切措施，包括必要的暂行特别措施，以实现农村妇女在土地和自然资源方面的实质性平等，并拟定和实施一项综合战略，以改变阻碍其享有土地和自然资源权利的歧视性陈规定型观念、态度和做法。

委员会强调，缔约国应确保在粮食主权框架内实现农村妇女的食物权和营养权。缔约国应通过拟定和实施考虑到农村妇女特殊需要的有针对性的政策和方案来提高农村住房质量。在做出这类努力时，应遵守国际住房权标准，并应采取强有力的措施，以有效保护农村妇女免遭国家和非国家行为体强行驱逐。缔约国应确保农村妇女获得基本服务和公共产品。

总之，《消除对妇女一切形式歧视公约》要求男女实质上而不是形式上的平等，特别要考虑传统文化和社会习俗等造成的妇女在社会上的不利地位。其实质就是强调从社会性别，而不是自然性别的视角来看待妇女权利问题。

三、保障适当的生活水准权的国家义务

（一）适当的保障水平

应如何理解"适当的"保障水平？在这一方面，可以参考区域国际法中关于适当生活水准权的规定，比如《关于经济、社会和文化权利的美洲人权公约补充议定书》（又称《圣萨尔瓦多议定书》）在第 12 条第 1 款规定："人人有得到保证能够享受最高水平的生理、心理和智力发展所需要的足够的营养的权利。"

这里的"最高水平"一词，我们在联合国《经济、社会、文化权利国际公约》关于健康权的第 12 条中可以看到类似的用词"最高标准"。这在起草国际条约的过程中是有争议的，即国际标准应该是一个"门槛"标准（即底线标准），还是一个"天花板"标准（即最高标准）。我国台湾地区学者王玉叶指出，在公约制定过程中，欧美国家主张规定低标准，且不愿意干涉人民的经济自由；而大部分拉丁美洲、近东亚国家却主张广义观点，希望定一个较高目标，规定最大可能范围内的人权，造成舆论压力迫使政府实现人权。由于不少亚非拉国家相继独立后加入联合国，社会主义集团与第三世界阵营国家拥有多数票而在一定程度上使"最高标准"占了上风。[1]

追求应该是高标准的，而强调基本保障也是务实的考虑。我们看到生活水准权使用的修饰词是"适当的"，这是比较客观和容易理解的。这里的"适当"，因各国经济、社会发展条件而可能具有差异。

（二）国家落实食物权的基本要求

关于适当生活水准权的讨论和研究中，学界较多关注的是食物权和住房权。联合国人权条约机构发布的不具法律约束力，但是具有权威指导意义和建议性质的"一般性意见"，是我们理解公约标准、考察国家义务的重要参照。

根据经济、社会、文化权利委员会第 12 号一般性意见，获得足够食物的权利的核心内容是四个方面：食物在数量和质量上都足以满足个

---

[1] 王玉叶："美国对联合国人权公约之批准态度"，载宋燕辉、焦兴铠主编：《联合国与欧美国家论文集》，台湾研究院欧美研究所 1997 年版，第 222 页。

人的饮食需要；无有害物质；并在某一文化中可以接受；此类食物可以可持续、不妨碍其他人权的享受的方式获取。

第一，数量与质量的平衡。饮食需要是指整个食物含有身心发育、发展和维持以及身体活动所需的各种营养物，这些营养物与人的整个生命周期各阶段的生理需要相一致，并能满足男女和不同职业的需要。因此，有必要采取措施维持、适应，或加强食物多样性和恰当的消费和喂养方式，包括母乳喂养，同时确保食物的提供和获取至少不对食物结构和食物摄取产生不利影响。

第二，安全性，即无有害物质。经济、社会、文化权利委员会对食物安全作出规定，并要求政府和私营部门都采取保护措施，防止食品在食物链各阶段因掺杂、掺假，或因环境卫生问题或处置不当而受到污染。还必须设法认别、避免或消除自然生成的毒素。

第三，文化上的可接受性。文化上或消费者的可接受性是指需要尽可能考虑到食品和食品消费附带的人们所认为的非基于食品的价值，并考虑到消费者对可获取的食品的特性的关切。

第四，可提供与可获取性。即直接依靠生产性土地或其他自然资源获取食物的可能性，或是指运转良好的分配、加工及销售系统根据需求将食物从生产地点运至所需要的地点的可能性。可获取性涵盖经济上的可获取性和实际可获取性。

经济上的可获取性是指个人或家庭与获取食物、取得适足饮食有关的开支水平应以其他基本需求的实现或满足不受影响或损害为限。经济上的可获取性适用于人们据以获取食物的任何获取方式或资格，是衡量此种获取或资格对取得足够食物权利的享受的恰当程度的标准。对于社会中易受伤害群体，如无土地者和人口中其他极为贫困者，可能需要执行社会方案，对其给予照顾。实际可获取性是指人人都必须能够取得食物，包括身体易受伤害者，如婴儿、青少年、老年人、残疾人、身患不治之症者，以及患有久治不愈病症者，包括精神病患者等。遭受自然灾害者、灾害多发区居民以及其他处于特别不利地位群体等，需受到特别重视，有时需在食物的获取方面受到优先照顾。许多土著居民群体尤其容易遭受影响，因为这些群体对祖传土地的获取和利用可能受到威胁。

（三）国家落实住房权的基本要求

适足的住房权来源于相当的生活水准权，对享有所有经济、社会和文化权利是至关重要的。经济、社会、文化权利委员会通过的关于适足住房权的第4号一般性意见对此做了解释。委员会认为，在一些面临严重资源问题和受到其他限制的发展中国家内住房权问题往往尤为严重，但在一些经济最为发达的国家内也存在着无家可归和住房不足的重大问题。

委员会指出，关于住房权有一些要素是必须考虑的：

第一，使用权的法律保障。使用权的形式包括租用（公共和私人）住宿设施、合作住房、租赁、房主自住住房、应急住房和非正规住区，包括占有土地和财产。不论使用的形式属何种，所有人都应有一定程度的使用保障，以保证得到法律保护，免遭强迫驱逐、骚扰和其他威胁。

第二，服务、材料、设备和基础设施的提供。一幢合适的住房必须拥有卫生、安全、舒适和营养必需之设备。所有享有适足住房权的人都应能持久地取有关资源、安全饮用水、烹调、取暖和照明能源、卫生设备、洗涤设备、食物储藏设施、垃圾处理、排水设施和应急服务。

第三，力所能及。与住房有关的个人或家庭费用应保持在一定水平上，而不至于使其他基本需要的获得与满足受到威胁或损害。各缔约国应采取步骤以确保与住房有关的费用之百分比大致与收入水平相称。各缔约国应为那些无力获得便宜住房的人设立住房补助并确定恰当反映住房需要的提供住房资金的形式和水平。按照力所能及的原则，应采取适当的措施保护租户免受不合理的租金水平或提高租金之影响。在以天然材料为建房主要材料来源的社会内，各缔约国应采取步骤，保证供应此类材料。

第四，乐舍安居。适足的住房必须是适合于居住的，即向居住者提供足够的空间和保护他们免受严寒、潮湿、炎热、刮风下雨或其他对健康的威胁、建筑危险和传病媒介。居住者的身体安全也应得到保障。

第五，住房机会。须向一切有资格享有适足住房的人提供适足的住房。必须使处境不利的群体充分和持久地得到适足住房的资源。如老年人、儿童、残疾人、晚期患者、人体免疫缺陷病毒阳性反应的人，身患痼疾者、精神病患者、自然灾害受害者、易受灾地区人民及其他群体等处境不利群组，在住房方面各缔约国应确保给予一定的优先考虑。

第六，居住地点。适足的住房应处于便利就业选择、保健服务、就学、托儿中心和其他社会设施之地点，在大城市和农村地区都应如此，因为上下班的时间和经济费用对贫穷家庭的预算是一个极大的负担。同样，住房不应建在威胁居民健康权利的污染地区，也不应建在直接邻近污染的发源之处。

第七，适当的文化环境。住房的建造方式、所用的建筑材料和支持住房的政策必须能恰当地体现住房的文化特征和多样化。促进住房领域的发展和现代化的活动应保证不舍弃住房的文化环境，尤其是还应确保设有适当的现代技术设施。

经济、社会、文化权利委员会特别强调，适足的住房权利适用于每个人。《经济、社会、文化权利国际公约》第 11 条第 2 款中"他和他的家庭"的措辞反映了 1966 年该公约通过时人们普遍接受的关于性别作用和经济活动模式的设想，而今天这一短语不应理解为对一些个人或户主为女性的家庭或其他类似群体的权利的适用性作出任何限制。

联合国住房权前特别报告员撒查尔法官指出，住房权不应该被理解为包括以下的意思：①缔约国有义务为全体人民建筑住房；②缔约国应向所有要求者免费提供住房；③缔约国必须在承诺相关责任后，即刻实现住房权的所有方面；④缔约国政府本身或者自由市场应确保所有人的住房权；⑤住房权在相同的情势和地方将以同样的方式出现。[1]

(四) 保障妇女适当生活水准权的针对性要求

理解适当生活水准权，当然应该有一个基本的遵循，就是作为总括性条款的《经济、社会、文化权利国际公约》第 3 条，它规定："本公约缔约各国承担保证男子和妇女在本公约所载一切经济、社会及文化权

---

〔1〕 联合国文件：《关于促进适当住房权的工作报告》，UN. doc. E/CN. 4/Sub. 2/2995/12。

利方面有平等的权利。"而《消除对妇女一切形式歧视公约》以及消除对妇女歧视委员会通过的相关一般性建议则进一步从性别视角做了规定或者解读。

国家负有尊重、保护、促进适当生活水准权，包括必要时向特定群体或者个人，比如处于脆弱地位的女性、处于困境中的女童等提供直接帮助和救助的义务。

更重要的，宏观上的促进经济社会的发展，完善社会福利和保险制度等，是保障适当生活水准权的整体性措施；同时要强调国家，有效的举措需要从女性具体的社会境遇出发，立足实际考察女性面临的困境，重新评估和重视女性劳动及其对家族以及社会作出的特殊贡献。

具体而言，还应该有针对性地专门进行政策与法律的规划，结合政府与社会的多种力量，积极创造实现权利的条件。在此过程中，要努力增强女性作为权利主体自身的积极性、主动性和创造性，提升权利主体自主实现相关权利的能力。

以我国为例，我国法律中没有直接的适当生活水准权的概念，但是宪法和法律法规中有与其相关的内容。1982年《宪法》第44条规定了退休制度和退休人员的生活保障权；第45条规定："中华人民共和国公民在年老、疾病或者丧失劳动能力的情况下，有从国家和社会获得物质帮助的权利。国家发展为公民享受这些权利所需要的社会保险、社会救济和医疗卫生事业。国家和社会保障残废军人的生活，抚恤烈士家属，优待军人家属。国家和社会帮助安排盲、聋、哑和其他有残疾的公民的劳动、生活和教育。"

1999年国务院《城市居民最低生活保障条例》第2条规定，城市居民，凡共同生活的家庭成员人均收入低于当地城市居民最低生活保障标准的，均有从当地人民政府获得基本生活物质帮助的权利。第6条规定，城市居民最低生活保障标准，按照当地维持城市居民基本生活所必需的衣、食、住费用，并适当考虑水电燃煤（燃气）费用以及未成年人的义务教育费用确定。

2003年国务院《城市生活无着的流浪乞讨人员救助管理办法》规

定，县级以上城市人民政府应当根据需要设立流浪乞讨人员救助站。县级以上人民政府民政部门负责流浪乞讨人员的救助工作。救助站应当根据受助人员的需要提供下列救助：①提供符合食品卫生要求的食物；②提供符合基本条件的住处；③对在站内突发急病的，及时送医院救治；④帮助与其亲属或者所在单位联系；⑤对没有交通费返回其住所地或者所在单位的，提供乘车凭证。第 8 条规定："救助站为受助人员提供的住处，应当按性别分室住宿，女性受助人员应当由女性工作人员管理。"第 14 条专门规定救助站工作人员"不准调戏妇女"。

改革开放 40 年来，中国经济取得快速发展的同时，人权事业也获得了显著推进。国家逐步建立健全养老保险、失业保险和医疗保险等社会保险制度，建立和完善了城市居民最低生活保障、新型农村医疗保障、农村地区最低生活保障等社会保障制度。针对妇女、儿童、残疾人、老年人等群体的政策性保障措施也不断推出，有利于适当生活水准权的保障。特别是中国重视就业对于经济发展和社会进步的重要意义，并以极高的政治意愿和组织协调能力，开展扶贫攻坚、精准扶贫，为包括妇女在内的人民群众生活水平的持续提高提供了基础和保障。中国政府和全国以及地方妇联等一道，根据《中国妇女发展纲要（2011~2020年)》为实现妇女的生存权和发展权而努力，积极维护妇女合法权益。

中国国务院新闻办于 2018 年 12 月 12 日发布的《中国改革开放 40 年人权事业的发展进步》白皮书指出：经过多年发展，中国的社会救助形成了以最低生活保障、特困人员救助供养、灾害救助、医疗救助、住房救助、教育救助、就业救助以及临时救助为主体，以社会力量参与为补充的制度体系。在全国范围内建立最低生活保障制度，颁布《城市居民最低生活保障条例》《社会救助暂行办法》等。国务院出台关于进一步健全特困人员救助供养制度的意见，将城市"三无"人员救助和农村"五保"供养统一为特困人员救助供养，保障城乡特困人员基本生活。中国覆盖城乡的基层医疗卫生服务体系基本建成。在妇女权利方面，政府实施鼓励妇女就业创业的小额担保贷款财政贴息政策，截至 2018 年 6 月，全国累计发放妇女创业担保贷款 3590 多亿元，获贷妇女

634 万人次，落实财政贴息资金 390 多亿元。在 592 个国家扶贫开发工作重点县，女性人口的贫困发生率从 2005 年的 20.3% 下降到 2010 年的 9.8%。实施"母亲水窖"工程项目，重点帮助西部地区群众特别是妇女摆脱因严重缺水带来的生活困境，截至 2017 年，帮助 304 万人获得安全饮用水。[1]

可以看出，对于适当水准权的法律和政策制度设计及其实践，还是需要结合具体的历史文化、社会背景和实际情况去分析，而社会性别视角的纳入可以清晰和具体地考察制度与实践的公正性、公平性，考察如何加强对包括妇女在内的所有人的合法权益的保障。

问题与思考

1. 政府在什么时候应该直接向公民提供满足适当生活水准权的物质或者服务需求？

2. 请思考中国农村妇女的土地权益如何获得保障。

拓展资料

1. 张群：《居有其屋：中国住房权历史研究》，社会科学文献出版社 2009 年版。

2. 谢琼：《福利制度与人权实现》，人民出版社 2013 年版。

3. ［日］NHK 特别节目录制组合：《女性贫困》，李颖译，上海译文出版社 2017 年版。

4. ［美］芭芭拉·艾伦瑞克：《我在底层的生活》，林家瑄译，北京联合出版公司 2017 年版。

---

〔1〕 国务院新闻办公室："改革开放 40 年中国人权事业的发展进步"，中华人民共和国国务院新闻办公室网，http://www.scio.gov.cn/m/zfbps/32832/Document/1643346/1643346.htm，访问时间：2019 年 1 月 21 日。

第三节　健康权

一、健康权的概念和内容

根据世界卫生组织对于健康的定义，健康不仅为疾病或羸弱之消除，而系体格、精神与社会之完全健康状态。[1] 根据《经济、社会、文化权利国际公约》第 12 条，健康权是指"人人有权享有能达到的最高的体质和心理健康的标准"。作为一项权利，健康权既包括自由，也包括权利。自由包括个人掌握自己健康和身体的自由，包括性和生育自由，以及不受干扰的自由，如不受酷刑、未经同意强行治疗和试验的自由。权利则包括平等地享有能达到的最高水平的健康的机会和条件等。因此，健康权并不限于得到卫生保健的权利，还包括使个人享有健康生活的各种社会和经济因素，如食物和营养、住房、使用安全饮水和得到适当的卫生条件、安全而有益健康的工作条件以及有益健康的环境和医疗保障等因素。由此可见，健康权与其他人权相互依赖，密切相关。

为了推动对健康权的尊重、保障和实现，国际人权公约对于如何保障人人享有可达到的最高水平的健康状况，做出了具体规定。《世界人权宣言》第 25 条第 1 款规定："人人有权享受为维持他本人和家属的健康和福利所需的生活水准，包括食物、衣着、住房、医疗和必要的社会服务。"《经济、社会、文化权利国际公约》第 12 条第 2 款规定："本公约缔约各国为充分实现这一权利而采取的步骤应包括为达到下列目标所需的步骤：①减低死胎率和婴儿死亡率，和使儿童得到健康的发育；②改善环境卫生和工业卫生的各个方面；③预防、治疗和控制传染病、风土病、职业病以及其他的疾病；④创造保证人人在患病时能得到医疗照顾的条件。"除此之外，《消除一切形式种族歧视国际公约》《消除对妇女一切形式歧视公约》《残疾人权利公约》《儿童权利公约》等国际

---

〔1〕　世界卫生组织：《世界卫生组织组织法》，于 1946 年 6 月 19 日至 7 月 22 日通过，1948 年 4 月 7 日生效，序言。

人权公约以及《欧洲社会宪章》《非洲人权和民族权宪章》《美洲人权公约关于经济、社会和文化权利领域的附加议定书》等区域人权公约，还有各国宪法或法律、法规，均对健康权予以不同程度的保障。

在健康权方面，我国《宪法》第21条第1款规定："国家发展医疗卫生事业，发展现代医药和我国传统医药，鼓励和支持农村集体经济组织、国家企业事业组织和街道组织举办各种医疗卫生设施，开展群众性的卫生活动，保护人民健康。"《妇女权益保障法》第26条规定："任何单位均应根据妇女的特点，依法保护妇女在工作和劳动时的安全和健康，不得安排不适合妇女从事的工作和劳动。妇女在经期、孕期、产期、哺乳期受特殊保护。"第51条规定："妇女有按照国家有关规定生育子女的权利，也有不生育的自由。育龄夫妻双方按照国家有关规定计划生育，有关部门应当提供安全、有效的避孕药具和技术，保障实施节育手术的妇女的健康和安全。国家实行婚前保健、孕产期保健制度，发展母婴保健事业。各级人民政府应当采取措施，保障妇女享有计划生育技术服务，提高妇女的生殖健康水平。"此外，中国还有一系列相关的法律法规对于健康权进行保障，包括《职业病防治法》《食品安全法》《精神卫生法》等等。

参照上述国际人权公约和国内法的相关规定，健康权主要包括如下几项内容：妇女的生殖健康权、儿童的相关健康权、享有健康的自然和工作场所环境的权利和预防、治疗和控制疾病的权利以及平等享受卫生设施、商品或服务的权利。[1] 此外，免受家庭暴力也是享有健康权的重要内容，这一权利被一系列国际文件反复确认。[2] 由于健康权的部分内容与劳动权、适当生活水准权等有所重叠，本节主要侧重医疗保障及保健服务领域的健康权的保障。

---

[1] 经济、社会、文化权利委员会第14号一般性意见（2000年）：享有能达到的最高健康标准的权利（第12条），E/C. 12/2000/4，2000年。

[2] 例如，《第四届世界妇女大会行动纲领》《消除对妇女歧视委员会第19号一般性意见：对妇女的暴力行为》《消除对妇女歧视委员会第24号一般性意见：妇女和保健》以及《人权概况第23号：影响妇女和儿童健康的传统习俗》。

二、社会性别视角下的健康权

从社会性别视角透视健康权会发现，不同性别群体因为身体结构的差异会产生不同的生理现象、健康问题及医疗保健需求。例如，女性需要孕产方面的特殊医疗照顾，男性也有相关生殖健康的具体问题，而间性人和跨性别人群则可能需要性别重置方面的医疗保健等。但是由于医疗保障水平的限制、对于不同性别健康需求差异的忽视以及根深蒂固的社会歧视等原因，目前各国的医疗保障体系均存在对于健康权保障不利的问题。因此，有必要从社会性别视角对健康权进行审视，从而不断提升医疗和保健体系中基于性别差异的平等保障。根据《经济、社会、文化权利国际公约》第 12 条关于健康权规定的内容，本节主要从社会性别视角分析生殖健康权，预防、治疗和控制疾病的权利，享受卫生设施、货物或服务的权利这三个方面。

（一）生殖健康权

生殖健康权是一个相对较新的概念，它是生殖权和健康权不可或缺的重要组成部分。[1] 根据 1994 年联合国国际人口与发展会议所通过的《国际人口与发展大会行动纲领》的定义，"生殖权在于承认所有夫妇和个人均享有自由、负责地决定生育次数、生育间隔和时间、并获得这样做的信息和方法的基本权利，以及实现性和生殖健康方面最高标准的权利。"[2] 而生殖健康是指"人类生殖系统及其功能和运动所涉及的一切事宜的有关身体、精神及社会适应性等方面的完好状态，而不仅仅指这些方面无病或不虚弱。人们应能享有满意而安全的性生活，应能生育，且享有获得有关信息的权利，并有权选择调节生育的方法且实际获得安全、有效、便宜及可接受的调节生育的方式，并享有安全妊娠及分

---

〔1〕 联合国：《第 31 号概况介绍：健康权》，第 14 页；经济、社会、文化权利委员会第 14 号一般性意见（2000 年）：享有能达到的最高健康标准的权利（第 12 条），第 2 段、第 8 段、第 11 段、第 16 段、第 21 段、第 23 段、第 34 段和第 36 段，E/C. 12/2000/4，2000 年。

〔2〕 Programme of Action Adopted at the International Conference on Population and Development，Cairo，5–13 September 1994，in Report of the International Conferenceon Population and Development A/CONF. 171/13/Rev. 1.

娩的保健服务"。[1] 因此，生殖健康权不仅包括个人有权获得生育保健服务以及生殖健康的医疗保障，还包括有权获取相关知识和生殖技术手段，以及有权得到防治性传播疾病和生殖系统肿瘤的医疗服务等内容。

目前，生殖健康权已得到国际人权公约以及各国法律的承认。除了《经济、社会、文化权利国际公约》第 12 条对于生殖健康权的确认，《消除对妇女一切形式歧视公约》第 12 条作出了更为详细的规定："1. 缔约各国应采取一切适当措施以消除在保健方面对妇女的歧视，保证她们在男女平等的基础上取得各种保健服务，包括有关计划生育的保健服务。2. 尽管有本条第 1 款的规定，缔约各国应保证为妇女提供有关怀孕、分娩和产后期间的适当服务，于必要时给予免费服务，并保证在怀孕和哺乳期间得到充分营养。"此外，保障生殖健康权还是《联合国千年宣言》《2030 年可持续发展议程》的重要目标，旨在推动国家将其融入社会发展之中，推进性别平等和妇女的健康。[2]

尽管生殖健康权最早是作为妇女的一项独立的权利提出来的，是 19 世纪女权主义为了摆脱生育控制而提出的妇女自愿成为母亲的权利诉求，但是生殖权并不限于生育和妇幼保健的权利内容，生殖健康权的主体也并不仅仅包括女人。生殖健康权从产生发展至今天，经历了重要的性别反思过程。首先，生殖健康权的提出和确立是从妇女的视角下探讨健康权问题的重要成果。生殖健康权的确立意味着对于妇女特有的健康问题的正式承认，即妇女的生殖问题不再是妇女个人的问题，妇女因其特有的生理结构而产生的健康问题，被视为健康权的重要内容，被作为人权予以平等对待。生殖健康权产生的现实意义就在于提升了国家对于妇女的生殖健康的重视和特殊保障。其次，对于生殖健康权在性别视角的反思使该权利的享有者扩展为所有的主体，不仅包括育龄妇女还包括所有年龄阶段的妇女，不仅包括妇女更包括男人和性和性别少数者。

---

〔1〕 第四次世界妇女大会《北京行动纲领》，第 94 段。

〔2〕 联合国大会：《改变我们的世界：2030 年可持续发展议程》，2015 年 9 月通过。《2030 年可持续发展议程》的目标 3 是"确保健康的生活方式，促进各年龄段人群的福祉"，目标 5 是"实现性别平等，为所有妇女、女童赋权"，对性健康和生殖健康领域需要实现的目标和具体目标进行了规定。

对此，《德黑兰宣言》《世界人口行动计划》《关于妇女平等地位和她们对发展与和平的贡献的墨西哥城宣言》以及《墨西哥城人口与发展宣言》，都明确将生殖健康有关的权利视作为基本人权，并承认了男女平等地享有生殖权。[1] 这一突破使生殖健康权不再被认为是妇女特有的生育保健问题，而是拓展为一项普遍性的健康权。作为一项人权，生殖健康权的主体应具有普遍性的同时，其权利内容也随之得到相应的拓展。具体来说，包括权利人能够享受与生殖健康有关的一系列预防、筛查、诊断、治疗、康复等方面的服务，涉及医疗体系中的妇科、男科、儿科以及性别再造等多方面医疗服务，以及关于生殖健康的保健知识的教育等。

尽管生殖健康权的主体是所有人，国家有责任保障所有人的健康权，但是保障妇女生殖健康权的重要性却不能在整个话题的讨论中被淹没。毕竟，生殖健康关系到妇女的一生的健康，体现了妇女遭受性别歧视最严酷的一面，对于生殖健康权的保障不力无疑会置妇女于非常危险的境地，而一组关于妇女生殖健康的数据足以说明问题。

根据世界卫生组织的数据，2010 年至 2018 年，全世界每年约有 30 万妇女死于与分娩相关的可预防的疾病，每年有 1000 万个妇女因为分娩或者流产造成死亡、残障等。[2] 2015 年，发展中国家的孕产妇死亡率是每 10 万例中有 239 名孕产妇死亡，而发达国家则为每 10 万例中有 12 人死亡，中国孕产妇死亡率为每 10 万例 20 人。妊娠和分娩并发症是导致发展中国家 15 岁至 19 岁年轻妇女死亡的主要原因。在低收入和中等收入国家中，这一年龄组女性死亡和残障的最重要风险因素是缺乏避孕措施以及不安全的性行为。这些因素会导致女性意外妊娠、不安全堕胎、妊娠和分娩并发症，以及包括艾滋病毒在内的性传播感染。[3]

---

〔1〕 国家计生委外事司编：《人口与发展国际文献汇编》，中国人口出版社 1995 年版，第 387 页。

〔2〕 1990 年~2010 年，每年孕妇分娩死亡的数据为 54.3 万个。WHO, Trends in Maternal Mortality：1990-2010, p. 1。

〔3〕 世界卫生组织：《妇女和健康：今天的证据，未来的议程》执行概要，2009 年，第 2 页。参见 https：//www.who.int/gender/women_health_report/zh/。

生殖问题是妇女健康的核心问题。联合国一直将妇女问题作为核心人权工作予以推进，尤其关注两性平等和妇女健康，并一直在世界范围内不断推行改善现状的政策和措施。除此之外，联合国还致力于制定和解释有关妇女生殖健康权的国际标准，以推动国家在保障健康权方面的性别平等，改善妇女的人权状况。1999 年消除对妇女歧视委员会专门发布了第 24 号一般性意见，对于妇女生殖健康问题的国家义务进行阐释。该意见认为，妇女获得保健包括生殖保健是一项基本权利，各缔约国应该消除一切形式的不平等障碍，在制定妇女保健立法、计划和政策时，必须结合按照性别分类统计的、反映危及妇女健康的疾病等相关数据，且需要照顾到妇女有别于男子的生理因素，如她们的月经周期、生育期和更年期等不同的保健需求以及妇女对于传染病的易感性等因素，来制定预防性和治疗性措施。该一般性意见要求缔约国确保消除妨碍妇女获得保健服务、教育和信息的所有因素，并通过划拨资源，采取积极的措施，推动女性在性保健和生殖保健领域的健康权的实现，包括制定用于针对青少年的预防和治疗性病（包括艾滋病毒）的方案；通过计划生育和性教育，优先预防意外怀孕，并通过安全孕产服务和产前协助，降低产妇死亡率等。除此之外，该意见还建议各国尽可能修改关于堕胎的法律，撤销对堕胎妇女的惩罚性措施；积极推进各项保健服务，并在健康权保障和实现的过程中尊重妇女人权，包括自主权、隐私权、保密权、知情同意权和选择权。[1]

（二）预防、治疗和控制疾病的权利

预防、治疗和控制疾病的权利是健康权的重要内容，指人人有权享受免于传染病、职业病和疾病的教育、免疫和控制计划，以及在发生威胁健康的事故和流行病及类似健康危险的情况下，得到平等的救治和人道主义援助。国家有义务确保建立保健制度，向所有人提供适当的医疗

---

〔1〕 消除对妇女歧视委员会第 14 号一般性意见：女性割礼（联合国大会第九次届会议，1990 年）。

服务。[1]

最近几十年，癌症、艾滋病、矽肺、非典型性肺炎等流行性疾病、传染病等的增多为国家保障健康权带来了新的挑战。对此，国家负有责任致力于医学科学研究，加大财政投入，推动疾病的预防、治疗和控制，确保能够提供普遍可及的、安全的药物以及高质量的免疫治疗和保健服务及有利于疾病预防的信息和教育等。当然，国家在制定这一系列医疗卫生方案或者发展规划时，还应该通过社会性别的视角进行认真的审视，以确保每个人能够从中收益，获得平等的预防和治疗。因为，妇女以及性和性别少数群体在接受这类疾病的免疫和治疗时，可能因为性别歧视而得不到平等的预防和救治。

以癌症的预防和治疗为例，癌症已经成为当今世界最严重的威胁人类健康的疾病之一，其中肺癌发病率最高。但是将相关数据聚焦于妇女群体时，却会发现生殖系统的癌症、乳腺癌等才是夺取妇女生命健康的最大杀手。例如，根据中国国家癌症中心发布的《2018 年全国最新癌症数据》，2017 年全国女性乳腺癌新发病例约 27.89 万例，占女性恶性肿瘤发病 16.51%，位居女性恶性肿瘤发病第 1 位。[2] 宫颈癌也是最常见的恶性肿瘤疾病之一，全世界每年大约有 20 万妇女死于这种疾病。这一统计数据上的性别差异提醒国家在预防和治疗癌症时，应该特别注意不同性别的需求，在制定医疗计划、财政预算以及总体方案时，对不同性别予以平等的重视，尤其是采取性别敏感的措施，确保妇女生殖系统的疾病得到平等的预防和治疗。例如，加大对于妇女生殖系统癌症的筛查以及相关医疗保健服务的投入力度等。

如果说癌症治疗的妇女需求只是揭示了疾病预防和治疗时性别差异的一个方面，那么对于艾滋病的控制则能够更加全面地诠释性别差异或者性别歧视所带来的问题。由于该疾病与性及性别具有密切联系，因此

---

〔1〕　经济、社会、文化权利委员会第 14 号一般性意见（2000 年）：享有能达到的最高健康标准的权利（第 12 条），E/C. 12/2000/4，2000 年。覆盖范围必须包括无论何种原因引起的疾病，怀孕和分娩以及随之而来的休养、一般的和实际的医疗服务以及住院费用。
〔2〕　"2018 年全国最新癌症报告：每分钟有 7 人确诊为癌"，搜狐网，https：//www. sohu. com/a/226487436_139908，访问时间：2019 年 1 月 25 日。

需要从社会性别角度对其进行分析，从而探究相同的医疗治疗计划对于不同性别主体所带来的差别性待遇。当前，为艾滋病患者提供必需的药品和治疗仍然是世界性的难题。与此同时，对妇女和性和性别少数群体的歧视则造成了他们获取治疗和护理的双重乃至多重障碍，进而造成了对他们健康权的侵害。[1]

妇女因性别歧视而成为艾滋病的易感群体，同时又是得到最少治疗的弱势群体。社会和性方面的从属地位、经济依赖和文化态度，常常使妇女无法避免可能感染艾滋病病毒的性行为。[2] 而缺乏必要的相关保健信息以及必要的避孕措施则进一步使妇女更容易感染艾滋病病毒。此外，部分国家普遍存在的性暴力以及强迫妇女嫁给艾滋病患者的做法，更是将她们暴露于艾滋病感染的危险之中。例如，在乌干达、津巴布韦等非洲国家，寡妇被迫嫁给艾滋病毒感染者或者艾滋病人。但是，在艾滋病的治疗方面，妇女却由于其卑微的家庭地位和经济地位及缺乏医疗保险等歧视原因，通常只能获得比男人更少的治疗。因此，法律上和事实上对妇女的歧视严重加剧了妇女对艾滋病的易感性，妇女在家庭和政治生活中的从属地位成为妇女感染率迅速上升的根本原因之一。各种基于社会性别的歧视还损害了妇女在社会、经济和个人方面应对自己或家庭成员感染艾滋病的能力。[3] 此外，预防和治疗性服务者罹患艾滋病的问题也是很多国家控制不力的重要健康问题。部分国家对于这些妇女感染性病或者艾滋病毒的问题采取无视或者放任的态度，导致这些妇女的健康权受到践踏。

男同性恋同样是艾滋病预防和治疗中需要关注的群体。男同性恋群体艾滋病的高感染率，意味着国家在治疗和预防艾滋病的计划和措施都直接或者间接地影响到该群体。现实中，男同性恋不仅承受着国家在治

---

〔1〕 联合国：《人权委员会人人享有能达到的最高标准的身心健康的权利问题特别报告员保罗·亨特先生的中期报告》，A/58/427，第 65 段。

〔2〕 消除对妇女歧视委员会第 15 号一般性建议：女性与艾滋病（联合国大会第九次届会议，1990 年），联合国大会第四十五届会议正式记录，补编第 38 号（A/45/38），第四章。

〔3〕 妇女地位委员会于 1990 年 9 月 24～28 日在维也纳召开的妇女与艾滋病问题及国家机构在提高妇女地位中的作用专家组会议的报告（EGM/AIDS/1990/1）。

疗和控制艾滋病时所采取的不利措施的最大影响，同时，他们还由于同性恋的身份受到歧视，进而阻碍了他们获得救治的机会和途径。

综上所述，性别歧视会造成和助长妇女以及性和性别少数群体对于艾滋病的易感性，削弱他们获得医疗救助的能力，从而让整个社会难以构建有助于行为改变和应对艾滋病的支持性环境。有鉴于此，国家在对于这一疾病进行预防、治疗时应该特别注意保障他们的权利，国家应该落实各项法律和政策，消除结构性的歧视，特别是对于上述群体的性别歧视，以提高不同性别主体在接受艾滋病治疗时的平等待遇。这些平等保障的措施至少应包括：其一，由于艾滋病相关信息、物品和服务的获得受到各种社会、经济、文化、政治和法律因素的影响，因此各国应当提高艾滋病药物、诊断和其他相关技术的普遍、公平的可及性。其二，审查关于艾滋病防治的法律制度及政策中存在的性别歧视因素以及文化障碍，确保妇女及性和性别少数群体等不因羞辱或者排斥等原因，而得不到适当的平等医疗救治。其三，积极预防因性别不平等和性暴力造成的艾滋病的感染情况，关注妇女的生活境遇，消除性暴力，从而从整体上降低因性暴力而感染艾滋病的几率，并通过社区等资源改善有利于妇女生活的支持性环境、解决有关偏见和不平等的问题。

（三）享受卫生设施、货物或服务的权利

享受卫生设施、货物或服务的权利是要求国家能够平等和及时地提供基本预防、治疗、康复的卫生保健服务以及卫生教育，提供必需药品以及适当的精神保健治疗和护理等。该权利的核心强调人人能够平等地享有医疗保障和平等地享受医疗服务的权利。

现实中，妇女以及性和性别少数群体在享有医疗、保健服务时都会遇到一系列的歧视。对于妇女而言，第一，由于很多国家对于生育和堕胎问题存在制度上的限制，造成妇女在获得相关医疗保障和保健服务时遇到巨大的障碍，并严重影响她们的健康。在这些国家中，有的国家为堕胎制定了严格的限制，妇女承受巨大的身心伤害的同时也无法获得合法的堕胎的医疗救助。以爱尔兰为例，该国在 2018 年 5 月才通过公投取消了严格限制堕胎的法律。在此之前，只有严重危及孕妇生命的情况才允许堕胎，而遭强暴以及胎儿不健康等原因都无法寻求合法的堕胎医疗服务，从而导致孕妇只能出国自费寻求医疗救助，甚至导致孕妇（自杀）死亡的情况，这些事件极大地践踏了妇女的健康权。即使在允许堕胎的国家里，由于有限的医疗保障水平以及生育制度等原因，堕胎未能纳入国家医疗保险制度之内，从而为妇女的健康带来了巨大的隐患。

第二，由于贫困、经济上的依附地位等原因，妇女不能平等地享有医疗保障资源。首先，在很多国家，医疗保障体系并不是全面覆盖的，某些妇女由于没有经济收入，处于无法获得医疗保障服务的不利处境。例如美国，根据 2015 年的官方数据，尽管 2010 年通过的《平价医疗法案》为许多未投保公民拓宽了医疗保健服务的获取渠道，但 28% 的贫困人口仍然处于未投保状态，其中妇女占大多数，非裔和西班牙裔妇女尤其居多，这令她们无法获取基本的预防性医疗保健和治疗服务。[1]其次，部分国家的医疗卫生制度中存在隐性性别歧视。在有些国家中，医疗保险并不是按照个人进行投保的，而是以家庭为单位进行保障的。在这种情况下，妇女和女童有可能成为"弃保"的对象。而在另一些国家，妇女并没有独立的投保资格，而是通过家庭成员（父亲或者丈夫）的工作单位获得医疗保障，同样可能存在不平等的情况。最后，在医疗保障水平低的国家，医疗保健仍然需要家庭和个人巨大的经济投入，妇女的医疗费用也被大大削减。根据第三期中国妇女社会地位调查报告，在享有社会医疗保障的比例方面，非农业户口女性为 87.6%，非农业户口男性为 88%，农业户口女性为 95%，农业户口男性为 95.6%。从整体上看，女性社会医疗保障的覆盖率仍然低于男性。在 18~64 岁的女性中，在最近 3 年内，有 42.2% 的妇女做过健康体检，其中，城镇为 53.7%，农村为 29.9%；有 54.9% 的妇女做过妇科检查，城镇为 62.8%，农村为 46.5%。65 岁及以上老年妇女中，近 3 年内做过健康体

---

〔1〕 人权理事会："在法律上和实践中歧视妇女问题工作组访问美利坚合众国的报告"，联合国人权事务高级专员办事处网：https：//spinternet. ohchr. org/_Layouts/SpecialProceduresInternet/Download. aspx？ SymbolNo＝A％2fHRC％2f32％2f44％2fAdd. 2&Lang＝zh，访问时间：2018 年 8 月 28 日。

检的占 38.9%，城乡分别为 50.1% 和 30.1%。[1]

第三，宗教及风俗习惯等对于妇女的歧视，限制了妇女就医的机会和途径，从而危害了她们的身体健康。例如伊斯兰法中就规定了妇女就医，尤其是接受男医生治疗时的很多限制。

对于跨性别群体而言，性别认同及其再造治疗等问题无论是否纳入医疗保障制度都可能对于这一群体带来身心健康的侵害。目前，由于医疗保障水平以及对于性和性别少数群体的歧视等原因，改变原生生理性别的医疗服务并没有被纳入多数国家的医疗保障制度之中，相关的医疗费用全部由个人承担。此外，由于很多国家制定了关于性别再造的强制性年龄规定，使很多跨性别者延误了接受性别再造医疗服务的最佳时机，继而造成了他们无尽的痛苦，或者因无力承担医疗费用而酿成悲剧。而在那些将跨性别人群的性别再造等问题纳入医疗保障体系的国家中同样存在着一系列的问题。首先，将性别认同问题等作为精神障碍等疾病的做法本身就是对于多元性别的"污名化"，并加深了对于跨性别者的歧视。其次，强迫跨性别者（尤其是儿童）接受特定性别身份或者进行性别再造治疗的做法更是侵犯人权的行为。除此之外，在跨性别者寻求医疗服务的过程中，医疗机构及其医护人员以及社会文化中的性别歧视也造成了他们获得适当的医疗保健的极大障碍，进而危害了他们的健康。对此，《日惹原则》强调任何人都不应由于性倾向或性别认同而被迫接受任何形式的医疗或心理治疗、疗程或化验，或被禁闭于医疗机构中。虽然这不符合任何分类法，但一个人的性倾向和性别认同本身不是需要治疗、矫正或抑制的医学疾病，应尊重性别少数者的性别认同，保障性和性别少数群体的健康权。

在社会性别视角下对于享受卫生设施、货物或服务的权利的分析，可以看出在现有的医疗保障制度和医疗服务中仍然存在不利于妇女以及性和性别少数群体的做法。首先，多数医疗保障制度和保健服务表面上是中性的，并没有将妇女及性和性别少数群体因其性别原因而产生的健

---

[1] "第三期中国妇女社会地位调查主要数据报告"，中国妇女研究网，http://www.wsic.ac.cn/staticdata/84760.htm，访问时间：2018 年 8 月 28 日。

康需求纳入国家医疗服务体系内，从而造成了不平等的待遇，威胁了他们的健康权。其次，医疗保障服务中，无视妇女在家庭或者社会中的弱势地位，没有为妇女平等享有医疗服务提供特殊的照顾措施，致使已有的医疗保障制度中暗藏了对妇女的隐性歧视，导致妇女因其不平等的经济地位无法获得足够的医疗资源。最后，宗教、社会习俗和文化中存在对于妇女以及性和性别少数群体的歧视文化，妨碍他们平等获取医疗服务的权利。

综上所述，国家在平等保障健康权方面，不仅包括提供及时和适当的卫生保健，而且也包括提供享有健康权所需的基本条件。国家保障平等的健康权，需要强调如下两个侧重点：其一，消除妇女及性和性别少数群体在享有健康权时遭受的歧视和障碍，确保他们获得实现健康权的各项机会、能力和资源，使其平等地享有健康权。消除歧视的前提在于国家及相关决策者能够认识到不同性别间在健康权方面存在的差别。这些差别有的基于不同性别间的生理因素，可能导致他们因为特殊的身体结构和生理期间需要特殊的照顾。有的差别则在于经济、社会和文化因素导致妇女与性和性别少数群体在实现健康权方面的弱势地位。为了消除性别歧视，国家必须制定和执行综合性国家战略，适当考虑到不同性别的健康需求，从而实现健康权的平等保障。其二，国家还应该积极采取预防、促进和补救行动，并在必要时给予妇女以及性和性别少数群体适当的特殊保障，以消除其在实现健康权方面遇到的各种障碍，弥补其由于社会、经济地位等因素所身处的不利处境，从而全面推动所有人不分性别地平等享有健康权。

三、平等保障健康权的意义和国家义务

（一）平等保障健康权的意义

健康权的概念表明，健康权的实现已经突破了单一的医学模式，而需要将其放置到经济、社会和文化权利，甚至是公民和政治权利等整个人权的大背景下进行保障。健康权实现的复杂性让人们逐渐认识到，这一权利的实现不仅受到个人生理因素的影响，而且还更多地受到其经济地位、政治、文化、环境、家庭、职业、性别、地域和种族等社会因素

的影响，由此也为社会弱势群体平等地享有健康权带来一系列的障碍。从性别平等的角度研究健康权，需要关注的是对于妇女以及性和性别少数群体因其性别原因在享有健康权方面的不利处境，从而促进他们平等地享有健康权。

纵观世界各国的法律制度及其实践，妇女以及性和性别少数群体在享有健康权时可能遭受两种歧视，一是纯粹基于性别原因而遭受的制度上和文化上的歧视；二是因忽视其特殊的生理需求所遭受的歧视。对于这两类主体而言，他们的遭遇既有相似性又有差别。其中，对于妇女的歧视主要源于千百年来父权制对于作为第二性的妇女的贬低，以及对于妇女生殖健康问题的忽视；而对于性和性别少数群体的歧视，则是源于社会对于挑战二元性别结构的厌恶和排斥，及对其健康需求的无视。因此，两者在健康权上的特殊诉求很长一段时间不被认为是人权，并被长期忽略。

现实中，由于生活状况各异，世界各地妇女的健康状况和其所面临的健康问题存在显著差异。在贫穷国家，妇女在营养水平、就医条件和保健服务等方面都与男性具有较大差距，健康状况均普遍低于男性。妇女的生殖健康问题和其遭受的性别歧视致使女婴和孕龄妇女的死亡率和老年妇女的残疾率均高于同龄男性。妇女，特别是女童及老年妇女因缺乏营养以及医疗保健服务而备受健康问题的折磨。在世界范围内，每年死亡的 50 多万名孕产妇中，99% 来自于发展中国家。[1] 跨性别者在现实中常常因其性别认同以及性别重置过程中缺乏家庭、社会以及国家制度层面的支持而承受着身体与精神方面的严重伤害。

给予所有人以平等的健康权保障的核心要义在于对人人平等这一固有人权价值的尊重、保障和实现。具体而言，其重要意义表现在如下几个方面：

首先，健康权是一切人权的基础，健康不仅涉及每个人的身心和社会福祉，而且对于人们参加公共和私人领域的生活至关重要，忽视健康

---

〔1〕　世界卫生组织："孕产妇、新生儿、儿童和青少年卫生"，世界卫生组织网，ht-tp：//www.who.int/maternal_child_adolescent/zh/，访问时间：2018 年 8 月 29 日。

权不仅会严重影响她/他们的正常生活，还会限制其获得教育、就业等经济和政治权利的机会。因此，健康权是每个人生存和发展的基础。其次，健康权的实现直接反映了基本人权的实现水平。健康权既是一项基本人权，也是一项系统性的人权。它与人们生活的各个方面密切相连，包括对饮食、安全饮水的获得，对适当的住房、工作环境、条件以及医疗资源的获得等多方面的能力和机会，反映了一个人的社会地位和福祉。最后，对于妇女来讲，健康权具有更为特殊的意义。由于妇女担负着人类繁衍的重任，妇女的健康权直接关系到儿童生命健康，甚至影响着整个人类的未来的发展。妇女健康是社会和经济可持续发展的重要因素。基于这个原因，妇女的健康权一直作为国际公认的衡量一国国民健康水平和社会经济发展程度的重要指标。妇女健康在社会发展中具有战略地位和重要基础作用。因此，保障妇女的健康权是一个重大的公共卫生问题和社会问题，同时也是卫生事业优先发展的重要领域。

（二）平等保障健康权的国家义务

平等保障健康权的义务意味着国家应全面消除性别歧视，并采取立法、行政和司法措施来平等地尊重、保护和实现所有人的健康权。

尊重的义务。它要求国家不得阻碍任何人为寻求健康而采取的行动，不应基于各种性别歧视原因限制某一性别群体获得医疗救治和保健服务的平等机会和途径，不得剥夺或者阻碍他们参与和分享卫生和健康领域的决策机会和资源，不应限制女性得到避孕和其他保持性健康和生育卫生用品的途径，不应向他们提供错误的健康信息等。对于性和性别少数群体，应该尊重他们的性倾向、性别认同以及性别重置的想法和行动，并为之提供科学、可靠的医疗服务，不能强迫他们接受扭转治疗。

保护的义务。它要求国家采取行动防止个人和组织侵害任何人的健康权，并对违法行为进行制裁。具体而言，国家有责任通过法律或采取其他措施，保障所有人获得卫生保健服务的平等机会，监督和保证他们从卫生部门所获得的保健服务的质量和水平；阻止有害的社会传统习俗及性暴力残害所有人，尤其是处于脆弱和边缘的性别群体的健康。对此，国家应该制定并有效实施法律，拟定政策，对于侵害健康权的行为给予适当的制裁。此外，各国有义务为处境特别困难的妇女及性和性别少数群体提供医疗和保健服务。

实现的义务。它要求国家有义务最大限度地利用现有资源，采取适当的社会、经济、政治和法律等措施，以确保所有人平等实现健康权利。健康权虽然并不意味着国家有义务确保每一个人的健康，但是却意味着国家必须尽最大能力采取一切措施来保障个人的健康权。这项义务要求国家在有关政策和法律制度中充分承认妇女以及性和性别少数群体的健康权，并制定详细的实施计划。具体而言，国家必须保证为包括妇女以及性和性别少数群体在内的所有人提供卫生保健服务，保证所有人能够平等地获得基本健康要素，如富有营养的安全食物和清洁饮水、基本的卫生条件和适当的住房及生活条件。公共卫生机构和基础设施应平等向所有人提供性和卫生保健教育和服务。在保健方面，提供足够数量的卫生设施和合格的医疗人员并注意到妇幼保健事业的均衡分布。此外，保障包括妇女及性和性别少数群体在内的所有人能够平等地享有社会健康保险制度，促进有关保健卫生事业的研究、教育和宣传，加强对工作条件的监督，消除危害其健康的各项威胁。采取合理的措施处理预防和治疗不同性别群体易患疾病和特殊健康问题，并确保所有人平等获得性知识教育。此外，针对残障、贫困的弱势性别群体，在他们依靠自身的力量无法实现健康权的情况下，通过国家掌握的手段满足其对健康权的需求。

问题与思考

1. 将生殖权作为一项人权具有哪些重要的意义？
2. 如何进一步提高性和性别少数者健康权的平等保障？

拓展资料

1. 国际人权法教程项目组编写：《国际人权法教程》，中国政法大学出版社 2002 年版，关于"健康权"部分。
2. ［挪］A. 艾德等主编：《经济、社会和文化权利教程：修订第 2

版》，中国人权研究会组织译，四川出版集团·四川人民出版社 2004 年版，关于"健康权"部分。

3. 经济、社会、文化权利委员会：《第 14 号一般性意见（2000年）：享有能达到的最高健康标准的权利（第十二条）》，E／C. 12／2000／4，2000 年。

4.《北京行动纲领》。

5. 消除对妇女歧视委员会：《第 19 号一般性意见：对妇女的暴力行为》。

6. 消除对妇女歧视委员会：《第 24 号一般性意见：妇女和保健》。

7.《人权概况第 23 号：影响妇女和儿童健康的传统习俗》。

8. 消除对妇女歧视委员会：《第 15 号一般性建议：女性与艾滋病》。

第四节　受教育权

我国古人说："十年之计，莫如树木；终身之计，莫如树人。"[1]教育对于个人、家庭、国家和社会来说，意义重大。在联合国框架下的人权制度中，受教育权颇受重视，也是个人的基本权利之一。而不论是接受教育的机会和方式，还是教育的目标和内容，都与性别平等有重要的联系。

一、受教育权的概念和内容

受教育权，简单地说就是人人享有接受教育的机会、自由以及相关的待遇和保障。

2018 年是联合国《世界人权宣言》通过 70 周年。1948 年 12 月 10 日，在联合国成立后不久，《世界人权宣言》就向世人宣布了第一个综合性、普遍性人权标准。虽然该宣言本身作为联合国大会的决议文件，

---

[1]《管子·权修 第三》。

并不属于国际条约，从而并不直接产生法律约束力，但是它有极强的号召力，对于整个国际人权法具有引领和奠定基础的作用。其后，联合国陆续通过的核心人权条约是对该宣言的具体化、法律化。

《世界人权宣言》在第 26 条中规定："（一）人人都有受教育的权利，教育应当免费，至少在初级和基本阶段应如此。初级教育应属义务性质。技术和职业教育应普遍设立。高等教育应根据成绩而对一切人平等开放。（二）教育的目的在于充分发展人的个性并加强对人权和基本自由的尊重。教育应促进各国、各种族或各宗教集团间的了解、容忍和友谊，并应促进联合国维护和平的各项活动。（三）父母对其子女所应受的教育的种类，有优先选择的权利。"

1966 年联合国大会通过了作为"人权两公约"之一的《经济、社会、文化权利国际公约》（同时通过的另一公约是《公民权利和政治权利国际公约》）。该公约是关于经济、社会和文化权利国际标准的基础性条约（或者叫核心条约）。它在第 13 条中规定："一、本公约缔约各国承认，人人有受教育的权利。它们同意，教育应鼓励人的个性和尊严的充分发展，加强对人权和基本自由的尊重，并应使所有的人能有效地参加自由社会，促进各民族之间和各种族、人种或宗教团体之间的了解、容忍和友谊，和促进联合国维护和平的各项活动。二、本公约缔约各国认为，为了充分实现这一权利起见：（甲）初等教育应属义务性质并一律免费；（乙）各种形式的中等教育，包括中等技术和职业教育，应以一切适当方法，普遍设立，并对一切人开放，特别要逐渐做到免费；（丙）高等教育应根据成绩，以一切适当方法，对一切人平等开放，特别要逐渐做到免费；（丁）对那些未受到或未完成初等教育的人的基础教育，应尽可能加以鼓励或推进；（戊）各级学校的制度，应积极加以发展；适当的奖学金制度，应予设置；教员的物质条件，应不断加以改善。三、本公约缔约各国承担，尊重父母和（如适用时）法定监护人的下列自由：为他们的孩子选择非公立的但系符合于国家所可能规定或批准的最低教育标准的学校，并保证他们的孩子能按照他们自己的信仰接受宗教和道德教育。四、本条的任何部分不得解释为干涉个人或团体设立及管理教育机构的自由，但以遵守本条第一款所述各项原则及此等机构实施的教育必须符合于国家所可能规定的最低标准为限。"

可以看出，《经济、社会、文化权利国际公约》的规定不仅涉及接受教育本身，也涉及接受教育的内容和方式。

其他专门性的联合国人权条约也规定有受教育权的内容。1989 年联合国大会通过的《儿童权利公约》在第 28、29 条规定了受教育权。第 28 条增加了诸如"使所有儿童均能得到教育和职业方面的资料和指导""采取措施鼓励学生按时出勤和降低辍学率"和"缔约国应采取一切适当措施，确保学校执行纪律的方式符合儿童的人格尊严及本公约的规定"等。第 29 条更详细地规定了教育儿童的目的，如"最充分地发展儿童的个性、才智和身心能力""培养对自然环境的尊重"等。

1965 年联合国大会通过的《消除一切形式种族歧视国际公约》第 5 条规定缔约国依该公约承诺，禁止并消除一切形式种族歧视，保证人人有不分种族、肤色或民族或人种在法律上一律平等的权利，包括"享受教育与训练的权利"。

1990 年联合国大会通过《保护所有移徙工人及其家庭成员权利国际公约》，其中第 30 条规定："移徙工人的每一名子女应照与有关国家国民同等的待遇享有接受教育的基本权利。不得以其父亲或母亲在就业国的逗留或就业方面有任何不正常情况为由或因为其本人的逗留属不正常的情况，而拒绝或限制其进入公立幼儿园或学校。"

2006 年联合国大会通过的《残疾人权利公约》第 24 条针对残疾人受教育的权利作了比较具体的规定。它要求缔约国确认残疾人享有受教育的权利，保障残疾人在不受歧视和机会均等的情况下实现这一权利，确保在各级教育实行包容性教育制度和终生学习。其目标包括充分开发人的潜力，培养自尊自重精神，加强对人权、基本自由和人的多样性的尊重；最充分地发展残疾人的个性、才华和创造力以及智能和体能；使所有残疾人能切实参与一个自由的社会。为此，缔约国应确保：残疾人不因残疾而被排拒于普通教育系统之外，残疾儿童不因残疾而被排拒于免费和义务初等教育或中等教育之外；残疾人可以在自己生活的社区内，在与其他人平等的基础上，获得包容性的优质免费初等教育和中等教育；提供合理便利以满足个人的需要；残疾人在普通教育系统中获得必要的支助，便利他们切实获得教育；按照有教无类的包容性目标，在最有利于发展学习和社交能力的环境中，提供适合个人情况的有效支助措施。而且，要使残疾人能够学习生活和社交技能，便利他们充分和平等地参与教育和融入社区，缔约国应为学习、运用盲文，替代文字，辅助和替代性交流方式、手段和模式，定向和行动技能提供便利和支持。这一条特别强调，缔约国应当确保残疾人能够在不受歧视和与其他人平等的基础上，获得普通高等教育、职业培训、成人教育和终生学习；为此目的，缔约国应当确保向残疾人提供合理便利。

除了核心人权条约之外，联合国的专门机构如教科文组织于1960年通过了《取缔教育歧视公约》，于1989年制定了《技术与职业教育公约》。

与妇女权利、性别平等直接相关的核心人权条约是《消除对妇女一切形式歧视公约》。它在第5条中专门提到了家庭教育，规定："保证家庭教育应包括正确了解母性的社会功能和确认教养子女是父母的共同责任，但了解到在任何情况下应首先考虑子女的利益。"该公约在第10条中专门规定了受教育权："缔约各国应采取一切适当措施以消除对妇女的歧视，并保证妇女在教育方面享有与男子平等的权利，特别是在男女平等的基础上保证：（a）在各类教育机构，不论其在农村或城市，职业和行业辅导、学习的机会和文凭的取得，条件相同。在学前教育、普通教育、技术、专业和高等技术教育以及各种职业训练方面，都应保证这种平等；（b）课程、考试、师资的标准、校舍和设备的质量一律相同；（c）为消除在各级和各种方式的教育中对男女任务的任何定型观念，应鼓励实行男女同校和其他有助于实现这个目的的教育形式，并特别应修订教科书和课程以及相应地修改教学方法；（d）领受奖学金和其他研究补助金的机会相同；（e）接受成人教育、包括成人识字和实用识字教育的机会相同，特别是为了尽早缩短男女之间存在的教育水平上的一切差距；（f）减少女生退学率，并为离校过早的少女和妇女办理种种方案；（g）积极参加运动和体育的机会相同；（h）有接受特殊教育性辅导的机会，以保障家庭健康和幸福，包括关于计划生育的知识和辅导在内。"

联合国框架下的国际人权法是普遍性国际法的一部分，而区域性国际人权法当然也有受教育权的内容，比如《非洲人权和民族权宪章》《关于经济、社会和文化权利的美洲人权公约补充议定书》等。在欧洲，受教育权没有作为经济、社会和文化权利被规定在《欧洲社会宪章》中，而是被规定在关于公民权利和政治权利的《欧洲人权公约第一议定书》当中，这也是所谓公民和政治权利与经社文权利两类或者"两代"人权的划分并不准确或者科学的例证。

国际人权法是一个整体，相互参照、互相补充，有助于我们更好地理解相关人权概念、原则和规则，有助于推动受教育权的实现。

二、社会性别视角下的受教育权

（一）性别视角与人权视角的融合

1995 年在北京举行的世界妇女大会强调了"妇女的权利是人权"的理念。女权运动在 20 世纪 70 年代以后逐渐与人权的国际保护融合。在国际社会，"人权的主流化"意味着国家和社会在立法、政策制定以及法律和政策的实施过程中纳入人权的视角，考虑对人权的影响和推动；而"性别主流化"意味着在立法、政策制定以及法律和政策的实施过程中纳入性别的视角，考虑对性别平等、特别是对妇女权利的影响和推动。

作为联合国核心人权公约之一，《消除对妇女一切形式歧视公约》既有对女性接受教育要与男性平等的规定，也有针对女性的不利地位和特殊需要的规定。后者采用的是一种妇女不利地位的视角，与总是将男女放到一起进行比较从而用相同或者差异来论述的做法不同，这是一种强调社会性别平等的重要思路和方法。

妇女不利地位的视角或者方法强调跳出男女比较的思维模式，将女性作为独立的人权主体来考察。基于人权的根据是人的固有的人格尊严，妇女权利首先也是基于妇女的人格尊严。妇女的权利并不需要以男性是否享有相关权利为参照。这一视角或者方法反对历史上或者传统中形成的任何不利于妇女权利保障的定型观念、歧视性的习俗和做法。基于特殊需要，国家需要采取针对性的举措，而且这种举措是根据妇女在特定环境或者条件下的需要采取的，不一定是根据与男性相比较发现的差异采取的举措。

实际上，包括我国在内的许多国家，在历史上和文化传统中都存在着在教育方面的性别歧视。由于社会分工、家庭家族地位和身份定位的区别，男性一般比女性有更多、更大的机会接受教育，女性只有更少、更小的机会，甚至被排斥在教育之外。虽然我国古代的孔子也讲过"有教无类"的话，并没有绝对地排斥女子接受教育，但是在相当长的时期里，还是"女子无才便是德"的陈旧观念占据主流。这是我们在今天保障妇女受教育权时应该注意并加以克服的。

（二）在发展议程中看待教育中的人权和性别问题

发展议程作为联合国发起的倡导性工作，与人权法的实践密切相关。联合国大会2000年9月通过《联合国千年宣言》（第55/2号决议），决心到2015年，确保世界各地的儿童都能够完成初级教育的全部课程，并且女童和男童能够平等接受所有各级教育。这一目标尽管取得了重大进展，但是并没有实现，形势不容乐观。

把发展议程与人权保障有机结合起来，这是摆脱"就人权论人权"，更好地考察和促进人权的方法。而不论发展议程，还是人权保障，都需要纳入社会性别的视角。女性平等地参与发展、促进发展、共享发展的成果，需要通过教育等获得能力的提升。而获得教育本身就是妇女的基本人权。

对女童和妇女的教育被认为是实现可持续和包容性发展最有效的投资之一，但是2012年全世界有3200万小学适龄女童失学，占所有失学儿童的53%；另有3160万初中年龄青春期少女失学，占所有初中失学学生的。[1] 即使在提供受教育机会的情况下，不平等现象依然持续存

---

〔1〕　UNESCO Institute for Statistics and United Nations Children's Fund, *Fixing the Broken Promise of Education for All*: *Findings from the Global Initiative on Out-of-School Children*, 2015.

在，阻碍妇女和女童充分利用这些机会。联合国教育、科学及文化组织2013年9月的一份报告称，世界上有7.735亿成年人（15岁以上）是文盲，其中妇女占61.3%，而青年人（15岁至24岁）中的文盲数量为1.252亿，其中女性占61.3%。[1] 联合国消除妇女歧视委员会指出，一般而言，女童和妇女在教育过程中，在入学、在读、完成学业、待遇、学习成果以及职业选择方面受到过分歧视，造成她们在学校教育和学校环境之外的劣势。[2]

需要确保全民接受全纳和优质教育并促进终生学习，这是联合国大会通过的2015年后可持续发展目标，亦称《2030年可持续发展议程》（第70/1号决议）中目标4的优先事项，旨在到2030年改变世界。需要实现的两项关键的教育方面的具体目标是：①确保所有男女儿童完成免费、公平和优质的中小学教育，并取得相关和有效的学习成果；②消除教育中的性别差距，确保残疾人、土著居民和处境脆弱儿童等弱势群体平等获得各级教育和职业培训。为此，全球教育界于2015年11月配合可持续发展目标议程商定的《2030年教育行动框架》承认性别平等与全民受教育的权利有着密不可分的联系，实现该目标需要采取基于权利的方法。该方法确保男女学生不仅获得和完成教育周期，而且在教育过程中和通过教育后获得相同的权能。

（三）妇女和女童获得教育权

用性别视角考察受教育权，首先是要确保女童和妇女有获得教育的机会，比如可以进入教育机构、教育课程、专业、项目等。这需要一般性的立法和政策保障，也需要有针对性的保障或者促进妇女和女童受教育的举措。

在我国，《中国妇女发展纲要（2011~2020年）》中则有专门的部分规定"妇女与教育"。它规定了10个主要工作目标：①教育工作全面贯彻性别平等原则。②学前三年毛入园率达到70%，女童平等接受学

---

〔1〕 UNESCO Institute for Statistics, "Adult and Youth Literacy", *UIS Factsheet*, No. 26, 2013.

〔2〕 联合国文件：CEDAW/C/GC/36，第2段。

前教育。③九年义务教育巩固率达到95%，女童平等接受九年义务教育，消除女童辍学现象。④高中阶段教育毛入学率达到90%，女性平等接受高中阶段教育。⑤高等教育毛入学率达到40%，女性平等接受高等教育，高等学校在校生中男女比例保持均衡。⑥高等学校女性学课程普及程度提高。⑦提高女性接受职业学校教育和职业培训的比例。⑧主要劳动年龄人口中女性平均受教育年限达到11.2年。⑨女性青壮年文盲率控制在2%以下。⑩性别平等原则和理念在各级各类教育课程标准及教学过程中得到充分体现。

除了可衡量的指标，纲要还规定了具体的举措。第一项措施就是"在教育法规、政策和规划的制定、修订、执行和评估中，增加性别视角，落实性别平等原则"。这是性别主流化的重要体现。

为全面反映《中国妇女发展纲要（2011~2020年）》实施进程，国家统计局根据相关部门统计数据和资料，对纲要在健康、教育、经济、决策和管理、社会保障、环境、法律等7个领域2016年的实施情况进行了综合汇总和分析，结果表明，纲要实施总体进展顺利，多数指标都已达到或接近完成目标。[1] 具体来看：

第一，女性接受高等教育比重提高。2016年，高等教育在校生中女研究生超过100万人，占全部研究生的比重首次超过一半，达50.6%，比2010年提高2.8个百分点；普通本科、专科女生1416万人，占比52.5%，提高1.7个百分点；成人本科、专科女生338万人，占比57.8%，提高4.6个百分点。高等教育毛入学率快速提高，2016年达42.7%，比2010年提高16.2个百分点，年均提高2.7个百分点，已于2015年提前实现纲要目标。

第二，高中阶段教育性别差距缩小。2016年，全国高中阶段毛入学率达87.5%，比2010年提高5个百分点；高中阶段教育在校生中共有女生1899万人，占全部在校生的47.8%，男女生所占比重的差距由

---

〔1〕 "2016年《中国妇女发展纲要（2011—2020年）》统计监测报告"，中华人民共和国中央人民政府网：http://www.gov.cn/shuju/2017-10/27/content_5234785.htm，访问时间：2018年9月1日。

2010 年的 5.7 个百分点缩小到 4.3 个百分点；普通高中在校生中的女生自 2015 年起超过半数，2016 年比重达 50.6%，比 2010 年提高 2 个百分点；中等职业学校在校生中女生比重 43.7%，比 2010 年降低 1.8 个百分点。

第三，义务教育阶段已基本消除性别差距。2016 年，九年义务教育巩固率为 93.4%，比 2010 年提高 2.3 个百分点；小学学龄女童净入学率为 99.9%，与男童基本持平；义务教育阶段在校生中女生所占比重为 46.4%，略低于 2010 年。

第四，女童接受学前教育的比重继续提高。学前三年毛入园率快速上升，由 2010 年的 56.6% 提高到 2016 年的 77.4%，年均提高 3.5 个百分点。2016 年，全国学前教育（包括幼儿园和学前班）幼儿数为 4414 万，其中女童超过 2056 万人，比 2010 年分别增加 1437 万人和 704 万人；学前教育女童所占比重为 46.6%，提高 1.1 个百分点。

在我国向联合国提交的有关国际人权公约的履约报告中，也能看到我国在教育权领域的分性别的统计数字和相关成就。比如，我国向联合国经济、社会、文化权利委员会提交的第二次履约报告中提到了小学的分性别的入学情况。2009 年，我国小学学龄儿童净入学率由 2001 年的 99.05% 提高到 99.40%，其中男童入学率由 99.08% 提高到 99.36%，女童入学率由 99.01% 提高到 99.44%。[1]

不论性别平等还是人权的实现，都是需要立足实际，在具体的社会生活中解决许多细节的问题。消除对妇女歧视委员会于 2014 年 10 月 23 日审议了我国第七、八次《消除对妇女一切形式歧视公约》合并定期报告，同年 11 月 14 日通过了此次审议结论性意见。该意见在国际法上并不具有法律约束力，对缔约国而言具有建议的性质，是缔约国在国内促进公约实施的重要参考。

关于受教育权，委员会在其结论性意见中对我国在改善女童接受教育和降低成年妇女的文盲率方面取得的进步，于 2011 年制定的《关于

---

〔1〕 联合国文件：E/C.12/CHN/2，2012 年 7 月 6 日。

加强女性科技人才队伍建设的意见》，并在《中国妇女发展纲要（2011～2020 年）》中提出的明确目标表示欢迎。同时，委员会也提出了值得关注的问题，包括：①对中国有智力残疾的妇女和女童，对"留守"儿童中女童受教育机会以及她们的辍学率表示关注。②对大学教育中存在主修课程性别隔离的现象，一些院校的部分学科专门为男生设定了较低的录取分数线等情况感到关切。

2013 年 5 月，教育部出台《2013 年普通高等学校招生工作规定》，规定"除军事、国防和公共安全等部分特殊院校（专业）外，高校不得规定男女生录取比例"。2014 年 6 月 25 日教育部发布《做好 2014 年全国普通高校招生录取工作的通知》，再次强调各高校"不得擅自规定男女生录取比例或超出国家规定的范围对考生身体健康状况提出要求"。相比于教育部《2013 年普通高等学校招生工作规定》中"除军事、国防和公共安全等部分特殊院校（专业）外，高校不得规定男女生录取比例"的规定，2014 年的规定进一步缩小了可以公开设置招生性别比的特区。但规定的变化没能使得高校招生中的性别歧视现象消失，一些高校仍设置了性别区别对待的招生条件。消除教育中的性别隔离现象，任重道远。

（四）教育的内容和方式

男女平等地接受各种教育，这是性别平等在受教育权领域的基本要求，同时教育的内容也要强调尊重和保障人权，培养受教育者正确的价值观、法律观等，教育的方式方法本身要体现包括性别平等在内的精神和原则。

比如，中小学教材中对图片的选择就大有学问。统计一本教材中的插图中出现男性和女性的次数等情况，可以大概看出教材的编写者是否考虑了性别平衡的问题。有学者发现，小学教育中的一些课程和教材仍然带有很大程度的性别偏见，很少照顾到女孩和妇女的具体需要。在一个具体的教材统计中，58 篇涉及男女两性的课文题目中女性出现的频次为 15 次，仅占 25.86%；在角色数量上，女性占总角色数量的34.44%；男女两性在主角数量上的比例为 138：52。男性的人物形象广泛地出现在公共领域，角色也呈现多元化，可以说，男性的职业角色几乎涉及社会和家庭的各个方面。其中领导者、科学家、文学家、艺术家、军人、英雄、干部和官吏等社会角色约占男性角色的 57.29%，处于社会的中上层，表现为事业型和领导型人物，具有较强的主导性。相较而言，女性的人物形象涉及范围较窄，母亲、奶奶这一人物形象类型占女性所任人物形象总数的 32.62%；作为拟人物出现的女性（多为动物妈妈）所占比例达 14.97%；女儿、孙女形象类型所占比例为 8.56%。女性出现在家庭生活领域的比例高达 56.15%。女性也作为巫婆、神话人物、教师、医生等人物形象出现在公共生活领域，但所占比例较低。作为领导者、科学家、文学家、艺术家出现的女性人物形象则是一片空白。[1]

另外，在接受教育的过程中，也会有其他的人权问题、歧视问题出现。接受教育过程中出现的体罚、侮辱、剥削等侵犯人权的问题，也会导致权利主体受教育权的不能实现，导致辍学等情况的发生，或者是教育目标不能有效实现。

有学者研究发现，我国的性别平等教育仍处于起步阶段，今后应制定全国各级各类教育性别平等课程标准；加强对全体教师的培训；消除职业教育和高等教育中的性别隔离，把性别平等的课程纳入学校教育体系，制定相关课程大纲和课程标准，加强对全国各级各类学校的教育工作者、教育管理者以及全体一线教师的培训，特别要加强对各院校中高层领导的系统培训，增强其性别意识。在职业教育领域，增加对女性人数偏多专业的教育成本投入，帮助女性树立长远的职业规划意识，整合政府、院校、私营企业和民间组织各自的力量和优势，拓宽女性的就业渠道。政府和高校应制定专门政策，打破和消除高等教育中的性别歧视，重建对女教师和女性研究人员的评价机制，并在科研立项上有所倾斜，设立女性科技人才扶持项目，鼓励女性学者积极参与科研。[2]

---

〔1〕 孙天华、张济洲："女性主义视角下小学语文教材的文化构成分析"，载《鲁东大学学报（哲学社会科学版）》2014 年第 3 期。

〔2〕 郑新蓉等："妇女与教育"，载《中国妇运》2015 年第 2 期。

因此，为了保障妇女和女童的受教育权，需要不同的社会主体参与、关注性别平等问题。比如，立法者和教育政策的制定者、实施者，特别是教育大纲的设计者、教材的编写者，学校的领导、具体负责人、教师甚至教学辅助人员等都需要提高性别意识，准确了解教育的目标、原则和方法。

（五）校园性骚扰

性骚扰是一种典型的性别歧视和侵犯女性权利的行为。我国现行的法律中对于教育领域中的性骚扰问题仍然缺乏具体的应对规范。

校园中的性骚扰问题倍受关注的是一方为学校教职员工或学生、另一方为学生的事件。2018年1月16日，教育部发布新闻，根据"长江学者奖励计划"管理有关规定，决定撤销陈小武的"长江学者"称号，停发并追回已发放的奖金；教育部重申，对触犯师德红线、侵害学生的行为坚持零容忍态度，发现一起，查处一起，绝不姑息。[1] 此前，北京航空航天大学通报，陈小武因对学生性骚扰而被撤职和取消教师资格。

教育部2018年11月8日印发的《新时代高校教师职业行为十项准则》《新时代中小学教师职业行为十项准则》和《新时代幼儿园教师职业行为十项准则》，要求"坚持言行雅正。为人师表，以身作则，举止文明，作风正派，自重自爱；不得与学生发生任何不正当关系，严禁任何形式的猥亵、性骚扰行为"；"关心爱护学生。严慈相济，诲人不倦，真心关爱学生，严格要求学生，做学生良师益友；不得歧视、侮辱学生，严禁虐待、伤害学生"；"关心爱护幼儿。呵护幼儿健康，保障快乐成长；不得体罚和变相体罚幼儿，不得歧视、侮辱幼儿，严禁猥亵、虐待、伤害幼儿"。对于有虐待、猥亵、性骚扰等严重侵害学生行为的，一经查实，要撤销其所获荣誉、称号，追回相关奖金，依法依规撤销教师资格、解除教师职务、清除出教师队伍，同时还要录入全国教师管理

---

〔1〕　熊旭、蔡春容："教育部：对触犯师德红线 侵害学生的行为绝不姑息"，人民网，http：//edu.people.com.cn/n1/2018/0116/c1053-29768176.html，访问时间：2018年8月20日。

信息系统，任何学校不得再聘任其从事教学、科研及管理等工作。涉嫌违法犯罪的要及时移送司法机关依法处理。要严格落实学校主体责任，建立师德建设责任追究机制，对师德违规行为监管不力、拒不处分、拖延处分或推诿隐瞒等失职失责问题，造成不良影响或严重后果的，要按照干部管理权限严肃追究责任。

教育主管部门和各类学校，都应该进一步建立健全包括反对性骚扰在内的保障性别平等的有效制度和机制，有效维护所有学生、教师以及其他教育领域从业人员的合法权益。

三、保障受教育权的国家义务

（一）国家落实受教育权的基本要求

根据《经济、社会、文化权利国际公约》以及它的条约机构——联合国经济、社会、文化权利委员会通过的第 3 号一般性评论，国家承担义务"逐渐"落实相关权利。缔约国可以根据现有资源的情况，采取具体措施，但是也必须在可能时立即采取行动、最大限度地促进权利的实现。经济、社会、文化权利委员会根据不可逆的原则，要求缔约国不能采取任何倒退的措施，除非缔约国能够证明，这些措施是在极为审慎地考虑了所有替代办法之后采取的。

特别是，根据该公约第 2 条第 2 款，缔约国必须消除阻碍女童、妇女和其他处于不利地位的群体基于性别或者其他因素的在接受教育方面的偏见和歧视。这是一个一般性原则。

该公约第 13 条和第 14 条规定了受教育的权利。其中第 13 条文字最多，是国际人权法中对受教育的权利规定得最为广泛和全面的条文。经济、社会、文化权利委员会就公约第 14 条通过了关于初等教育的行动计划的第 11 号一般性意见，又就第 13 条通过了关于受教育权的第 13 号一般性意见，两者可以相互补充，是理解该公约相关规定的重要参考。

委员会指出，采取各种形式的各级教育应该展现相互联系的下列基本特征：

1. 可提供性。应在缔约国的管辖范围内设置足够多的能够运作的教育机构和方案。这些教育机构和方案运作所需的配备包含许多因素，包括能够使它们运作的发展配套；例如，所有机构和方案可能需要建筑物或其他遮风避雨的设施、男女卫生设备、教学材料，等等；但有些机构和方案也需要图书馆、电子计算机和信息技术等设施。

2. 可获取性。在缔约国管辖范围内，人人都应该能够利用教育机构和方案，不受任何歧视。可获取性包含了互相重叠的三个因素：

（1）不歧视：人人必须受教育，最易受害群体的成员更有必要，在法律上明文规定，在事实上确实做到，不得援引受到禁止的任何理由歧视任何人。

（2）实际可获取性：教育必须在安全的物质环境中进行，学生可在便利的地点上学（例如邻里单位的学校）或通过现代技术设备接受教育（例如收看"远程教学"节目）。

（3）经济上的可获取性：教育费用必须人人负担得起。可获取性的这个因素以第13条第2款中对初等教育、中等教育和高等教育的各项规定为准：初等教育应"一律免费"，缔约国对中等教育和高等教育要逐渐做到免费。

3. 可接受性。教育的形式和实质内容，包括课程和教学方法，必须得到学生的接受（例如适切、文化上合适和优质），（在适当情况下，也应该得到学生家长的接受）；这一点不得违反第13条第1款所规定的教育目标和缔约国可能批准的最低教育标准（载于第13条第3款和第4款）。

4. 可调适性。教育必须灵活，能够针对变动中的社会和社区的需求而进行调适，使其符合各种社会和文化环境中的学生的需求。

委员会还认为，受教育的权利和所有人权一样，缔约国负有三类或三个层面的义务，即尊重义务、保护义务、落实义务。而落实义务既包含便利义务，又包含提供义务。具体来看，尊重义务要求缔约国不采取任何妨碍或阻止受教育的权利的享受的措施。保护义务要求缔约国采取措施，防止第三方干扰受教育权的享受。落实（便利）义务要求缔约国采取积极措施，使个人和群体能够享受这项权利，并便利其享受这项权利。最后，缔约国有义务落实（提供）受教育的权利。一般来说，在个人或群体由于无法控制的原因而无法利用可供利用的手段自行落实有关权利的情况下，缔约国有义务落实（提供）公约规定的某项权利。

委员会第 3 号一般性意见中确认，缔约国的"最低限度核心义务，是至少确保公约阐明的各项权利的落实，包括'基础教育'的落实达到最低限度基本水平"。委员会在第 13 号一般性意见中说，从公约第 13 条的规定来看，这项核心义务的内容是：保障在不歧视基础上进入公立教育机构学习的权利；确保教育与第 13 条第 1 款规定的目标相一致；依照第 13 条第 2 款（甲）项的规定，为人人提供初等教育；通过并执行一项国家教育战略，该战略包括提供中等、高等教育和基础教育；确保在不受国家或第三方干涉的前提下自由选择教育机构，但此类机构须符合"最低限度教育标准"（第 13 条第 3 款和第 4 款）。

落实受教育权，立法和政策应该先行。受教育权是我国《宪法》规定的公民的一项基本权利。我国目前已经形成以《教育法》为核心，《义务教育法》《职业教育法》《高等教育法》《教师法》等法律以及一批法规、规章共同组成的法律体系，明确了我国教育的学制、基本制度、学校、学生与教师的权利义务等，从立法上保障公民的受教育权。2010 年 6 月 21 日，中共中央政治局召开会议，审议并通过《国家中长期教育改革和发展规划纲要（2010~2020 年)》；同年 7 月 29 日该纲要正式全文发布。这是我国进入 21 世纪以来的第一个教育规划，是今后一个时期指导全国教育改革和发展的纲领性文件。主要内容包括推进素质教育改革试点、义务教育均衡发展改革试点、职业教育办学模式改革试点、终身教育体制机制建设试点等 10 个方面。

根据该纲要，到 2020 年，我国计划基本实现教育现代化，基本形成学习型社会，进入人力资源强国行列。纲要对学前教育、义务教育、高中阶段教育、职业教育、高等教育、继续教育、民族教育和特殊教育的发展任务一一进行阐述。具体发展目标包括：基本普及学前教育；巩固提高九年义务教育水平；普及高中阶段教育，毛入学率达到 90%；高等教育毛入学率达到 40%；扫除青壮年文盲；继续教育参与率大幅提升，从业人员继续教育年参与率达到50%。纲要专门强调把促进公平作为国家基本教育政策，指出"教育公平是社会公平的重要基础。教育公平的关键是机会公平，基本要求是保障公民依法享有受教育的权利，重点是促进义务教育均衡发展和扶持困难群体，根本措施是合理配置教育资源，向农村地区、边远贫困地区和民族地区倾斜，加快缩小教育差距。教育公平的主要责任在政府，全社会要共同促进教育公平"。[1]

不过，纲要通篇没有直接提到"妇女""女童"或者"性别"字样。虽然性别平等的内容可以从一般性规定中推导出来，但是缺少明确的性别平等方面的表述，还是有一些遗憾。

（二）保障女童和妇女受教育权的针对性要求

2017年，消除妇女歧视委员会通过了关于女童和妇女受教育权的第36号一般性建议。委员会指出，为实现性别平等，教育制度的所有方面（法律和政策、教育内容、教学法和学习环境）应当对性别敏感，能满足女童和妇女的需求，并对女性和男性都有转变作用。

为应对教育中的性别歧视，委员会建议缔约国采取以下措施，尊重、保护和实现女童和妇女接受教育的权利、教育范围内各项权利和通过教育实现的权利：①加强遵守《消除对妇女一切形式歧视公约》第10条，并且在社会上宣传教育作为一项基本人权和增强妇女权能基础的重要意义；②对妇女人权和《公约》的适龄教育将纳入各级学校课程；③提出宪法修正案和（或）采取其他适当的立法行动，以确保保护和落实女童和妇女接受教育的权利、教育范围内各项权利和通过教育实现的权利；④颁布立法，对整个生命周期所有女童和妇女的受教育权作出规定，包括所有妇女和女童弱势群体；⑤消除和（或）改革在教育部门直接或间接歧视女童和妇女的政策、体制、行政或管理指示和做法；⑥颁布将女性最低结婚年龄定为18岁的立法，并遵守国际标准，使完成义务教育的年龄与最低就业年龄一致；⑦审查和（或）废除允

---

〔1〕　国家中长期教育改革和发展规划纲要工作小组办公室："国家中长期教育改革和发展规划纲要（2010～2020年）"，中华人民共和国教育部网：http://old.moe.gov.cn/public-files/business/htmlfiles/moe/info_list/201407/xxgk_171904.html，访问时间：2018年8月20日。

许开除怀孕女童、其他类别的受训人员和教师的法律和政策，并确保她们生育后重返校园不受任何限制；⑧承认受教育权作为法律上可强制执行的权利，一旦受到侵犯，女童和妇女获得平等和有效的司法救助，而且有权获得包括赔偿在内的补救；⑨监测女童和妇女在受教育权方面的国家、区域和国际规定的执行情况，确保其在受侵犯时有权获得补救；⑩与国际社会和民间社会一道努力提高和发展女童和妇女的受教育权。

为保障女童和妇女的受教育权，委员会建议缔约国政府注意几个无障碍的问题：①实体环境无障碍——提供适足基础设施；②技术上无障碍——特别是通过在远程和开放式学习环境中利用信息和通信技术；③经济上无障碍——教育费用人人负担得起；④文化上无障碍——即使经费充足并且无障碍环境不是一个限制因素，需要消除基于长期存在的父权制度以及与女童和妇女相关的传统角色的文化规范和习俗可能成为女童和妇女享有受教育权的强大障碍。委员会在这方面还特别关注到弱势、被边缘化的女童和妇女以及冲突和自然灾害环境中的女童和妇女的受教育权问题。

委员会在该建议中指出，女童和妇女在教育机构中所处的缺乏尊重和尊严的环境，是由反映更广泛社会秩序的学校性别制度所决定的。这种环境的特点往往是根深蒂固的父权思想、习俗和结构，深刻影响了教师和学生的日常生活。因此，女童在这种环境中，可能在长达 10 年的时间里遭受身体、情感和性的虐待，导致其在教育领域中权利被剥夺。缔约国应解决各种问题，以确保女童和妇女，包括女性工作人员，可以享有平等的待遇和机会。委员会因此建议缔约国采取措施和行动，确保教育制度允许两性拥有平等的机会，自由选择学习科目和职业；反对学校中的性别不平等、虐待和性暴力；反对教育领域中的网络欺凌现象；提高妇女对管理结构的公平参与。

可以看出，受教育权需要政府的财政投入，需要积极的立法、行政和司法措施，也需要在文化、社会习俗等各个方面提升全社会的性别平等意识，消除基于性别以及其他原因的歧视，是一项需要整体考虑、宏观和微观共同努力予以保障的基本人权。

总之，受教育权是一项基本人权，受教育权中的性别平等问题值得关注。纳入性别视角，有助于实现受教育权领域的性别平等，有利于人人享有受教育权乃至更多的人权。

问题与思考

1. 在我国的文化传统中，在教育方面支持或者不支持性别平等的思想、主张有哪些？

2. 请思考并举例说明如何在特定学科的教学中体现性别平等。

拓展资料

1. 郑新蓉等："妇女与教育"，载《中国妇运》2015 年第 2 期。

2. 第三期中国妇女社会地位调查课题组："第三期中国妇女社会地位调查主要数据报告"，载《妇女研究论丛》2011 年第 6 期。

3. 孙天华、张济洲："女性主义视角下小学语文教材的文化构成分析"，载《鲁东大学学报（哲学社会科学版）》2014 年第 3 期。

4. 王伟宜、李洁："高等教育入学机会性别差异的多维分析"，载《教育研究》2015 年第 8 期。

第五节　财产权

一、财产权的概念和内容

财产权是以财产为客体的权利，它主要是指对财产享有的占有、支配、处分和收益等权利。而财产则是指具有使用价值或交换价值的东西或物品。它不仅包括动产，还包括不动产，不仅是指有形的东西，还包括无形的东西，例如房屋、家庭用品、汽车、人身保险单、活期和定期存款、金钱、投资、股票、基金、债券、提单、专利、商标、版权等。20 世纪 60 年代以来出现的"新财产"概念，甚至将就业机会、养老金、伤残补贴、社会保险、失业救济等也纳入财产范畴。因此，财产权包括物权、债权、知识产权、继承权等。财产权是人权的基础，被认为是与自由和平等同等重要的权利。[1] 财产权既是一项受到宪法保护的人权，也是一项民事权利。它既是一项公民和政治权利，也是一项经济、社会和文化权利。宪法所保障的财产权，是以国家与公民关系为基本调整对象，通过宪法对财产权的安排与分配来实现财产权的秩序化，实际上是赋予人们对私有财产权的法定资格，以对抗国家公权力的侵犯。民法所保障的财产权，调整的则是平等主体之间对于财产的权利关系，涉及对财产的占有、使用、收益和处分等方面的权利。

鉴于财产权的保障对于维护社会稳定、保障人们的自由与生存安全具有重要价值，国际性和区域性人权文件以及各国国内法都对财产权进行了规定。例如，《世界人权宣言》第 17 条对财产权的确认是："（一）人人得有单独的财产所有权以及同他人合有的所有权。（二）任何人的财产不得任意剥夺。"《消除一切形式种族歧视公约》第 5 条规定，"单独占有及与他人合有财产的权利；继承权"。《保护所有移徙工人及其家庭成员权利国》第 15 条规定："移徙工人或其家庭成员的财产，不论个人所有或与他人共有，不应被任意剥夺。在根据就业国现行法律，移徙工人或其家庭成员的财产全部或部分被没收时，当事人应有权获得公平和适当的赔偿。"此外，《欧洲人权公约第一议定书》规定："每一个自然人或法人和平地享用其财产权"。《美洲人权公约》以及《非洲人权和民族权利宪章》均规定了对财产权的保障。此外，各国宪法或法律、法规也对财产权作出了规定。如，《法国人权宣言》第 17 条宣明："私有财产为神圣不可侵犯的权利"。我国《宪法》第 13 条第 1 款、第 2 款规定："公民的合法的私有财产不受侵犯。国家依照法律规定保护公民的私有财产权和继承权。"

二、社会性别视角下的财产权

在社会性别视角下审视财产权的平等保障问题，主要聚焦于家庭财产的分配制度和实践，尤其关注因性别原因而产生的歧视问题，以及国

---

[1] 徐显明主编：《人权法原理》，中国政法大学出版社 2008 年出版，第 233 页。

家在立法、行政和司法领域平等保障财产权的义务。由于妇女在家庭中的弱势地位导致她们的财产权往往受到威胁和侵害，因此，对于这类主体财产权的平等保障，应该针对她们的不利处境给予特殊保障，以纠正其因歧视以及能力和资源的缺乏所带来的在财产权方面的不平等待遇。妇女财产权所保障的内容应包括所有的财产权益，但是由于公共领域对于财产权保障并没有太多的性别差异，因此，对于妇女财产权的平等保障着重于她们的家庭共同财产权、夫妻财产权、土地财产权和继承权等。

对于妇女的财产权，国际人权公约及多数国内法都予以了确认和保障。例如，《公民权利和政治权利国际公约》第23条第4款规定："本公约缔约各国应采取适当步骤以保证缔婚双方在缔婚、结婚期间和解除婚约时的权利和责任平等。在解除婚约的情况下，应为儿童规定必要的保护办法。"对此，该公约的第28条一般性意见进一步解释，"缔约国必须保证……无论是共同财产还是仅由配偶一方拥有的财产的所有权或管理等方面为配偶双方规定平等的权利和义务。缔约国应审查其立法，保证已婚妇女必要时在拥有和管理这种财产方面享有平等权利。……离婚和解除婚约的理由以及有关财产分配、赡养费和儿童监护等方面的裁决对男女应一视同仁……如果婚约的解除系一方配偶死亡造成，妇女也应享有与男子平等的继承权。"

《消除对妇女一切形式歧视公约》第14条规定："1. 缔约各国应考虑到农村妇女面临的特殊问题和她们对家庭生计包括她们在经济体系中非商品化部门的工作方面所发挥的重要作用，并应采取一切适当措施，保证对农村妇女适用本公约的各项规定。2. 缔约各国应采取一切适当措施以消除对农村妇女的歧视，保证她们在男女平等的基础上参与农村发展并受其益惠，尤其是保证她们有权：……（g）有机会取得农业信贷，利用销售设施，获得适当技术，并在土地改革和土地垦殖计划方面享有平等待遇。（h）享受适当的生活条件，特别是在住房、卫生、水电供应、交通和通讯方面。"第15条第2款规定："缔约各国应在公民事务上，给予妇女与男子同等的法律行为能力，以及行使这种行为能力的相同机会。特别应给予妇女签订合同和管理财产的平等权利，并在法院和法庭诉讼的各个阶段给予平等待遇。"第 16 条第 1 款第 8 项规定："配偶双方在财产的所有、取得、经营、管理、享有、处置方面，不论是过于无偿的或是收取价值酬报的，都具有相同的权利。"

在各国法律中，也有保障妇女财产权的各种规定。例如，我国《妇女权益保障法》第 5 章是对财产权益的保障。其中第 30 条规定："国家保障妇女享有与男子平等的财产权利。"第 31 条规定："在婚姻、家庭共有财产关系中，不得侵害妇女依法享有的权益。"第 32 条规定："妇女在农村土地承包经营、集体经济组织收益分配、土地征收或者征用补偿费使用以及宅基地使用等方面，享有与男子平等的权利。"第 33 条规定："任何组织和个人不得以妇女未婚、结婚、离婚、丧偶等为由，侵害妇女在农村集体经济组织中的各项权益。因结婚男方到女方住所落户的，男方和子女享有与所在地农村集体经济组织成员平等的权益。"第 34 条规定："妇女享有的与男子平等的财产继承权受法律保护。在同一顺序法定继承人中，不得歧视妇女。丧偶妇女有权处分继承的财产，任何人不得干涉。"第 35 条规定："丧偶妇女对公、婆尽了主要赡养义务的，作为公、婆的第一顺序法定继承人，其继承权不受子女代位继承的影响。"此外，我国《宪法》《民法总则》《婚姻法》《农村土地承包法》以及《继承法》等都为妇女财产权的保障提供了法律基础。

尽管《公民权利和政治权利国际公约》第 28 号一般性意见指出，"在承认第 23 条所指的家庭时，必须接受各种形式的家庭概念，包括未婚夫妇及其子女和单亲及其子女的家庭，和保证在这些情形中平等对待妇女。"[1] 但是在很多不承认事实婚姻及同性恋婚姻合法性的国家里，一些伴侣间的"夫妻财产权"以及"继承权"等财产权无法得到保障。

（一）家庭共同财产权

家庭共同财产权，主要是指家庭成员对其在家庭共同生活存续期间与其他成员共同创造、共同所得或独立取得但约定为共同所有的财产享

---

〔1〕 人权事务委员会第 28 号一般性意见：第 3 条（男女权利平等），HRI/GEN/1/Rev. 9（Vol. I），2000 年。

有的所有权。这一财产权主要是指家庭成员在婚嫁前对在其父母家因共同生活所创造的共同财产所享有的占有、支配、使用权和分配权。现实中，由于历史、文化、宗教等因素的障碍，导致妇女虽然对于家庭经济做出了巨大的贡献，但是却无权平等地分享家庭共同财产权。

　　将这一问题放置在很多亚非拉国家似乎更能清楚地展现妇女所遭受的歧视。在这些国家里，由于经济特征和文化习俗的原因，很多地区都保留着家庭共同财产制，子女在结婚前将收入作为家庭共同财产用于家庭生活，直到结婚才对这一部分财产进行分割。例如在我国农村，子女结婚成家前，一般由父母组织其子女建立大家庭，同财共居。农村中按人口分配责任田，子女参与家庭共同劳动，他们在此期间所得的财产用于家庭共同存续和发展。尽管随着城镇化以及农民进城务工趋势的发展，农村家庭的财产关系发生了巨大的变化，但是家庭共同经营的财产模式在中国城乡仍然非常普遍。作为家庭共同财产权的主体，妇女在共同劳动和生活期间对家庭共同财产共同占有、使用和支配，在他们出嫁后，则有权分割家庭共同财产。但是由于重男轻女思想、养儿防老等习俗的影响，妇女并不能对家庭共同财产平等地享有管理、收益、处分和分割权。她们对于家庭共同财产权的享有多表现为其离开父母家时所带走的"嫁妆"，这嫁妆无论大于还是小于其对家庭的贡献，绝大多数比其兄弟在分家时所获得的家产要少。而这个在我国农村的生活场景也是世界各地妇女的日常生活现实，类似侵犯妇女家庭共同财产权的事情比比皆是。

　　在很多国家，不仅存在歧视妇女的文化习俗，还存在着不利于保障妇女家庭财产权的法律制度和政策，例如农村的土地登记制度以及宅基地政策中的一户一宅的做法等，都成为妇女享有家庭共同财产制的巨大障碍。以农村妇女的土地为例，第三期中国妇女社会地位调查显示，在城市化、现代化和承包土地分配、流转的过程中，农村妇女的失地和土地收益问题突出。2010 年，没有土地的农村妇女占 21.0%，比 2000 年增加了 11.8 个百分点，其中，妇女因婚姻变动（含结婚、再婚、离婚、丧偶）而失去土地的占 27.7%，男性仅为 3.7%；妇女因征用流转等原因失去土地的占 27.9%（其中，获得了补偿等收益的占 87.9%，未能获得的占 12.1%，比男性高 1.9 个百分点）。2010 年，农村妇女无地的比例高于男性 9.1 个百分点。[1]

在很多国家，男性掌握着家庭中的财产，甚至是社会的财富。[2]尽管妇女不再被认为是男人的财产，但是依旧依附于家庭，甚至被作为用来为家庭换取彩礼的工具。这些妇女对于家庭财产的积累做出了巨大的贡献，但是却无权分享家庭共同财产。此外，部分性和性别少数者因其性别认同和性倾向问题受到家族的排斥、唾弃和抛弃，在家庭中处于不被认可的地位，也存在无法平等地享有家庭财产的问题。对此，国家有必要检视法律、政策及文化中阻碍他们平等享有财产权的因素，并进一步消除基于性别的歧视。

（二）夫妻财产权

夫妻财产权是指夫妻双方对夫妻婚前财产、婚后所得财产的归属、管理、使用、收益和处分的权利。该权利主要涉及两个方面：一是在婚姻期间对夫妻财产的占有、支配和处分权；二是在离婚时对于夫妻财产的公平分割权。这两个方面的权利保障密切相关，因为只有在婚姻存续期间真正地掌握夫妻财产，才能在离婚时保障自己的相关权益。对此，关于《公民权利和政治权利国际公约》的第 18 号和第 19 号一般性意见都对此进行了详细的解释。据此，缔约国必须保证"在结婚期间，夫妇在家庭中的权利和责任应当平等。这一平等适用于他们关系的所有事项，如住宅的选择、家务的处理、子女的教育和资产的管理。这一平等继续适用于为法定的分居和解除婚约所作的安排。因此，必须禁止对于分居或离婚、子女的监护、生活费或赡养费、访问权或失去或恢复父母权力的根据和程序的任何歧视性待遇，同时牢记在这方面一切以儿童的

---

〔1〕 "第三期中国妇女社会地位调查主要数据报告"，中国妇女研究网：http：//www. wsic. ac. cn/staticdata/84760. htm，访问时间：2018 年 8 月 28 日。

〔2〕 ［印］比娜·阿加瓦尔："性别、财产与土地权：填补经济分析与政策中的空白"，载［美］阿斯金、［美］科尼格编：《妇女与国际人权法·第 3 卷，走向赋权》，黄列、朱晓青、毕小青译，生活·读书·新知三联书店 2012 年版，第 888 页。

利益为准"。[1]

平等地享有夫妻财产权是平等婚姻关系的基石，更是妇女在家庭内部平等地享有其他权利的基础，而对于不参与社会劳动的妇女来讲，对于夫妻财产权的平等享有则更具重要意义。但是由于千百年来妇女在家庭和社会中所处的弱势地位以及社会角色定位，使她们在享有夫妻财产权方面遭受巨大的歧视。因此，在夫妻财产权方面的平等保障，首先要破除的是"婚姻关系中的权力结构"以及"家庭支柱"的歧视概念，给予夫妻双方对于家庭贡献的平等承认，并对妇女在家庭中的弱势地位进行倾斜和补偿。对此，《消除对妇女一切形式歧视公约》第21号一般性意见明确指出，男人离婚时分给他更多的财产也许在某种意义上是公平的，但是这一规定影响了妇女离婚时的能力，此外，对于男性的家庭支柱的定位，与本公约所主张的性别平等的原则是相抵触的。这一思维受到社会性别角色定型观念的影响，并与忽视妇女家务劳动的经济价值密切相关。[2]

在世界各地的很多家庭中，妇女作为家庭主妇，没有独立的经济收入，因此在经济上处于依附地位。即使是妇女参与社会劳动的家庭，由于风俗习惯或者家庭地位等原因，她们也无法成为重要财产项目的所有者，男性掌控着家庭的重要财产。妇女没有土地所有权和占有权，很多房地产等不动产也都是以丈夫的名义进行登记的。以中国为例，全国妇联根据"家庭领域性别平等与妇女发展评估指标体系"所作的调查报告表明，在全国的家庭中，女性户主的比例还是较少的，它反映了妇女的经济收入状况和对夫妻财产权的掌握状况还是低于男性。2010年第三期中国妇女社会地位调查显示，女性有房产（含夫妻联名）的占37.9%，男性为67.1%。已婚女性中，自己名下有房产的占13.2%，与配偶联名拥有房产的占28.0%；男性分别为51.7%和25.6%。未婚女

---

〔1〕 人权事务委员会第19号一般性意见：第23条（家庭）。

〔2〕 消除对妇女歧视委员会：*General recommendation No.* 21：*Equality in marriage and family relations*，1994年，人权高专办网：https://tbinternet.ohchr.org/Treaties/CEDAW/Shared%20Documents/1_Global/A_49_38（SUPP）_4733_E.pdf，访问时间：2018年8月26日。

性中 6.9% 拥有自己名下的房产，未婚男性为 21.8%。[1]

对于妇女的这些歧视不仅表现在婚姻存续期间，妇女对于夫妻财产权的所有权以及实际占有和使用权，更突出的表现在婚姻关系结束后，对于夫妻财产分割上的不公平性。离婚时对夫妻财产的分割最能体现夫妻权利关系的本质。近年来，妇女因为离婚导致贫困化逐渐成为一个不容忽视的社会问题，甚至是世界性的问题。在很多国家的立法、司法实践以及风俗习惯当中均存在歧视妇女的做法。例如，在中东地区，根据约旦的《个人身份法》，丈夫可以任意终止婚姻，并且只支付满足最低需求的赡养费。[2] 在东欧国家，尽管法律规定了平等保障妇女的夫妻财产权，但是现实中离婚妇女往往只能获得很少的抚养费。[3] 即使在发达西方国家，妇女实现平等的夫妻财产权也只是不久之前的事情。在英国，直到 2000 年，上议院才在怀特诉怀特案中宣布了在分配财产时应该消除在家庭主妇与家庭主要收入者之间的不合理的差别待遇。[4]而且直到 2003 年，英国的家庭主妇才能在离婚中得到一半的家庭财产。[5]

分析各国法律对于离婚妇女在分割夫妻财产权时受到的不平等待遇的问题，可以发现主要表现为如下几个方面：一是相关法律规定和司法实践中缺乏对于妇女弱势地位的适当照顾，造成了夫妻财产的分割存在事实上的不平等问题。在很多国家，法律对于财产的分配注重对于平等主体间财产权的保障，却忽视了妇女的历史和现实状况而造成的不利处境，无视了一些妇女受教育程度低、工资收入低甚至是没有工作，以及

---

〔1〕 "第三期中国妇女社会地位调查主要数据报告"，中国妇女研究网，http://www.wsic.ac.cn/staticdata/84760.htm，访问时间：2018 年 8 月 28 日。

〔2〕 Jordanian Law of Personal Status, Temporary Law No. 61/1976, art. 36.

〔3〕 ［美］朱丽·默特斯："中、东欧妇女的人权"，载［美］阿斯金、［美］科尼格编：《妇女与国际人权法·第 3 卷，走向赋权》，黄列、朱晓青、毕小青译，生活·读书·新知三联书店 2012 年版，第 712~719 页。

〔4〕 White v. White［2000］2 FLR 981. See, Project On A Mechanism To Address Laws That Discriminate Against Women, 2008, p. 98.

〔5〕 Lambert v. Lambert［2003］1 WLR 926. See, Project On A Mechanism To Address Laws That Discriminate Against Women, 2008, p. 98.

多数需要抚养孩子，甚至离婚后没有能力租房的生存需求，从而造成了从家庭财产的结构、内容和分配方式上对于妇女的歧视，并导致离婚妇女生活境遇的严重下降。二是相关法律制度及司法实践没有赋予妇女的家务劳动以实际意义并进行补偿。尽管部分国家也规定了因妇女对于家庭贡献具有而应在分割财产时予以倾斜的原则，但是司法实践中却难以兑现。三是很多国家缺乏对于妇女平等分割夫妻财产的程序性保障，无法补救妇女对于家庭财产处于不知情的弱势地位。在很多离婚的案件中，男性可能会在离婚过程中利用法律的漏洞或者违反法律藏匿财产，而"谁主张谁举证"的制度无疑让很多没有财产权意识的离婚妇女处于更加被动的地位，从而得不到公平的财产分割结果。

综上，由于社会性别角色的定位、对于家务劳动价值的贬低、对于妇女弱势地位的无视以及宗教或者文化习俗等关系，妇女在享有夫妻财产权方面仍然面临较大的困难，尽管随着经济和社会地位的提高，各国妇女在婚姻期间对夫妻财产的使用、处分权以及离婚时对夫妻财产的分割权得到了巨大的改善。但是很多国家对于妇女的夫妻财产权的保障仍然停留在形式上的平等，在推进平等的进程中，应该结合妇女的特殊地位，实现实质上的平等。

（三）土地财产权

土地财产权主要是指有关权利人针对土地所享有的合法经济权益，包括土地承包权、宅基地使用权和征地补偿款分配权、股份分红及集体福利享有权等有关经济权益。

纵观世界范围内，对于妇女土地权平等保障的最大障碍主要是男性户主的登记做法、妇女的土地财产权淹没在家庭或集体经济中得不到独立的保障，以及妇女因为婚姻状况的改变而造成的土地流失问题。这些障碍有些是妇女卑微的家庭地位的体现，有些则是因为制度和实践中缺乏对于"从夫居"等传统婚嫁制度的关照，进而导致了对于妇女平等土地权保障不利。妇女土地权的保障必须通过女性的视角来进一步地透视和完善，将妇女的特殊需求纳入关于土地的法律和政策当中，以确保制度中不再隐含着歧视妇女的因素。对于土地财产权保障状况的考察表明，在世界各地，特别是亚洲、非洲以及拉丁美洲地区均存在着对于妇女的歧视现象。而很多国家不仅缺乏对于这些造成不平等待遇的法律制度或宗教礼法、风俗民规的审查，而且也未能给受侵害的妇女提供有效的法律救济。

在最近 30 年的实践中，随着国际人权法的实施和妇女人权运动的推动，很多国家针对妇女的土地财产权进行一系列的改革，以提升妇女对于土地的享有和收益。例如，很多拉美国家于 1988 年至 1995 年期间通过农业立法来赋予妇女与丈夫共同管理和收益的权利，并通过改变土地登记制度，包括联名登记等做法，来促进妇女平等地享有土地财产权。在非洲，厄立特里亚 1994 年通过《土地公告》宣布国家平等保证土地权。莫桑比克与坦桑尼亚分别于 1997 年和 1999 年通过了《土地法案》，宣布保障男女平等享有土地权，消除因性别或者婚姻状态造成的歧视。马拉维紧随其后于 2002 年通过了《国家土地政策》宣布为妇女享有土地提供便利，并将其落实到国家的发展战略中。在亚洲，菲律宾通过农业改革措施确保妇女平等享有土地所有权，包括土地收益权以及在土地事务中的发言权。在尼泊尔，政府连续通过一系列的政策，最终将向妇女转让土地的税金减免至 50%，为妇女享有土地财产权提供便利和保障。[1]

尽管世界各国都在努力提高妇女的土地财产权保障，但是现实生活中，妇女对于土地的享有、管理、收益和处分的权利仍然受到重重的障碍。例如，在我国等国家，妇女在婚丧嫁娶的过程中，经常会遭受三种形式的歧视。一是出嫁妇女在娘家的土地被强行收回，而在短时间内无法得到土地。二是妇女一旦离婚，可能就意味着失去原有的土地或者有关权益。三是丧偶的妇女同样受到歧视。在很多国家，寡妇对于土地的继承权经常受到残酷的剥夺，无论是在非洲还是在亚洲，抢占寡妇的土

---

〔1〕 OHCHR, UN Women, "Realizing Women's Rights To Land And Other Productive Resources", p. 41~42, 2013, HR/PUB/13/04.

地财产都不是罕见的事情。[1]　因此，离婚和丧偶妇女的土地财产权会随着婚姻状态的变化而再次受到侵害，使原有的无地问题集中凸现。

目前在我国，尽管《农村土地承包法》《婚姻法》等法律的颁布和实施有效地保障了农村妇女的土地财产权，但是土地政策的稳定性和婚迁妇女的流动性之间的冲突导致妇女土地财产权的侵害仍是需要重视的问题。虽然我国的法律和政策在多数情况下能够基本保障妇女取得原始土地的权利，但是却不能为妇女在婚姻的迁移中提供持续的、切实的保障。这一问题反映了相关立法缺乏社会性别意识，现有土地财产权制度没有充分预见到妇女的特殊状况及其弱势地位，由于忽略"男娶女嫁""从夫居"的习俗以及男性作为家庭户主的普遍情况，使妇女的土地财产权完全淹没在家庭利益当中，从而间接地排除了妇女对土地承包权的享有，造成农村妇女的土地权遭受侵害的状况普遍存在。而当农村妇女援用行政和司法途径维护土地财产权时，却又遭遇到"此路不通"以及救济不利的困境。在农村妇女的维权案例中，有的因为管辖权等原因而无法在法院立案，有的案件即使妇女胜诉了，但执行效果却差强人意。考虑到土地公摊、历史延续等诸多因素以及可能涉及村民自治等多种问题，行政救济和司法救济在维护妇女土地权益方面都有巨大的局限性。

中国对于妇女土地财产权的保障困难，反映了妇女在享有这一财产权的特殊障碍，它同时也是其他国家相关实践的缩影，对此，国家应该进一步将妇女的平等权利纳入农业发展计划以及相关的法律政策之内，从而使妇女在享有土地财产权时不再受到系统性的歧视。

（四）继承权

继承权是指自然人依照法律的规定或者被继承人生前立下的合法有效的遗嘱而继承被继承人遗产的权利。对此，《消除对妇女一切形式歧视公约》中特别规定了妇女的继承权问题。《经济、社会、文化权利国

---

〔1〕　［英］玛格丽特·欧文："发展中国家寡妇的人权"，载［美］阿斯金、［美］科尼格编：《妇女与国际人权法·第 3 卷，走向赋权》，黄列、朱晓青、毕小青译，生活·读书·新知三联书店 2012 年版，第 253~254 页。

际公约》第 10 条第 1 款规定："对作为社会的自然和基本的单元的家庭，特别是对于它的建立和当它负责照顾和教育未独立的儿童时，应给予尽可能广泛的保护和协助。缔婚必须经男女双方自由同意。"对此，经济、社会、文化权利委员会在其第 16 号一般性意见中特别指出："……并保证妇女在丈夫死亡之时对于婚姻财产和遗产享有同等权利。"[1] 实践中，妇女基于性别歧视的原因在继承权的实现方面明显地处于不利地位，被不同程度地剥夺或者说服放弃了相关权利。在社会性别视角下对于继承权的平等保障主要是指，在确定法定继承人范围和继承顺序时，不因男女性别不同而有所差异，不因妇女的婚姻状况而有所差异，在代位继承上所有性别主体平等；正确划定遗产范围，保护丧偶妇女的夫妻财产权及其对丈夫遗产的继承权等。

如同妇女在享有家庭财产权、夫妻财产权以及土地财产权方面所遭受的歧视一样，妇女在面对继承权时仍然是第二性，遭受不平等的待遇。在世界各地，法律、风俗和习惯中歧视妇女继承权的做法比比皆是。在亚洲和非洲，特别是发展中国家，继承权受传统习俗、宗教法所控制。其中，伊斯兰法关于继承权的规定就是一个鲜明的例子，该法规定寡妇只能继承丈夫遗产的 1/4，如果死者有儿女，那么寡妇只能继承 1/8 的遗产。[2] 对此，伊朗《民法典》明确规定，每个儿子的遗产份额是女儿两倍。而对于寡妇的"财产霸占"不仅在非洲国家普遍存在，在亚洲的印度和孟加拉等很多国家也都比较常见，而有关国家对这类"家务事"往往持置之不理的态度。对于妇女在继承权问题上的歧视加深了妇女对于男性的依附。近年来，面对上述宗教法和习惯中对于妇女歧视，很多国家也在进行法律改革，以促进妇女平等享有继承权的状况。尼泊尔原《民法典》规定，只有 35 岁以上未出嫁的女儿才可以继承土地，如果她们出嫁，土地就被收回家族。2002 年，该国根据其宪

---

〔1〕 经济、社会、文化权利委员会第 16 号一般性意见：男女在享受一切经济、社会及文化权利方面的平等权利（《经济、社会、文化权利国际公约》第 3 条），E/C. 12/2005/4。

〔2〕 ［美］阿斯金、［美］科尼格编：《妇女与国际人权法·第 3 卷，走向赋权》，黄列、朱晓青、毕小青译，生活·读书·新知三联书店 2012 年版，第 380 页。

法修改了民法，承认了女童或者妇女的继承权，但是仍然与男性的继承权存在差距。在突尼斯，该国改变了原有伊斯兰法的部分规定，规定了男女平等的继承权。[1]

此外，针对习惯法中的男性继承财产，甚至是长子继承的做法，部分国家也在近20年的时间里，通过司法实践实现了切实的改变。例如，肯尼亚高等法院在"Ntutu案"中，援引国际人权公约的规定改变了习惯法中歧视妇女继承权的做法。南非宪法法院在"Bhe案"中，裁判歧视性的继承习惯法违反宪法，并赋予寡妇、女儿及其他儿子平等的继承权，并推动了有关习惯法的改革。[2]

在当今世界中，尽管继承法中的规定越来越趋于性别平等，但是现实中仍然有些习俗和文化妨碍妇女继承财产，她们在继承亲属财产时仍会受到家族其他人的阻挠。而寡妇的生活境遇困难则是一个世界性的问题。对此，有些国家特别规定了程序性的保障来帮助妇女保有其继承的财产。例如，在巴勒斯坦被占领土地区以及约旦都有相关规定，妇女必须经过4个月左右才能放弃继承权，以帮助其摆脱亲属的骚扰，最终保有继承权。[3]

在我国古代，家庭财产只能由男性占有和继承，寡妇再嫁不得带走财产，出嫁的女儿也不能继承父母的遗产。我国现行的法律明确规定妇女享有与男子平等的继承权，确立了妇女在财产继承方面享有与男子平等的地位，彻底否定了剥夺妇女继承权的封建宗法继承制度。这使妇女的财产权益得到法律保护，使妇女的社会地位得到提高。但是现实中，由于养儿防老等旧观念的影响，剥夺妇女继承权的现象仍然时有发生。对此，全国妇联开展的"第三期中国妇女社会地位抽样调查"显示，76.3%的人赞成"在都尽到赡养义务的前提下女儿应该与儿子平等继承

〔1〕 OHCHR, UN Women, "Realizing Women'sRights To Land And Other Productive Resources", p. 41~43, 2013, HR/PUB/13/04.

〔2〕 OHCHR, UN Women, "Realizing Women's Rights To Land And Other Productive Resources", p. 38, 2013, HR/PUB/13/04.

〔3〕 OHCHR, UN Women, "Realizing Women'sRights To Land And Other Productive Resources", p. 38, 2013, HR/PUB/13/04.

父母财产"的观点，而 10 年前赞同"出嫁女与兄弟平等继承家庭财产"的比例仅为 25.7%。同时值得注意的是，同意"寡妇再婚时应把财产留给前夫子女和家人"的人占 46.9%。上述数据表明，妇女继承权还有待于进一步的改善。

对妇女财产权现状的考察和分析表明，宗教、男尊女卑、歧视妇女的封建思想和村规民约限制了妇女财产权的享有和实现。尽管这种性别歧视制约着所有妇女人权的发展，但是其对妇女财产权的影响却是最大的，因为妇女财产权的实现和享有更多地涉及家庭生活的私领域，而公权力及法律对家庭领域的干预和调整是受到限制的，而且由于这种财产权领域的男女不平等不仅仅是一种个体歧视，还是一种群体性歧视，从而构成对妇女财产权的制度性、系统性和结构性歧视。

近年来，尽管国际人权公约和国内法在推动财产权的性别平等保障方面都取得了不同程度的进步，但是现实生活中，妇女对家庭共同财产权、夫妻财产权、土地财产权以及继承权的享有和实现仍然受到了极大的限制和侵害。各国现有的财产权制度普遍缺乏性别意识，没有充分预见到妇女的特殊状况及其弱势地位，从而造成了对妇女财产权保障的事实上的不平等，而法律途径又不能为妇女财产权提供十分完善的救济，因此，妇女财产权的保障在世界范围内还有待于进一步提高。对于性和性别少数群体而言，由于受原生家庭的排斥，或者由于法律不保护同性婚姻或者伴侣权益，性和性别少数群体的家庭共同财产权、夫妻财产权、土地权、继承权等也可能受到侵害或者得不到法律保护。因此，各国政府应该进一步加大对于性别平等原则的宣传和贯彻，努力提高国家机关及公众对于性别平等的意识，通过行政和司法途径对涉及妇女财产权问题的宗教习俗和村规民约进行引导、审查和监督，并坚决剔除和纠正基于性别的歧视以及违反国家现行法律、法规的行为和做法，从而切实尊重、保障和实现财产权的性别平等。

三、平等保障财产权的意义及国家义务

（一）平等保障财产权的意义

对于财产权的保障是维护社会稳定、自由与安全的重要因素，平等

保障所有人的财产权具有如下深刻含义。

1. 财产权是获得尊严、独立和自由的物质保障。经济学家布坎南（James M. Buchanan）曾经在《财产与自由（Property and Freedom）》一书中说过："个人的或者若干人的财产适于作为自由——完全独立于政治的或者集体的决策过程——的保证。"[1] 而剥夺了一个人的财产权就等于剥夺了他/她的自由，使其失去了对自己的支配权。因此，只有拥有稳定的、受保护的财产权，个人才有可能在其财产权所能提供的生存安全范围内，独立地、自由地安排自己的生活，不用再依附于家庭和遭受强制，才能不必受到他人的束缚、在乞讨和期望施舍中生活，从而有尊严地生活。对于妇女而言，拥有财产权可以使其成为一个独立的个体，而不再是家庭的附属物，并能够自由地享受人生，设计自己的人生规划，从而实现自我人生价值。享有财产权的范围越广，受到的法律保护程度越高，其所能提供的安全保障就越高，女性享有的独立与自由的程度也就越高。

2. 财产权是获得生存和发展的基础。财产权是人的基本权利，它来自于人的天性和生存本能。人的生活离不开食物、物质条件，对财产的占用、使用等权利能够为个人生存提供物质基础，使其享有生存的安全感和自由支配生活的能力。在财产随时会被剥夺的情况下，不仅无法维持体面的、有尊严的生活，更无法实现个人的生存价值，同时还会导致其他人权随之也被剥夺。而赋予个人平等的财产权不仅能够保障他们独立生存的能力，还能通过促进对财产权的享有进而使其在教育、健康以及社会保障等方面的人权得到进一步的享有和发展。因此，对于妇女财产权的保障，不仅是她们生存和发展的基础，也是其人格得到充分发展，享有各项自由，全面实现各项人权的重要前提。财产权不仅可以使妇女享有维持适当生活水准的权利，而且还赋予其生活得更好的发展权利。

3. 财产权是保障性别平等的前提条件。财产权是个人平等地享有

---

〔1〕　［美］詹姆斯·布坎南：《财产与自由》，韩旭译，中国社会科学出版社2002年版，第59页。

人权的基础。对于妇女的歧视，特别是使妇女处于屈从的、二等公民地位的原因，除了有社会、历史、宗教及传统文化等诸多因素之外，经济地位的不平等是造成性别不平等的最根本的因素，而无财产权则是核心的原因之一。对妇女财产权的平等保障有助于提高妇女的经济地位，她们只有在掌握财产权的前提下，才能在社会和家庭中享有自己的劳动所得，对家庭财产享有支配的能力，在妇女经济地位提高的同时，进而推动妇女的参政权等一系列人权的提高。因此，保障妇女的财产权不仅能够提高她们的经济地位，还能提高其社会和家庭地位，从而为实现性别平等打下坚实的基础。

综上所述，财产权是所有人平等享有人权的重要基础，对于实现性别平等具有重要意义。从某种程度上，妇女的人格独立、生命安全、意志和行为自由等生存和发展的基本权利都有赖于对其财产权的确认和平等保障。

（二）平等保障财产权的国家义务

在世界各国的历史上，由于社会性别分工以及宗教、文化习俗等原因，妇女长期在经济上处于依附地位，其财产权利被排斥，并遭受了系统性的侵害，并进一步加深了妇女不平等的地位。对于性和性别少数群体的歧视同样也在某些情况下阻碍他们对于财产权的平等享有。对此，国家应该全面消除性别歧视，并通过采取立法、行政和司法措施来平等地尊重、保护和实现所有人的财产权。

尊重的义务，要求国家不得基于各种性别歧视原因，阻碍和限制任何人参与支配财产和从事财产处分等活动，或限制他们获得支配和处分财产的平等机会、途径和资源。

保护的义务，要求国家采取行动防止个人和组织侵犯公民的财产权，并对违法行为进行制裁。具体而言，国家有责任通过法律或采取其他措施，保障所有人获得财产的平等机会，阻止不良的社会传统和习俗侵害他们的财产权并保护社会中各种脆弱和边缘的性别群体。对此，国家应该制定和有效实施法律，同时修订法律当中基于性别的歧视规定，从而保障所有人对于财产权的充分享有，并提供适当的法律程序给予适当的法律救济。

实现的义务，要求国家在政治和法律制度中充分承认保障所有人不分性别、平等地享有财产权。通过各种措施消除性别歧视，促进妇女对财产权意识培养、教育和宣传，摒除男主女从的封建思想，以及对于性和性别少数群体的歧视，为他们享有财产权创立必要的社会、文化和法治环境，并提供法律的、政策的和社会的基础和支持。此外，加强妇女参与土地等财产分配的决策过程，提供适当的咨询和救助。加强政府对土地分配政策的领导和监督，强化救济手段，充分发挥调解的作用，健全和完善土地仲裁制度和司法制度。从法律、行政、纪律等多方面采取措施，督促政府和司法机关等职能部门依法履行职责，平等保障公民不因性别歧视而被剥夺财产权。

问题与思考

1. 如何通过立法和司法措施提升对于离婚妇女财产权的平等保障？

2. 如何提升对于农村妇女土地财产权的平等保障？

拓展资料

1. 人权委员会：《第 19 号一般性意见：第 23 条（家庭）》，1990 年。

2. ［印］比娜·阿加瓦尔："性别、财产与土地权：填补经济分析与政策中的空白"，载［美］阿斯金、［美］科尼格编：《妇女与国际人权法·第 3 卷，走向赋权》，生活·读书·新知三联书店 2012 年版，第 888 页。

3. OHCHR, UN Women, "Realizing Women's Rights To Land And Other Productive Resources", 2013, HR/PUB/13/04.

4. 夏吟兰："离婚救济制度之实证研究"，载《政法论坛》2003 年第 6 期。

第四章　性别视角下的公民权利和政治权利

第一节　生命权

一、生命权的概念和内容

生命权是最基本的人权。如果生命权得不到保障，那么其他人权都无法享有。众多的国际人权文书以及区域性人权文书都将生命权视为首要人权予以保障，包括《世界人权宣言》第3条、《公民权利和政治权利国际公约》第6条、《欧洲人权公约》第2条、《美洲人权公约》第4条、《非洲人权和民族权利宪章》第4条等。其中《公民权利和政治权利国际公约》作为最重要的国际性人权公约之一，对生命权的保护作了如下规定。

《公民权利与政治权利公约》第6条："一、人人有固有的生命权。这个权利应受法律保护。不得任意剥夺任何人的生命。二、在未废除死刑的国家，判处死刑只能是作为对最严重的罪行的惩罚……这种刑罚，非经合格法庭最后判决，不得执行。三、兹了解：在剥夺生命构成灭种罪时，本条中任何部分并不准许本公约的任何缔约国以任何方式克减它在防止及惩治灭绝种族罪公约的规定下所承担的任何义务。四、任何被判处死刑的人应有权要求赦免或减刑。对一切判处死刑的案件均得给予大赦、特赦或减刑。五、对18岁以下的人所犯的罪，不得判处死刑；对孕妇不得执行死刑。六、本公约的任何缔约国不得援引本条的任何部分来推迟或阻止死刑的废除。"

生命权是该公约第 4 条第 2 款规定的不可克减的权利之一，因此即便在国家面临生死存亡的紧急状态下，也不能中止对生命权的保护。

生命权涉及的议题十分广泛，不仅限于上述第 6 条指出的不得任意剥夺他人的生命、避免死刑的滥用、种族灭绝、战争和核武器等问题，而且还包括更多的涉及生命存续的内容，例如：暴力、堕胎、安乐死、人工生殖、基因工程、名誉杀人等。

生命权主要保护人的物理存在。生命的精神层面与质量层面主要由其他权利加以保护，比如隐私权、宗教与表达自由以及经济社会文化权利等。现有的国际人权法法理学并不承认生命权存在一个消极的权利，即放弃生命的权利。这就意味着一个人享有生命权并不意味着同样拥有死亡的权利。[1] 与此相关的议题为安乐死合法化的问题。目前这一问题仍然由各国根据本国的情况自由裁量，不具有一个统一的国际实践或指导标准。因此，即便是出于个人的意愿请求安乐死，或者出于特殊原因而有这样的实践，也不能说出于个人意志选择死亡是一项基本权利。

与生命权相关的议题中有不少议题存在争议，包括安乐死、堕胎、人工生殖等都涉及相同的核心问题，即：这些实践是否导致他人对生命的任意剥夺？[2] 堕胎相关议题又涉及什么是生命的起点和终点？对这些问题的答案需要从人们的道德信仰入手进行思索，也需要在生命权（或潜在的生命权）与其他权利之间进行权衡，例如：他人的生命、健康或在堕胎问题上涉及的母亲的个人自治的权利，抑或在安乐死问题中涉及病人的意愿与生命质量之间的权衡。[3] 因此，对生命权的理解需要考量生命本身的意义，也往往需要与其他相关的权利相结合从而做出权衡。

---

〔1〕 例如欧洲人权法院关于 Pretty 诉英国案的判决，Pretty v. The United Kingdom, Application no. 2346/02, 29/07/2002。

〔2〕 Adam Mcbeth, Justine Nolan, Simon Rice, *The International Law of Human Rights*, Second Edition, Oxford University Press, 2017, p. 79.

〔3〕 Adam Mcbeth, Justine Nolan, Simon Rice, *The International Law of Human Rights*, Second Edition, Oxford University Press, 2017, p. 79.

生命权保障个人免于遭受来自他人的故意或预料之内的行为或疏忽而导致的非自然死亡或早逝，也保障个人享受有尊严地活着的合理预期。国家对生命权的保护既承担消极义务，也承担积极义务。

二、社会性别视角下的生命权

以社会性别视角分析生命权要求在多元性别的认识论背景下探讨不同性别群体的生命权受到何种不同影响，并分析其在实现生命权过程中的特别需求。这里的性别不仅仅是指传统意义上的男女两性，还包括性少数人群，即：同性恋、跨性别、间性人等。生命权对这些不同的性别群体而言有着不同的意义与影响，因此需要区分对待，不可以偏概全。

以胎儿为例，虽然国际上对胎儿何时开始具有生命权尚未达成一致定论，但自胎儿形成之时起，其生命权的保障就受到了性别的影响。出于性别选择的堕胎、人工生殖技术、性和性少数人群代孕问题、针对女性以及性和性别少数人群的暴力等都折射出社会性别视角对生命权的多维度理解。因此，从胎儿有生命迹象开始至胎儿的诞生直至人死亡，生命权的享有与保障所涉及的议题都会因为其性别因素而遇到不同的问题并受到不同的影响。这些不同的问题以及影响既有个体因素也有群体共性，同样需要依据实际情况区分理解。

（一）基于性别选择的堕胎和溺婴

堕胎一直是围绕生命权的一项重要议题。在大多数情况下，堕胎的争议主要围绕胎儿的生命权与女性的自主权而起，这一问题将主要在家庭与隐私权一节中进行讨论。本节主要讨论受胎儿性别因素影响下的堕胎和溺婴行为，因为实践中大部分与此相关的案例直接影响到女性胎儿和女婴的生命权。

在父权社会，男性的生命价值被认为优于女性。导致这一不公正认知的因素很多，例如在这样的性别体制中，男性往往在经济上也优于女性，从而成为家庭中主要的经济支柱以及父母养老的依靠，因此也造成很多家庭出于现实的考虑更希望生男孩，那么女孩的生命存续与价值就可能因此而受到威胁。在中国，男性传宗接代延续香火的观念依然根深蒂固，不少家庭仍然以生出男孩为家族理想，在这样的观念下，女性的生命权当然不被重视。这一现象在农村地区尤为显著，如刚出生的女婴被丢弃在荒野或者送人，未生育男孩的媳妇被抛弃或虐待等。这些腐朽的思想观念与实践成为性别因素消极影响生命权的现实写照。虽然有些家庭也会有偏向于生女孩的情况，抑或有些家庭也会出于其他原因进行堕胎与溺婴，但出于性别选择的原因进行堕胎或溺婴的行为最普遍的受害者为女性。这里所指的女性不仅包括女性胎儿和女婴，还有怀孕的妇女和母亲。在一些国家，妇女通常在怀孕 14 周至 16 周时进行胚胎的性别检查。[1] 有时，孕妇会在其家庭或社区的强制下进行堕胎，原因仅仅因为其腹中怀有女性胎儿。[2] 堕胎本身对怀孕妇女的生命权就存在威胁，即使接受堕胎的妇女的生命的物理存在未被直接剥夺，也可能影响到其享有的生命权的未来质量。强制堕胎的过程中，不安全的堕胎程序同样对怀孕妇女的生命构成威胁。此外，女性还需要承受生育女孩的后果，这可能包括暴力、遗弃、离婚，以及严重时可能面临死亡。[3] 不受欢迎的女婴在出生后也可能被家人或宗族杀害或抛弃。这些陈腐而不公正的待遇给女性的生命权享有所带来的伤害远远大于其给男性带来的影响。

通过欧洲人权法院的判例可以发现，诸多涉及堕胎的法律中，在一定孕周内（比如 12 周以内）的胎儿不被视为《欧洲人权公约》第 2 条下所保护的"人"。即使胎儿有"生命"的"权利"，这种权利也潜在的受到母亲的权利和利益的限制。然而，欧洲人权法院也没有排除在一定情况下对生命权的保护范围可能延及到胎儿的可能性，但是具体多大的胎儿具有生命权一般属于国家自由裁量的范围。但是无论如何，出于

---

〔1〕 "Preventing Gender-biased Sex Selection", OHCHR, http：//www. ohchr. org/_layouts/15/WopiFrame. aspx？sourcedoc =/Documents/Issues/Women/WRGS/PreventingGenderBiasedSexSelection. pdf&action=default&DefaultItemOpen=1，访问时间：2018 年 8 月 20 日。

〔2〕 "Preventing Gender-biased Sex Selection", OHCHR, http：//www. ohchr. org/_layouts/15/WopiFrame. aspx？sourcedoc =/Documents/Issues/Women/WRGS/PreventingGenderBiasedSexSelection. pdf&action=default&DefaultItemOpen=1，访问时间：2018 年 8 月 20 日。

〔3〕 "Ending 'Son Preference' to Promote Gender Equality", OHCHR, http：//www. ohchr. org/EN/NewsEvents/Pages/GenderEquality. aspx，访问时间：2018 年 8 月 20 日。

性别选择的原因进行堕胎的行为是对女性最大的剥削、歧视以及暴力。[1] 怀孕妇女遭受暴力的情况屡见不鲜。在很多案件中，妇女因为拒绝堕胎而遭受侵犯或杀害，抑或选择自杀。此外，出于性别选择的原因的堕胎也导致男女性别比例失衡，对社会认可的健康延续造成干扰。

还有一些国家，出于宗教等原因，一般性地禁止堕胎，这样在母亲的选择权和胎儿的生命权之间就出现了某种冲突。但对此问题，将在有关家庭和隐私权的一节作进一步论述。

就我国国内实践而言，根据国家统计局 2016 年末数据显示，我国男性人口数为 70 815 万，而女性为 67 456 万。[2] 对男孩的强烈喜爱以及现代胎儿性别检测技术是造成中国男性比例偏高的重要原因。[3]

（二）性别与人工生殖技术

人工生殖是一种通过现代人工辅助生殖技术帮助无生育能力的人进行生殖的科技。与堕胎是通过技术摧毁生命相反，人工生殖是通过技术积极创造生命。与堕胎相比，人工生殖以非自然的方式创造生命，并且可以改变生命形态，因而更具争议。人工生殖技术通过下列方式对性别产生重要影响：①选择特定性别的胚胎；②分离精子样本或者使用被分离的精子样本进行性别选择；③通过其他的技术操作以确保胎儿的性别。[4] 由此可见，人工生殖技术能够决定胎儿出生时的性别。

1. 胎儿性别选择技术的人权问题。关于人工生殖技术与人权问题，

---

〔1〕 "Canada Silent No More Association to the United Nations Human Rights Committee General Comment No. 36-49 Part III, Article 6：Right to Life", OHCHR, http：//www. ohchr. org/_layouts/15/WopiFrame. aspx？sourcedoc =/Documents/HRBodies/CCPR/Discussion/2015/Endeavour-Forum_CanadaSilent. docx&action=default&DefaultItemOpen=1，访问时间：2018 年 8 月 21 日。

〔2〕 中华人民共和国国家统计局网，http：//data. stats. gov. cn/easyquery. htm？cn = C01&zb=A0301&sj=2016，访问时间：2018 年 8 月 21 日。

〔3〕 彭训文："3000 万'剩男'跟谁结婚"，载《人民日报》2017 年 2 月 13 日，参见人民网，http：//paper. people. com. cn/rmrbhwb/html/2017-02/13/content_1749450. htm；另参见 "Safeguard for the Protection of the Rights of Children Born from Surrogacy Arrangements", OHCHR, http：//www. ohchr. org/EN/Issues/Children/Pages/Surrogacy. aspx，访问时间：2018 年 8 月 20 日。

〔4〕 "Non-medical Sex Selection：Ethical Issues", Oxford Academic, https：//academic. oup. com/bmb/article/94/1/7/309831，访问时间：2018 年 8 月 20 日。

联合国人权机构强调个人有权获得人工生殖技术的辅助。此外，美洲人权法院在"Artavia Murillo et al. 诉哥斯达黎加"案件中认为："个人决定通过人工生殖技术获得子女是私生活与家庭生活权利。"由此可见，国际人权机构认为人工生殖技术本身并不必然与人权保护相矛盾。

人工生殖技术之所以与性别产生联系是因为其实施的程序可能对女性产生重要影响。虽然男性与女性都存在无生育能力的问题，但很多情况下，出于对科学的无知，人们会将这一问题归责于女性。[1] 人工生殖技术可通过特定方式，例如通过对精子的选择，来增加特定性别的胎儿的出生几率。[2] 对于那些对孩子的性别有偏好的父母而言，人工生殖技术可以帮其如愿地获得特定性别的孩子。虽然人权法并不排斥人工生殖技术本身，但是通过人工生殖技术进行性别选择是性别歧视，是有违伦理且对社会有害的实践。

当然，也有对通过人工生殖技术进行胎儿性别选择的支持者，他们认为对胎儿性别选择技术属于个人自治原则，即个人在做出选择时，有不被他人控制以及干涉的自由。[3] 这一自由在不对他人带来威胁的情况下应该受到尊重。据此，支持者认为对胎儿进行性别选择应该属于合理的个人生殖自由，即在隐私权的范围之内。[4]

2. 受精卵和女性选择权的问题。关于受精卵是否具有生命权以及女性是否具有选择权的问题，欧洲人权法院在"Evans 诉英国案"中进行了细致的探讨。2010 年 6 月，申请人和她的前男友在一家诊所开始接受生育能力治疗。2001 年 10 月 10 日，该诊所告知申请人及其前男友，因为申请人的两侧卵巢存在严重的癌前病变肿瘤，卵巢需要被切除。医生告知他们可以在卵巢手术之前提取卵子进行人工授精。申请人

---

〔1〕"Gender and Genetics", WHO, http：//www. who. int/genomics/gender/en/index6. html, 访问时间：2018 年 8 月 20 日。

〔2〕"Ending 'Son Preference' to Promote Gender Equality", OHCHR, http：//www. ohchr. org/EN/NewsEvents/Pages/GenderEquality. aspx, 访问时间：2018 年 8 月 20 日。

〔3〕"Gender and Genetics", WHO, http：//www. who. int/genomics/gender/en/index6. html, 访问时间：2018 年 8 月 20 日。

〔4〕"Gender and Genetics", WHO, http：//www. who. int/genomics/gender/en/index6. html, 访问时间：2018 年 8 月 20 日。

及其前男友需要共同签署一项接受人工授精治疗的申请表，并且根据英国 1990 年《人类受精和胚胎法案》（以下简称"1990 法案"），他们有权在胚胎被植入申请人子宫之前的任何时候将该项同意撤回。2001 年 11 月，申请人及其前男友开始接受人工授精，并成功产生了 6 枚胚胎。两周之后，申请人接受了卵巢切除手术，医生告知她两年之后才能将胚胎植入她的子宫。2002 年 5 月，申请人与其前男友之间的关系彻底破裂。根据 1990 年法案，申请人的前男友通知诊所他既不同意申请人单独使用他们的胚胎也不同意将他们的胚胎继续储存。根据 1990 年法案的规定，他们二人所储存的胚胎因此会被销毁。申请人向高等法院申请禁止令，要求法院判决其继续使用胚胎。2003 年 10 月，申请人的申请被法院驳回。2004 年 10 月，上诉法庭维持了高等法院的决定，驳回上诉。

本案所涉的关键点在于判定生命起始于何时，以及胚胎是否在《欧洲人权公约》第 2 条生命权的保护范围之内。法院认为，对于生命开始的时间缺乏统一的认定，因此这一问题应交由各成员国进行自由裁量。在英国法下，胚胎没有独立的权利和利益，不享有第 2 条所保护的生命权。因此，大审判庭认为由申请人及其前男友共同创造的受精卵不享有第 2 条所保护的生命权，因而本案也就不存在违反生命权的情况。

本案还涉及《欧洲人权公约》第 8 条所规定的私生活和家庭生活受到尊重的权利的问题。申请人提出由于英国法允许她的前男友撤回储存和使用胚胎的同意书，这使得她拥有一个和自己基因相关联的孩子的权利被剥夺。第 8 条所规定的"私人生活"包含了决定是否成为父母的权利。由于英国法律以及实践并未禁止她收养孩子或生育一个源于他人捐赠精子的试管婴儿的权利，申请人并没有申诉她在社会、法律乃至精神意义上成为母亲的权利被剥夺。她所申诉的是其在成为一名生物意义上的母亲的权利未能得到法律的尊重。这一问题落入第 8 条的保护范围内。本案的核心难点在于第 8 条所保护的权利在两名相关个人（即申请人及其前男友）的隐私权之间发生了冲突。如果申请人被允许继续使用胚胎，那么将会侵害其前男友选择不成为一名父亲的权利。因此，无论英国法律采取何种解决方案，都会侵害一方当事人权利。欧洲人权法院在本案中所重视的问题为英国的立法规定是否在公共利益与私人利益的冲突之间维持了衡平以及立法的过程是否足够民主、反映了大众的观点。欧洲人权法院认可英国法院认定申请人的前男友从未允许申请人单独使用他们所共同创造的胚胎这一结论。欧洲人权法院认为，法律规则的绝对本质旨在提升法律的确定性，并避免个案决断过程中的恣意性。因此，欧洲人权法院同意英国国内法院的判决，认为申请人不能够单独使用他们共同创造的胚胎。

（三）针对女性或性和性别少数群体的暴力与生命权

针对女性的暴力是对妇女的人权和基本自由的侵犯，损害女性对其他权利和自由的享有，包括生命权。[1] 性别暴力议题在家庭隐私权一节和其他章节中也会讨论，本章主要针对侵犯到生命权的性别暴力。针对女性的暴力可以体现为：身体、心理或性伤害，威胁、胁迫进行前述行为，以及剥夺人身自由等。[2]

1. 针对女性的暴力。针对女性的暴力可以表现为多种形式，例如：亲密伴侣之间的暴力、家庭暴力、基于性别原因的杀害，包括"荣誉杀害"，性暴力以及针对性别的暴力。此外，将性别暴力作为战争武器、强迫结婚、硫酸袭击、贩卖年轻妇女、强迫绝育等都是针对女性的暴力形式。[3]

针对妇女的暴力是造成妇女死亡的主要原因，因此也构成对妇女生命权的威胁因素之一。各种形式的针对女性的暴力都可能侵害女性的生命权。根据世界卫生组织的统计，在世界范围内每三人中就有一名妇女经历过来自亲密伴侣进行的针对其身体的暴力或性暴力；世界范围内，

---

〔1〕 "Special Rapporteur on Violence against Women, Its Causes and Consequences", OHCHR, http://www.ohchr.org/EN/Issues/Women/SRWomen/Pages/SRWomenIndex.aspx, 访问时间：2018 年 8 月 20 日。

〔2〕 "Violence against Women", OHCHR, http://www.ohchr.org/EN/Issues/Women/Pages/VaW.aspx, 访问时间：2018 年 8 月 20 日。

〔3〕 "Violence against Women", OHCHR, http://www.ohchr.org/EN/Issues/Women/Pages/VaW.aspx, 访问时间：2018 年 8 月 20 日。

有 38% 的被谋杀的妇女案件的实施者为男性。[1] 大部分针对妇女的其他形式的暴力的实施者是男性。针对妇女的暴力可能导致对妇女的杀害或者致使受害妇女自杀的后果，还可能提高遭受暴力的妇女所孕育的儿童的死亡率，威胁儿童的生命权。此外，在不少国家，女性遭受家庭暴力却得不到有效救济进而杀害施暴者，结果被判死刑的案例也不在少数。

在探讨针对女性的暴力时，要特别注意一些以文化相对主义为由对女性的体制性迫害。比如印度还存在女性因为嫁妆不够被夫家杀害的现象。印度种姓制度导致不同种姓之间进行通婚可能面临家族的反对进而威胁到恋人性命的结果。名誉杀害也是侵害女性生命权的一种常见形式。在中东等一些国家，存在为了维护家族荣誉而杀害女性的陋习。女性被强奸了，家族的男性如兄弟等，不去追究强奸者的罪行，反倒将受害的女性家人杀死，这是一种无法以文化相对主义来解释的落后习俗。

我国也同样存在各种形式针对女性的暴力，其中家庭暴力就是典型的例子。家庭暴力导致受害妇女死亡的案件不足为奇。家庭暴力的受害人通常为女性，施暴人以男性居多。由于文化保守，家庭暴力受害人通常不愿意寻求他人或公权力机构的帮助，只有当身心受到严重威胁时才选择反抗。在长期压抑与伤害下，家庭暴力受害人可能走向极端，选择自杀或者杀害家暴实施人，从而对生命权产生威胁。

2. 针对性和性别少数群体的暴力。性和性别少数群体也是针对性别的暴力的受害人群之一。世界各地区的同性恋、双性人、变性人都面临着来自社会的歧视与偏见，经常面临遭受暴力的风险。世界范围内，性和性别少数群体可能面临包括制度性和其他背景下的谋杀、绑架、强奸以及酷刑等虐待行为。[2] 针对性和性别少数人群的暴力行为无疑增加了性和性别少数人群面临他杀或者自杀的可能性，从而威胁其生命权

---

〔1〕 "Violence against Women", OHCHR, http：//www. ohchr. org/EN/Issues/Women/Pages/VaW. aspx，访问时间：2018 年 8 月 20 日。

〔2〕 "终止针对女同性恋、男同性恋、双性恋、跨性别者和双性人的暴力和歧视"，世界卫生组织网，http：//www. who. int/hiv/pub/msm/Joint_LGBTI_Statement_CHI. pdf? ua＝1，访问时间：2018 年 8 月 20 日。

的享有。在一些国家，性和性别少数人群经常被强迫接受医疗，迫使其性倾向与社会主流观念中的性别相符。他们可能在进行医疗的过程中遭受迫害，被迫接受有害的改变性倾向的治疗或者进行绝育手术等。[1]这些有害的实践都属于针对性和性别少数群体的暴力，对性和性别少数人群的生命权造成了严重的威胁。因此，联合国人权高级专员办事处特别程序机制高度重视针对性和性别少数群体暴力这一议题，并且将其纳入法外处决、即审即决或任意处决问题特别报告员的调查与报告事项中。

社会上存在的对同性恋的仇视成为同性恋人群面临暴力的主要根源。2015 年 9 月，联合国机构发文呼吁各国政府尽快行动起来，终止针对各年龄段女同性恋、男同性恋、双性恋、跨性别者和双性人的暴力和歧视。[2]联合国各机构注意到青年性少数人群，特别是女性在家庭和社区中尤其容易遭受身心暴力和性暴力。在寻求庇护以及紧急的人道主义状况中，性少数人群依然面临暴力威胁。例如，2014 年人权委员会在对黑山共和国的审议中表述其对黑山缺乏对性少数人暴力行为的有效调查与起诉现象的关切。[3] 2014 年，禁止酷刑委员会同样就黑山共和国公民由于倡导维护性少数人权益而遭受的死亡威胁表示谴责。[4]在很多国家，性少数人都面临着暴力威胁。制度上的缺乏使得这一群体的生命权难以得到有效保障。

在具体探讨针对性和性别少数群体暴力问题时，往往牵涉该群体的隐私权。有些国家对成年人之间的同性关系进行定罪，严重的可能被判处死刑。这样的法律规定直接或间接地对性和性别少数群体的生命权产生了威胁。

---

〔1〕 "终止针对女同性恋、男同性恋、双性恋、跨性别者和双性人的暴力和歧视"，世界卫生组织网，http：//www. who. int/hiv/pub/msm/Joint_LGBTI_Statement_CHI. pdf?ua = 1，访问时间：2018 年 8 月 20 日。

〔2〕 "终止针对女同性恋、男同性恋、双性恋、跨性别者和双性人的暴力和歧视"，世界卫生组织网，https：//www. who. int/hiv/pub/msm/Joint_LGBTI_Statement_CHI. pdf?ua = 1，访问时间 2019 年 2 月 16 日。

〔3〕 CCPR/C/MNE/CO/1，21st November 2014，Para. 8.

〔4〕 CAT/C/MNE/CO/2，17th June 2014，Para. 23.

三、保障生命权的国家义务

根据国际人权法理论关于国家义务的类型学，国家在保护生命权方面承担的义务可以分为三个层次：尊重的义务、保护的义务以及实现的义务。联合国呼吁各国通过修订法律和政策，加强国家机构建设、教育、培训和其他举措，以尊重、保护、促进和实现所有人权。本部分主要从社会性别视角分析在保护生命权方面不同层次的主要国家义务。在履行国家尊重、保护以及实现生命权的过程中将各项国家责任与我国男女平等的基本国策以及其他关于维护妇女和性少数人群权益的国际与国内政策相结合，有利于在社会性别视角下维护生命权。

（一）尊重的义务

国家承担的尊重义务是一种消极义务。这一义务要求国家不直接或者间接妨碍个人对生命权的享有。国家的政策、体系与行为不损害个人对生命权的享有。国家自身不进行任意剥夺他人生命的行为。

国内法律体系应该保障人的生命权。国内刑事法律体系应该禁止任意剥夺他人生命的行为，并且对这类行为进行调查，追究触犯法律者的刑事责任。虽然国际人权法不绝对禁止死刑，但是国家刑法应该避免对女性不公平地适用死刑，比如因为反抗家暴而杀死施暴者的女性。

国家还应该确保其公共机构不会因为性别原因滥用暴力，侵犯女性或性和性别少数群体的生命权。

国家虽然可能采取措施以规制自愿终止怀孕的行为，但是这些措施必须不对怀孕的妇女或女孩的生命造成威胁。[1]

国家还应保证国内政策不产生针对性别的歧视，不支持出于性别选择的堕胎以及任何形式的基于性别的暴力。国内法律还应该消除对妇女以及性和性别少数人群的歧视，否定家庭暴力，避免体制性的性别歧视。

（二）保护的义务

国家承担的保护义务是一种积极义务，要求国家采取恰当的措施，

---

〔1〕 General comment No. 36（2018）on article 6 of the International Covenant on Civil and Political Rights, on the right to life, CCPR/C/GC/36, 30th October 2018, Para 8.

在可预知的前提下，保护个人免于遭受来自除国家之外的其他的个体或机构进行的威胁生命权的行为的侵害。国家应该采取措施对来自国家之外的第三方的侵害生命权的行为进行调查、惩罚、提供赔偿等。[1]

国家法律应该禁止个人因为性别选择原因做出堕胎、杀害女婴等等行为，并对施害人追究有足够震慑力的刑事责任。

国家法律应该对人工生殖技术涉及的人权问题进行充分研究，立法规范人工生殖服务，禁止通过技术选择胎儿性别等等。[2]

就针对妇女和性和性别少数群体的暴力这一问题而言，国家应该确保对针对性别的暴力实施者进行责任追究，使其受到法律的惩罚。存在名誉杀人习俗的国家应该通过法律严禁并惩罚这种行为。国家应当保护性和性别少数人群免遭暴力、酷刑和虐待。为实现这一目标，国家应该调查和起诉针对成年、青少年和儿童中性和性别少数人群的暴力、酷刑和虐待现象，并就这类行为提供补救措施，积极为受害人提供救济。

针对家庭暴力，除了惩罚施害者，国家可以采取的积极措施包括：建立相关部门合作机制，促进对受害人的救助，为受害人提供保护令或避难所等。[3]

（三）实现的义务

国家承担的实现义务要求国家通过采取立法、政策、财务、司法等积极长期的措施实现生命权。国家可以通过制定应对策略或者长期战略进而实现这一目标。

对于出于性别选择的堕胎问题，国家应该采取措施，减少堕胎过程中对性别的选择。在法律层面，国家可以通过修改继承法等相关法律，

---

〔1〕　General recommendation No. 35 on gender-based violence against women, updating general recommendation No. 19, CEDAW, para. 24 (b).

〔2〕　"No Mandate for Amendments to Right to Life in Paras. 9 & 10 Draft General Comment No. 36", OHCHR, http: //www. ohchr. org/_ layouts/15/WopiFrame. aspx? sourcedoc =/Documents/HRBodies/CCPR/GCArticle6/WOOMBInternational. docx&action = default&DefaultItemOpen = 1, 访问时间：2018 年 8 月 20 日。

〔3〕　"Report of the Special Rapporteur on Violence against Women, Its Causes and Consequences", OHCHR, https: //documents - dds - ny. un. org/doc/UNDOC/GEN/G17/162/08/PDF/G1716208. pdf? OpenElement, 最后访问时间：2018 年 8 月 20 日。

赋予女性与男性同等的权利，促进性别平等。为了实现这一目标，国家可以采取适当的激励措施，鼓励国民对女孩进行重视。

针对妇女以及性和性别少数群体的暴力问题而言，国家一方面可以采取积极的宣传措施，改变人们对女孩、女性的观念和行为，倡导性别平等与女性权利[1]，另一方面也应该注意增强女性平等且安全地参与媒体活动与信息交流的权利，促进妇女在公私领域的性别平等以及妇女赋权。[2]

对性和性别少数群体的歧视态度是这一群体面临暴力的根源。国家应该进行教育、培训与宣传，从观念上消除对性和性别少数群体的歧视与仇视。[3]

问题与思考

1. 性别歧视会对生命权的享有产生什么样的影响？

2. 基于性别的暴力产生的原因是什么？

3. 人工生殖技术进行胚胎性别选择是否属于父母的自由选择权？

拓展资料

1. ［美］德沃金：《生命的自主权：堕胎、安乐死与个人自由的论辩》，郭贞伶、陈雅汝译，中国政法大学出版社 2013 年版。

2. ［美］约翰·V. 怀特、［美］克利斯托夫·L. 布莱克斯利："妇女还是权利：应当如何理解和实施妇女权利？"，载［美］阿斯金、［美］科尼格编：《妇女与国际人权法·第二卷，妇女权利的国际和区域视角》，黄列、朱晓青译，生活·读书·新知三联书店 2009 年版，第 55-84 页。

―――――――――

〔1〕 "Ending Violence against Women", UNWomen, http：//www. unwomen. org/en/what-we-do/ending-violence-against-women，访问时间：2018 年 8 月 20 日。

〔2〕 "Statement by Ms. Dubravka Simonovic, Special Rapporteur on violence against women, its causes and consequences", OHCHR, http：//www. ohchr. org/Documents/Issues/Women/SR/StatementCSW12March2018. pdf，访问时间：2018 年 8 月 20 日。

〔3〕 "Combating Homophobic Violence Against Women", OHCHR, http：//www. ohchr. org/EN/newyork/Stories/Pages/LBTPanelDiscussion. aspx，访问时间：2018 年 8 月 20 日。

3. 玛雅·基里洛娃·埃里克森："堕胎与生殖健康：让国际法更多地回应妇女的需要"，载［美］阿斯金、［美］科尼格编：《妇女与国际人权法·第三卷，走向赋权》，生活·读书·新知三联书店 2009 年版，第 3~71 页。

4.［美］朱迪斯·贝尔：《女性的法律生活：构建一种女性主义法学》，熊相怡译，北京大学出版社 2010 年版，第 182~217 页。

第二节　刑事司法中的人权

一、刑事司法中人权的概念和内容

刑事司法中的人权保障是人权法的重要内容，有相当详细和丰富的国际人权标准。人权语境中的刑事司法有狭义和广义之分。狭义的刑事司法仅指从某人被起诉犯有刑事罪行到终审判决（包括上诉）这一阶段，可适用的人权规范主要是《公民权利和政治权利国际公约》第 14、15 条。广义的刑事司法则还包括审前阶段，即某人可能因刑事指控被逮捕和拘禁而被剥夺自由的阶段，以及在终审定罪后直至服刑结束（或在被判处死刑时被处决）的阶段。对前一阶段，可适用的人权规范主要是《公民权利和政治权利国际公约》第 9 条；对后一阶段，《公民权利和政治权利国际公约》第 10 条（主要是其第 3 款）具有相关性。在死刑情况中，《公民权利和政治权利国际公约》第 6 条则具有相关性。另外，无论是在审前阶段、审理阶段还是执行判决阶段，保障任何人不遭受酷刑或者残忍的、不人道的、侮辱性的待遇或惩罚的，《公民权利和政治权利国际公约》第 7 条和第 10 条第 1 款也适用。

任何刑事制度中，参与的个人主要分为两类：加害者（犯罪嫌疑人、被告）和受害者。然而，迄今为止的人权规范和制度主要关注前者的权利，而很少关注后者的权利。例如，在《公民权利和政治权利国际公约》中，就基本没有保护受害者权利的规定。但是，一方面，《公民权利和政治权利国际公约》第 2 条第 1 款规定的国家"确保"个人享有该公约规定的权利意味着，国家承担着保护个人免遭第三方侵害的积极义务，因此国家必须采取适当措施或者恪尽职守来防止、惩罚、调查或者补救第三方的侵害行为；[1] 另一方面，许多刑事罪行的受害者之所以受害，是基于其生理性别或社会性别。因此，在考虑刑事司法中的人权保障时，必须将受害者的权利纳入其中。

二、社会性别视角下刑事司法中的人权保障

（一）刑事司法中的性别

"从性别视角看待刑事司法制度涉及分析其对女性和男性的影响以及确保女性的权利、视角和需要与男性的一样，得到相同的考虑"；[2] 同时，还需要考虑刑事司法制度如何公平公正地对待性倾向和性别认同事项。

刑事司法对保障人权至关重要，但其本身是一个更加广泛的领域，除了上述逮捕、羁押、审判、服刑等方面外，还涉及犯罪的诸多方面和囚犯的改造方面。绝大部分刑事司法制度或任何刑事司法制度的绝大部分从表面上看来是性别中立的，绝大部分人权规则也不注重这方面。例如，《公民权利和政治权利国际公约》第2条第1款、第3条和第26条确实规定了不得歧视女性；不过，与其第6条第5款、第10条第2、3款、第14条第1、4款专门规定了未成年人的权利不同，该公约在刑事司法方面，并没有对女性或从性别角度有任何特别的规定，除了第6条第5款禁止对孕妇执行死刑——但其着眼点也在于保护胎儿而非孕妇本身。在《消除对妇女一切形式歧视公约》中，也只是在第2条（g）项中要求各国"同意废止本国刑法内构成对妇女歧视的一切规定"，在第15条第2款中规定各国应"在法院和法庭诉讼的各个阶段"给予男女平等待遇，而没有专门规定女性在刑事司法的各个阶段的专门权利。

然而，有几个方面使得刑事司法与性别问题紧密联系，需要密切关

---

〔1〕 人权事务委员会第31号一般性意见，第8段。参见消除对妇女歧视委员会第19号一般性意见，第9段。

〔2〕 联合国法官和律师独立问题特别报告员的临时报告，A/66/289，2011年8月10日，第20段。

注。第一个方面是总体性的，即整个刑事司法制度围绕男性而设计，缺乏对女性以及性别问题的敏感性。刑事司法制度的核心目的和作用是惩治犯罪，由于在任何国家，犯罪者都主要为男性，因此犯罪理论和实践都只是或主要关注男性犯罪问题。对于女性犯罪，则有两种视角。一种是将从解释男性犯罪中发展出来的传统理论适用于女性犯罪，这种视角不考虑女性犯罪可能具有有别于男性犯罪之处；另一种是从个体上解释女性犯罪，而不诉诸男性犯罪理论，但是许多这样的解释运用公然带有性色彩的、无实证支持的对女性心理和状态的假设。无论基于哪种视角，当这种貌似性别中立但实际上没有社会性别视角的刑事司法制度适用于女性以及与性和性别有关的犯罪时，就会形成对女性以及性和性别少数群体事实上的压迫和损害。任何犯罪都是一种社会过程和结果，因此仅关注对犯罪本身的惩处而不考虑犯罪如何产生和防治，或在考虑的过程中不纳入女性犯罪受到其社会状况更大影响和作用的事实，无论是对于减少女性犯罪，还是对于改造女性罪犯，都是不利的。女性犯罪的情节往往不同于男性，例如非暴力犯罪多，作为男性犯罪的从犯的多；在暴力犯罪中，与家庭关系有关的多。有相当多的女性犯罪的背后原因是女性的经济、社会和文化弱势地位，是一种或多种歧视、排斥、成见、暴力直接或间接导致的结果。例如，女性的暴力犯罪，有很多是针对当前或过去的丈夫或同居者，原因往往又是因为受到他们的家庭暴力；很多时候，正是由于家庭暴力——这是一种典型的基于性别的暴力——得不到足够关注与适当处理，而最终演变为造成人身死亡或重伤的犯罪。如果丈夫长期殴打妻子、最后致其死亡，以虐待罪论处，而受虐妻子杀死丈夫，则以杀人罪追究，这就是典型的表面上性别中立的刑事司法制度造成事实上的性别歧视的情况。再例如，在青少年犯罪预防方面，由于青少年犯多为男性，因此相关对策和做法可能忽视对青少年女性犯罪的预防。

第二个方面是具体性的，即在许多刑事司法制度中，存在歧视女性以及性和性别少数者的规定和做法。《消除对妇女一切形式歧视公约》第2条（g）项要求各国"同意废止本国刑法内构成对妇女歧视的一切规定"，这即承认这种现象的存在。这尤其体现在罪名的设定上。

与性或性别有关的罪名大致可以分为三类。第一类罪名公然针对女性或在实际适用中主要针对女性，而其根据是对女性的歧视或成见。在任何国家，刑事法律制度都具有保护公共道德的作用，刑事制裁被用于纠正性方面的"不道德"，而一旦所谓公共道德中充满了对女性的歧视和成见，就会出现许多公然或实际上针对女性的罪名。诸如通奸、卖淫、不当性行为（包括非法同居）或违反着装规定等罪名，尽管表面上是中立的，男女皆可犯下或共同犯下，但在适用中往往只是或主要针对女性。而且，被指控犯有与道德有关的罪行的女性往往比男性受到更严苛的对待，原因很可能是她们违背了所谓的性别角色。

第二类罪名可以说是保护女性的罪名。这些罪名所指向的行为中，有些专门保护女性，有些尽管可能发生在任何性别之间，但其受害者通常或主要是女性。这样的罪名越多、越详细，对女性提供的保护就越多、越有力。这些罪名所涵盖的行为可以统一归入针对妇女的暴力。针对妇女的暴力是基于性别的暴力最主要但非唯一的表现。消除妇女歧视委员会在第 19 号一般性意见中，指出"基于性别的暴力是严重阻碍妇女与男子平等享受权利和自由的一种歧视形式"，但正如该一般性意见标题所示，针对的主要是针对妇女的暴力，这种暴力是指"因为妇女的性别而对之施加的暴力或不成比例地影响妇女的暴力"，"包括施加身体的、心理的或性的伤害或痛苦、威胁施加这类行动、压制和其他剥夺自由行动"。这些行为包括但不限于强奸和其他形式的性攻击、家庭暴力和虐待、强迫婚姻、因嫁妆不足而被杀害、"荣誉杀害"、毁容、女性生殖器切割、贩卖妇女及意图营利、迫使妇女卖淫、性骚扰、强制绝育或堕胎等。消除对妇女歧视委员会指出，缔约国应采取一切必要的法律及其他措施，有效地保护妇女不受基于性别的暴力，这种措施应包括刑事处罚在内。这即意味着缔约国有义务将基于性别的暴力规定为刑事罪行，并在这些罪行发生时，进行调查、起诉、审判和惩罚。

从社会性别视角看，这些保护女性的罪名有时会构成对男性的歧视。例如，如果将强奸仅定义为违背女性意志与其发生性关系，那么这一罪行不适用于男性对男性或女性对男性的强奸，而以其他罪名对这种侵害行为的惩处力度可能不及强奸罪。另一方面，性犯罪单方面对女性进行保护，也强化了女性是性客体的刻板印象。

第三类罪名涉及性倾向、性别认同或者被认为是"不正常的"性行为和性表现。为保护公共道德和他人的权利，将某些性行为或性表现如裸露癖规定为违法行为符合人权原则和精神。但是，在许多国家，有很多人"因性取向和性别认同而面临着多重、交叉和严重形式的暴力和歧视"，[1] 其中就包括某些性倾向、性别认同本身或某些并不影响他人的性行为被规定为违法甚至犯罪。例如，一件提交人权委员会的来文诉称，澳大利亚塔斯马尼亚刑法典将男性之间的各种性接触定为犯罪，包括两相情愿的成年人同性恋男子之间私下各种形式的性接触。人权委员会认定，这样的法律规定无理地干涉了来文提交人根据《公民权利和政治权利国际公约》第17条享有的隐私权。[2] 实际上，任何基于性倾向、性别认同本身或并不影响他人的性行为的罪名，都不符合基于性别的人权保障。

即使基于性别的暴力行为在立法中被规定为犯罪，但在追究过程中，从社会性别角度看，仍有可能基于性别歧视和成见，出现三种情况。第一种情况是，对基于性别的暴力行为不予追究或追究不力，至少是不像追究其他一些罪行一样追究。如果一个人在街上殴打另一个人（无论各自性别），警察很可能介入，肇事者很可能被起诉和审判；但如果一个丈夫殴打妻子，则有可能被当作"家务事"而不受追究。第二种情况是，有些文化中，存在将女性遭受的性暴力至少部分归咎于女性的现象，如其两性关系不检点、衣着或行为不适当等，其背后的原因仍在于对女性的刻板印象。例如，人权委员会对乌克兰表示关切的是，该国有法律规定，可以向家庭暴力受害者（通常为女性）发出有关不

〔1〕　人权理事会第32/2号决议："防止基于性取向和性别认同的暴力和歧视"，A/HRC/RES/32/2，2016年6月30日通过，第3（e）段。

〔2〕　Toonen v. Australia, CCPR Communication No. 488/1992, paras. 8.1~8.6.

要"挑衅"的官方警告。[1] 而当性暴力的受害者为男性时，则可能存在他们本可以也应该反抗的假定，这同样出于一种性别刻板印象。与第二种情况存在联系的第三种情况是，在处理基于性别的暴力时，缺乏性别敏感，例如依据"贞操检查"来确定女性受害者是否受到性侵害以及性侵害的程度，或者认为男性遭到性侵害受到的伤害程度低于女性受到的伤害程度，或者认识不到受害者受到侵害是基于其性取向以及/或者性别认同，等等。这些刻板印象以及文化形成的耻辱感即"污名化"，往往使受到轻至语言上的性骚扰、重到暴力攻击的受害者不愿意通过报案而诉诸司法；[2] 或在报案后，不愿意继续追究。司法制度和程序缺乏性别敏感性，又会加重这种不情愿。在有些司法制度中，如果存在通奸的罪名，则有时强奸会被当作通奸，同时惩罚施暴者和受害者，甚至只惩罚受害者——往往是女性。当女性作为主要受害者的罪行不被追究或追究不力时，会加剧受害者的精神痛苦，造成二次伤害。

在这一方面，可以作为正面例证的是，瑞典在性犯罪上的警察立案率是世界最高的，但这并不是因为瑞典的强奸或其他性暴力犯罪猖獗，而是因为瑞典有全方位防止性侵害的法律制度。可以作为负面例证的，是人权委员会审议的"L. N. P 诉阿根廷"案。该案中，一位 15 岁的土著少女遭到三名男性青年的口交和肛交强奸。她到警察局报案时，穿着血迹斑斑的衣服、哭着等了几个小时才有人接待。当她在医疗中心接受检查时，不仅又等了几个小时，而且受到了对她身体受伤部位的触摸检查，而根本不考虑这对她造成的极端痛苦；她还受到了阴道检查以确认她是否是处女，而不顾事实上她所遭的袭击只需要进行肛门检查。而在对施暴者的审判中，法庭向所有证人询问她是否是名妓女，称她有长期遭奸污的现象，并将提交人失去童贞作为主要因素，得出结论认为，无法表明她对性行为不同意，却对她的证词不予理睬，并因此判决三名被

---

〔1〕 人权事务委员会对乌克兰第六次报告的结论性意见，CCPR/C/UKR/CO/6），28 November 2006, para. 10.

〔2〕 例如，禁止酷刑委员会就曾指出，"任何男女不到万不得已不愿说出遭受过强奸和/或其他形式性侵犯的原因"。V. L. v Switzerland, CAT Communication 262/2005, para. 8.8。

告无罪。基于这些情况，人权委员会认定，阿根廷违反了《公民权利和政治权利国际公约》第 3 条、第 7 条、第 14 条第 1 款、第 17 条、第 24 条、第 26 条以及与这些条款相关的第 2 条第 3 款。[1]

（二）　刑事审判和量刑中的人权保障

作为刑事司法制度中的核心环节，刑事审判和量刑中不仅存在保障人权的问题，而且同样存在性别问题。尽管多项人权公约规定了平等权和不受歧视权，包括不受基于性别的歧视的权利，《公民权利和政治权利国际公约》第 14 条第 1 款明确保障了"任何人受刑事控告或因其权利义务涉讼须予判定时，应有权受独立无私之法定管辖法庭公正公开审问"，《消除对妇女一切形式歧视公约》第 15 条第 2 款要求各缔约国对于妇女"在法院和法庭诉讼的各个阶段给予平等待遇"。但是，世界上绝大多数国家的刑事审判制度都主要围绕男性而设计，因此也存在由此导致的缺乏对女性以及性别问题敏感的问题。而"保护妇女原告人、证人、被告人和囚犯，确保她们在法律程序之前、期间和之后不受威胁、骚扰和其他形式的伤害"[2]，对于保障女性诉诸司法的权利至关重要。

第一，很多国家的刑事诉讼程序极为复杂、具有高度的技术性、非常昂贵，这使得寻求司法正义非常复杂、令人困惑和有挫败感、耗时费力。因此对于社会处境不利者或处于弱势地位者来说，更加不利。而在绝大多数国家，女性就属于此类。例如，在消除对妇女歧视委员会审议的 AT 诉匈牙利案中，由于匈牙利刑事诉讼的漫长和不便，提交人历经三年多仍未获得针对家庭暴力的足够保护。[3] 如果诉诸正式刑事司法极为艰难，在仍存在基于社群的非正式司法制度的国家中，妇女可能不得不求助这样的制度，但在这些往往由男性以及传统主导的制度中，女性的权利更加难以得到保障，甚至会受到进一步的侵犯。

如果女性是刑事诉讼中的被告，则辩护权对其能否获得公正审判至关重要。人权事务委员会指出："是否能够获得法律帮助往往决定了一

---

[1]　L. N. P v. Argentina, CCPR Commnication 1610/2007, paras. 13.3~13.9.

[2]　消除对妇女歧视委员会第 33 号一般性意见，第 18（g）段。

[3]　AT v. Hungary, CEDAW Communication No. 2/2003, paras. 8.4, 9.4.

个人是否能够诉诸有关诉讼或有效地参加诉讼。"[1] 但是，一方面，家人可能更加不愿意为女性亲人寻求法律帮助，如聘请律师，另一方面，处于贫困状态的女性更可能无法、无力凭自己的力量寻求和获得法律帮助。在这样的情况中，法律援助就极为重要。而当国家没有完善的甚至是一定的法律援助制度时，女性（与其他社会处境不利的个人）会受到格外的影响。因此，消除对妇女歧视委员会指出，"关于保证妇女不会因经济能力而无法利用司法系统的问题，一个关键因素是在所有法律领域的司法和准司法程序方面，提供免费或低收费的法律援助、咨询和代理服务"。[2]

第二，世界上很多国家的司法机构的大多数甚至绝大多数成员都是男性——不仅法官多为男性，而且诸如检察官和律师等诉讼参与人也多为男性。如果他们没有明确的性别意识和视角，就可能在进行或参与审判时，自觉或不自觉地带入性别偏见以及/或者成见，或至少是缺乏性别视角和对性别问题的敏感。这尤其体现在对基于性别的罪行（特别是强奸）的法庭诘问和作证环节中。

联合国法官和律师独立问题特别报告员指出，在强奸案中，有些有性别偏见的证据和程序规则就体现了性别成见：需要身体暴力的证据以表明未获同意；妇女可能撒谎，因此证据只应在经过核实后方可接受；可以假定妇女愿意有性行为；可以推断妇女同意有性行为，哪怕她们受到胁迫或威胁，因为她们没有说不同意；先前的性经历使妇女倾向于愿意或自动同意有性行为；妇女深夜在偏僻的地方或穿着特殊，就要对遭受性攻击负责，或是自找性攻击；性工作者不可能被强奸；被强奸的妇女不是受到伤害，而是丢人、不要脸、自找的。[3] 在弗提多诉菲律宾案中，对于提交人所诉的强奸者被判无罪释放一事，消除对妇女歧视委员会强调："刻板印象影响妇女获得公平公正审判的权利，司法机构必

---

[1] 人权事务委员会第 32 号一般性意见，第 10 段。
[2] 消除对妇女歧视委员会第 33 号一般性意见，第 36 段。
[3] 联合国法官和律师独立问题特别报告员的临时报告，A/66/289，2011 年 8 月 10 日，第 48 段。

须谨慎行事，不得仅仅根据关于强奸受害人或一般基于性别之暴力受害人的先入为主的观念，订立妇女或女童应当如何面对或应对强奸的固定标准。"[1]

当女性受害者（或其他性和性别少数者）作为证人作证而受到被告律师的诘问时，如果法官对于遭受性暴力的女性的心理创伤没有足够的认识，往往就会忽略被告律师的没有必要的、侵入性的、令人困窘的诘问可能给受害者带来的二次伤害。同样，如果法官心目中存在男性心理应该更强健的成见，那么在庭审中，也可能忽略会对男性或任何人带来严重心理影响的情况。在弗提多诉菲律宾案中，消除对妇女歧视委员会指出，"来文人受到了道德和社会的伤害和偏见，尤其是审判过程过长，并因裁决所依据刻板观念和基于性别的谬论而二次受害。"[2]

第三，量刑环节也会受到性别因素的影响。由于有关量刑的规则和考虑在传统上都是基于男性犯罪的特征设计和发展的，因此往往不会充分考虑女性的生活现实、特征、责任以及在犯罪中的角色。在女性作为被告且被定罪的案件中，有人可能认为法院会对其手下留情，予以轻判，其实不然。在犯罪者中，女性较少，但这反倒有可能造成对女性的量刑更重，因为女性会被贴上"不应该犯罪"的标签，而一旦犯罪，就被认为破坏了这种性别设定，因此要遭受格外严厉的惩罚。这样，女性就等于受到了双重惩罚，不仅因为其犯罪，还因为其没有扮演社会期望其扮演的角色。但另一方面，如果根据女性的角色如其家庭责任而减轻刑罚，这也是基于一种对女性的成见，具有男权和家长制的色彩。而在男性作为性暴力犯罪的被告且被定罪的案件中，如果法官的男女平等意识以及/或者性别意识不强，就可能对男性施暴者处以较轻的刑罚，因为他们觉得女性受害者多少要对所发生之事负责，以及/或者不认为其证词非常可信。在性少数者无论是作为犯罪者还是受害者的案件中，不正确的性别意识也会影响量刑：法官可能因被告的性取向以及/或者性别认同——这可能与其所犯罪行无关——而对其施予较重的刑罚；或

---

〔1〕　Vertido v. Philippines, CEDAW Communication 18/2008, para. 8.4.

〔2〕　Vertido v. Philippines, CEDAW Communication 18/2008, para. 8.8.

者可能因受害者的性取向以及/或者性别认同而对施暴者处以较轻的刑罚，尤其是在社会广泛容忍对性少数者的歧视和侵害的文化中。

在具体的刑罚方面，诸如以石头打死（"石刑"）和鞭刑等刑罚本身就属于国际法所禁止的残忍的、不人道的和侮辱性的待遇，而如果只适用于女性（如对通奸的女性适用"石刑"），也构成性别歧视；如果对女性造成更大的伤害（如公开的鞭刑），则侵权的程度更甚。

为改变上述情况，必须"提高司法系统对性别平等问题的敏感度",[1] 为此可以采取两方面的措施。一个方面是改变法律职业是一种"男性"职业的传统和刻板认识，采取措施改变法律界的性别比，确保更多的女性有可能担任法官、检察官和律师。女性担任法官和检察权也是确保实现《消除对妇女一切形式歧视公约》第7条（b）项规定的妇女在与男子平等的条件下"担任各级政府公职"的一个重要方面。消除对妇女歧视委员会就指出："正视和扫除障碍，使妇女能以专业人员身份参与司法和准司法系统所有机构各级工作和提供各种相关法律服务；并采取步骤，包括暂行特别措施，以确保在司法机关和其他法律执行机制中，担任裁判官、法官、检察官、公设辩护人、律师、行政人员、调解员、执法人员、司法和惩教人员、执业专家，以及其他专业职务的男女人数相当。"[2] 在女性担任法官方面，一则要采取措施促进更多的女性担任高级别的法官或高级别法院的法官，二则要改变女性法官主要审理诸如家庭法案件等"低等级"案件的情况，促进更多的女性法官审理刑事案件。对于应有更多的女性成为司法人员、参与司法工作，联合国法官和律师独立特别报告员指出，"妇女的经历与男子不同，因此她们可以在同性别成见观念作斗争的同时，在审判工作中提出不同的看法和做法"；"妇女作为司法机关成员的参与发挥的最大影响，或许是她们在制定和解释有关包括强奸和其他形式的性暴力在内的基于性

---

〔1〕 消除对妇女歧视委员会第33号一般性意见，第15（a）段。
〔2〕 消除对妇女歧视委员会第33号一般性意见，第15（f）段。

别的暴力的国家和国际法律过程中，已经和继续发挥的作用"。[1]

另一个方面是"采取措施，包括为司法系统所有人员和法学系学生开展提高认识和能力建设方案，以消除性别定型观念和在司法系统的各个方面纳入性别视角"。[2] 联合国法官和律师独立特别报告员指出，司法机关中有妇女并不能保证顾及性别平等观点，因为男女都可能有基于性别的偏见和成见；尤其是，由于在"适应"家长式司法系统方面受到同僚和社会的压力，法律界妇女的举止有时会跟随男性同事，在做出判断时采用相同的基于性别的刻板印象。[3] 为防止出现这样的情况，就必须对法官、检察官和律师提供和加强培训，使其具有足够的知识，有意识地对要处理的问题采取必要的性别视角，而避免、排除和防止自己或其他方的偏见和滥权。同样，消除对妇女歧视委员会也指出，"向司法和执法人员及其他公务官员提供对性别问题敏感的培训，对于有效执行《公约》是至为必要的"。[4] 除了入职后培训以外，在加强法律职业者性别意识方面的一个重要举措是在大学一级的法律教育中提供有关人权与性别、人权与女性等课程，以便使法官、检察官、律师和其他法律职业者在其开始法律职业之前，就已经具备了相当程度的性别意识和知识。

（三）拘禁中的人权保障

在刑事司法制度所涉及的拘禁中，无论是审前羁押，还是判决后的监禁，也都涉及人权和性别的问题。

在因受到刑事指控而遭羁押的审前阶段，《公民权利和政治权利国际公约》第 9 条第 3 款规定，等候审讯的人通常不得加以羁押，而应该加以释放，但应做出保证，于审讯时、于司法程序之任何其他阶段、并于一旦执行判决时，候传到场。这一规定表面上看是性别中立的，但

---

〔1〕　联合国法官和律师独立问题特别报告员的临时报告，A/66/289，2011 年 8 月 10 日，第 27、32 段。

〔2〕　消除对妇女歧视委员会第 33 号一般性意见，第 29（a）段。

〔3〕　联合国法官和律师独立问题特别报告员的临时报告，A/66/289，2011 年 8 月 10 日，第 34 段。

〔4〕　消除对妇女歧视委员会第 19 号一般性意见，第 24（b）段。

是，如果保释要以有稳定工作或一定的财产为条件，则可能对女性不利，因为与男性相比，女性在工作或财产方面可能处于更加弱势的地位；或者，女性与男性相比，对家庭具有更少经济重要性的情况中，其家人可能更不愿意为其缴纳保释金或提供其他形式的担保。在刑事司法制度中，对某人实施剥夺自由的强制措施时，还必须考虑其家庭情况。如果被羁押者有年幼子女需要照看——往往以女性居多，则应对子女做出妥善安排。

世界范围内，女性囚犯都占囚犯总数中的一小部分。但正是由于她们是囚犯中的少数，刑事制度和监狱制度很少认识和处理她们的需要和特点。监狱的建筑格局、安全程序、保健设施、家庭探视制度、劳动和培训等方面基本上都是针对占大多数的男性囚犯设计的，女性囚犯的需要则相对受到忽视。[1] 在一种主要针对男性囚犯设计的监狱制度中，未能考虑女性的特殊需要可能导致拘禁条件对女性有歧视性的影响。例如，过于拥挤、卫生条件太差固然同时影响男性和女性囚犯，但女性囚犯受到的影响更大。

《公民权利和政治权利国际公约》第 10 条规定被告与被定罪者要分别羁押、被告和囚犯中的少年与成年分开羁押，但未明确规定不同性别的囚犯也要分开羁押。各国的做法并不相同：或者，女性囚犯被关押在普通监狱——其中的大部分犯人为男性——的女性监区中，但是这意味着女性囚犯多少有可能暴露在男性囚犯的骚扰和攻击之中；或者，女性囚犯被关押在专门的女性监狱中，但由于女性囚犯数量较少，因此女性监狱也必然较少，这往往意味着这些监狱远离她们的家人，使探视更为困难。另外，无论在哪种情况中，缺少女性工作人员以照看和监督女性囚犯（认为女性不适合从事监狱管理工作也是一种性别成见），工作人员缺少特别培训，都加重了女性囚犯的不利境地。

更重要的是女性囚犯的待遇。《公民权利和政治权利国际公约》第10 条第 1 款规定，被剥夺自由者，应受到符合人道及尊重其固有人格

---

〔1〕 United Nations Office on Drugs and Crime, "*Cross - cutting issues: gender in the criminal justicesystem assessment tool*", Vienna, 2010, p. 31.

尊严之待遇。但是女性囚犯（以及受审前羁押者）所受待遇，有很多不符合人道以及/或者未尊重其固有人格尊严。这些待遇，有些是对这一规则的公然违反，有些则具有隐蔽性，但同样出于对女性的歧视、成见和偏见。

联合国酷刑问题报告员指出，拘禁期间对妇女的暴力行为通常包括强奸和其他形式的性暴力，如恫吓、强奸、抚摸、"贞操检查"、脱光衣服、侵害性搜身、带有性性质的凌辱和侮辱等；[1] 她们还可能在穿脱衣、洗澡或如厕时遭到偷看和议论——对妇女暴力的问题特别报告员将之称为"得到支持的性骚扰"。当然，不仅男性看守会对女性囚犯施行这些行为，而且任何性别的看守对任何性别的囚犯都可能施行这些行为。不过，这些行为对女性的影响可能更大，因为女性囚犯遭受性攻击的比例比男性囚犯更高，往往在这一方面带有更多、更深的心理创伤。对于这些行为，女性囚犯可能因为害怕报复和污名化，更加不敢报告和申诉。即使在专门关押女性囚犯的监狱或监区，许多看守仍然是男性。他们不仅可能不了解女性的生理和心理特点，而且有可能基于对女性处于从属地位的不自觉认识，更加不能容忍女性不遵守监规甚至正常主张其应享权利的情况，从而更容易对其施予残忍的、不人道的或侮辱性的待遇。因此，人权委员会要求"各缔约国应报告监狱里男女是否分开以及妇女是否仅由女狱卒看守"，[2] 并在对国家报告的结论性意见明确提出，女性囚犯应仅由女性狱卒看守。[3] 消除对妇女歧视委员会也曾认定，女性囚犯应由女性看守监管，而男性职员不应在无人陪同的情况下接触女性囚犯。[4] 被拘禁的性少数者也同样更有可能受到同狱犯人或看守基于性别的歧视，尤其是暴力。

女性囚犯可能有更多的健康和医疗需要。与男性囚犯相比，女性囚

---

〔1〕　酷刑和其他残忍、不人道或有辱人格的待遇或处罚问题，特别报告员曼弗雷德·诺瓦克的报告，A/HRC/7/3，2008年1月15日，第34段。

〔2〕　人权事务委员会第28号一般性意见，第15段。

〔3〕　人权事务委员会对柬埔寨初次报告的结论性意见，CCPR/C/79/Add.108（1999）。

〔4〕　Abramova v. Belarus, CEDAW Communication 23/2009, para. 7.6.

犯可能带有更多心理上的创伤——这更有可能导致其自残、自杀——以及生理上的疾病如性传播疾病、艾滋病毒/艾滋病等。更不要说，有些女性囚犯在入狱时已经怀孕或在服刑期间因各种原因怀孕，有时要在服刑期间分娩，有时要在服刑期间哺乳。监狱制度必须对此采取足够的措施，保障她们得到合适的待遇。作为反例，美国有些州存在在女性囚犯分娩期间给其带上镣铐的做法，人权委员会认为这是有关《公民权利和政治权利国际公约》第 7 条和第 10 条的问题，建议美国禁止这种做法。[1] 在规定了配偶探视权的国家，为了避免女性囚犯因怀孕而逃避刑罚的可能，这种权利往往不给予女性囚犯或令女性囚犯受到更多的限制。同样，即使规定配偶探视权，这种权利也可能并不赋予同性恋者或其他性和性别少数群体。

联合国大会于 2010 年通过《联合国关于女性囚犯待遇和女性罪犯非拘禁措施的规则》（以下简称《曼谷规则》）的决议指出，"考虑到女性囚犯是具有特殊需要和要求的脆弱群体之一，意识到世界各地现有的许多监狱设施主要是为男性囚犯设计，而过去这些年来女性囚犯人数有了显著增加，承认一些女性罪犯并不对社会构成危险，与所有罪犯一样，对她们实行监禁可能会使她们更加难以重新融入社会"，而有必要制定关于女性囚犯待遇和女性罪犯非拘禁措施的规则，并在作为决议附件的《曼谷规则》中列出了 70 项关于女性囚犯待遇和女性罪犯非拘禁措施的规则。[2] 当然，社会性别视角意味着，这种安排不能只排他性地适用于女性，而应该也适用于具有同样需要的男性。

许多女性罪犯不必然或更少对社会造成威胁，将其监禁可能无助于甚至有碍其改造和重返社会。因此，司法制度应考虑导致她们犯罪的背景和原因，并提供帮助，使她们克服导致其犯罪行为的背后因素。尤其是，对于本身就是暴力受害者的女性罪犯，将她们置于合适的、考虑性别需要的照料机构而非严苛的监狱环境中，可能更有利于她们的改造、

---

〔1〕 人权事务委员会对美国第二次和第三次定期报告的结论性意见，CCPR/C/USA/CO/3/Rev.1（2006）。

〔2〕 联合国大会第 65/229 号决议，A/RES/65/229，2010 年 12 月 21 日通过。

康复和重适社会生活。但是，在大部分国家，缺少从社会性别角度出发的、满足女性罪犯的特别需要、防止其重犯的替代监禁的措施。联合国大会通过《曼谷规则》的决议"鼓励会员国制定立法，确立替代监禁措施"；并在《曼谷规则》第57项规定，"应在会员国法律制度范围内拟定有性别区分的转化措施和审前及量刑替代安排等可选办法，其中应考虑到许多女性罪犯的受害史以及她们担负的照看责任"。

监狱制度的主要目标是惩罚，手段是控制。不过，《公民权利和政治权利国际公约》第10条第3款也提出了监狱制度"应以使其悛悔自新、重适社会生活为基本目的"。"悛悔自新"（或者说"改造"）和"重适社会生活"都涉及囚犯的心理和技能方面，而且相互交叉和影响。许多犯罪入狱的女性本身就带有极度的心理创伤（如应激杀害配偶或伴侣，或者早年受到性侵害）。而使其能够改造并重适社会生活的第一步就是去除或减少这种创伤。监狱制度应将这一点考虑在内，即使不能在监狱中配备专门的人员和设施，其管理人员也应该接受这方面的培训，或者求助于社会上的专业机构和人员。对于有子女的女性囚犯来说，与子女分离是最大的损害和顾虑。在女性服刑的情况中，她们的未成年子女往往在情绪和生活上遭受很大的障碍。女性一旦被判罪入狱，其家属往往不愿意带其子女前往探视，特别是女性在入狱前是单身母亲、在其入狱后子女的监护权被转属他人，或者在其入狱后丈夫与其离婚的情况。

由于监狱中的犯人多为男性，有关监狱中的劳动以及其中劳动技能的习得的政策、方式和服务往往以男性在社会中惯常从事的工作为模本。因此，很少有监狱能满足女性囚犯的特定需要，也无法为其提供从性别视角来看适当的、为重返社会做好技能准备的做法。建立专门的女子监狱有助于改善这种状况。女性囚犯在获释后，也会因为性别成见或偏见而面临许多有别于男性囚犯的问题，监狱制度也应将这些问题考虑在内。

三、保障刑事司法中人权的国家义务

一般认为，在人权领域中，国家承担着三个层次的义务，即尊重、保护和实现。因此在刑事司法领域中，国家也承担着这三个层次的义务；国家在承担和履行这些义务时，必须纳入社会性别视角。

尊重的义务意味着国家自身（及其工作人员）必须限制自己的行为，首先是不能制定有违人权保障的歧视性的法律和政策，例如一国将通奸或同性恋规定为犯罪即属此类；其次是不能以主动行为侵犯性别平等和人权，例如对性侵害的女性受害者进行"贞操检查"或由男性对女性进行脱衣搜身检查即属于这种情况。尊重义务被认为是一种消极义务，但并非不作为的义务。有些情况中，国家的不作为也将构成对尊重义务的违反。例如，如果国家不废除其法律中有违人权的歧视性规定，或者不采取措施消除关押女性囚犯的监狱或牢房对女性不友好的情况，即违反其尊重义务。

保护的义务意味着国家必须克制非国家行为者基于性或性别侵害人权的行为。在实践中，基于性或性别的暴力侵害主要不是来自国家，而是来自非国家行为者，尤其是在生活中与被侵害者存在联系或发生交往的个人，如家人、同事、同狱囚犯、诉讼中的对方律师等。国家应尽其最大程度的"适当审慎"（due diligence）防止非国家行为者基于性或性别侵害人权的行为。这种保护义务是一种积极的、作为的义务，贯穿于一国刑事司法的各个层次和方面。基于保护的义务，国家不仅有义务在立法中将基于性或性别的各种暴力行为规定为罪行，而且有义务在审判和拘禁的各个环节，确保任何人不遭受基于性或性别的侵害。

实现的义务意味着国家必须为个人享有基于性或性别的权利、免受基于性或性别的侵害创造条件和环境。在实践中，为了更好地从性别角度保障刑事司法制度中的人权，国家不仅需要在刑事司法制度中为享有权利、免受侵害创造条件和环境，如为女性囚犯设立专门的监狱或监区，而且还需要在刑事司法制度之外、影响刑事司法制度的方面和领域，同样地创造有利于在刑事司法制度更有效地享有权利、免受侵害的条件和环境，如在法律教育中纳入性别意识和社会性别视角。这种实现义务也是一种积极的、作为的义务，同时具有全面性，即国家不仅需要在有关刑事司法的法律制度的各个方面贯彻这一义务，而且需要采取行政、经济、社会、文化、教育等多个方面的措施——这可能需要国家投入大量的资源。国家履行其实现义务，也将极大地促进其更好地履行从社会性别视角在刑事司法中尊重和保护人权的义务。

问题与思考

1. 从性别视角看，中国刑法中对强奸罪的规定是否有改进余地？若有，如何改进？

2. 一所监狱以适合女性为由，仅为女性囚犯提供缝纫、裁剪和编织的技能培训。从性别视角来看，这属于为她们重返社会做好技能准备的适当做法，还是含有基于性别成见的歧视？

3. 在某国的法律制度中，法院准许强奸案中的受害者在作证时被帘子遮住，因此在她作证时，被告及其律师能听到她提供证词，但无法看到她的行为举止。对于这样的情况，如何平衡对受害者的保护和被告的公正审判权？

拓展资料

1. OHCHR, Human Rights in the Administration of Justice：A Manual on Human Rights for Judges, Prosecutors and Lawyers, United Nations, 2003, Chapter 11.

2. 联合国秘书长的报告：《关于侵害妇女的一切形式的暴力行为的深入研究》，A/61/122/Add. 1，2006。

3. 联合国法官和律师独立问题特别报告员的临时报告，A/66/289，2011。

4. 消除对妇女歧视委员会：《关于妇女获得司法救助的第 33 号一般性建议》，CEDAW/C/GC/33，2015。

第三节　家庭与隐私权

一、家庭与隐私权的概念和内容

家庭与隐私权是一项重要的人权，众多国际人权文书都对其进行保障。例如，《世界人权宣言》第 12 条，《公民权利和政治权利国际公约》第 17 条和第 23 条，《儿童权利公约》第 16 条，《保护所有移徙工人及其家庭成员权利国际公约》第 14 条，《欧洲人权公约》第 8 条和第 12 条，以及《美洲人权公约》第 11 条等。

《公民权利和政治权利国际公约》第 17 条规定："一、任何人的私生活、家庭、住宅或通信不得加以任意或非法干涉，他人的荣誉和名誉不得加以非法攻击。二、人人有权享受法律保护，以免受这种干涉或攻击。"第 23 条规定："一、家庭是天然的和基本的社会单元，并应受社会和国家的保护。二、已达结婚年龄的男女缔婚和成立家庭的权利应被承认。三、只有经男女双方的自由的和完全的同意，才能缔婚。四、本公约缔约各国应采取适当步骤以保证缔婚双方在缔婚、结婚期间和解除婚约时的权利和责任平等。在解除婚约的情况下，应为儿童规定必要的保护办法。"《公民权利和政治权利国际公约》以及主要区域性人权公约均强调，家庭与隐私权主要保护的是私人和家庭生活、住所以及通信得到尊重的权利。[1] 事实上，家庭与隐私权涵盖的内容非常宽泛，其内涵是保护个人自主决定自己生活的权利。

家庭是社会的基本单位，是由社会与法律或者宗教所构建而成。[2]

---

〔1〕　陆海娜、〔奥〕伊丽莎白·史泰纳主编：《欧洲人权法院经典判例节选与分析·第二卷，家庭与隐私权》，知识产权出版社 2016 年版，第一章。

〔2〕　General recommendation on article 16 of the Convention on the Elimination of All Forms of Discrimination against Women，CEDAW/C/GC/29，26 February 2013，http：//docstore. ohchr. org/SelfServices/FilesHandler. ashx? enc = 6QkG1d%2fPPRiCAqhKb7yhsldCrOlUTvLRFDjh6%2fx1p WDn3WHqqJ3IVTSBdup3cNv3DQC%2fGcQdgTzvPZ/iBl3Uvy%2%2fdGCrYDfjaxHtk2Xa0GOPds69ZKD 4rX0xgLCmpw%2fA，访问时间：2018 年 8 月 31 日。

随着社会的发展与人们观念的变化，"家庭"一词的含义也在不断地演变。人权委员会认为，"家庭"一词应该被宽泛的解释，以便将成员国内认为的组成家庭的形式都涵盖在内。[1]《公民权利和政治权利国际公约》禁止非法或者任意侵犯家庭或隐私权。[2] 该公约第 23 条保障自由缔结婚约以及组成家庭的权利。其中，组建家庭在原则上指生育与一起居住的权利。[3]

在很多国家，家庭通常与婚姻相关。然而现代人权法框架下，家庭这一概念突破了婚姻的限制，在满足家庭要素的情况下，家庭并不必然需要婚姻为前提。欧洲人权法院仍然采用传统的"核心家庭"理念，即：家庭由父母及其自然子女组成。[4] 家庭权则涉及结婚、生育、收养、家庭团聚、继承等具体权利。但欧洲人权法院也承认如下亲密关系：事实上的同居和同性伴侣组成的家庭关系；特定的情况下，祖父母和孙子女、叔叔和侄子，或孩子和非天然的父母或养母之间的关系以及超出了规范的特别亲密关系。[5] 这就涉及同性婚姻及收养、人工生殖技术的应用等议题，以及家庭暴力的概念与范围等。隐私权除了保护个人信息、住所、通信等不受侵犯外，也保障个人选择和塑造自己的生活的自由，例如个人着装、生活方式、性倾向、性别表达，以及与他人建立关系并生活的权利等。[6] 这也涉及一些有争议的议题，比如安乐死

---

〔1〕 General Comment No. 16, Article 17 on the right to respect of privacy, family, home and correspondence, and protection of honour and reputation, HRI/GEN/1/Rev. 9（Vol. I），8 April 1988, para. 5.

〔2〕 General Comment No. 16, Article 17 on the right to respect of privacy, family, home and correspondence, and protection of honour and reputation, HRI/GEN/1/Rev. 9（Vol. I），8 April 1988, para. 5.

〔3〕 General Comment No. 16, Article 17 on the right to respect of privacy, family, home and correspondence, and protection of honour and reputation, HRI/GEN/1/Rev. 9（Vol. I），8 April 1988, para. 5.

〔4〕 陆海娜、[奥] 伊丽莎白·史泰纳主编：《欧洲人权法院经典判例节选与分析·第二卷，家庭与隐私权》，知识产权出版社 2016 年版，第一章。

〔5〕 陆海娜、[奥] 伊丽莎白·史泰纳主编：《欧洲人权法院经典判例节选与分析·第二卷，家庭与隐私权》，知识产权出版社 2016 年版，第一章。

〔6〕 陆海娜、[奥] 伊丽莎白·史泰纳主编：《欧洲人权法院经典判例节选与分析·第二卷，家庭与隐私权》，知识产权出版社 2016 年版，第一章。

是关于人在特定情况下是否有自主选择死亡的权利。隐私保护与反歧视密切相关,互为因果。此外,人工智能、人工生殖技术,以及基因编辑人类胚胎等科学技术的发展也与隐私权密切相关。在某种意义上,隐私权也包含了家庭权。

二、社会性别视角下的家庭与隐私权

家庭与隐私权与性别有着密切的联系。本节主要从四个方面来分析两者如何发生联系:婚姻自由、性与性别少数群体的家庭权利、性别暴力、对身体的自主权与性别刻板印象。

(一)婚姻自由

自由选择婚姻是家庭与隐私权的一个重要方面。婚姻自由涉及的议题非常广泛,本节主要从社会性别视角出发,讨论两种涉及婚姻自由的情形:童婚与同性婚姻。童婚是一种事实上的强迫结婚,是对儿童权利的侵犯,并且受害者多为女童。而同性婚姻是指两个成年同性之间缔结的婚姻,很多国家已经将同性结婚合法化,但是由于宗教、世俗观念、文化等原因,公众对此仍有很大分歧,大多数国家仍然拒绝承认同性有结婚的权利。

1. 童婚。根据联合国儿童基金会的定义,童婚是当事人双方至少一方的年龄低于 18 周岁的婚姻。[1]《世界人权宣言》第 16 条第 2 款明确指出:"只有经男女双方的自由和完全的同意才能缔结婚姻"。[2]《消除对妇女一切形式歧视公约》第 16 条指明,为儿童订婚的行为不应该有法律效力。[3] 消除对妇女歧视委员会给布基纳法索的国别建议中指出:童婚和强迫婚姻是一种有害的实践行为。[4] 2016 年,联合国大会

---

〔1〕 UNICEF, Inputs to Secretary-General's Report in Response to HRC Resolution, A/HRC/RES/24/23, February 2014, p. 1.

〔2〕《世界人权宣言》第 16 条,联合国网, http://www.un.org/zh/universal-declaration-human-rights/,访问时间:2018 年 8 月 31 日。

〔3〕《消除对妇女一切形式歧视公约》第 16 条,联合国网, http://www.un.org/zh/documents/treaty/files/A-RES-34-180.shtml,访问时间:2019 年 11 月 19 日。

〔4〕 CEDAW/C/BFA/CO/7, para. 25.

通过了关于童婚、早婚和强迫结婚的 71/175 号决议[1]。该决议明确指出性别不平等、社会有害的实践、看法与习俗以及歧视性观念不仅不利于人权保障，而且是童婚、早婚和强迫结婚的根源。[2]

　　未受过教育的女童往往是童婚的最大受害者。[3] 童婚给女童带来的伤害是全方位的，主要包括：身体和精神伤害，辍学，成为未成年妈妈，过早的承担照顾家庭的职责等。[4] 目前世界上童婚案例最多的五个国家分别是：印度、孟加拉国、尼日利亚、巴西以及埃塞俄比亚。[5] 法律的保障，包括提供有效救济对杜绝童婚是必要条件。一项重要的例证是，一位来自津巴布韦的童婚少女通过向宪法法院上诉改变了津巴布韦婚姻法。2016 年，作为童婚以及强迫婚姻的受害人 Ruvimbo Tsopodzi 向津巴布韦宪法法院上诉要求法院判决对津巴布韦的婚姻法进行修正。该婚姻法指出在父母同意的情况下，其子女可以在 16 岁的时候结婚。经过上诉，津巴布韦将法定结婚年龄改为了 18 岁。另一案例发生在坦桑尼亚。2016 年，坦桑尼亚法院判决其婚姻法必须进行修正，18 岁以下的婚姻均为违法，而其婚姻法的相关条款也违宪。坦桑尼亚婚姻法规定，男孩在 18 岁以后可以结婚，而女孩可以在 14 岁并经过法院的同意时进行结婚，或者在 15 岁时经过父母的同意进行结婚。[6] 此外，童婚

---

〔1〕 Resolution 71/175 on Child, early and forced marriage, General Assembly, 19 December 2016, 联合国网, http：//www.un.org/en/ga/search/view_doc.asp? symbol = A/RES/71/175, 访问时间：2018 年 8 月 31 日。

〔2〕 Resolution 71/175 on Child, early and forced marriage, General Assembly, 19 December 2016, 联合国网, http：//www.un.org/en/ga/search/view_doc.asp? symbol = A/RES/71/175, 访问时间：2018 年 8 月 31 日。

〔3〕 Resolution 71/175 on Child, early and forced marriage, General Assembly, 19 December 2016, 联合国网, http：//www.un.org/en/ga/search/view_doc.asp? symbol = A/RES/71/175, 访问时间：2018 年 8 月 31 日。

〔4〕 Resolution 71/175 on Child, early and forced marriage, General Assembly, 19 December 2016, 联合国网, http：//www.un.org/en/ga/search/view_doc.asp? symbol = A/RES/71/175, 访问时间：2018 年 8 月 31 日。

〔5〕 "Child Marriage around the World", Girls not Brides, https：//www.girlsnotbrides.org/where-does-it-happen/, 访问时间：2018 年 9 月 2 日。

〔6〕 Tanzania, Girls not Brides, https：//www.girlsnotbrides.org/child-marriage/tanzania/, 访问时间：2019 年 1 月 22 日。

的受害者还可能同时是人口贩卖或家庭暴力的受害者。童婚对性别平等的影响深远，往往会产生代际传递，影响下一代的儿童，特别是女童的基本权利。

在我国也有过童婚的实践，虽然目前随着人们知识水平的提高以及普法宣传的倡导，童婚已经不是普遍现象，但是在一些偏远的农村地区童婚现象仍然存在。童婚，在我国也被称为早婚。例如 2016 年的一则关于童婚的新闻引起了媒体对这一问题的关注。根据报道，在广西宾阳一位 16 岁的男孩迎娶同龄女孩，他们的婚礼获得了双方家长的支持。[1] 2019 年，有媒体报道称，农村早婚早孕现象依然存在，十七八岁的少年儿童已经成为父母。[2] 我国农村地区童婚或早婚现象出现的原因众多。一方面由于农村地区儿童的辍学率较高，他们在本应该学习的年龄踏入社会。对于男童而言，他们需要进行工作甚至承担家庭责任，更早地步入了成年人的状态。对于女童而言，农村保守的思维依然认为不读书就应该嫁人生子。

2. 同性婚姻。目前同性婚姻并未在世界范围内得到广泛的认可。在 Joslin 诉新西兰案中，一位同性恋申请人控诉新西兰拒绝向其下发结婚证明的行为属于一种歧视行为，使得同性恋人群不能够享有平等的婚姻。[3] 申请人声称，新西兰法律中描述婚姻为"男、女"的结合并不意味着男人和女人的结合，而是说明男人和女人这两类人群，也就是男人可以和男人结婚，女人也可以和女人结婚。[4] 人权委员会并不认可这种"灵活"解释，并指出新西兰的法律没有违反《公民权利和政治

---

〔1〕 "广西 16 岁新郎迎娶 16 岁新娘"，腾讯网，https：//new. qq. com/rain/a/2016022 2032044，访问时间：2019 年 11 月 24 日。

〔2〕 "农村早婚早孕现象：有些人十六七岁早已为人父母"，腾讯新闻中心，http：// news. sina. com. cn/o/2019-03-29/doc-ihsxncvh6535075. shtml，访问时间：2019 年 11 月 24 日。

〔3〕 Tanzania, Girls not Brides, https：//www. girlsnotbrides. org/child-marriage/tanzania/，访问时间：2019 年 1 月 22 日。

〔4〕 Tanzania, Girls not Brides, https：//www. girlsnotbrides. org/child-marriage/tanzania/，访问时间：2019 年 1 月 22 日。

权利国际公约》。[1] 然而，欧洲已经有不少国家承认了同性婚姻，包括在很多议题上相当保守的爱尔兰。欧洲人权法院认为，处于稳定关系中的同性伴侣属于家庭生活以及私人生活的范畴，但是考虑到欧洲理事会各国在此问题上尚未达成普遍共识，所以并不认为目前的《欧洲人权公约》保护的家庭权赋予了同性伴侣结婚的法律权利。[2] 现有的人权公约在家庭权利的表述上通常使用的是"男人和女人"结婚的权利，但这只是同性结婚权利被承认为一项人权的技术障碍，是可以通过解释克服的。欧洲人权法院多次在其判例中指出：人权公约是一个"活的文件"，需要根据变化了的社会状况作出符合公约目的与宗旨的解释。因此，同性婚姻的主要障碍仍然是传统观念，包括宗教的影响。

同性结婚在各国的不同法律状态对同性伴侣的许多家庭权利造成了负面影响，比如收养、对亲子关系的法律承认、继承、离婚等。例如，C女士诉澳大利亚案中，申请人C女士与其同性伴侣在加拿大结婚后定居于澳大利亚，她就澳大利亚法律不承认同性婚姻因而不承认同性伴侣离婚使其无法与同性伴侣在澳大利亚办理离婚手续为由向人权委员会提交申诉。[3] 澳大利亚向消除对妇女歧视委员会回复指出：根据澳大利亚涉及离婚的法律，只有澳大利亚认为有效的外国婚姻才能够在澳大利亚进入离婚程序；澳大利亚法律没有规定的婚姻在澳大利亚不被认可具有合理性；为了便于提供救助并解决孩子和财产问题，澳大利亚对国外的一夫多妻做出了例外的认可。消除对妇女歧视委员会指出，澳大利亚给出的理由并不具有说服力，因为与国内法律相符这一条件本身并不意味着具有合理性，况且澳大利亚也没有合理的理由说明为什么同性婚姻

---

〔1〕 Tanzania, Girls not Brides, https：//www.girlsnotbrides.org/child-marriage/tanzania/，访问时间：2019 年 1 月 22 日。

〔2〕 Guide on Article 8 of the European Convention on Human Rights-Right to respect for private and family life, p47.

〔3〕 Communication No. 2216/2012, C v Australia, Denial of access to Divorce Proceedings of Same Sex Couple Married Abroad, OHCHR, https：//www.ohchr.org/_layouts/15/WopiFrame.aspx?sourcedoc=/Documents/HRBodies/TB/CaseLaw/Jan-Juin_2017.doc&action=default & DefaultItemOpen=1，访问时间：2018 年 9 月 2 日。

不能像一夫多妻那样被视为例外情形进行认可。[1] 因此，消除对妇女歧视委员会认为澳大利亚的行为构成歧视。虽然这一决定并未直接指向家庭与隐私权，但该离婚案件本身反映出性和性别少数群体在维护家庭与隐私权过程中所遇到的困境。

（二）性和性别少数群体的其他家庭权利

现在性少数者可以通过收养或者人工生殖技术获得自己的孩子，实现组建家庭的愿望。然而收养和人工生殖等方式涉及第三人，尤其是儿童的权利，此外代孕等措施也涉及很多伦理问题以及平等议题，所以比同性婚姻问题更加复杂。目前对这些问题各国法律与实践非常不一致，比如中国对这些问题还没有明确的法律规定，这也导致这一群体在享受家庭权利方面面临诸多困难。

1. 同性恋收养问题。同性恋收养问题是同性恋人群所面临的家庭生活方面的又一挑战。这里面主要涉及同性伴侣收养的问题，但有时也会涉及同性恋单身收养的问题。

反对同性恋伴侣收养孩子的传统观点认为，与在单亲家庭、收养家庭、离异以及同性恋伴侣环境中成长相比较而言，孩子与异性恋亲生父母成长在一起是最好的，而同性恋伴侣收养会对孩子成长产生负面影响。[2] 支持同性恋伴侣收养孩子的一种观点认为，教育孩子最重要的是父母的行为而非他们的性倾向，也并没有实证研究表明同性家庭会对儿童成长造成不良影响。[3]

就目前各国的实践而言，不少收养了孩子的同性伴侣并不被法律承认为父母。同性恋伴侣收养孩子的法律效力在各国都有所不同。在美

---

〔1〕 Communication No. 2216/2012, C v Australia, Denial of access to Divorce Proceedings of Same Sex Couple Married Abroad, OHCHR, https：//www. ohchr. org/_layouts/15/WopiFrame. aspx? sourcedoc＝/Documents/HRBodies/TB/CaseLaw/Jan-Juin_2017. doc&action＝default & DefaultItemOpen＝1，访问时间：2018 年 9 月 2 日。

〔2〕 "反对同性恋收养 一句'不好'说明不了什么"，网易新闻，http：//view. 163. com/special/reviews/homoadoption1219. html，访问时间：2019 年 11 月 24 日。

〔3〕 "Raising Adopted Children：How Parents Cooperate Matters More Than Gay or Straight"，Slate Group，https：//www. sciencedaily. com/releases/2013/07/130713095246. htm，访问时间：2018 年 8 月 31 日。

国，其各州对同性恋伴侣收养孩子的效力也持不同的态度。在 Florida Department of Children and Families 诉 X. X. G. 案[1]中，佛罗里达第三上诉法院认为州法律禁止同性恋收养孩子违法了的佛罗里达州宪法。

　　欧洲人权法院在同性是否有收养权利的问题上态度保守，但强调不歧视原则。法院认为《欧洲人权公约》第8条本身并不保障收养的权利，成员国在这一问题上有较大的自由裁量权[2]。成员国在收养问题上并无义务就未登记结婚的同性伴侣收养与已经结婚的异性伴侣收养一视同仁[3]。但是如果成员国允许未登记结婚的伴侣收养孩子，那么在相似的情形下，同性伴侣和异性伴侣收养应该得到相同的保障[4]。从以下两个非常相似的案例可以看出欧洲人权法院在同性收养问题上随着时间而发生的态度变化。在2002年的 Frette 诉法国案判决中，申诉人申请收养孩子，但是在巴黎社会服务儿童福利和健康部门对其进行面试过程中，面试人员得知其同性恋的身份后便要求其停止收养，并拒绝下发收养证明[5]。该机构以申请人的生活方式无法为孩子提供一个稳定的生活环境等理由拒绝申请人的申诉。在法国的诉讼失败后，申请人向欧洲人权法院提出申诉，其中一条依据为《欧洲人权公约》第8条。申请人坚持：基于性倾向而区别对待个体属于对个人私生活的干涉，因

---

〔1〕　Florida Department of Children and Families v. X. X. G. , FindLaw, https：//caselaw. findlaw. com/fl-district-court-of-appeal/1539016. html, 访问时间：2018年8月31日。

〔2〕　Communication No. 2216/2012, C v Australia, Denial of access to Divorce Proceedings of Same Sex Couple Married Abroad, OHCHR, https：//www. ohchr. org/_layouts/15/WopiFrame. aspx? sourcedoc =/Documents/HRBodies/TB/CaseLaw/Jan-Juin_2017. doc&action = default& DefaultItemOpen = 1, 第53页, 访问时间：2018年9月2日。

〔3〕　Communication No. 2216/2012, C v Australia, Denial of access to Divorce Proceedings of Same Sex Couple Married Abroad, OHCHR, https：//www. ohchr. org/_layouts/15/WopiFrame. aspx? sourcedoc =/Documents/HRBodies/TB/CaseLaw/Jan-Juin_2017. doc&action = default& DefaultItemOpen = 1, 第53页, 访问时间：2018年9月2日。

〔4〕　Communication No. 2216/2012, C v Australia, Denial of access to Divorce Proceedings of Same Sex Couple Married Abroad, OHCHR, https：//www. ohchr. org/_layouts/15/WopiFrame. aspx? sourcedoc =/Documents/HRBodies/TB/CaseLaw/Jan-Juin_2017. doc&action = default& DefaultItemOpen = 1, 第53页, 访问时间：2018年9月2日。

〔5〕　Frette v. France, Application no. 36515/97, 26 February 2002.

为这使得申请人必须否认自己的性倾向或者接受惩罚。[1] 法国政府辩称，该公约第 8 条并不对组成家庭的渴望予以保障。[2] 欧洲人权法院认为，对家庭生活予以保障的前提是"家庭"本身已经存在，但这并不包括组建家庭的愿望。虽然法国允许单亲收养，但是各国对同性恋收养会对儿童产生什么影响未有定论，从儿童的最大利益原则出发，判决法国政府的做法并不构成对家庭和隐私权的侵犯。[3] 而在另一个涉及同性恋单亲收养的 2008 年的 E. B. 诉法国案的判决中，欧洲人权法院则主张，法国法律既然允许单亲收养儿童，那么对同性恋单亲收养的禁止就构成了基于性倾向的歧视，因此构成了对家庭隐私权的侵犯。可见法院还是与时俱进的，这也符合其一贯的声称《欧洲人权公约》是一个"活的文件"（living instrument）的法理学解释。

2. 人工生殖技术与性和性别少数群体。目前，包括代孕在内的人工生殖技术是同性伴侣或者性少数个人获得后代、享有家庭生活的重要途径。同性伴侣通过人工生殖技术进行的生育或代孕问题涉及的伦理和法律问题更为复杂。

同性伴侣可以借助他人捐献的精子或卵子，通过人工生殖技术获得与自己基因相关联的孩子。[4] 美国的 Obergefell 诉 Hodges 案促进了性和性别少数人群在美国通过人工生殖技术获得自己孩子的权利。[5] 肯尼迪法官在该案中指出，同性恋伴侣有权抚养孩子。[6] 通过人工生殖

---

〔1〕 Frette v. France, Application no. 36515/97, 26 February 2002, 第 28 段。

〔2〕 Frette v. France, Application no. 36515/97, 26 February 2002, 第 29 段。

〔3〕 Frette v. France, Application no. 36515/97, 26 February 2002, 第 32 段。

〔4〕 "Lesbian and Gay Family Building Using Assisted Reproductive Technologies", Resolve new England, http：//www. resolvenewengland. org/2014/07/lesbian－and－gay－family－building－u-sing－assisted－reproductive－technologies－art/，访问时间：2018 年 8 月 31 日。

〔5〕 Obergefell v. Hodges, Supreme Court of the United States, 26 June 2015, https：//www. supremecourt. gov/opinions/14pdf/14－556_3204. pdf，访问时间：2018 年 8 月 31 日。

〔6〕 Obergefell v. Hodges, Supreme Court of the United States, 26 June 2015, https：//www. supremecourt. gov/opinions/14pdf/14－556_3204. pdf，访问时间：2018 年 8 月 31 日。

技术获得自己的孩子对同性恋家庭组建家庭有着重要的意义。[1] 就同性恋这一群体而言，女同性恋通过人工生殖获得自己的孩子的案例要多于男同性恋。[2] 虽然同性伴侣可以通过人工生殖技术获得自己的孩子，但是如果一国法律不承认无生物联系的一方的父母资格，则同性恋伴侣的一方需要通过收养才能获得父母资格。[3]

此外，跨性别者通过人工生殖技术获得自己的孩子的情况也是常见的。女跨男（原生性别为女性，性别认同为男性）与女性组建家庭后，女方可能通过他人所捐的精子而获得属于自己的孩子；男跨女（原生性别为男性，性别认同为女性）与男性组建家庭后，他们可能通过"代孕妈妈"获得自己的孩子。[4]

人工生殖技术为性和性别少数群体享有家庭权利带来福音，但也涉及众多具有争议的问题，因此各国法律对相关问题的规制也非常不一致，同时也有不少法律空白。社会性别视角要求克服本质主义的认识论，消除对性和性别少数群体的歧视。但是人工生殖问题从反歧视和社会性别的角度来看亦有争议。比如代孕是否是富裕阶层对贫困女性，或者发达国家的性和性别少数群体对发展中国家女性的一种身体剥削？代孕女性的权利又如何保障？这些都是有待讨论的未尽议题。

（三）基于性别的暴力

基于性别的暴力的形式多样，家庭暴力与针对儿童的暴力行为是威

---

〔1〕 See Mohapatra, "Assisted Reproduction Inequality and Marriage Equality", Volume 92 Issue 1 Changing American State and Federal Childcare Laws, *Chicago-Kent Law Review*, 26 July 2017, p90.

〔2〕 "Assisted reproduction in a cohort of same-sex male couples and single men", Reproductive Bio Medicine Online, https：//www.rbmojournal.com/article/S1472-6483（13）00278-2/full-text，访问时间：2018 年 8 月 31 日。

〔3〕 "Second Parent Adoption Still Gold Standard to Secure LGBT Parental Rights", International fertility law group, https：//www.iflg.net/2nd-parent-adoption-needed-to-secure-lgbt-parental-rights/，访问时间：2018 年 8 月 31 日。

〔4〕 G. De Wert W. Dondorp1, F. Shenfield, P. Barri, P. Devroey, K. Diedrich, B. Tarlatzis, V. Provoost, and G. Pennings, "SHRE Task Force on Ethics and Law 23: medically assisted reproduction in singles, lesbian and gay couples, and transsexual people", *Human Reproduction*, Vol. 29, No. 9, 2014, p. 1860.

胁家庭与隐私权的重要方面。本教材有专章介绍性别暴力，所以这里侧重于从家庭和隐私权角度做一个简述。

1. 家庭暴力。家庭暴力在很多情况下是一种基于性别的暴力，严重威胁相关家庭成员的家庭生活受到尊重的权利。虽然男性也可能遭遇到家庭暴力，但是家庭暴力的受害人通常为女性。家庭暴力给女性带来的伤害往往远远超过其给男性带来的伤害。家庭暴力严重时可能导致女性无家可归，甚至被其丈夫杀害。[1] 而当很多受害人无法获得外界有效帮助时，也可能会将施暴人杀害。这样的例子中外都有很多。随着女权主义运动的发展，各国对家暴的认识也在提高。家暴不再被认为只是家务事，而是涉及公共利益和基本权利的重要事务。因此，很多国家已经通过法律打击家庭暴力。以我国为例，2015 年 12 月 27 日第十二届全国人民代表大会常务委员会在第十八次会议上通过了《反家庭暴力法》，为遭受家庭暴力的受害人带来了福音。《反家庭暴力法》第 2 条规定，家庭暴力是指家庭成员之间以殴打、捆绑、残害、限制人身自由以及经常性谩骂、恐吓等方式实施的身体、精神等侵害行为。家庭暴力的概念不仅包含针对身体的暴力行为，例如：殴打、捆绑、残害、限制人身自由等常见的暴力行为方式，而且还包含经常性的谩骂、恐吓等使人在精神上和心理上遭受痛苦的侵害行为。这一概念基本反映了国际上反家庭暴力的标准。虽然该法案仍有完善空间，但已经是我国女性争取平等和权利道路上的一块里程碑。

家庭暴力与父权思想和社会性别体制有密切的联系。在家庭或亲密关系的权力结构中处于强势的一方对较为弱势的一方施以各种形式的暴力，而女性往往是处于弱势的一方。而法律往往反映了父权制的权力结构，对弱者的困境视而不见，造成家暴受害人寻求救济无门。并且我国文化中"家丑不得外扬"等传统观念也使得很多受害者羞于向外界求助。很多家庭暴力的受害女性只有在身心遭受到十分严重的伤害后才选择寻求救助。

---

[1] Report of the Special Rapporteur on Violence against Women, Its Causes and Consequences, A/HRC/35/30, 13 June 2017, para. 46, 54.

2. 针对儿童的暴力。儿童是弱势群体之一。根据欧洲人权法院的法理，国家保护儿童免受暴力行为属于《欧洲人权公约》第8条所保护的范围。[1] 国家应该采取合理措施，禁止任何针对儿童的暴力行为，保障儿童的人格完整。[2] 针对儿童的暴力行为包括性侵、女性割礼等严重侵害儿童的行为。[3] 联合国儿童基金会指出，性侵害儿童可能发生在家庭、机构、工作场合、旅行场所等地点。[4] 遭受侵害的儿童既可能是男童，也可能是女童。然而，女童面临侵害的可能性更大。以中国的数据为例，根据中国少年儿童文化艺术基金会女童保护基金的调查数据显示，2017年公开报道的性侵儿童的案例中，女童受害人占90.43%，男童受害人占9.57%；[5] 熟人作案占59.89%。[6]

除针对儿童的性侵外，部分国家实行的女性割礼（切除部分或整个女性生殖器的有害实践）也是一种针对女性的严重侵害和性别暴力，当然也严重侵害了女性对身体和生活的自主权。世界上大约有30个国家

---

〔1〕　Communication No. 2216/2012, C v Australia, Denial of access to Divorce Proceedings of Same Sex Couple Married Abroad, OHCHR, https：//www. ohcr. org/_layouts/15/WopiFrame. aspx?sourcedoc=/Documents/HRBodies/TB/CaseLaw/Jan-Juin_2017. doc&action=default& DefaultItemOpen=1, para. 62, 访问时间：2018年9月2日。

〔2〕　Communication No. 2216/2012, C v Australia, Denial of access to Divorce Proceedings of Same Sex Couple Married Abroad, OHCHR, https：//www. ohcr. org/_layouts/15/WopiFrame. aspx?sourcedoc=/Documents/HRBodies/TB/CaseLaw/Jan-Juin_2017. doc&action=default& DefaultItemOpen=1, para. 62, 访问时间：2018年9月2日。

〔3〕　Communication No. 2216/2012, C v Australia, Denial of access to Divorce Proceedings of Same Sex Couple Married Abroad, OHCHR, https：//www. ohcr. org/_layouts/15/WopiFrame. aspx?sourcedoc=/Documents/HRBodies/TB/CaseLaw/Jan-Juin_2017. doc&action=default& DefaultItemOpen=1, para. 63, 访问时间：2018年9月2日。

〔4〕　"Child Protection from Violence, Exploitation and Abuse", UNICEF, https：//www. unicef. org/protection/57929_58006. html, 访问时间：2018年8月31日。

〔5〕　"'女童保护' 2017年性侵儿童案例统计及儿童防性侵教育调查报告发布"，中国发展简报网，http：//www. chinadevelopmentbrief. org. cn/news-21037. html, 访问时间：2018年8月31日。

〔6〕　"'女童保护' 2017年性侵儿童案例统计及儿童防性侵教育调查报告发布"，中国发展简报网，http：//www. chinadevelopmentbrief. org. cn/news-21037. html, 访问时间：2018年8月31日。

仍然实行这一陋习。[1] 实践女性割礼的国家包括：撒哈拉以南的非洲、阿拉伯国家以及个别亚洲、东欧和拉美国家。[2] 女性割礼大多在女性婴儿期至 15 岁之间进行。女性割礼的实践被一些国家认为是女性成长的必经阶段，是为其步入婚姻所做的准备，保证其婚前的处女状态。[3] 有时，女性割礼是为童婚做准备。[4] 女性割礼还侵害女性的生殖健康，因此也是对女性家庭权利的严重侵犯。

（四）对身体的自主权与性别刻板印象

个人对身体的自主权涉及很多方面，从是否要生育后代，选择医疗方式，到着装发型等对自身形象的选择都属于这个范畴。本节选取两个与性别平等密切相关的议题进行讨论，即堕胎自由与个人形象表达。

1. 堕胎的自由。堕胎本身是个非常有争议的话题，因为涉及胎儿的生命权和女性的自主权之间的冲突。而不同的人因为宗教观念、文化传统等原因对此可能有非常不同的观点。从国际人权法现有的判例和法理学来看，生命权的起点并非从受精卵开始，在一定月份以内的胎儿并不被认为具有人权意义上的生命权，但是具体的时间节点还是要看各国国内法的规定，比如很多国家允许女性自由决定是否对 12~14 周以内的胎儿进行人工流产，但是超过这个时间段则设置了医学证明必须堕胎等限制。从性别角度和隐私权的角度来看，一些国家对堕胎的绝对禁止或过于严格的限制则可能构成对女性隐私权的侵犯。

在 A，B，C 诉爱尔兰一案中，三位女性因为不能在爱尔兰合法堕

---

〔1〕 "Female Genital Mutilation", WHO, http：//www. who. int/news-room/fact-sheets/detail/female-genital-mutilation, 访问时间：2018 年 8 月 31 日。

〔2〕 "Female Genital Mutilation Frequently Asked Questions", United Nations Population Fund, https：//www. unfpa. org/resources/female-genital-mutilation-fgm-frequently-asked-questions#, 访问时间：2018 年 8 月 31 日。

〔3〕 "Female Genital Mutilation Frequently Asked Questions", United Nations Population Fund, https：//www. unfpa. org/resources/female-genital-mutilation-fgm-frequently-asked-questions#, 访问时间：2018 年 8 月 31 日。

〔4〕 "Child Marriage and Female Genital Mutilation：What you need to know", Girls not brides, https：//www. girlsnotbrides. org/child-marriage-fgmc-need-know/, 访问时间：2018 年 8 月 31 日。

胎而不得不前往英国堕胎，申诉爱尔兰严苛的法律导致她们经历了"不必要的、复杂的、创伤性的"堕胎过程。欧洲人权法院详细考察了爱尔兰对堕胎严格限制的法律规定，即只有在继续妊娠会威胁到母亲生命的情况下才允许堕胎，否则要受到刑法惩罚的规定，认为爱尔兰的法律具有正当目的，即保护全民公决结果反映出来的大多数公民的道德观念。[1] 最后，对于前两位申诉人，法院判决爱尔兰没有侵犯其隐私权，但是对于第三位申诉人，爱尔兰则侵犯了其隐私权。因为第三位申诉人曾经得过癌症，如果不堕胎会引起癌症复发危及生命，而爱尔兰当局没有尽到积极义务通过具体的立法和措施使申诉人能进行简便有效的堕胎。

在 Llantoy-Huamán 诉秘鲁案[2]中，申请人在 17 岁时怀孕，并在利马国家医院中检测到自己怀有一个无脑畸形胚胎。医院告知她继续怀着这个胚胎可能对申请人的生命带来的风险。申请人决定打掉这个胚胎。然而医院主任称申请人要求堕胎违反了国内法，因为按照法律规定只有为了挽救怀孕妇女生命或为避免其遭受长期健康损害才允许堕胎。虽然社会机构评估申请人的情况符合允许堕胎的情形，但由于医院的阻止，申请人未能成功堕胎。申请人随后诞下一名女婴，该女婴三天后去世，使得申请人陷入消沉与压抑情绪中。申请人向人权委员会提出申诉，宣称秘鲁未能采取有效措施为堕胎刑事责任创造例外的情形从而使得怀孕妇女身心受到胎儿的威胁时能够接受安全的堕胎程序。申请人声称秘鲁违反了《公民权利和政治权利国际公约》第 17 条，任意地干涉了申请人的私生活，代替申请人决定与自身的生命与生殖健康相关的事宜。人权委员会认为，申请人的情形符合合法堕胎的条件，因此秘鲁拒绝其堕胎要求违反了公约第 17 条的规定。

2. 个人形象表达自由与性别刻板印象。个人对自己形象的选择与表达自己的个性相关，属于个人私生活的范畴。个人形象表达是一个宽

---

〔1〕　A，B，C v. Ireland，ECtHR，judgement of 16 Dec. 2010.

〔2〕　Llantoy-Huamán v. Peru，Communication No. 1153/2003，U. N. Doc. CCPR/C/85/D/1153/2003（2005）.

泛的概念,包括发型、着装、是否留胡须、佩戴饰品等。个人形象表达可能与宗教信仰表达有关,比如穆斯林头巾或罩袍、基督教十字架、犹太教的发型、锡克教头巾等。就性别视角而言,个人形象表达可能涉及性别刻板印象,比如要求女性应当如何穿着,男性应该表现为何种外在形象等。这对不愿意按照刻板印象展现自己形象的个体而言就构成了一种歧视和对个人生活的干扰。

美国联邦最高法院在 1989 年对霍普金斯一案的判决扩大了《民权法案》第七章中"性别"的内涵。[1] 尽管该案原告并不属于性和性别少数群体,但该案将传统理解中的"性别歧视"的概念进行了全新的解释,引入了性别刻板印象理论,这对后来的判决将针对性和性别少数身份的歧视也纳入性别歧视范畴有着重要的开端意义。1982 年,原告霍普金斯向普华永道会计事务所申请成为合伙人。作为一名优秀的女性,原告的业务能力和口碑在事务所内都无可挑剔,然而事务所的合伙人拒绝了原告的请求,原因是原告作为一名女性,其穿着打扮却像一名男性,完全不符合传统女性的标准。她的雇主直言,作为一名女性,就应该"言谈举止、着装打扮都像个女性,而适合女性的发型和珠宝首饰更是不可或缺的"。[2] 原告在其请求被事务所拒绝后将事务所诉至法院,案件一直上诉到了联邦最高法院。本案与其他性别歧视的案件不同之处在于:传统意义上的性别歧视是指对于男性和女性的不合理的差别对待,然而本案是因为原告作为一名女性不符合雇主对女性雇员的"刻板印象"或所谓"女性气质"而无法获得晋升。这一点是否构成性别歧视在当时存在争议,因为男性也同样会因为不符合"男性气质"而无法晋升,所以不符合各自"性别气质"的男女受到的待遇是一样的。最后,联邦最高法院作出的判决认定被告构成《民权法案》第七章的性别歧视,理由是雇主因为"性别的因素"而做出了拒绝原告升迁的

---

〔1〕 Price Waterhouse v. Hopkins, 490 U. S. 228, 228, 109 S. Ct. 1775, 1778, 104 L. Ed. 2d 268(1989).

〔2〕 Price Waterhouse v. Hopkins, 490 U. S. 228, 228, 109 S. Ct. 1775, 1778, 104 L. Ed. 2d 268(1989), p. 235.

决定，这一点违反了《民权法案》第七章所禁止的基于性别因素而进行就业歧视的规定。如果排除原告的性别因素的影响，雇主很有可能会给予原告升迁的机会，因此法院认定事务所的行为构成了性别歧视。该判决将性别刻板印象和与性别有关的其他因素纳入到了"性别"的框架内，使得"性别"不再局限于生理性别和对性别的传统理解。

霍普金斯案成为里程碑案件的主要原因在于其引入了"性别刻板印象"理论。最高法院在判决原文中阐述道："在禁止雇员受到性别歧视上，国会的意图是打击一切与性别刻板印象有关的不合理对待"[1]。本案的一位专家证人是心理学家苏珊·菲克斯，她解释了刻板印象，即"总体上来说女性气质的刻板印象就是关心社会、善解人意、体贴，而男性给人的刻板印象往往是……有竞争意识、雄心勃勃、争强好胜、独立而活跃"。[2] 菲克斯的理论在最高法院的分析中起到了关键作用，霍普金斯成为第一个在法院命令下成为合伙人的人。[3] 而此案的判决也就意味着无论男女，如果因为无法迎合这种性别刻板印象而遭受不合理的差别对待，那么这种差别对待就属于《民权法案》第七章所禁止的性别歧视。

三、保障家庭与隐私权的国家义务

根据国际人权法理论关于国家义务的类型学，国家在保护家庭与隐私权方面承担的义务也可以分为三个层次：尊重的义务、保护的义务以及实现的义务。这里主要从社会性别视角分析保护家庭与隐私权方面不同层次的国家义务。

（一）尊重的义务

尊重的义务是国家为保护家庭与隐私权所承担的一种消极义务。这一义务要求国家不干涉或妨碍个人对家庭与隐私权的享有，国家自身不进行任何剥夺与侵害他人的家庭与隐私权的行为。对此，国家法律应该

---

〔1〕 quoting L. A. Dept of Water & Power v. Manhart, 435 U. S. 702, 707 n. 13 (1978).

〔2〕 ［美］吉野贤治：《掩饰：同性恋的双重生活及其他》，朱静姝译，清华大学出版社2016年版，第173页。

〔3〕 ［美］吉野贤治：《掩饰：同性恋的双重生活及其他》，朱静姝译，清华大学出版社2016年版，第173页。

明文禁止公权力机构侵害他人的家庭与隐私权的行为。当公共机构出现侵害他人家庭与隐私权的行为时，国家应该积极调查，并追究侵害人的法律责任。国内法律还应该为家庭与隐私权受到侵害的受害人提供有效的法律与制度上的救济。

国家应该通过法律明确禁止童婚，不得将童婚合法化。法律还应禁止对性和性别少数群体进行所谓"扭转"治疗。国家法律不得歧视性对待性和性别少数群体，比如，如果允许单亲收养，则不应禁止性和性别少数单亲进行收养。在堕胎问题上，虽然国家留有较大的自由裁量空间，但不应绝对禁止女性选择堕胎的权利或不合理地进行限制。公共机构也不应对其员工实施性别歧视，或以刻板印象要求员工进行着装等。

（二）保护的义务

国家的保护义务要求国家采取恰当的措施，保护个人免于遭受来自其他个人或私营机构进行的侵害家庭与隐私权的行为。国家应该采取措施对来自国家之外的第三方的侵害家庭与隐私权的行为进行调查、惩罚、提供赔偿等。比如国家必须通过法律禁止家庭暴力与针对儿童的暴力，并对施暴者进行有足够震慑力的惩罚，并特别注意性和性别少数未成年人可能遭受的家庭和校园暴力等。

国家还应该通过法律保障夫妻或伴侣之间的平等权益，保证家暴受害人能及时通过离婚等形式离开施暴人，并对受害者提供需要的救助。国家应该制定法律与政策，积极消除童婚与早婚问题，确保婚姻是结婚当事人双方完全同意的情况下自由做出的决定。国家还需通过劳动法、反歧视法等法律措施禁止私营雇主实施性别歧视，或要求员工按照刻板印象着装等。在堕胎问题上，国家法律应充分保护女性的自主权，积极预防并禁止第三方对女性的自由选择进行任意的干涉。

（三）实现的义务

国家承担的实现的义务要求国家通过采取立法、政策、财务、司法等积极措施，向着充分实现家庭与隐私权的方向不断努力。这个层面的义务对于从社会性别视角保护家庭隐私权尤为重要。因为法律政策等短期措施尽管可以减少，但不能完全消除基于社会性别的歧视和侵犯家庭隐私权的行为，所以需要国家采取积极措施，长期努力，改变这些歧视和侵犯行为的社会环境，才能起到积极预防的作用。比如国家在决策过程中应该注重性别视角，充分了解不同性别群体的不同法律与实际需求。在政策与措施制定时确保所有相关群体都参与到决策过程中，避免在实践中忽视男性、女性、性和性别少数人群在不同的家庭与私生活的权利方面面临的不同挑战以及不同的需求。就婚姻自由方面，国家应该采取积极的措施，提升公众对婚姻自主的认识，消除童婚。对于同性婚姻以及同性伴侣收养以及通过人工技术生育等问题由于目前各国对此看法不一，法律认可程度也有很大差别，因此各国就采取何种措施具有自由裁量的权利，但是应该展开充分的公共讨论，使民众了解议题涉及的各方面权利和公共利益。国家还需要通过教育、培训、宣传等手段消除家庭暴力的社会根源，提高女性社会地位，加强社会与反家暴实施机构和人员对家暴问题的认识，等等。

问题与思考

1. 胎儿的生命权与女性的选择权之间如何平衡？
2. 同性恋伴侣收养问题中需要考量哪些权利和因素？
3. 家庭暴力对女性和男性有什么不同的影响？
4. 个人对自身形象的选择是否完全不应该受到任何干涉？
5. 举例说明生活中的性别刻板印象及其对权利的影响。

拓展资料

1. ［美］芭芭拉·罗布林·米尔扎："优选人身权与自由：自决选择着装权、驾驶权及独自和无须得到允许的旅行权"，载［美］阿斯金·科尼格编：《妇女与国际人权法·第3卷，走向赋权》，生活·读书·新知三联书店2012年版，第127~170页。

2. ［美］吉野贤治（Kenji Yoshino）：《掩饰：同性恋的双重生活及其他》（Covering: the Hidden Assault on Our Civil Rights），清华大学出版社2016年版。

第四节　参政权

一、参政权的基本概念与内容

（一）参政权的概念

参政权也叫政治权利，是指公民参加国家管理、参政议政的民主权利和自由的总称。参政权是人民享有国家和社会的主人地位的集中体现，是政治民主的基本内容，也是民主制度发展的动力和目的。因此，它是反映一个国家人权状况的重要指标。

参政权受到国际人权文书的承认和保护。1948 年联合国《世界人权宣言》第 21 条明确规定："（一）人人有直接或通过自由选择的代表参与治理本国的权利。（二）人人有平等机会参加本国公务的权利。（三）人民的意志是政府权力的基础；这一意志应以定期的和真正的选举予以表现，而选举应依据普遍和平等的投票权，并以不记名投票或相当的自由投票程序进行。"第二次世界大战后，各国宪法普遍承认和规定了公民的参政权。中华人民共和国成立以后，我国宪法虽几经修订，但都明确规定了参政权。1982 年《宪法》第 34 条规定："中华人民共和国年满 18 周岁的公民，不分民族、种族、性别、职业、家庭出身、宗教信仰、教育程度、财产状况、居住期限，都有选举权和被选举权；但是依照法律被剥夺政治权利的人除外。"其第 2 条第 3 款规定："人民依照法律规定，通过各种途径和形式，管理国家事务，管理经济和文化事务，管理社会事务。"公民的参政权，是反封建专制的产物，是主权在民的必然要求，也是国家权力的民主性和合法性的重要保证。

参政权在人权基本权利体系中居于核心的地位，是实现其他基本权利的前提条件，在现代国家政治生活中具有越来越重要的地位和作用。

（二）参政权的内容

参政权有广义和狭义之分。根据联合国《公民权利和政治权利国际公约》，广义的参政权主要包括：言论自由权；和平集会、结社、游行示威权；选举权和被选举权；平等参加本国公务的权利；担任公职的权利等。我国现行《宪法》第 34 条规定，公民有选举权和被选举权；第 35 条规定，公民有言论、出版、集会、结社、游行和示威的自由；第 41 条规定，公民有批评、建议、申诉等监督权利等。

狭义的参政权主要包括：选举权、被选举权和担任公职的权利。联合国《公民权利和政治权利国际公约》第 25 条明确规定："每个公民均应有下列权利和机会，不受第 2 条所述的区分和不受不合理的限制：（甲）直接或通过自由选择的代表参与公共事务；（乙）在真正的定期的选举中选举和被选举，这种选举应是普遍的和平等的并以无记名投票方式进行，以保证选举人的意志的自由表达；（丙）在一般的平等的条件下，参加本国公务。"

联合国《妇女政治权利公约》第 1 条明确规定："妇女有权参加一切选举，其条件与男子平等，不得有任何歧视。"第 2 条规定："妇女有资格当选任职于依国家法律设立而由公开选举产生之一切机关，其条件应与男子平等，不得有任何歧视。"第 3 条规定："妇女有权担任依国家法律而设置之公职及执行国家法律所规定之一切公务，其条件应与男子平等，不得有任何歧视。"

可见，狭义的参政权主要是由选举权、被选举权和担任公职权三项基本权利构成，这三项权利既相互独立又相互作用，构成了现代民主社会公民的参政权。

1. 选举权。选举权是公民享有的选举国家代议机关代表或其他公职人员的权利，具体包括：

（1）确认权。选民登记是确认选举权的重要形式，是行使选举权的前提。

（2）推荐权。即推荐候选人的权利。

（3）投票自由权。包括选民的选择权与选举投票权。

（4）选举参与权和选举监督权。选民参与选举中各项活动的权利和对选举活动进行监督的权利。

（5）选举救济权。当选民的选举权行使受到侵害或选举权行使的结果不能表达和反映其意志时，选举权的法律主体可以寻求法律途径对选举权及其行使予以维护和补救。[1]

公民行使选举权决定着候选人的命运，决定谁能当选，谁代表他们去掌握国家权力。而公民选出的代表在决定国家重大事务时，必须充分考虑选民的意见，因此，行使选举权是公民实现对国家权力参与的重要途径。

2. 被选举权。被选举权是公民被选任为国家代议机关的代表或其他公职人员的权利。被选举权与选举权的区别在于：①选举权是保障公民自由选举其代表，表达自己政治利益和主张的权利，是公民间接行使地国家权力；被选举权是保障公民的被提名权和当选权，从而使公民直接参加管理国家事务，是公民直接行使国家权力；②因为被选举权体现着直接行使管理国家的权利，所以，被选举权的主体资格受到更严格的法定条件限制，比如国籍、年龄、居住时间、必备的管理素质等。

被选举权所保护的核心利益是被推荐为候选人和当选为代表或公职人员，因此，被选举权包括被提名权和当选权。

3. 担任公职的权利。担任公职权是公民担任国家机构和其他具有公共性质职务的权利。它是参政权的最高体现，是公民直接参与公共事务的重要途径。担任公职权包括：被选举权、考试权、任命权等。

（1）被选举权。被选举权是担任公职权的前提条件，担任公职的权利是被选举权的一项重要内容。

（2）考试权。考试是现代社会担任公职权实现的一个法定途径，有些公职是通过考试权实现的。

（3）任命权。任命是担任公职权的一个重要途径，任命权是公职权的法定条件权。

确立担任公职的权利的目的在于保障其平等性和公平性，通过竞争性的选举、公开公平的考试、协商推荐和任命，择优赋予公职。

参政权是"主权在民"的要求，它不仅确保了政权的民主性和合

----

〔1〕 张晓玲主编：《人权理论基本问题》，中共中央党校出版社2006年版，第105页。

法性，而且有利于提高国家管理的水平。

（三）参政权的基本原则

第一，普遍性原则。参政权的普遍性是指参政主体的普遍性，一国公民在普遍平等的条件下，享有参政的平等机会。参政权是每一个人都应当享有的政治权利，必然是普遍的和平等的。联合国《世界人权宣言》《公民权利和政治权利国际公约》都明确规定了参政权的普遍性和平等性。

第二，一人一票原则，又称平等原则。每个公民只有一个投票权，并且每票的价值相等，就是一人一票原则。

第三，秘密投票原则，又称无记名投票原则。该原则与记名投票或以举手、鼓掌、起立等公开表示自己意愿的方法不同，是指选民不署自己的姓名，亲自书写选票并投入特制票箱的投票方法。

第四，正当合理限制原则。与其他人权有所不同，对参政权的主体是可以进行限制的，但是，这些限制必须是正当合理的，除了合理的积极资格要件（如具有本国国籍、一定年龄及相当的居住时间等）和消极要件外，不得设定其他不合理的主体资格限制。

二、社会性别视角下的参政权

尽管当代国际社会在保障妇女政治参与方面取得了很大进步，但是从世界范围看，政治领域仍是男性占绝对主导地位的领域，是男女差距最大的领域。以社会性别视角审视参政权，男性和女性在政治参与和决策方面的不平等现象非常突出。2017 年 11 月世界经济论坛发布的《2017 年全球性别差距报告》显示，过去十年全球性别差距呈现缓慢缩小趋势，但 2017 年全球男女平等状况首次出现倒退，尤其是妇女政治参与和妇女的经济参与情况出现了下滑。2018 年 12 月世界经济论坛发布《2018 年全球性别差距报告》进一步指出，"从全世界来看，政治领域的性别差距有所扩大，消除差距的行动处于原地踏步状态。以当前速度要完全消除差距需要 108 年"。2018 年 3 月各国议会联盟发布的《2017 年议会中的女性》年度报告显示，从全球范围来看，2017 年国家议会中女性人数仅比 2016 年增加了 0.1 个百分点，从 23.3% 上升到

23.4%，这距离议会联盟确定的女性议员占到 50% 的目标还有较大差距。

（一）选举权

选举权的平等性必然要求禁止性别歧视。联合国《消除对妇女一切形式歧视公约》第 7 条规定："缔约各国应采取一切适当措施，消除在本国政治和公众事务中对妇女的歧视，特别应保证妇女在与男子平等的条件下：（a）在一切选举和公民投票中有选举权，并在一切民选机构有被选举权；（b）参加政府政策的制定及其执行，并担任各级政府公职，执行一切公务"。这些国际人权文件确立了参政权的国际标准。但是，妇女在享有平等的选举权方面，仍面临不少问题和挑战。

选举权作为一项基本人权，是近代资产阶级革命后确立的。在相当长的历史上，选举权受到性别、财产、身份等多种限制，只有少数男性才能享有，特别是占人类人口一半的妇女被排斥在选举权主体之外，妇女的选举权长期得不到法律的承认和保护。

18 世纪末，作为工业革命和人权运动的产物，西方女权主义运动应运而生，其追求的第一个目标就是参政权。1791 年法国著名的女革命家阿伦普·德·古杰发表了《妇女和女公民权利宣言》，指出"对妇女权利的无知、遗忘和忽视是造成公众灾难和政治腐败的唯一原因"，"妇女生而自由，在权利上与男子是平等的"。"在法律面前所有男女公民一律平等。他们能平等地按其能力担任公共职位和各项工作。"她在演讲中理直气壮地提出："如果妇女有登上断头台的权利，那么，她们也必须有登上讲坛的权利。"[1] 与此同时，法国革命之母罗兰夫人（Manon Jeanne Phlipon）成立了"妇女立宪同志会"，要求把妇女的选举权和被选举权写进宪法中。然而，这一要求社会公正的人权平分运动，却遭到了社会的强烈反对和当局的镇压。古杰和罗兰夫人先后被送上了断头台，罪名是"丧失了女性应有品德的阴谋家"。女权主义被认为是一种肮脏的字眼，不仅受到男性的攻击，也为不少女性所不理解。

---

〔1〕 中国妇女出版社选编：《外国女权运动文选》，中国妇女出版社 1987 年版，第 235 页。

在 19 世纪末到 20 世纪初，美国反对妇女参政的团体往往是由女性社会名流发起和领导的。[1] 19 世纪末瑞典社民党女党员组织了全国争取妇女普选权联盟，把争取妇女的选举权和社会各阶层的普选权结合起来，得到了广泛的支持。1903 年，英国著名的女权运动领袖埃米琳·潘克赫斯特（Emmeline Pankhurst）成立了"妇女社会与政治联盟"（Women's Social and Political Union，WSPU），组织集会、游行等活动，以抗议妇女缺少参政权。为了引起社会对妇女参政权的关注，她们采取了激烈的手段，如破坏有关设施、纵火等，许多妇女为此入狱。1913 年，该联盟的成员，埃米莉·戴维斯（Emily Davis）在国王赛马场采取飞奔至国王的马下被踩死的方式，要求妇女的参政权。1848 年 7 月，美国妇女召开了第一届妇女权利大会，通过了《美国妇女独立宣言》，将争取妇女选举权作为女权运动的重要奋斗目标；1890 年，美国妇女成立了"全美妇女参政协会"，使妇女争取选举权的斗争进入了一个新阶段。

在妇女运动的长期推动下，1893 年，新西兰成为第一个承认妇女选举权的国家；芬兰、挪威、丹麦和瑞典相继在 1906 年、1913 年、1915 年和 1920 年承认了妇女的选举权；1918 年苏联社会主义宪法承认妇女享有选举权；英国于 1918 年给 30 岁以上的妇女以选举权，于 1928 年承认所有妇女的选举权；美国于 1920 年通过了承认妇女享有选举权的第 19 条宪法修正案。

第二次世界大战后，随着联合国《世界人权宣言》的通过和国际人权法的产生，越来越多的国家承认妇女选举权。日本妇女和法国妇女分别于 1945 年、1946 年获得选举权。瑞士是欧洲最晚通过妇女选举权的国家之一，直到 1971 年，该国妇女才被允许参与联邦选举；1981 年，"男女平等"才被列入其宪法，直到 20 世纪 90 年代，瑞士妇女在州级别选举的普选权才得到实现。

---

〔1〕 洛伊斯·班纳指出："各州反对妇女参政的团体，往往都是由一些社会妇女名流们带头的，在 19 世纪末就已经出现。1911 年，她们联合起来，组成了全国反对进一步给妇女参政权的委员会，她们公开宣称这个反对妇女参政委员会的会员要多于全美妇女参政协会。"引自〔美〕洛伊斯·班纳:《现代美国妇女》，侯文蕙译，东方出版社 1987 年版，第 80 页。

20 世纪 70 年代以来，在国际妇女运动和人权运动推动下，妇女选举权进一步取得突破。进入 21 世纪时，世界上绝大多数国家妇女都获得了法律上的选举权。最近 10 余年，妇女选举权普遍得以进一步实现。2005 年阿联酋妇女获得选举权。2015 年沙特阿拉伯妇女获得选举权。今天，世界各国的妇女基本都享有了法律上的选举权。这是妇女参政权的历史飞跃。

选举权的主体扩展到妇女经历了一个漫长的过程，但直到今天，妇女自由和公平地参加选举仍受到一些限制。在有的国家，不少政党对女党员在选举中的定位是"助选"，而不是"参选"，有的政治家主张，"把政治留给男人，把家庭留给女人"[1]；有的国家在承认妇女的选举权的同时规定，妇女在参加选举或被选举时，必须遵守宗教法所规定的各项准则。在我国部分农村地区，妇女在投票时更容易受到从众心理影响和家庭中男性的影响；家务负担和女性的参政意识等也影响到妇女的选举权。

由此可见，妇女的选举权仍然没有实现真正的平等。政治因素、法律、宗教因素、社会舆论的偏见和歧视态度、妇女繁重的家务劳动、受教育水平、妇女自卑心理等都限制了妇女平等享有选举权。对妇女而言，选举权还是一项年轻的权利，仍面临不少实现障碍。

（二）被选举权

尽管几乎所有国家中的妇女都已取得选举权和被选举权，但成为公职候选人的妇女人数仍然严重不足，因为妇女的被选举权仍受到了很多限制。

1. 妇女的被选举权受到限制。妇女的被选举权受到各种有形无形的限制，特别是高职位的被选举权受到限制。比如，伊朗宪法监护委员会（宪监会）于 2013 年 5 月 16 日裁定，女性不能作为总统候选人参加将于 6 月 14 日举行的总统大选。在此之前，伊朗已有 30 名女性登记参选，这一裁定否定了她们的候选资格。直到 2017 年伊朗才首次允许妇

---

〔1〕 范若兰：《东南亚女性的政治参与》，社会科学文献出版社 2015 年版，第 68 页。

女参加竞选总统。

2. 妇女的被提名权受到限制。对于一些通过提名推荐选举的职位，妇女很少被提名。性别双重标准导致妇女的提名权受到限制，使得候选人名单中很少有妇女。在同等条件下，人们更愿意选择男性，对女性的标准要求更高，认为女性在能力上不如男性；提名妇女候选人往往成为一个点缀，好不容易被提名的女候选人，在选民的双重标准下，往往不能当选。

3. 女性被选举权也受到女性的参政意识淡薄的限制。由于受传统观念的影响和双重压力的重负，女性政治参与意识总体上比男性淡薄，缺乏参政的热情，关心公共事务不够，存在一定程度的"政治冷漠"现象，在政治参与中缺乏竞争意识。这种情况也使得妇女很少成为候选人或被提为推荐人。

（三）担任公职权

担任公职权是参政权的重要组成部分，是参政的最高形式，也是现代人权发展的必然要求。公职权要求不因性别而受到任何歧视；要求任命、晋升和解职的标准和程序必须客观和合理；要求在适当情况下采取积极措施，确保所有妇女可平等担任公职。20 世纪末以来，妇女参政取得重大成就，打破了男性一统天下的局面，女性担任公职的比例继续上升，越来越多妇女走向权力机构和权力高层，但是，从世界范围来看，妇女分享权力面临诸多障碍。

1. 女性权力参与比例偏低。妇女在担任公职时表现出相当的领导才干，然而，社会上男女陈规定型的传统观念，包括通过媒体传播的陈规定型观念，强化了政治决策仍是男性领域的倾向[1]。相比男性，妇女进入议会、政府、政党决策机构等的机会不多，妇女在地方、国家、区域和国际各级经济和政治决策层中所占比例偏低，这说明了体制上和态度上存在障碍。

据联合国统计，1995 年女性议员占全球议会总议席的 11.3%；

───────────────

〔1〕《北京宣言》。

2014 年 1 月，女性议员占全球议会总议席的 21.8%，比 1995 年的 11.3%有所增长。其中，卢旺达女性在下议院席位占 64%，继续保持领先水平。[1] 截至 2013 年底，全球仍有 5 个议会中没有女性成员。2015 年 8 月，全世界所有国家的议会成员中只有 22%是女性;[2] 2017 年女议员的比例从 2015 年的 22.6%升至 23.3%，女议长比例为 19.1%，其中卢旺达、玻利维亚、古巴、冰岛和尼加拉瓜 5 国的女议员比例最高。[3] 但是，全球妇女在议会中的代表人数仍然不足。

2. 大多数国家没有达到联合国提出的妇女占决策职位 30%的指标。20 世纪 90 年代，联合国经济及社会理事会提出到 1995 年实现妇女占 30%决策职位的指标，但是，直到今天，这一目标方面进展甚微。1995 年《北京行动纲领》再次提出"性别平衡"标准，但是大多数国家远没有达到这一目标。

从区域视角看，北欧妇女参政成就最大，几乎达到了性别平衡，而其他区域差距很大。比如，在亚太区域，女性议员所占比例仍低于全球平均数，而且在国家议会中女性所占比例的提升并未导致地方和企业治理机构中女性决策者所占比例的大幅提升[4]。

各国政府、跨国公司和全国性公司、大众传媒、银行、学术和科学机构、区域和国际组织，包括联合国系统各组织，都没有充分利用妇女担任高级管理人员、决策人员、外交人员和谈判人员的才能。[5] 联合国秘书处和专门机构的决策层次中，妇女的人数也仍然偏低。

3. 女性担任高职位、重要职位和正职少。妇女担任公职存在着"三少"的问题，即高职少、重要职位少、正职少。2014 年世界上女性

---

〔1〕 2014 年联合国《千年发展目标》报告。

〔2〕 "性别平等"，联合国网，http://www.un.org/zh/sections/issues-depth/gender-equality/index.html，访问时间：2019 年 2 月 21 日。

〔3〕 "《2017 年全球性别差距报告》发布：堪忧! 全球性别差距十年来首次出现倒退"，世界经济论坛网，https://cn.weforum.org/press/2017/11/GGGR17/，访问时间：2019 年 2 月 21 日。

〔4〕 2014 年亚洲及太平洋经济社会委员会《亚洲及太平洋性别平等和妇女赋权："北京+20"审评会议报告》，第 9 页。

〔5〕 《北京宣言》。

部长的比例达到了 17.2%，比 2008 年的 16.1% 有所增加。36 个国家有 30% 或以上的女部长。在这方面，全球领先的是尼加拉瓜，有 57% 的女性部长，其次是瑞典、芬兰、法国、佛得角和挪威。2017 年 3 月各国议会联盟（IPU）和联合国妇女署发布的《2017 年妇女参政地图》的数据显示，2015 年以来，女部长的数量几乎没有改变，总计增加到 732 人（2015 年为 730 人），部长级妇女的参与率目前为 18.3%。妇女部长人数最多的五个国家分布在欧洲和美洲。保加利亚、法国、尼加拉瓜、瑞典和加拿大的女部长超过全球总数的 50%。[1]

尽管现在有更多的女性掌管一些诸如国防、外交和环境等方面的所谓"硬"的部长职责，[2] 但是，大多数女性政府部长负责诸如教育和家庭、妇女事务、社会事务等，妇女在重要决策机构任正职的代表人数不足。中国妇女担任公职也存在着"三多三少"的问题，即副职多、正职少，虚职多、实职少，群团部门多、主战线少。这种妇女参政状况使得女政治家在决策机构中的影响力和参政质量不如男性决策者。

4. 女性在权力最高层任职少。从 20 世纪 60 年代以来，越来越多的女性担任国家元首，显示了妇女的领导能力和水平。进入 21 世纪以来，德国女总理默克尔（Angela Dorothea Merkel）连续 4 届当选为总理，成为一道亮丽的风景线，为妇女进军权力顶峰树立了榜样。但是，妇女担任最高层职位的进程非常缓慢。2015 年 1 月，全世界共有 10 名女性国家元首，14 名女性政府首脑；然而到 2017 年 1 月 1 日，全球仅有 17 位女性国家元首和政府首脑，不到全球国家元首的 10%。同时，女性议会发言人的比例几乎没有增长，2012 年是 14.2%，2013 年是 14.8%。这种情况表明在大多数国家，女性晋升高层职位存在"玻璃天花板"。

5. 影响妇女担任公职权实现的主要因素有：

（1）传统文化和社会舆论偏见的影响。正如联合国人权委员会在第 28 号一般意见中指出的那样："全世界妇女在享受权利方面的不平等

---

〔1〕 "《2017 年女性参政地图》及有关数据发布，全球女性参政议政水平仍有待提高"，载《中国妇女报》2017 年 3 月 22 日。

〔2〕 2014 年联合国《千年发展目标》报告。

现象植根于传统、历史和文化之中，包括宗教态度。"政治曾经是妇女的禁区，不同的传统文化都把妇女排斥在政治之外。中国传统文化认为，女人参政是祸水；西方传统文化认为，妇女参政是违反"天性"的，丧失了女性应有的美德。比如，19世纪美国马萨诸塞州立法者说："如果给妇女参政权，你就得在每个县建立疯人院，在每座城镇建立离婚法庭。妇女太神经质和歇斯底里，不能介入政治。"[1] 这种观念在当代仍有很大影响。在很多国家，妇女终其一生都受制于歧视性的态度、不公正的社会和经济制度，使她们不能充分和平等地参与政治。

社会对不同角色的期待和双重标准造成女性自卑、矛盾、恐惧成功，在竞争和机会面前，妇女往往退缩和谦让，导致政治参与的性别差距。但是，这种男女的政治成就与活动的差别，却不被视为是由于社会限制和歧视所致，而被视为是不可改变的生理差别。

（2）传统性别分工的影响。男主外女主内的价值观念，使得家庭内基于不平等的权力关系而实行的不平等分工和责任分配，限制了妇女的时间和学习提高政治技能的机会，限制了妇女发展其政治潜力，妨碍了妇女担任公职权的实现。2010年中国第三期妇女地位调查数据显示：对各级领导岗位上女性数量相对较少的主要原因进行采访调查，排在第一位的是"女性家务负担重"（67.5%），其次是"培养选拔不力"（60.5%）和"社会对女性有偏见"（57.6%），这揭示出传统性别分工、干部选拔任用机制和社会文化偏见对妇女参政的深刻影响。

（3）选举前后对妇女各种形式暴力的影响。选举前后的暴力，包括人身攻击、恐吓、谋杀[2]和针对候选人和当选女性的其他形式的侵害，是全球所有地区女性参与政治的普遍障碍。近年来，一些国家如玻利维亚和墨西哥，已率先通过立法解决妨碍女性参与政治的问题。

（4）不平等法律政策和官员选拔任用机制的影响。有些国家的男女不同龄退休的法律规定，出发点是为了保护妇女，但是，在现实中对

---

〔1〕 李银河：《女性权力的崛起》，中国社会科学出版社1997年版，第75页。

〔2〕 2016年6月16日，41岁的英国反对党工党议员在英国北部选区参加例行的选民见面会时遭枪击身亡。

妇女担任公职权产生了不利的影响。如女性的退休年龄是 55 岁，一旦女性超过 50 岁，就很难再有获得提拔的机会。有的国家对男女公务员的培训年龄作了不同的规定，男性是 40~41 岁以下，而女性是 35~36 岁以下，女公务员较少获得进修培训机会，这些都限制了对她们的提拔[1]。

歧视性态度和做法、家庭和照顾子女的责任、不合理的法律、争取和担任公职所需付出的高昂代价，都可能使妇女不愿意争取担任政治职位。

三、中国妇女参政权的保障与实现

公民平等参与国家和社会事务管理是国家文明进步的重要标志。充分保障妇女的平等参政权，一直受到我国政府的高度重视。我国把男女平等作为一项基本国策，制定和实施相关法律法规和政策规划，保障妇女享有与男性平等的政治权利，妇女参政比例逐步提高。

（一）我国立法确认和保障平等参政权

1954 年，我国第一部《宪法》明确规定："妇女有同男子平等的选举权和被选举权"。此后《宪法》的几次修改，都对妇女的参政权作了明确的规定，特别是 1982 年《宪法》，还增加了"培养和选拔妇女干部"的规定。

为了更好地促进妇女参政，1992 年 4 月 3 日第七届全国人民代表大会第五次会议通过的《妇女权益保障法》第 10 条明确规定："妇女享有与男子平等的选举权和被选举权。全国人民代表大会和地方各级人民代表大会的代表中，应当有适当数量的妇女代表，并逐步提高妇女代表的比例。"2005 年修改的《妇女权益保障法》第 12 条进一步规定："国家积极培养和选拔女干部。国家机关、社会团体、企业事业单位培养、选拔和任用干部必然坚持男女平等的原则，并有适当数量的妇女担任领导成员。国家重视培养和选拔少数民族女干部。"同时，该法第 13 条第 2 款还规定："各级妇女联合会及其团体会员，可以向国家机关、社会团体、企业事业单位推荐女干部。"

---

〔1〕　范若兰：《东南亚女性的政治参与》，社会科学文献出版社 2015 版，第 274 页。

2007 年，第十届全国人民代表大会第五次会议又正式通过了《关于第十一届全国人大代表名额和选举问题的决定》，明确要求"第十一届全国人民代表大会代表中，妇女代表的比例不低于 22%"。同年，有 27 个省（区、市）在妇女权益保障法实施办法中明确女性在各级人大代表候选人中应达到的最低比例。

2010 年修订的《全国人民代表大会和地方各级人民代表大会选举法》规定城乡按照相同人口比例选举人大代表，进一步完善了关于选举机构、选举程序等规定，更好地体现了平等的宪法原则；新修改的选举法还规定了预选制度，根据预选时得票多少的顺序，确定正式代表候选人名单。正式代表候选人名单应当在选举日的 5 日以前公布。2015 年修订的《全国人民代表大会和地方各级人民代表大会选举法》规定，全国人民代表大会和地方各级人民代表大会的代表应当具有广泛的代表性，应当有适当数量的妇女代表，并逐步提高妇女代表的比例。这些法律为妇女参政权的实现提供了法律保障。

2010 年修订的《村委会组织法》第 6 条第 2 款规定："村民委员会成员中，应当有妇女成员……"；第 25 条第 1 款规定："……妇女村民代表应当占村民代表会议组成人员的 1/3 以上。"2013 年 5 月，民政部颁布的《村民委员会选举规程》为保证村委会中有女性成员作出如下规定："候选人中应当有适当的妇女名额，没有产生妇女候选人的，以得票最多的妇女为候选人。""村民委员会主任、副主任的当选人中没有妇女，但委员的候选人中有妇女获得过半数选票的，应当首先确定得票最多的妇女当选委员，其他当选人按照得票多少的顺序确定；如果委员的候选人中没有妇女获得过半数选票的，应当从应选名额中确定一个名额另行选举妇女委员，直到选出为止，其他当选人按照得票多少的顺序确定。""补选时，村民委员会没有妇女成员的，应当至少补选一名妇女成员。"

（二）我国妇女参政权的实现状况

1. 妇女选举权和被选举权的实现状况。人民代表大会制度是我国的根本政治制度，广大妇女积极参加各级人民代表选举，行使自己的民主权利，女性参与地方人民代表选举的比例达到 73.4%。

1954 年召开的第一届全国人民代表大会中，共有女性代表 147 人，只占代表总数的 12%。2003 年召开的第十届全国人民代表大会中，共有女性代表 604 人，占代表总数的 20.2%，远远高于建国初期占代表人数的比例。第十届全国人民代表大会还选出女副总理 1 人、女国务委员 1 人。2008 年第十一届全国人民代表大会中，代表和常委中女性的比例分别占 21.33% 和 16.10%，比上届分别提高了 1.1 和 2.9 个百分点；全国人大常委会副委员长中，有 3 位是女性。2013 年第十二届全国人民代表大会第一次会议中女代表比例为 23.4%，比 20 年前提高了 2.4 个百分点；少数民族妇女代表占少数民族代表的 41.3%。

2017 年全国人民代表大会中女性代表比例为 23.7%，高于世界女议员 23.4% 的平均比例。

2018 年第十三届全国人民代表大会 2980 名代表中，女代表有 742 名，占代表总数的 24.9%，比第十二届中女代表总数增加了 43 名，女代表比例也较上一届的 23.4% 提高了 1.5 个百分点，达到了 24.9% 是历届全国人民代表大会代表中女性比例最高的一届；其中有女常委 18 人，占常委总数的 11.3%，低于上届 4.2 个百分点。

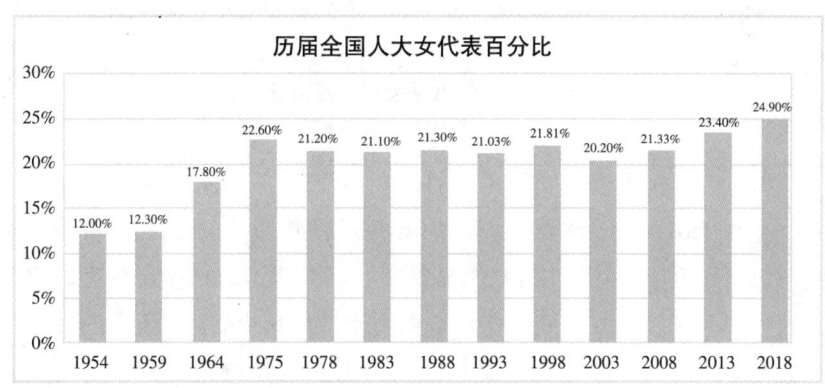

图 2 历届全国人大代表百分比[1]

---

〔1〕 "新一届两会代表委员中女性比例再创新高"，载中国妇女研究网 2018 年 2 月 26 日。

　　人民政协是中国妇女参政的重要渠道。第十一届全国政协一次会议委员和常委中的女性分别占 17.7%和 10.1%，全国政协副主席中有 5 位是女性。2018 年第十三届全国政协共有委员 2158 名，其中女委员 440 名，占全体代表总数的 20.39%，首次突破 20%，较第十二届全国政协女代表所占比例 17.84%增加了 2.55 个百分点，是改革开放以来增加幅度最大的一次，也是中华人民共和国成立以来比例最高的一次。女常委 39 人，占常委总数的 13%，比上届提高 1.2 个百分点。

图 3　历届全国政协女委员百分比[1]

　　2013 年，村委会成员中的女性比例为 22.7%，比 2000 年提高了 7 个百分点；2017 年，村委会成员中女性所占比重为 23.1%，村委会主任和村民代表中的女性比例也明显提高，妇女成为农村基层治理的重要力量。2013 年，居委会成员中的女性比例为 48.4%，主任中的女性比例为 41.5%。2017 年，居民委员会成员中女性比例为 49.7%；村委会主任中女性比例为 10.7%，已提前实现《中国妇女发展纲要（2011~

〔1〕 "新一届两会代表委员中女性比例再创新高"，载中国妇女研究网 2018 年 2 月 26 日。

2020 年）》提出的目标。

2. 妇女享有担任公职权的实现状况。

新中国成立后，我国一方面在法律上赋予妇女平等担任公职的权利，另一方面，从政策上推动妇女担任公职权利的实现。新中国成立以来，宋庆龄曾担任过国家副主席和名誉主席。在最高权力机构全国人民代表大会中，我国先后有宋庆龄、陈慕华、彭珮云、刘延东等多位女性担任副委员长。在历届全国人大和全国政协中有 25 位女性担任过副国级职务。1954 年，我国只有 3 位女性任部长，4 位女性任副部长。截止到 2010 年，全国有女干部 1500 多万人，有 230 多位省部级女性领导，670 多位女市长。2013 年中央机关及直属机构录用的公务员中女性比例为 47.8%。近年来，地方新录用公务员中女性比例不断提高。[1] 全国党政机关中女性干部从改革开放初期的 42.2 万名提升至 2017 年的 190.6 万名，占干部总数的 26.5%。[2]

尽管我国在保障妇女平等政治参与方面不断取得成就，但是，受经济社会发展水平和历史文化等因素影响，我国保障平等参政权方面还面临不少新情况新问题，推进平等参政权的实现仍然是一个艰巨的任务。

四、平等保障参政权的意义和国家义务

（一）平等保障参政权的意义

第一，平等保障参政权是实现男女平等的重要条件。妇女的参政权对于妇女的全面解放和实现男女平等具有非常重要的意义。1995 年联合国第四次世界妇女大会通过的《北京行动纲领》指出："政治决策中的平等起着促进的作用，没有这种平等，在政府决策中就极不可能真正地结合平等问题。在这方面，妇女平等参与政治生活，在提高妇女地位的整个进程中起着关键性作用。妇女平等参与决策，不仅是要求单纯的公平或民主，也可视为是使妇女利益得到考虑的一项必要条件。如果各级决策进程没有妇女的积极参与并且没有吸纳妇女的观点，就不可能实现平等、发展与和平的目标。"妇女享有参政权是妇女利益的保障。

---

〔1〕　国务院新闻办：《中国性别平等与妇女发展》（2015 年）白皮书。
〔2〕　国务院新闻办：《改革开放 40 年中国人权事业的发展进步》（2018 年）白皮书。

第二，平等保障参政权是民主政治发展的要求。正如 1997 年各国议会联盟通过的《民主宣言》指出那样："民主是建立在人人有权参与公共事务的管理的基础上的。""取得民主的前提是，男女在处理社会事务时有真正的伙伴关系，平等相处，互相扶持，取长补短。"

妇女平等参政可以丰富政治的内涵，扩展政治民主的领域。妇女把健康、生育、性别平等、环境保护、儿童保护、社会福利、家庭暴力、弱势群体权利、和平问题带入了政治议题。"妇女参政和在政府及立法机关中处于决策地位，有助于重新确定政治优先事项，将新的项目放到政治议程上，反映和正视女性关注的问题、价值和经验，并提出关于主流政治问题的新观点。"[1]

第三，平等保障参政权是应对 21 世纪挑战的必然要求。妇女参政不仅是促进性别平等的一个重要途径，而且是应对人类挑战，促进人类可持续发展的必然要求。

《北京行动纲领》明确指出："将妇女和男子之间的关系根本转变成充分而平等的伙伴关系，才能使这个世界面对 21 世纪的挑战。""实现男女平等参与决策的目标将提供一个更准确地反映社会的组成的平衡，而且是加强民主并促进其适当运作所必需的。""地方、国家、区域和全球的和平是可以实现的，并与提高妇女地位密不可分，因为妇女是所有各级领导、解决冲突和促进持久和平的基本力量。"

（二）平等保障参政权的国家义务

国家的政治承诺和政策是促进妇女平等政治参与的关键因素。《北京行动纲领》提出，在正视各级分享权力和决策中的男女不平等现象时，各国政府应采取积极措施确保妇女平等进入并充分参加权力结构和决策。联合国人权公约和文件对此作出了明确规定。

国家尊重和保障妇女参政权的义务主要体现在以下 6 个方面：

1. 以立法消除歧视，保障妇女人权。采取立法等措施消除在政治和公众事务中对妇女的歧视，保障妇女人权。联合国消除对妇女歧视委

---

[1]《北京行动纲领》。

员会呼吁缔约国加速法律审查进程，确保修正或废除一切歧视性法律。目前，瑞典、挪威等国家已经设立专门的法律政策性别平等评估机构，把保障妇女权利系统纳入法律法规，上升为国家意志。1996 年联合国人权委员会在第 25 号一般性意见中提出，应该成立独立的选举机构，监督选举程序，确保选举以公平、不偏不倚的方式进行等。

2. 采取特别措施促进妇女参政。为加速实现在政治领域的男女事实上平等而采取的特别措施，例如配额制、制裁不履约的政党、提名费用减免；与选举管理机构和政党合作，采取措施消除暴力侵害妇女、媒体报道存在性别偏见、政党做法不透明和缺乏竞选资金等阻碍妇女参政的因素，以提高妇女作为当选的决策者和被任命的决策者在公共机构中的参与程度。

3. 完善有关制度加强对妇女权利的保护。完善有关制度，保护和促进妇女有平等的权利从事政治活动和享有结社自由，包括加入政党和工会；审查选举制度对妇女在民选机构中政治代表权的不同影响，并改革和完善这些制度；改变男女社会和文化行为模式，消除基于性别而分尊卑观念或基于男女任务定型所产生的偏见、习俗和一切其他做法，承认男女分担家务工作和养育子女的责任可以促进妇女更多地参与公共生活，并采取适当措施实现这一目标，比如，北欧国家建立了父亲产假制度；我国第三部《国家人权行动计划》提出："设立男性职工带薪陪护分娩妻子的假期制度"。

4. 将性别观点纳入所有政策和方案的主流。将性别观点纳入所有政策和方案的主流，以便在制定政策之前，分析该政策可能对妇女和对男子产生的影响。各级公平分配权力和决策取决于政府及其他行动者在政策制定和方案执行中进行统计上的性别分析；承诺在政府机构和委员会，以及在公共行政单位和司法部门制定性别均衡的目标；在选举制度中鼓励政党按与男性同样的比例和同样的级别吸纳妇女担任民选和非民选的公职等。例如，2007 年西班牙颁布的《男女平等组织法》规定，各类选举人名单中，男女候选人比例均不得低于 40% 或高于 60%。

5. 为妇女提供领导力培训。提供领导力方面的培训，协助妇女和女孩，特别是有特殊需要的妇女和女孩、残障妇女和属于少数民族和族裔的妇女，加强其自尊并鼓励她们担任决策职位；为候选及当选的女性领导人的技能和能力发展提供支持，包括技能培训（议会辩论与措辞、宣传）和内容培训（性别平等主流化、国际性别平等承诺和可用战略）；为男性提供关于引入性别平等主流化和增强妇女权能的原则和举措的培训等。

习近平主席在全球妇女峰会上的演讲中指出："追求男女平等的事业是伟大的。纵观历史，没有妇女解放和进步，就没有人类解放和进步。"[1] 今天，国际社会越来越认识到，实现政治领域的性别平等是所有国家的责任，必须提高对妇女潜能、才干、贡献的认识，建立机制并制定评估战略，以便实现性别平等主流化。妇女平等的政治参与是社会正义的条件。民主需要妇女，妇女也需要民主，这样才能改变妨碍妇女乃至整个社会获得平等的制度和法律。实现男女在政治领域里权利、机会的平等，是建设一个可持续、公正和文明世界的重要途径。

问题与思考

1. 保障妇女参政权的意义是什么？
2. 影响妇女参政权实现的主要障碍是什么？
3. 如何加强对妇女参政权的保护？

拓展资料

1. 全国妇联妇女研究所理论室等：《妇女参政导论》，红旗出版社1993年版。

2. 陈瑞生主编：《女性领导干部成长论》，中国社会科学出版社1995年版。

3. ［法］西蒙·波伏娃：《第二性——女人》，桑竹影、南珊译，

〔1〕 习近平：《促进妇女全面发展 共建共享美好世界——在全球妇女峰会上的演讲》（2015年9月27日，纽约）。

湖南文艺出版社 1986 年版。

4. 李银河主编:《妇女：最漫长的革命：当代西方女权主义理论精选》，生活·读书·新知三联书店 1997 年版。

第五章　性别暴力

"性别暴力"是"基于社会性别的暴力"的简称。它存在于古往今来的大多数社会，却长期没有从性别和人权的角度得到审视。20 世纪 70 年代开始，妇女运动使其成为日渐凸显的议题。特别是 20 世纪 90 年代以来，有关理论研究以及立法、司法和社会实践均在持续深入和拓展。

第一节　性别暴力的概念和内容

一、性别暴力的表现和根源

（一）性别暴力的概念

性别暴力，指因为性别规范、性别分工和性别权力关系导致的身体、心理、性和经济等方面的暴力行为，或威胁采取这种行为。[1] 性别暴力根植于不平等的性别权力关系，[2] 并强化这种权力关系。

性别暴力涉及男女老少，但通常针对女性。因此性别暴力常常和"对妇女的暴力"一词交替使用。全球各地的数据表明，15 岁及以上的妇女遭遇伴侣和非伴侣的身体和性暴力行为的比率在 27% ~ 45% 之间，

---

〔1〕　UNESCO，"校园暴力和欺凌全球状况报告"，2017 年，第 17 页。

〔2〕　WHO（2009）：PROMOTING GENDER EQUALITY TO PREVENT VIOLENCE AGAINST WOMEN，Series of briefings on violence prevention，https：//www.who.int/violence_injury_prevention/violence/gender.pdf，访问时间：2019 年 11 月 20 日。

高到让人无法接受。[1]

随着妇女权利倡导在理论和实践中的深入，发展出社会性别这个重要概念和丰富的相关分析，对性和性别少数群体以及男性的性别暴力被揭示出来。性倾向、性别身份或性别表达不符合传统性别规范的男性（尤其是儿童和青少年）受到暴力和欺凌的风险，包括受到校园和网络的暴力和欺凌的风险日益受到重视。[2] 一些特定情况下，如军队、监狱、武装冲突中，男性遭遇性暴力的几率很高。遭遇性别暴力的男性，往往更难启齿求助。不少国家，包括我国的刑法将强奸定义为违背妇女意愿的性交，这导致男性受害者无法获得司法救济，也缺少服务的支持。

可见，认识和消除性别暴力，不仅有利于妇女（从女童到老年妇女）的平等权益得到保障，也有利于其他性别群体更加安全、自由、平等地享受生活。

为了更好地认识和防治性别暴力，理论上通常会对它进行分类，如按发生场合（家庭、校园、职场、公共场所、监禁场所、战争和冲突等）来区分，按实施者（家庭成员、其他私人个人或机构、国家所做或纵容的等）来分类，按遭遇暴力者所属群体（妇女和女童，对土著妇女、患病妇女、残障妇女、性和性别少数群体等）来考察，按暴力方式（身体伤害、精神暴力、性侵犯、剥削、贩运、现代奴役、强迫绝育、杀害妇女等）来看待。[3]

对暴力的分类只是认识现象的梳理方式，而现实更加复杂，暴力多

---

〔1〕 非洲 45.6%、东南亚 40.2%、东地中海 36.4%（仅有伴侣暴力数据）、美洲 36.1%、西太平洋 27.9%、欧洲 27.2%，2015，秘书长的报告，第 115 段。详见：世界卫生组织和伦敦卫生、热带医学学院和南非医学研究会："暴力对待妇女行为的全球及区域概况：伴侣暴力和非伴侣性暴力的现状及其健康影响"，2013 年，日内瓦。

〔2〕 UNESCO："校园暴力与欺凌全球现状报告"，2017 年，第 17 页、第 24 页。"安心学习：防范并打击校园性别暴力"，https://unesdoc.unesco.org/ark:/48223/pf0000232369_chi；MlamboNgcuka, Phumzile："应对学校相关的基于性别的暴力的全球指南"，联合国教科文组织和联合国妇女署共同出品，2016 年，18～21 页，https://unesdoc.unesco.org/ark:/48223/pf0000246651，访问时间：2019 年 3 月 1 日。

〔3〕 更多信息参见 http://eige.europa.eu/，访问时间：2019 年 3 月 2 日。

种多样，难以有一个穷尽的形式清单。更为重要的是，每个具体的人所遭遇的性别暴力，常常不能用简单的、线性的归类方式来认识和处理，而是多种形式交替或复合发生的。

（二）对妇女的暴力

限制自由、殴打、谋杀、强奸、贩运、强迫卖淫以及各种权利剥夺……对妇女的暴力千百年来以形形色色的种类存在于每天的生活之中。全世界每三个妇女中就有一人一生中曾遭受过亲密伴侣的人身暴力和/或性暴力侵害，或来自非伴侣的性暴力侵害。习以为常的男男女女们，往往对暴力麻木，甚至以为这就是生活的内容之一，就是生活本身。

终于，随着妇女争取平等权利的运动在全球各地的发展，越来越多的人不再默许司空见惯的这些现象。在他们推动法律和政策完善的过程中，"对妇女的暴力"得到了命名，它包括公共生活或私人生活中发生的基于性别的任何暴力行为，这种暴力行为造成或可能造成妇女受到身心或性方面的伤害或痛苦，也包括威胁采取这种行为，胁迫或任意剥夺自由。对妇女的暴力行为包括但不仅限于下列现象：

（1）家庭中发生的身心和性方面的暴力行为，包括殴打、对家庭中女孩的性虐待、与嫁妆问题有关的暴力、配偶强奸、切割女性生殖器官和对妇女有害的其他传统习俗、非配偶的暴力行为以及与剥削有关的暴力行为；

（2）一般社区中发生的身心和性方面的暴力行为，包括在工作场所、教育机关和其他地方发生的强奸、性凌虐、性骚扰和胁迫、贩卖妇女和强迫卖淫；

（3）国家所施行或容忍的身心和性方面的暴力行为，不论在何处发生；

（4）在武装冲突情况下侵犯妇女的人权，尤其是谋杀、有步骤的强奸、性奴役和强迫怀孕；

（5）强迫绝育和强迫堕胎、胁迫/强迫使用避孕药具、溺杀女婴和产前性别选择。[1]

从出生到老年，贯穿女性整个生命周期各阶段的暴力，植根于社会文化之中，包含在一些传统风俗或习惯做法（如生育中的重男轻女、迫婚迫嫁、为妇女定价的彩/财礼）中，也往往与种族、性别、语言或宗教相关的极端主义勾连，使得妇女在家庭、工作场所、社区和公共生活中都长期处于二等公民的地位。一些女性因其年龄、身心能力状况、性别认同、性别表达或性倾向等原因，往往面临多重歧视和暴力的风险，处理性别暴力带来的伤害的资源更受局限。如一个非异性恋（那些自认为是同性恋、双性恋或其他性倾向的妇女）的少数民族妇女可能会同时遭遇家庭和社区施加的暴力，限制她恋爱自由的做法可能既有对其精神的伤害，也有对其身体的暴力。根据 2014 年欧盟的一项调查，23%受访的非异性恋妇女指出她们遭遇过来自非伴侣男女实施的身体或性的暴力，而异性恋妇女报告遭遇的这类暴力的比例为 5%。这些都需要从社会性别和人权的视角、整体地认识，寻求改善对策。

无论是实实在在施加的暴力行为或是尚未付诸实践的暴力威胁，无论发生在家庭或社会上，无论是个人、机构、国家施行或容忍的，对妇女的暴力不仅直接侵害了她们的身心和财产权益，也给妇女的生活带来恐惧和不安全感。这种恐惧和不安全感，长期阻碍着妇女的流动性，限制了她们获得资源和参加各种活动的机会，不仅阻碍妇女平等权利的实现，同时阻碍社会的平等、发展与和平。

（三）多重弱势群体面临的性别暴力

一些群体由于年龄、身心状况或经济、社会和文化等单方面或多方面的不利境遇，在性别暴力面前更加弱势，难以阻止、反抗性别暴力，能够获得的支持和帮助资源严重不足。

1. 儿童：对儿童的施暴，无论是任何形式的身心摧残、伤害或凌辱，忽视或照料不周，虐待或剥削，还是性侵犯，都往往带有明显社会

---

〔1〕 "消除对妇女的暴力行为宣言"（DEVAW，联合国大会第 48/104 号决议，1993 年 12 月 20 日通过），《北京行动纲领》（第 113~115 段），消除对妇女歧视委员会 19 号和 35 号一般性建议。

性别特征，如因儿童的性别不同而暴力形式有所不同，或因儿童的性别不同所造成或很可能造成不同的健康、生存、发育或尊严实际伤害或潜在伤害。[1]

女童较男童更多受到各种性别暴力。从婴幼儿时期开始，女童比男童更多遭遇溺杀、遗弃、出卖、营养歧视、保健歧视、性侵，还有一些地方对女童进行生殖器切割。青春期女童还比男童更容易遭遇强迫结婚、"童婚"、被迫同居、被剥夺学习机会、被迫目睹/遭遇家庭暴力、强迫怀孕、强迫性营养不良、强迫劳动、人口贩运、强迫卖淫、校园暴力、性骚扰等暴力。残障儿童遭遇暴力的可能性比非残障儿童高近四倍，[2] 而 17 项对来自高收入国家共 18 374 名残障儿童的研究发现，就面临性暴力的风险而言，有精神疾患或智力障碍的儿童比非残障儿童高 4.6 倍。[3]

2. 残障妇女：根据 2011 年世界残疾报告，残障者约占全球人口的 15%，其中女性人口中残障发生率为 19%，男性为 12%；低收入和中等收入的国家中，65%～70%的残障妇女生活在农村。残障妇女会遭受到家庭和机构暴力，施暴者可能是家庭成员、照料者或陌生人。残障妇女遭受暴力的风险高于残障男性，也高于普通妇女，得到救助、作为证人、追究加害人的可能性更低。[4]

3. 性和性别少数群体：土耳其司法部委托的一项调查表明，37%的

---

〔1〕《儿童权利公约》第 19 条，以及联合国研究暴力侵害儿童行为问题独立专家的报告（A/61/299）导言，http：//www. un. org/chinese/ga/61/docs/a61_299/intro. htm，访问时间：2019 年 11 月 20 日。

〔2〕 Lisa Jones, Mark A Bellis, Sara Wood, Christopher Mikton, Tom Shakespeare, Alana Officer："Prevalence and risk of violence against children with disabilities：a systematic review and meta-analysis of observational studies"，*lancet*，July 2012.

〔3〕 Lisa Jones, Mark A Bellis, Sara Wood, Christopher Mikton, Tom Shakespeare, Alana Officer："Prevalence and risk of violence against children with disabilities：a systematic review and meta-analysis of observational studies"，*lancet*，July 2012. 下载自 http：//www. who. int/mediacentre/news/notes/2012/child_disabilities_violence_20120712/zh/。

〔4〕 Situation of women and girls with disabilities and the Status of the Convention on the Rights of Persons with Disabilities and the Optional Protocol thereto Report of the Secretary General（第 72 届联合国大会 A/72/227 号文件，2017 年 7 月 28 日）。

同性恋和89%的跨性别者遭遇过针对他们性倾向和性别身份的身体暴力；65%的吉尔吉斯斯坦的性和性别少数群体遭遇过身体暴力和性攻击。[1] 据2016年联合国开发计划署、北京大学与北京同志中心共同发布的《中国同志生存状况调查报告》显示，男同性恋、女同性恋及双性恋的原生家庭暴力发生率约为56.0%，而跨性别群体为73.5%。另据北京同志中心和北京大学社会学系发布的《2017年中国跨性别群体生存现状调查报告》，跨性别者遭受伴侣、配偶或子女暴力行为的情况很普遍，只有不到4%的受访者表示没有遭受来自伴侣、配偶或子女的任何形式的暴力；在校期间跨性别群体曾遭受校园暴力的占70.8%，其中跨性别男性占64.99%，认为自己不能完全被归入男女二元性别的"酷儿"占72.79%，易装者占比为69.18%，跨性别女性占比最高，为75.07%。

　　交叉出现的歧视使得性别暴力可能在一定程度上，或以不同的方式影响着某些人群。不同的弱势群体，特别是弱势妇女人群所遭受的歧视，与影响其生活的其他因素密不可分。对此，消除对妇女歧视委员会强调的因素包括：妇女的族裔/种族、土著或少数民族身份、肤色、社会经济地位和/或种姓、语言、宗教或信仰、政治意见、民族血统、婚姻状况、生育状况、父母身份、年龄、城乡位置、健康状况、残障、财产所有权、女同性恋、双性恋、变性人或双性人、地理位置偏远以及人权维护者等争取自身权利的妇女。各种交叉出现的歧视所产生的严重负面影响，导致基于性别的暴力可能在一定程度上，或以不同的方式影响着某些妇女，这意味着需要采取适当的法律和政策对策。[2]

---

　　〔1〕 "Prevalence", Stop Violence Against Women, http://www.stopvaw.org/prevalence_6, 访问时间：2019年11月20日。

　　〔2〕 消除对妇女歧视委员会第35号一般性建议第12段、第19号一般性建议。参见委员会33号一般性建议，第8段和第9段，第15（1990）号、第18（1991）号、第21号、第24号一般性建议、第26号、第27、第28号、第30号、第31号以及第18号联合一般性建议/意见，第32号、第34号一般性建议。委员会还在其关于贾洛诉保加利亚、S.V.P.诉保加利亚、凯尔诉加拿大、A.S.诉匈牙利、R.P.B.诉菲律宾以及M.W.诉丹麦等意见以及询问中，特别是在那些涉及墨西哥的询问（2005年）和涉及加拿大的询问（2015年）中提到了交叉出现的歧视问题；以及涉及加拿大的调查报告（CEDAW/C/OP.8/CAN/1），第197段。

（四）社会性别：认识暴力的制度性根源

社会性别概念作为独特的分析工具，帮助我们认识暴力根源，理解性别暴力的性质和范围，寻求有效的防治措施。

1. 社会性别规范滋生男性暴力。在对"性别"的认识上，生物决定论的观点长期占据着支配地位。这种观念认为性别与生俱来，且只有男女两性，男人就是男人、女人就是女人；既有的性别角色、分工、差异（如男性气质和女性气质），以及男性主导的性别关系，都是由男女的生理性别（生理差别）决定的，因此是天经地义、一成不变的。

然而，20世纪70年代以来，人类学、社会学、心理学、科学、医学等学科的众多成果却表明，上述支配性观点其实是站不住脚的。生理上，即便男女有不同生殖系统，但每个人身上都有异性荷尔蒙；就个体而言，并非所有人都非男即女，双性人（间性人）是客观存在的；并非所有生理男性都是阳刚的，所有生理女性都是温柔的；人们的欲望也并非只是异性相吸。性别差异，与其说是由生理基础决定的，不如说是由文化、习俗、教育、宗教、政治和经济等社会因素形成的；性别分工中，除了怀孕分娩和母乳喂养，其他并非由男女的生理因素决定，也非基于平等原则。比如说，在某个社会里划分给男子的任务，在另一个社会里却分配给妇女；但多数社会都把男子的工作被看作更高贵或更重要的工作，对男性的期待、分配的资源、给予的评价也更高。性别关系因此默认着这些不平等，即便人们认为不同性别之间是互相需要、互相关爱的，但也遵循着男性优先、男性主导的标准。

因此，"社会性别"这个概念让我们看到：男刚女柔、男主女辅的性别规范，男高女低的性别评价，刻板的性别角色和分工，对所有人都是有形或无形的强制性力量，将其形塑在性别模式之中，并赋予男性凌驾于女性之上的权力。这就是性别暴力发生和持续存在的根本原因。法律制度建基于社会性别制度，二者相互依存，导致既有法律的男性视角和对妇女的歧视（对妇女不利的区别、限制和排斥）；妇女由于其地位和处境，缺乏渠道得到法律信息、法律帮助或法律保障。即便有妇女运动的有力推动，迄今为止保护妇女不受暴力侵害的法律政策仍然不足，并且缺乏对相关法律的有效宣传和实施。解决性别暴力根源和后果的教育和其他手段同样不足，媒体和其他传播载体中妇女形象的缺乏、片面，以及媒体中充斥的暴力，尤其是描述强奸或性奴役，以及妇女和女孩作为性对象的形象——包括色情制品，[1] 通过对儿童和青年人的影响让暴力文化代代相传。

从孩提时期开始，小男孩就被教育要主动、进取、勇敢、坚强、负责任、富有挑战性和攻击性、好冒险……小女孩则被培养被动、顺从、柔弱、以家庭和情感为重、牺牲奉献等特点。这种性别规范影响每个人对自己的塑造和对他人的评判，以及其对孩子的教育，也表现在媒体对两性形象和两性关系的描述中，并被贯穿到社会分工当中。而"法律和政治体制总是从承认两性之间已存在的关系开始"，[2] 这种主动和被动、坚强和柔弱、负责和顺从的两性对应格局，就被看作是两性之间正常的关系，并进而被法律化、制度化。

从个体经验来说，几乎每个男性都有关于暴力的经历：曾经使用暴力去获得自己想要的或赢得胜利，或者曾目睹他人使用暴力，或者是暴力的受害者。这些经历，加上很多父母之间、父母对子女的强制、暴力言行，也使男孩子认为男性的这样的言行是"自然的""天经地义的"，并不自觉地学习和模仿。

几乎所有的社会都认可男人使用体力的优势解决冲突。社会甚至承认暴力为解决争端、实现正义的最后手段，如战争、警察维护治安等。绝大多数人从来没有接受过这样的教育：暴力是不可接受的，应该用非暴力、非强制方式解决矛盾和冲突。

尽管不是每个男性都施暴，但上述对暴力的默许和认可、将暴力视为男性特质的观念意识，却通过社会、经济和法律等过程的运作，直接或间接地支撑着男性掌控的社会秩序和家庭结构。因此，对妇女的家庭暴力和发生在其他情形的性别暴力，二者之间具有相同的渊源和机制。

---

〔1〕《北京行动纲领》，第 117、118 段。

〔2〕［英］玛丽·沃斯通克拉夫特／［英］约翰·斯图尔特·穆勒：《女权辩护/论妇女的屈从地位》，王蓁、汪溪译，商务印书馆 1995 年版，第 258~259 页。

据估计，2013 年全球的女性被凶杀案件中，38%的作案者是其伴侣（对于男性被凶杀案件，这个比例是 6%）。[1] 性别陈规鼓励和默认的男性气概让男性成为加害者，同时也使男性成为牺牲品。据估计，全球每年有 130 万人死于各种暴力，中青年男性是主要受害者，其中男性占凶杀致死的 82%。[2] 有分性别统计的国家的数据大同小异，如美国司法部门的统计数据所示：80%被谋杀者为男性，87.45%因暴力犯罪而被逮捕的人是男性，90%因谋杀案而被逮捕的人是男性，85.2%被捕的恶性攻击者是男性，92.2%被捕的性罪犯是男性，82%被逮捕的家庭暴力犯是男性。[3]

性别陈规也会让男性成为直接受害者。如果一个男性没有实现家庭或社会对他作为"顶梁柱"的期待，他就会抬不起头来。如果一个男性的外表或性格不阳刚，就会被认为"娘"，容易遭遇同伴欺凌。在冲突或监狱等情形中，也会出现男性对男性的性攻击，通过性方面的凌辱和损害，使男性受害者在精神/心理、身体和性等各方面失去"男子汉"的尊严，降格到与"低贱和卑微"的女人为伍。

2. 性别暴力的生态链。社会性别视角下，性别暴力并非仅仅是施暴者的个人问题，而是多方面问题在个人身上的集中体现。引发或强化性别暴力的重要风险因素包括：[4]

（1）个人层面的风险因素：自身和家庭、社会因素下的人格形成过程会影响个人面对人际关系中的紧张和冲突的反应，如自卑或不自

---

〔1〕 "世界卫生组织在处理人际暴力尤其是对妇女和女童以及儿童的暴力方面增强卫生系统在国家多部门应对行动中的作用全球行动计划"，2015 年 8 月 31 日编写的载有全球行动计划初稿的第二份讨论文件，A/VIO/INF./1，http：//apps. who. int/gb/vio/pdf_files/A_VIO_INF1-ch. pdf，访问时间：2019 年 3 月 1 日。

〔2〕 瑞士世界卫生组织、奥地利联合国毒品和犯罪问题办公室、美国联合国开发计划署编写：《2014 年全球暴力预防状况报告》，俞敏主译，人民卫生出版社 2017 年版，第 7~8 页。

〔3〕 麦克·林西（Michael Lindsey）、罗伯特·麦克布来德（Robert W. McBride）、康斯坦·布列特（Constance M. Platt）：《家庭暴力者辅导手册》，林明杰等译，张老师文化出版 2000 年版，第 66~70 页。

〔4〕 世界卫生组织：INSPIRE 消除针对儿童的暴力行为的七项策略执行概要（世界卫生组织 2017 年），第 17 页，https：//www. who. int/violence_injury_prevention/violence/inspire/en，访问时间：2019 年 3 月 2 日。

信，试图以暴力来证明自己的男子气概和掌控力；压力或困境，如失业、患病和其他家庭悲剧；对少数群体，包括族裔、信仰、语言、性和性别少数人群的偏见和歧视；酒精或物质依赖/成瘾；童年曾被强迫目睹暴力，或曾遭受暴力，等等。

（2）人际关系层面的风险因素：暴力发生的直接情形，如人际互动、家庭动力等因素，男主女从的家庭决策模式，家庭收支不民主，自己和他人的关系/权利责任之间的边界感缺乏，亲密关系紧张或失调时受其他持性别陈规观念的家庭成员或损友的怂恿，目睹父母或照护者的暴力行为，处于过度管教或包办、买卖、强迫婚姻中，等等。

（3）社区层面的风险因素：正式或非正式的机构或群体，包括朋友、学校、工作场所、社会关系中的等级制、强制性关系和文化；社会凝聚力低和人口流动频繁；容易获得酒精和暴力工具；帮派团伙活动和非法毒品交易；不尊重女性的氛围；观念上和现实中将妇女局限于家庭角色，等等。

（4）社会及制度层面的风险因素：社会习俗、政治、法律、经济、文化等方面的惯性，以及政策造成的有形无形的男性特权和主导地位；男主女从的性别规范、男人可以用强力控制局面等造成的暴力正常化环境；认可男子气概与权力、控制、进攻性、掠夺性相关；僵化的性别观念和性别角色，包括对性和性别少数的恐惧和敌视；冲突或灾害，及其后遗症；法律政策对弱势群体权利缺乏保障；治理不善和执法不力，等等。

上述个人、人际、社区和社会层面的风险因素交互作用，形成了滋生并持续性别暴力的生态环境。

二、法律和文化的双重变革

基于社会性别的暴力植根于文化，消除性别暴力需要决策者、立法者、执法者、服务人员和社会公众的性别观念，因而是文化和法律层面的双重变革。以"国际消除对妇女的暴力日"以及随后的"反暴力十六日"行动为代表的妇女人权运动,[1] 是这一变革的主要推动力。在这个基础上产生的治理性别暴力的法律,不仅在于打破公私二分、惩治私人犯下的性别暴力行为,更着眼于国家承担起责任去预防和消除性别暴力。[2]

(一) 妇女推动联合国治理性别暴力

20 世纪 70 年代,妇女权利倡导者们不仅在本国积极活动,并且推进国际社会对性别暴力进行治理。从 1980 年在哥本哈根召开的联合国第二次世界妇女大会开始,对妇女的暴力进入联合国议事日程。[3]

1989 年,消除对妇女歧视委员会通过了有关暴力侵害妇女行为的第 12 号一般性建议。此后,对妇女的暴力成为委员会审议缔约国履约情况的重要内容,缔约国的定期情况报告需要列入这些内容:关于保护妇女不受各种暴力行为(包括性暴力、家庭内的虐待、工作地点的性骚扰等)之害的现行立法;为根除这些暴力行为而采取的其他措施;为遭受侵犯或虐待的妇女所提供的支助服务;关于各种侵害妇女的暴力行为的发生率和暴力行为的受害妇女的统计资料。[4]

1992 年,消除对妇女歧视委员会通过了有关暴力侵害妇女行为的第 19 号一般性建议,明确说明根据《消除对妇女一切形式歧视公约》

---

〔1〕 "国际消除对妇女的暴力日"源自对多米尼加共和国反独裁斗士米拉贝尔三姐妹的纪念,这三姐妹于 1960 年 11 月 25 日被当地秘密警察杀害,激起民众的强烈愤慨,从那以后,她们在自己的祖国成为勇气、尊严和力量的象征。1981 年 7 月,第一届拉丁美洲女权主义大会宣布 11 月 25 日为反暴力日,以纪念米拉贝尔三姐妹的牺牲。1999 年 12 月 17 日,联合国大会通过决议,将 11 月 25 日定为"国际消除对妇女暴力日"。"消除对妇女的暴力十六日"是指从 11 月 25 日"国际消除对妇女暴力日"到 12 月 10 日"国际人权日"之间的十六天。在这十六天期间,世界各国包括中国的妇女组织会持续开展各种各样的活动,以提高保障妇女人权、反对对妇女暴力的公共意识,并发动更多人特别是年轻人和学生投入到反暴力行动中。

〔2〕 [美] 多萝西·Q. 托马斯、罗宾·S. 利维:"对妇女的普遍侵犯",载 [美] 阿斯金等编:《妇女与国际人权法·第 1 卷,妇女的人权问题概述》,黄列、朱晓青译,生活·读书·新知三联书店 2007 年版,第 146 页。

〔3〕 [美] 朱莉·莫特斯等:《妇女和女童人权培训实用手册》,社会性别意识资源小组译,社会科学文献出版社 2004 年版,第 191 页。

〔4〕 消除对妇女歧视委员会第 12 号一般性建议,http://tbinternet. ohchr. org/_layouts/treatybodyexternal/Download. aspx? symbolno = HRI/GEN/1/REV. 9%28VOL. II%29&Lang = en,访问时间:2018 年 5 月 5 日。

规定，"基于性别的暴力行为损害或取消了妇女享有所有人权和基本自由的权利……是一种歧视"。这个建议详细阐述了各国的尽职义务，以及消除来自个人的歧视的义务。2017 年，消除对妇女歧视委员会的第 35 号一般性建议，重申、更新、细化了第 19 号一般性建议。

1993 年，妇女权利倡导者在维也纳举行的世界人权大会上举办了一系列关于侵犯女性人权的模拟法庭。来自 25 个国家的妇女提供了证词，从家庭暴力、政治迫害、侵犯经济权利，到对妇女犯下的战争罪行等，既包括了荷兰等发达国家的情况又涵盖了苏丹等不发达国家的情况，让整个世界的目光聚集到性别暴力的普遍性。[1] 公私二分的思维框架和法律缺陷，让大量的性别暴力有罪不罚，而这侵犯了人们最基本的、绝对的、不容妥协的价值，"妇女的权利是人权"成为这次联合国会议的主要成就。

1993 年，联合国大会通过了《消除对妇女的暴力行为宣言》（DE-VAW）。这个宣言界定了基本概念，提出了各国保护妇女免受暴力行为侵害的全面标准，它打破习惯的"公私二分"思维："对妇女造成或可能造成身心方面或性方面的伤害或痛苦的任何基于性别的暴力行为，包括威胁进行这类行为、强迫或任意剥夺自由，而不论其发生在公共生活还是私人生活中"。宣言促请各国采取尽职行动，防止、调查并惩处对妇女施加暴力的行为，无论是由国家或私人所施加；采取法律或其他措施制止暴力侵害"在暴力行为面前特别脆弱的"妇女的行为，并解决有害的社会和文化做法；为受害者提供支持；对执法和公职人员进行培训，使其对妇女问题更加敏感；改变歧视妇女的社会和文化模式；以及在国际合作框架内可用资源允许的程度下提供专门援助。

1995 年，联合国第四次世界妇女大会在北京召开。妇女们推动 189 个会员国一致通过《北京宣言》和《北京行动纲领》，进一步强化了颠覆"公私二分"的进展，全面分析了对妇女的暴力的成因、机制，提

---

〔1〕 Aparna Mehrotra: "Crossing the Governance Private Threshold: the Experience of the Gender Violence Campaign in Latin America and the Caribbean", UNDP: *Women's Political Participation and Good Governance: 21ˢᵗ Century Challenges*, 2000, pp. 63 ~ 70.

出了全面的战略目标和策略措施。免受暴力不再仅仅是当事人的责任，国家的义务包括有所作为以及因自己的不作为而被问责，从而在曾经是家长的"独立王国"的私领域中为妇女提供保护。[1]

此后，国际机构和各国开展了一系列研究，开发了众多工具和指南，有效促进了全球、国际和各国消除对妇女的暴力的法律政策改革。五年进行一次的全球后续评估（2000 年的"北京+5"，2005 年的"北京+10"，2010 年的"北京+15"和 2015 年的"北京+20"），成为交流和促进反暴力目标的一个个路标。[2] 2013 年 3 月，全球各地数千妇女权利倡导者们到达纽约，参加妇女地位委员会第 57 届年会（CSW57）及其平行的非政府组织活动，促使政府代表达成商定结论"消除和防止一切形式的暴力侵害妇女和女孩行为"（E/2013/27），涵盖了所有背景和环境下的一切形式暴力侵害妇女和女孩行为，包括互联网上的盯梢、骚扰和欺凌、与性别有关的杀戮或杀害妇女等新出现的暴力形式。各国政府和其他利益攸关方承诺执行商定结论中载列的各项行动，以使所有妇女和女孩能够行使其权利，享受没有暴力和暴力恐惧的生活。传统上缺乏性别视角的联合国安理会在 2000 年历史性的第 1325 号决议（2000 年 10 月 31 日通过）和其后的 6 个决议中，进一步肯定了经受暴力的妇女能够作为推动和平和安全的重要力量，强调任何和平行动、设计未来蓝图、落实、监测和评估补救方案都需要妇女实质性的参与。

消除对妇女和女童的一切形式的暴力，纳入了 2015 年 9 月联合国大会通过的可持续发展目标（SDG）议程。为此，各国需要做出计划和部署，以 2030 年为时限改善在所有相应领域的指标状况。

（二）区域性法律框架

1995 年世界妇女大会前夕，区域性有关暴力侵害妇女行为的法律框架和机制开始设立。

---

〔1〕〔美〕伯塔·E.H. 特鲁约尔："透过社会性别化的眼镜看人权：形成、发展与革命"，载〔美〕阿斯金等编：《妇女与国际人权法·第 1 卷，妇女的人权问题概述》，黄列、朱晓青译，生活·读书·新知三联书店 2007 年版，第 35 页。

〔2〕"United Nations Documents That Protect Women's Rights", Stop Violence Against Women, http://hrlibrary.umn.edu/svaw/law/un/undocs.htm, 访问时间：2019 年 11 月 20 日。

美洲走在前面。《美洲防止、惩罚和根除对妇女暴力行为公约》（又称《贝伦杜·帕拉公约》或《美洲公约》，于 1994 年 6 月 6 日至 10 日在巴西贝伦举行的美洲国家组织大会第 24 届常会上通过，1995 年 3 月 5 日起生效）是在国际或区域层面具有约束力的第一个特别承认妇女免受暴力行为侵害权利的国际法律文书，美洲国家组织的 34 个成员国中，32 个国家批准了该公约（仅美国和加拿大尚未批准），是美洲体系中批准国家最多的文书。该公约第 1 条发展了 2013 年联合国《消除对妇女的暴力行为宣言》："应将对妇女的暴力理解为给予性别的任何行为或行动，这些行为或行动造成妇女的死亡，或身体、性或心理的伤害/痛苦，不论其发生在公领域还是私领域"。[1] 该公约还包含了监察机制。其第 8（h）条确定了国家同意逐步采取具体措施，包括方案，以确保对暴力侵害妇女行为的原因、后果和频率开展研究，以及收集与此有关的统计资料和其他相关信息。美洲人权法院的几项判决书中，重申其对处理违反《美洲公约》关于保护妇女免遭暴力侵害的第 7 条的行为的强制管辖权。法院指出，它开发了庞大的一切形式对妇女暴力行为和关于性暴力以及作为一种酷刑形式的暴力侵害妇女行为的相关国际标准的判例法库，还作为一项增编提供了其性别平等问题相关判决书的清单。[2]《贝伦杜·帕拉公约》引发了拉丁美洲各国纷纷颁布有关对妇女暴力行为的国内立法，通过实施这些法律获得的深刻认识又促成了对相关法律的修订，以增强法律的可行性和实效。[3] 目前，3/4 的美洲国家已经进入"第二代"立法，即不是针对单一类型的暴力，而是以整体性的思路综合应对性别暴力的立法。

---

　　[1]　克里斯蒂娜·M. 塞那、詹妮弗·C. 华莱士："妇女与文化"，载［美］阿斯金等编：《妇女与国际人权法·第 1 卷，妇女的人权问题概述》，黄列等、朱晓青译，生活·读书·新知三联书店 2007 年版，第 666 页。

　　[2]　杜布拉夫卡·西蒙诺维奇（联合国暴力侵害妇女行为及其因果问题特别报告员）根据联合国大会第 69/147 号决议提交的报告："暴力侵害妇女、其原因及后果"，2016 年 9 月 23 日，联合国大会 A/71/398 文件，第 6 页，参见 https://www.refworld.org/cgi-bin/texis/vtx/rw-main/opendocpdf.pdf? reldoc=y&docid=5829cca84.

　　[3]　联合国大会，秘书长的报告：《关于侵害妇女的一切形式的暴力行为的深入研究》（A/61/122/Add.1 号文件），2006 年，第 76 页。

《非洲儿童福利与权利宪章》（1990 年 6 月通过，1999 年 11 月 29 日正式生效）禁止有害习俗（如童婚等）侵害儿童健康和权利的做法。《非洲人权和人民权利宪章关于非洲妇女权利的议定书》（又称《马普托议定书》，2005 年 11 月 25 日生效）中有内容专门且广泛地要求缔约国执行并落实禁止暴力侵害妇女行为的立法，指导各国"通过此类……必要措施确保预防、惩罚和消除所有形式的暴力侵害妇女行为"。非洲系统有三项解决《马普托议定书》落实问题的机制——非洲委员会、非洲法院以及非洲妇女权利问题特别报告员。

《欧洲委员会防止和反对针对妇女的暴力和家庭暴力公约》（又称《伊斯坦布尔公约》）于 2011 年 5 月 11 日开放签署，2014 年 8 月 1 日生效。到 2019 年 3 月，已经有 34 个国家批准公约，还有一个国际组织（欧盟）加入公约，另有 12 个国家签署但尚未批准该公约[1]。《伊斯坦布尔公约》要求各国采取广泛措施预防暴力侵害妇女和女童行为、保护受害者并对犯罪者追责，其中第 11 条确定缔约国应承诺就一切形式暴力案件收集相关的分类统计数据。《伊斯坦布尔公约》还建立了解决其落实问题的机制，即成立暴力侵害妇女行为问题专家组[2]。

目前，唯一没有专门针对性别暴力的框架性文件的区域是亚洲和太平洋区域。而表现形式非常严重的暴力侵害妇女行为一般出现在阿拉伯地区、亚洲和大洋洲区域。东南亚国际联盟（东盟）政府间人权委员会认为不需要一项单独的、具有法律约束力的消除暴力侵害妇女行为条约。东盟促进和保护妇女儿童权利委员会认为履行《消除对妇女一切形式歧视公约》和将该公约制度化是最佳战略，需要巩固消除对妇女歧视

---

〔1〕 完整名单详见：https：//www. coe. int/en/web/conventions/full - list/-/conventions/treaty/210/signatures，访问时间：2019 年 3 月 19 日。

〔2〕 联合国暴力侵害妇女、其原因及后果问题特别报告员杜布拉夫科娃·西蒙诺维奇博士在有关安全机构在制止暴力侵害妇女和女童行为方面发挥的作用的《基加利国际会议宣言》（KICD）第五届大会上的发言，https：//www. ohchr. org/CH/NewsEvents/Pages/DisplayNews. aspx？NewsID＝19863&LangID＝C，访问时间：2019 年 3 月 1 日。

委员会的权力和权威。[1]

签署和批准关于暴力侵害妇女行为的其他区域性公约，是强化国家义务并将它们提升到国际高度的另一种机制。暴力侵害妇女行为和妇女权利方面的三个区域文书，即《美洲防止、惩罚和根除对妇女暴力行为公约》《非洲人权和人民权利宪章关于非洲妇女权利的议定书》和《欧洲委员会防止和反对针对妇女的暴力和家庭暴力公约》，均向非成员国开放供加入，或者用作灵感源泉。如 2014 年，意大利在《伊斯坦布尔公约》生效之前签署了《美洲公约》。[2] 加拿大、日本、梵蒂冈、墨西哥、美国这 5 个非欧洲委员会成员国加入了《伊斯坦布尔公约》。[3]

（三）让权利从纸面变为现实

"没有暴力的生活是我们的权利"，这个来自拉丁美洲的口号已经成为全球终结性别暴力的呼声。经过妇女为主体的推动，法律规定中已经认可了这个权利，但它要变成现实，特别需要从三个方面采取措施。[4]

第一，有效的法律规定和司法救济措施，包括采取刑事、民事以及补偿性的措施保护妇女不受各种形式的暴力行为的侵犯。重要的是改变实施暴力者逍遥法外/有罪不罚的情况，以及让其他责任方，包括国家，为自己的不作为买单。美洲人权法院裁决秘鲁因为没有对一起强奸案提

---

〔1〕 杜布拉夫卡·西蒙诺维奇（联合国暴力侵害妇女行为及其因果问题特别报告员）根据联合国大会第 69/147 号决议提交的报告："暴力侵害妇女、其原因及后果"，2016 年 9 月 23 日，联合国大会 A/71/398 文件，第 7 页，https：//www. refworld. org/cgi-bin/texis/vtx/rwmain/opendocpdf. pdf？reldoc＝y&docid＝5829cca84。

〔2〕 杜布拉夫卡·西蒙诺维奇（联合国暴力侵害妇女行为及其因果问题特别报告员）根据联合国大会第 69/147 号决议提交的报告："暴力侵害妇女、其原因及后果"，2016 年 9 月 23 日，联合国大会 A/71/398 文件，第 7 页，https：//www. refworld. org/cgi-bin/texis/vtx/rwmain/opendocpdf. pdf？reldoc＝y&docid＝5829cca84。

〔3〕 详见 https：//www. coe. int/en/web/conventions/full-list/-/conventions/treaty/210/signatures，访问时间：2019 年 3 月 19 日。

〔4〕 详见消除对妇女歧视委员会第 19 号一般性建议，A/47/38。

起公诉而要承担责任，无论强奸犯是否曾为政府工作人员。[1] 美洲人权委员会指出，国家有义务为权益受到侵犯的人提供有效的司法救济渠道，这些司法救济必须按照正当程序规则化、具体化。

1998 年，从丈夫的两次谋杀中逃生的玛丽亚·潘哈（Maria da Penha），在十多年得不到公道的情况下，和妇女组织一起，把自己的国家巴西告上了美洲人权法院和美洲人权委员会。[2] 这是美洲人权委员会适用《美洲防止、惩罚和根除对妇女暴力行为公约》的第一例家庭暴力案。2001 年，美洲人权委员会对此案做出裁决，指出巴西司法体制的无效性和不当适用国内和国际法，使家庭暴力受害妇女很明显地受到了国家的歧视。这个决定促使巴西联邦第 11340 号法律于 2006 年 9 月 22 日生效。[3] 根据该法，巴西设立特别法庭，给予家庭暴力实施者更加严厉的制裁，建立家暴警察局，开办受害妇女庇护所等服务。这个法被冠名为《玛丽亚潘哈法》，以示对她的敬意，因为这位昔日的家暴受害者，已经成为今天巴西活跃的妇女权益倡导者。该法涵盖了不同性别身份和性倾向的妇女。法律实施五年间，巴西有 33.1 万件家暴案件被起诉，妇女服务中心接到将近 200 万个电话。[4]

第二，保护和后援措施，包括为遭遇性别暴力或遭受暴力威胁的人们提供庇护、咨询、康复或其他支持的服务，如支持妇女的经济赋权。全球层面上，这些服务已经陆续产生了将近半个世纪，特别是近 30 年得到很大发展，但倡导者们仍然在继续推动，以缩小现实需求和服务可

---

〔1〕 Raquel Martin de Mejia v. Peru（Case 10.970），Report No. 5/96，Inter-Am. C. H. R. 157，oEA/ Ser. L/V/11. 91 doc. 7（1996），http：//hrlibrary. umn. edu/cases/1996/peru5-96. htm，访问时间：2019 年 3 月 1 日。

〔2〕 Maria de Penha Maia Fernandez（Case 12. 051），Report No. 54/01，Apr. 16，2001. Inter - Am. C. H. R.，at para. 47 available at http：www. cladem. org/Ingles/cas2. doc，https：//web. archive. org/web/20140808055250/http：//cejil. org/en/cases/maria-da-penha.

〔3〕 http：//www2. camara. leg. br/legin/fed/lei/2006/lei-11340-7-agosto-2006-545133-normaatualizada-pl. pdf.

〔4〕 "Maria da Penha Law：A Name that Changed Society"，UNWOMEN，http：//www. un-women. org/en/news/stories/2011/8/maria- da - penha - law - a - name - that - changed - society，http：//www. diva-portal. org/smash/get/diva2：908232/FULLTEXT01. pdf，访问时间：2019 年 3 月 1 日。

及性之间的巨大鸿沟，并呼吁政府和研究者对其成效进行评估和研究。

第三，防范性措施，包括面向公众的信息和教育活动，改变社会关于性别角色和地位的观念和行为。今天人们一般已经承认妇女的平等权利，但思维和文化的惯性使得人们实际上常常以男性利益为标准、优先男性利益。陈陈相因的性别观念下，如果妇女的言行被认为不"适当"，人们会认可或默许家庭、社区或政府的暴力惩罚。有时候，妇女仅仅是要求享有自己的基本人权，如择偶或离异的权利、自愿的性行为、不生育或生育的自由，就会被视为"不守规矩"，破坏"公序良俗"。人们很少认识到，即使一个妇女的选择有不符合社会主流规范之处，国家仍然有责任在立法和执法中确保妇女能享有其基本权益。特别重要的是对青少年的教育，包括青春期成长教育、理解并相互尊重、身体边界、负责任的性行为等，将反对性别暴力的原则和日常生活的实用性结合起来。

积极的路人、不袖手的观众，都是反对性别暴力的重要行动者。性别暴力不仅侵犯当事人权益，也影响整个社区的氛围、文化和安全。很多国家的法律都对性别暴力的知情人、社区成员的参与予以支持、鼓励或要求。很多民间机构也开展宣传教育、组织社会对话、提供培训，让公众终结对暴力的视而不见，把对性别暴力的沉默、回避变为有智有勇的行动，酌情中断暴力、协助报警、提供支持，形成对暴力的零容忍文化。从 2000 年开始，我国每年在联合国消除对妇女的暴力国际日（11月 25 日）前后开展宣传和媒体报道活动，"白丝带""橙色日"（响应联合国秘书长的倡议行动，每个月 25 日穿戴橙色衣饰或标志）已经成为反对性别暴力的醒目象征。

问题与思考

1. "性别暴力""基于社会性别的暴力"和"对妇女的暴力"的共同之处和不同点都有哪些？

2. 你知道消除对妇女的暴力国际日的来历吗？听说过"十六天行动"吗？请搜集关于最近的消除对妇女的暴力国际日和"十六天行动"

的有关信息，看看你能否加入其中。

3. 请和你的"朋友圈"交流，看看大家对性别暴力有什么认识和困惑；看看你在学习本节后，可以如何向周围的人有效传递信息，普及反暴力理念。

4. 你如何理解对性别暴力零容忍的提法？你可以如何努力去实践零容忍？

5. 讨论下面案例，分析施加在斯蒂芬妮（Stephanie）身上的暴力源自哪些歧视，这些歧视如何交叉叠加到她身上，并分析性别、身份（如政府官员、执法人员、顺性别者）在对斯蒂芬妮的暴力中如何起作用，怎样理解国家需要为个人的性别暴力行为买单？

据美国加州旧金山社区联合对抗暴力组织观察，执法者常常将所有变性妇女视为性工作者，无论她们是独自一人，还是与丈夫或伴侣在一起，都会将她们拘捕，控以卖淫。这是其中一宗个案：

斯蒂芬妮在前往夜总会的途中，发觉有警车跟着她。当她抵达酒吧，便立即走入女洗手间，随后一名警员闯入洗手间捉住她，以卖淫的罪名逮捕她。后来在警察局，他对她脱衣搜身，其他人在旁嘲笑她，其中一个警员认为她戴着假发，猛力拉扯她的头发直至她的头皮出血。她被赤裸裸地被关进牢房，度过冰冷的晚上。她从没有刑事纪录，但被控以拉客的罪名。[1]

拓展资料

1. 消除对妇女歧视委员会第19号、第35号一般性建议（关于基于性别的暴力侵害妇女行为的第35号一般性建议，是对第19号一般性建议的补充和更新）。

2. 有效起诉应对暴力侵害妇女和女童手册（Handbook on Effective

---

〔1〕 Annanya Bhattacharjee：*Whose Safety? - Women of Color and the Violence of Law Enforcement / A Justice Visions Working Paper / Executive Summary*，American Friends Service Committee - Committee on Women，Population and the Environment，Philadelphia，PA，2001，pp. 35~36.

Prosecution Responses to Violence against Women and Girls): http: //
www. unwomen. org/en/digital – library/publications/2014/12/handbook – ef-
fective-prosecution-of-vaw#sthash. VK1b1Ae7. dpuf。

3. 暴力侵害妇女立法手册, http: //www. unwomen. org/en/digital –
library/publications/2012/12/handbook – for – legislation – on – violence – a-
gainst-women#sthash. 8mjNej3J. dpuf。

4. 关于暴力侵害妇女问题的国家行动计划手册, http: //www. un-
women. org/en/digital–library/publications/2012/7/handbook–for–national–
action-plans-on-violence-against-women#sthash. JY7bvwAt. dpu。

5. 暴力侵害妇女问题全球数据库, http: //evaw–global–database.
unwomen. org/en。

6. 可持续发展目标数据库: https: //unstats. un. org/sdgs/metada-
ta/; https: //unstats. un. org/unsd/gender/vaw/。

7. 世界银行数据库（2017 年更新）, Women, Business and the Law:
http: //wbl. worldbank. org/。

8. http: //www. stopvaw. org/。

第二节　家庭暴力

家庭暴力是性别暴力的一种主要形式，是发生在家庭或亲密关系中
的暴力行为，也是最普遍发生的性别暴力。家庭暴力的受害者不限于女
性，但是女性是家庭暴力的主要受害者，而且家庭暴力产生的根源同样
与社会性别密切相关。

一、私领域，曾经的侵权“特区”

家庭暴力存在于古今中外的一切社会。20 世纪 70 年代以来，妇女
推动女权运动让家庭暴力成为一个显著的、需要正视的问题。全球 189
个经济体中，到 2018 年底已经有 153 个针对家庭暴力进行了专门立法，

或者对家庭中涉刑事的暴力攻击有加重处罚条款。[1] 在我国 20 世纪 90 年代之前的社会生活和法律条文中，还没有"家庭暴力"这个词汇。受 1995 年联合国第四次世界妇女大会的影响以及通过很多妇女权利倡导者的推动，2001 年修订的《婚姻法》中，明文出现了 3 个和家庭暴力直接相关的条款；2015 年 12 月 27 日，全国人大常委会通过《反家庭暴力法》，该法从 2016 年 3 月 1 日开始实施。

（一）家庭暴力：名称和现象

家庭暴力，顾名思义，指发生在家庭或亲密关系中的暴力，其实施者和遭受者之间，有着非同一般人的关系，如血缘关系，恋爱、婚姻或同居关系，直系姻亲关系，相互照顾或照顾者和被照顾者关系，以及经济或财产方面的依存关系。直观经验和现有调查表明，家庭暴力在不同发展程度的国家有类似的特点，即在社会各个阶层都或隐蔽或公然地存在，不同年龄段的女性是主要受害者。没有给身体和健康造成显性伤害后果的家庭暴力被认为是"轻度的"，或者根本被否认是家庭暴力，往往只被认为是"口角"、"家庭矛盾"、一家之主对家庭成员所进行的"教训"。即使是诉诸公权力的家暴事件，警察、法官也往往坚持"清官难断家务事"而不愿介入，或不逮捕、不起诉、不认定施暴者，或难以对其作有罪判决。家庭暴力并不以分手或离婚而告终，之后暴力可能仍然继续，甚至暴力程度升级。

1993 年联合国《消除对妇女的暴力行为宣言》列举了"家庭中发生的身心和性方面的暴力行为，包括殴打、对家庭中女孩的性虐待、与嫁妆问题有关的暴力、配偶强奸、切割女性生殖器官和对妇女有害的其他传统习俗、非配偶的暴力行为以及与剥削有关的暴力行为。"[2]

该宣言不可能给家庭暴力列出完整的清单。上述概括可以有各种具体表现：各种身体攻击、不让出门、限制人际交往、跟踪、纠缠、毁

---

[1] 根据世界银行 Women, Business and the Law 数据库资料，详见 http：//wbl. world-bank. org/。

[2] 消除对妇女的暴力行为宣言，联合国大会决议 48/104，48 联合国大会文件附件（第 49 号）217 页，联合国文件 A/48/49（1993），第二条（a）；《北京行动纲领》，1995 年，113 段（a）。

容、非自愿殉夫、不给吃的（强迫性营养不良，包括不让孩子得到母亲喂养）、不让上学、不给看病（不让得到医疗服务，包括性和生育健康方面的信息和服务）、强迫卖淫、强迫过性生活、强迫接受某种性生活方式、强迫结婚、强迫分手、不让分手或分手暴力、强迫怀孕、强迫流产、性别选择性流产、强迫绝育、不让带孩子/探视孩子、强迫劳动、不让工作、不让支配自己的钱财、剥夺财产、不给家用、损毁个人财物、损毁家庭财物、虐待动物（通常是伴侣动物/宠物）等。

为了便于认识，家庭暴力被划分为不同类型，如身体暴力、精神暴力、性暴力和经济虐待。但现实中，它往往是复合并发的。如根据我国学者的调查，所有遭受过伴侣精神、经济、肢体或性暴力的女性中，一半人曾遭受过 2 种或 3 种暴力。[1] 有的性暴力，则带有经济控制的色彩，如强迫家庭成员发生性关系来换取生活所需，或强迫家庭成员和别人发生性关系来偿还自己挥霍或赌博的欠债；有的家庭不允许丧偶的妇女外嫁，既对妇女婚姻自由和性权利进行侵害，又常常以此控制家庭资产。

半个世纪以来，出现了许多不同的名词和短语来指称家庭暴力，特别是最广泛发生的亲密关系暴力。无论是作为日常用语还是专业术语，很多词存在各种各样的问题，如夫妻打架、不孝敬老人、管教孩子这类词语，看似中性，实际上遮蔽了虐待的性质及其性别内涵；像虐妻、殴妻、打老婆这类词语，既排斥了没有法定婚姻关系的妇女的遭遇，又排除了身体暴力之外的侵害，但从经历者的角度看，她们遭遇的不仅是身体暴力带来的皮肉之苦、筋骨之痛、肺腑之伤，摧残危害至深而难以复原的，往往在心灵和精神等方面。因此，"家庭暴力"这个词可能是最具概括性的，能涵盖各种形式的暴力，且不局限于狭义的法定婚姻关系和血缘关系。它包括了共同生活的人，如同居者、寄养者，还包括了在某些社会中作为家庭佣工的妇女，她们可能是外国人或本国人，从某种

---

〔1〕　王向贤、方刚、李洪涛："中国性别暴力和男性气质研究定量调查报告"，2013 年，第 13 页，中国发展简报网，http://www.chinadevelopmentbrief.org.cn/news-16826.html，访问时间：2019 年 3 月 2 日。

意义上被看成雇佣她们的家庭的一分子。正如联合国对妇女暴力特别报告员指出，"对妇女的家庭暴力"，或者"说家庭中针对妇女的暴力"，才是比较全面的术语。它表明了暴力的性别本质，而且不局限于单纯的法律角度。所以，"家庭暴力"尽管字面上是一个性别中立的词，但在大多数情况下，"一家之主"的性别特征表明家庭暴力是一种具有明确性别特点的男人对女人的暴力情形；是在男主女从的性别规范和性别权力框架下发生的暴力。家庭暴力是迫使妇女处于男子的从属地位的重要社会机制。[1]

(二) 家庭暴力的普遍性和实质

家庭暴力是最普遍发生的性别暴力，但其普遍性不易衡量。对妇女和女孩的暴力行为多数在家庭或家里发生，因为家庭或家里的暴力往往被容忍。家庭成员和家中其他成员对女童和妇女的忽视、身体和性虐待及强奸以及对配偶和非配偶的虐待事件，往往都不为外人所知，并且难以被发现。即使受害者求助、报警、走上法庭，家庭暴力也往往不能得到记录和确认，难以有效保护受害者和惩办犯罪者。[2] 因此，已有的数据，无论来自大规模调查还是来自司法机关，都只是冰山一角。家庭暴力不仅是家庭中性别不平等的产物，同时折射出社会文化和家庭、法律等制度中的性别权力关系。

1. 对妇女的最大规模侵害。绝大多数的家庭暴力受害者是妇女，施暴者是男性。不同研究表明，2/3 到 90% 的家庭暴力都是男人施与女人的，是男人虐待、威胁和侵犯他们相知甚笃并至今还"爱"的女人。暴力并不仅仅指殴打，还包括精神和性虐待，以及经济控制。任何经济、社会、文化、政治和受教育状况的家庭，都有可能发生家庭暴力。

在全球范围内，受到亲密伴侣的人身虐待的妇女占妇女总数的 1/4 至 1/2。而在中国，第三期妇女地位调查表明，截至 2010 年，每四名已婚妇女中就有一名（24.7%）遭遇过来自配偶的暴力。2011 年对中国华中地区某县的抽样调查发现情况更加令人担心：现有或曾有伴侣的

---

〔1〕《北京行动纲领》，第 117 段。
〔2〕《北京行动纲领》，第 117 段。

人，39%的女性报告曾经遭受过来自男性伴侣的肢体和/或性暴力；52%的男性报告曾向女性伴侣施加过肢体和/或性暴力；38%的女性报告曾经历过伴侣的精神暴力，43%的男性报告曾向女性伴侣施加过精神暴力；而且，27%的男性报告其向女性伴侣既施加过肢体暴力，也施加过性暴力。在全部曾有或现有伴侣的男性中，91%的人曾向女性伴侣施加过至少一种控制行为。[1] 据2015年3月最高人民法院披露，中国10%的杀人案和家庭暴力相关。

遭受伴侣暴力的女性往往不告诉任何人这一经历。在华中某县的上述调查也是如此，高达60%的人第一次在调查中说出受暴经历。在遭受了伴侣暴力且寻求帮助的女性中，35%的人告诉了家庭成员。然而，即使是在将受暴经历告诉家庭成员的女性中，也只有25%的人得到了来自家庭的完全支持，45%的人得到的是责备、漠不关心，或被要求保持沉默。女性较少向正式渠道寻求支持，在遭受伴侣暴力的女性中，只有10%的人告诉了医疗人员，7%的人报了警。[2] 对欧洲联盟28个成员国4.2万名妇女进行的一项研究发现，仅有1/3遭到伴侣暴力侵害和1/4遭到非伴侣暴力侵害的受害者在最严重暴力事件发生后联系了警察或寻求了支助服务。只有14%的受害者向警方报告称遭到了伴侣最严重的暴力侵害。[3]

2. 权力控制是家庭暴力的实质。家庭暴力是侵权行为，对此很多人尚不能充分认识，往往错误归因。

典型错误归因是责备受害者。如认为受害者在持家、育儿、对待老

---

〔1〕　王向贤、方刚、李洪涛："中国性别暴力和男性气质研究定量调查报告"，2013年，第13和15页，中国发展简报网，http：//www.chinadevelopmentbrief. org.cn/news-16826.html，访问时间：2019年3月2日。

〔2〕　王向贤、方刚、李洪涛："中国性别暴力和男性气质研究定量调查报告"，2013年，第30页，载中国发展简报，http：//www.chinadevelopmentbrief. org.cn/news16826.html，最后访问时间：2019年3月2日。

〔3〕　秘书长的报告："审查和评价《北京宣言》和《北京行动纲领》以及大会第二十三届特别会议成果文件的执行情况"，联合国文件号：E/CN.6/2015/3，第116段。详见：《2013年全球凶杀问题研究：趋势、背景、数据》（联合国出版物，出售品编号：E.14.IV.1）；European Union Agency for Fundamental Rights, Violence against Women: An EU～Wide Survey (Luxembourg, Publications office of the European Union, 2014)。

人等方面做得不够好招惹施暴者生气；认为受害者在感情关系中不善于沟通甚至刺激施暴者；认为受害者有把柄让施暴者怀疑其有外遇，或确实有外遇；认为受害者迟迟不分手或离婚就是没出息、不争气，或者说明他们不是暴力关系等。这些观点实际上是为施暴者提供借口和理由，放任其用虐待方式来控制和侵害家庭成员，从而使家庭暴力持续或恶化。其实，家庭暴力并非源于相处中的问题，也非受害者性格或行为方式造成。[1] 从受害者那里找理由，认为受害者的行为导致或延续了家庭暴力，是倒果为因、诿过于人。

另一类型的错误归因是为施暴者辩解。说法之一是"压力太大"。如果有人声称因为压力太大而盗窃或抢劫、在外行凶，是不会得到同情的；那为什么压力太大而对家人施暴就可以成为理由呢？其实，大多数情况下，家庭暴力不是偶发的、孤立的事件，而是一种行为模式。施害时行为人并非处于情绪或压力下的失控状态，暴力是其为控制受害者而反复使用、屡试不爽的各种技巧，目的在于恐吓和控制受害者；当情况变化时实施者的态度和行为可以立即改变（如警察到达或外人出现时）。

对施暴行为的另一种开脱，是归咎于酒精或药物。其实这也是将诱因当原因的做法。首先，许多人饮酒或服用麻醉品，却从不虐待他们家人。酒和麻醉品、抗抑郁剂或抗焦虑药物本身并不会导致服用者使用暴力，一些瘾君子由于一心只在让他们成瘾的东西上，而对其他人和事漠

---

〔1〕 研究显示受害妇女并非属于特定的性格类型。受害妇女的心理特点与未受害妇女没有什么不同。这再次挑战了这样一种神话，即受害妇女本身有"某种问题"才导致了施暴者的暴力。早期经典的研究有 Hotaling& Sugarman："An analysis of risk markers in husband to wife violence：the current state of knowledge"，*Violence Victim.* 1986，Summer；1（2）：101~24。

不关心，不向家庭成员实施任何控制性行为。[1] 很多情况下，成瘾者实施的暴力也是有选择性、有针对性的，表明这是他们有自控的行为，只是用酒精或药物作用来助推其暴力行为。有些瘾君子的暴力是控制家人的一种手段，让家庭的一切都要围绕着购买和服用麻醉药品这件事，家人不服从就会招致其暴力相向。有些情况下，酒和麻醉药品会让人敢于做他们平时不会放手去做的事情。临床经验提出的警示是，应避免将家庭暴力视为酗酒或滥用药物的后果，避免误导干预行动错误聚焦到药物的使用而放过了家庭暴力。当然，对于那些酒精或其他麻醉药品上瘾的人而言，如果不戒瘾，就很难使他们停止家庭暴力行为。对酒瘾、药瘾和家暴两方面的干预需要双管齐下，才能更好地保护受害者、孩子和社区安全。

还有一种错误归因，是认为施暴者有心理缺陷或精神疾病。其实，家暴是一种习得性行为。虽然有些疾病患者，如阿兹海默症（或称老年性痴呆症）中期患者、遗传性慢性舞蹈症患者，或很小比例（大约10%）的精神障碍者容易有攻击行为，但其疾病一般伴有某些症状（如疾病的发生和发展，言语、步态有异或出现幻觉），而且不会选择特定的受害者（当疾病骤然发作时，谁在场谁就会受到攻击，无论医务人员、家庭成员、朋友、路人等）。而习得性的家庭暴力的施暴者，其虐待行为是有目的的（为了让对方顺从、恐惧以达到其控制目的），其虐待对象是有选择、有针对性地指向特定家人的，并非病态。

上述归因的失误，还在于将家庭暴力归结为单纯个人的原因，认为要么是受害者的问题导致行为人粗暴对待，要么施暴者的个性或人品

---

〔1〕 80年代以来，一系列研究显示构成家庭暴力的复杂的强迫性行为模式并不是因服用特定的药物所导致的。参见 Anne L. Ganley："Understanding Domestic Violence：Preparatory Reading for Participants"，详见 B. Critchlo："The powers of John Barleycorn：Beliefs about the effects of alcohol on social behavior"，American Psychologist 41，1986，pp. 751～764；S. Taylor，K. Leonard："Alcohol and human aggression"，In R. Genn & E. Donnerstien（Eds.），Aggression：Theoretical and Empirical Reviews，New York：Academic Press，1983；R. Pihl，M. Smith："A survey of alcohol-related expectancies for affective states"，The International Journal of the Addictions，1988，23（5），pp. 527～534；E. Gondolf，R. Foster："Wife assault among VA alcohol rehabilitation patients"，Hospital and Community Psychiatry，1991，42（1），pp. 74～79.

不好。

　　从社会角度的常见错误归因是经济决定论。这种观点往往认为造成妇女遭遇、并且难以摆脱家庭暴力的根源是其收入和财力不如男性。事实却是，即便妇女很能挣钱，甚至是养家糊口的主力，也难逃脱家暴。越南的一项研究表明，即便是主要靠妻子挣钱的家庭，除了男性殴打少一点，其他虐待情况反而更多。[1] 在某些情况下，妇女受教育程度、经济独立程度的提升，的确有利于遏制家庭暴力的发生或持续。但如果施暴者接受的教育中缺乏性别平等意识，妇女经济收入越高，他越觉得自己男性尊严受到威胁，越有可能寻衅施暴。

　　还有一种看似"公允"的说法，是将家庭暴力视为家庭纠纷或"双方打架"。的确，一些家庭存在成员之间情境性的或偶发的互不相让的语言或行为上的攻击和还击、控制和反控制，或势均力敌并知道适可而止的相互攻击和相互控制。但家庭暴力有着权力不平等、一方控制或剥夺家人自主性的特征。因此，家庭暴力是对家庭成员的侵权行为。

　　家庭暴力是一种性别暴力，不平等的性别制度是导致和持续家庭暴力的根源，让男性成为主要实施者，而生命周期各阶段的妇女，从女童到老人，是其主要受害者。以性别的男女二元观念和默认的单一异性恋模式为基础的既存性别制度，让性和性别少数群体特别容易成为家庭暴力的受害者。对很多性和性别少数者来说，家庭是最危险的地方。为了避免来自原生家庭的暴力，他们不敢"出柜"。如在吉尔吉斯斯坦，一家非政府组织的调研显示，40%的同性恋、双性恋妇女和跨性别男性向父母披露身份，其中半数被要求"改正"，大约1/5 的性和性别少数者向家人披露身份后受到身体暴力。[2] 对我国几个城市的女同性恋和双性恋社群的调查显示，高达 2/3 的人遭遇过原生家庭的暴力；[3] 根据2017 年对 1000 多名我国跨性别人士的一项调查，只有不到寥寥数人未

〔1〕　Vu ManhLoi, Vu Tuan Huy: *Gender-based Violence*, *The case of Vietnam*, Vietnam Institute of Sociology, 1999, p. 19.

〔2〕　Gender Violence Worldwide, http://www. stopvaw. org/ prevalence_6.

〔3〕　同语:《中国女同（双）性恋者家庭暴力状况调查报告》（2009）。

曾遭遇家庭暴力[1]。

任何家庭，无论是农村还是城市，高官还是百姓，只要家庭关系不平等，只要暴力被认可为一种解决问题的方式，都会发生各种形式的家庭暴力。家庭暴力的实质是侵权，是基于社会性别的权力与控制。

只有树立零容忍的观念，才能逐步杜绝家暴。大多数人尽管自己不施暴，但是默许和纵容暴力，如认为在某些情况下，只有暴力才能解决问题；认为丈夫殴打妻子、父母殴打孩子是可以接受的，或者认为那是别人家的事，外人不该插嘴或插手，代为报警也是多管闲事。

有反家暴职责的工作人员更需要警醒，不能因为自己观念和认识上的习惯而放任侵权行为，甚至责备受害者，为施暴者开脱。这会造成有罪不罚，纵容家暴行为的持续、蔓延和升级。

二、家有国法，打破公私二分

家庭暴力从一个见惯不惊的现象，到成为立法干预的人权议题，是一个权利拥有者驱动国家做出回应的过程。当前各国反家暴立法的特点，大多重视预防、服务和支助受害者，而不仅仅是惩处施暴者。

（一）妇女引领决策和立法

大约 200 年前，绝大多数法律制度都认可丈夫的暴力，因为那是其作为一家之主的权威。19 世纪在英美等国兴起的妇女运动引发了大众观念和国家制度的改变，[2] 如 1850 年田纳西州在美国率先明确殴妻为非法行为，20 年后，美国绝大多数法庭都拒绝丈夫们声称有权体罚妻

---

〔1〕 联合国开发计划署北京办公室、北京大学社会学系和北京同志中心：《2017 中国跨性别群体生存现状调查报告》，2017 年 11 月发布。

〔2〕 The Editors of Encyclopædia Britannica, "Domestic violence", Encyclopedia Britannica Online, Archived from the original on June 27, 2015; Felter, Elizabeth (1997), "A history of the state's response to domestic violence", in Daniels, Cynthia R.: Feminists negotiate the state: the politics of domestic violence, *Lanham*, *Maryland*: *University Press of America*, pp. 5~10.

子;[1] 1878 年，英国的婚姻诉讼法允许妻子和施暴的丈夫分居。[2]

又过了大约 100 年，妇女推动了更加波澜壮阔的"庇护所运动"，引领了更加深入、持久的反家暴法律政策的变革。

1. 欧美国家反家暴法律和实践的发展。1971 年，伦敦的"妇女援助中心"开业，为在家中受到虐待的妇女提供咨询、支持和庇护。三年内，该中心共接纳了 5000 名妇女和孩子。到 20 世纪 80 年代，全英格兰有 50 个这样的庇护所。

1974 年，美国明尼苏达州圣保罗的"妇女倡导者"终于募足款项，把 1972 年开始的电话服务拓展到提供庇护。[3]

1975 年，日本的妇女团体兴起了"避难所运动"，要求开始国营机构帮助受家暴的妇女。1976 年，东京地方政府设立了妇女咨询中心。1992 年，民间妇女团体开展全国范围内的调查，把"家庭暴力"的概念引入日本，使之从一直以来的个人问题变为社会的性别歧视和妇女的人权问题，并出现了民间的家暴受害妇女避难所。[4]

1976 年，在比利时召开的一次国际妇女会议上，家庭暴力成为重点话题之一。受到伦敦的妇女庇护所的启发，来自挪威的与会者回国后，筹资找了一个小小的单元房，在奥斯陆建立了"妇女之家"，并开设求助电话，四处张贴广告，还到全国各地游说。渐渐地，打热线电话

〔1〕 St. John Green, Nicholas: "Commonwealth v. Certain Intoxicating Liquors, Boston Beer Company, claimant", in St. John Green, Nicholas, Criminal Law Reports: Being Reports of Cases Determined in the Federal and State Courts of the United States, and in the Courts of England, Ireland, Canada, Etc. with Notes, Volume 2, New York: Hurd and Houghton, 1874–1875, 1879, OCLC 22125148, The cases in the American courts are uniform against the right of the husband to use any [physical] chastisement, moderate or otherwise, toward the wife, for any purpose.

〔2〕 Kleinberg, S. J. (1999): "The industrial era", in Kleinberg, S. J., Women in the United States, 1830–1945, *New Brunswick*, *New Jersey*: *Rutgers University Press*, p. 143, ; Pleck, Elizabeth (1989). "Criminal approaches to family violence, 1640~1980". Crime and Justice, special issue: Family Violence. 11: 19~57. doi: 10. 1086/449151. JSTOR 1147525.

〔3〕 Barbara Sinclair Deckard: *The Women's Movement*, Harper and Row, 1983, NYC, pp. 438~439.

〔4〕 ［日］戒能民江："日本反家庭暴力的举措"，载荣维毅、黄列主编:《家庭暴力对策研究与干预：国际视角与实证研究》，中国社会科学出版社 2003 年版，第 4~5 页。

不够，需要面谈；人来得多了，一个单元房太小……这样一来，妇女从私人那里募集的经费远远不够，需要公共资金的支持。这个需求得到了议会中不同政党的女性们的一致响应。她们跨越党派的鸿沟，有的甚至投下了与自己所在政党主张相左的一票。正是全体女议员的意志，使挪威在1978年建立第一个庇护所之后，将妇女庇护所运动发展到全国各地，边远的北端也有了庇护所。女政治家们的支持，使反对对妇女的家庭暴力进入了政治议程，司法系统、警察系统开始响应，保护将妇女免受暴力侵害，如受家庭暴力威胁的妇女可以申请佩带报警器，以便随时可以得到警察的干预和保护。到20世纪90年代末，挪威妇女庇护所的经费，一半来自国家财政，一半来自地方政府。

2000年，欧洲理事会的一个专家组建议，妇女庇护所的床位应按照1∶7500～1∶10 000名居民的比例设置，并且规定了妇女庇护所的服务质量标准。

如果说庇护所为逃出暴力之家的妇女和她们的孩子提供了一个临时的藏身之处，那么保护令则更切合遭遇家庭暴力的当事人的需要，尤其是让受家庭暴力影响的人可以比较安心地生活在自己家里。目前，全球各区域的许多国家都为家庭暴力受害者提供保护令。保护令又叫禁止令，因为它主要是通过禁止施害人的进一步暴力来保护受害者的安全。除了禁止施害人的暴力行为，包括威胁、骚扰等之外，保护令还有一些更加具体的形式，如责令施害人允许被保护人进入住所或他们的共有场所，允许被保护人得以继续使用任何他们已经使用的物品，包括车辆；让施害人不得出现在受害人生活、学习、工作的特定场所附近，或者和受害人保持数百米距离，不得联系受害人（远离令）；让施害人搬出他们的共同居所（驱逐令），如新加坡的法律对施害人的处罚包括将其驱逐出特定部分或全部的住家。这些命令通常有具体的时效，由法院下达，但奥地利率先创新，1997年通过的奥地利《保护免受暴力法案》的三个主要内容之一为准许警察局发出临时驱逐令或禁止令，有效期为10～20日，而法院发出的保护令则长达3个月或以上。捷克民法和行政法赋予警察实施驱逐的权力后，该国警察于2008年行使了600多起对家庭暴力施害人的驱逐，2012 年上升到 1402 起。[1]

2. 亚洲国家和地区的反家暴立法进程。在亚洲国家和地区，以妇女团体为主要推动力的反家暴专门立法，走过了这样的时间线：

1986 年，我国香港制定《家庭暴力条例》，属于民事法例。另有其他法令处理涉及刑事犯罪的家庭暴力个案，如《刑事罪行条例》（第 200 章）、《侵害人身罪条例》（第 212 章）、《保护儿童及少年条例》（第 213 章）、《精神健康条例》（第 136 章）。香港特别行政区于 1998 年、2008 年和 2009 年先后修订了《家庭暴力条例》，2009 年 12 月 16 日立法会通过的修订，将适用范围扩大至无婚姻关系的同性同居者，并将名称变更为《家庭及同居关系暴力条例》（2010 年 1 月 1 日生效）。[2]

1998 年，韩国通过《家庭暴力防止与被害者保护法》，并于 2006 年、2007 年、2008 年、2010 年先后修订；该法的实施细则亦于 2009 年、2010 年先后修订。2011 年修订实施了《家庭暴力罪处罚特别法》。

2001 年，日本《配偶暴力防治暨受害人保护法》于 4 月 13 日公布，10 月 13 日正式施行。2004 年 6 月 2 日日本修订该法，将保护对象扩大到婚姻已取消之情况（如离婚）而仍有受前配偶持续危害之虞者。

2004 年 5 月，蒙古国《家庭暴力法》颁布，它是两个杰出的妇女非政府组织与国会家庭暴力立法特别工作组的合作产物。[3]

2005 年，印度、柬埔寨、巴基斯坦先后颁布法律，名称分别为：《保护妇女免受家庭暴力侵害法》《预防家庭暴力和保护受害人法》和

---

[1] 捷克《民事诉讼法》第 76（a）节和《共和国警察法》第 44~47 节都对家庭暴力有专项规定，若基于合理理由推定犯罪人或会危险侵犯他人生命、健康或自由，或者极严重地侵犯他人尊严，警方有权将犯罪人逐出共同住所。详见北京帆葆/反家暴网络委托 Thomson Reuters Foundation 所著《国际家庭暴力法律环境全景分析报告》，2014 年，https：//www. trust. org/contentAsset/raw-data/fe9c538d-96ae-41c6-9dc8-148f793248fb/file，访问时间：2019 年 3 月 2 日。

[2] 载香港政府网站，http：//www. hklii. org/chi/hk/legis/ord/189/，访问时间：2019 年 3 月 2 日。

[3] 联合国大会，秘书长的报告：《关于侵害妇女的一切形式的暴力行为的深入研究》（A/61/122/Add. 1 号文件），2006 年，第 294 段。

《预防家庭暴力法》。

2007年，泰国颁布和实施《家庭暴力受害人保护法》；越南制定了《预防和控制家庭暴力法》（2008年7月1日起生效），其中包含了性暴力等形式[1]。

2015年，中华人民共和国全国人大常委会于12月27日通过了《反家暴法》（2016年3月1日开始实施）。北京世妇会20周年之际，由妇女群体首先倡导、近20年从地方开始的努力推动有了积极的成果。我国《反家暴法》将共同生活者纳入保护之列，并设立了多项制度，如发现不具或不具完全民事行为能力的受害者的强制报告制度，警察为轻微家暴实施者开具告诫令制度，对有需要的受害者提供庇护和临时生活救助制度，对施暴者的撤销监护权制度，以及保护令制度。

综上，20世纪90年代以后，妇女作为权利拥有者进行的推动，得到了国家和国际社会加速的回应。到2000年左右，全球60多个国家有了对家庭暴力的法律；到2013年，增长到超过125个国家；到2018年，全球189个经济体中的144个有惩治家庭暴力的法律，另有8个经济体虽然没有专门的反家暴立法，但对家庭中的刑事侵害有加重处罚的规定。[2]

（二）以经历者为中心的反家暴处置

无论是惩罚，还是支持、服务，反家暴的原则是以当事人权利为中心。

以经历者的权利为中心的理念，首先反映在"家庭暴力"概念是一个全纳的概念。首先，如前所述，反家庭暴力视野下的"暴力"是身体、精神、性和经济等一切形式的暴力，而"家庭"的内涵，也覆盖了所有的现实而不局限于法律意义上的婚姻和家人，如登记结婚的夫妻、同一个户口本上的人或直系亲属，既包括现实生活中关系亲密的

---

〔1〕　韩国、印度越南和泰国等相关法律信息，详见夏吟兰主编：《家庭暴力防治法制度性建构研究》，中国社会科学出版社2011年版，第641~742页。

〔2〕　载世界银行"Women, Business and the Law"数据库，http://wbl.worldbank.org/en/data/exploretopics/protecting-women-from-violence，2018年更新，访问时间：2019年1月2日。

人，如生活在同一屋檐下（而无论他们之间有没有法律上或血缘上的关系），以及虽然没有同居一处但具有紧密的血缘、亲缘关系的人；也包括曾经是配偶或同居伴侣关系的人，因为他们之间发生的暴力，其性质和后果与家庭成员之间的暴力更接近而不同于陌生人或外人之间的暴力。这是反家暴实践的国际主流。很多国家对家庭暴力有从重处理的条款，即相对于发生在"外人"之间的类似暴力，对家庭暴力施暴人的处罚要重些，因为家庭成员或有过亲密关系的人之间，理应比"外人"之间的关系更加充满信任、友爱和安全。

家庭暴力处置中的危机干预服务，一些国家设置有一种"快速反应小分队"，即由一名受过培训的支持者（通常是社会工作者）随同警察一起赴现场处理，或者在警察处置施暴人后立即介入。我国公安部于2017年1月对警察规范执法进行培训，要求有条件的地方应当安排女民警参与处理家暴事件；对在场的未成年人，应当采取相应保护措施；对家庭暴力情节较轻，依法不够治安管理处罚的，民警应对施暴人当场给予批评教育或者依法出具告诫书。[1]

越来越多的人士关注到反家暴处置需要发展中长期服务，它们包括：过渡性住房，为有需要的受害者提供1~2年甚至更长时间的经济适用房屋，以及她们所需要的咨商服务、物业管理服务和就业协助；单独或团体的心理支持服务，通过咨商提升受害者走出家暴影响的内在力量；支持小组，一般以10~12周为小组周期，主要内容包括讨论个人安全计划、提供相互理解和同伴支持、加深对家庭暴力的理解；倡导服务：对社区、地方或国家等各级措施、政策和法律的改革和完善进行倡导；儿童服务：对直接受家暴的儿童或目睹家暴的儿童进行支持，包括一对一心理咨询、安全计划、团体活动和教育项目，以及为儿童发声倡导；探视和交接中心：让已经脱离家暴关系/情境的受害者有一个安全的地方和施暴者见面，让对方在行使对孩子的探视权的同时难以借机骚

---

〔1〕 张耀宇、邬春阳、王旭东："公安部举办第二期全国公安机关规范执法视频演示培训会，突出实战实用实效不断完善细则流程，百万民警再次通过视频集中受训"，中国警察网，http://news.cpd.com.cn/n3553/c36243031/content.html，访问时间：2019年3月2日。

扰、恐吓、威胁甚至施暴。[1]

立法方面则需要更多地考虑操作中的"细节"。在许多暴力侵害妇女案件中，施暴者可能会在刑事诉讼中被判刑，或者在民事诉讼中被责令缴纳罚款。罚款是由犯罪者因违反刑法或民法而向国家缴纳的款项。对家庭暴力犯罪者判以罚款可能给幸存者带来负担，这种情况下如此处罚并不合适。对家庭暴力案件是否处以罚款，立法应当考虑的是，当处以罚款会引起幸存者和/或其子女财务拮据时，则不应对家庭暴力案件处以罚款。一些国家，如西班牙，因此废除了对此类犯罪处以罚款的规定。此外，实证表明，罚款并不是改变施暴者行为的有效惩罚形式。[2]即使处以罚款，仍然应通过缓刑等措施对施暴者进行处理和监督，而不是一罚了之。

对家庭暴力罪的屡犯和违反保护令者，加大法律的制裁力度才会有效。由于家庭暴力屡犯是一种普遍现象，如果每次都例行公事重复同一惩罚，或者只是视受伤程度来处置，其威慑效果将受到影响。美国和一些欧洲国家，对累犯采取更为严厉的惩罚被证明是有效的。1998年瑞典在其《刑法典》中引入了名为"对妇女完整性的严重侵犯"的新罪行，男子对妻子或前妻/同居女友屡犯的话，会被处以6个月以上、6年以下监禁。捷克共和国的《刑法典》第215a条规定，对家庭暴力罪累犯严加惩罚。美国法律的修正案规定，如果幸存者以前曾两次得到防范虐待的保护令或犯罪者曾两次违反保护令，法官可颁发长达50年的保护令。[3]

一些国家的立法规定了对施暴者的强制教育制度，施暴者要接受辅导，进行认知和行为的矫治，以减少重犯。但开展施暴者矫治的实践还比较有限，对其效应的评估和研究更少。

用人单位/雇主的责任也逐渐受到重视。澳大利亚倡导公司在行规

---

〔1〕　Mary P. Koss, Jacquenlyn W. White and Alan E. Kadin, ed.：*Violence Against Women and Children Navigating Solutions*, American Psychological Association, Washington DC, 2010, pp. 185~190.

〔2〕　联合国妇女署：《暴力侵害妇女立法手册》，2012年，第43页。

〔3〕　联合国妇女署：《暴力侵害妇女立法手册》，2012年，第42页。

和协议中列入对遭受家庭暴力员工的支持，一些公司已经探索规定了包括一年多达 20 天的带薪家庭暴力假。[1] 2018 年 3 月，澳大利亚宣布将颁布法律，当事人可获得 5 天无薪假以应对家暴事件。而其邻国新西兰则更为进步，于 2018 年 7 月 25 日通过《家庭暴力受害者保护法案》（2019 年 4 月开始生效），给予有需要的家暴当事人 10 天带薪假，以便离开施暴者，在安全的地方安顿自己和子女。该法案还要求雇主对家暴受害者提供其他协助，如调整工作时间、变换或隐去工作、电邮地址等措施，以保护其安全。推动这个法案的女议员，之前曾在妇女庇护所工作过。[2]

　　到 2018 年底，全球绝大多数国家设有对家庭暴力的法律，在反对各种性别暴力的所有法律政策中，或许反对家庭暴力是响应国家最多、进展最快的领域。但是，仍有 36 个经济体既没有关于家庭暴力的法律，也没有对家庭暴力的刑事处罚；33 个经济体的法律不承认婚内强奸，妻子遭遇婚内强暴或性攻击也投诉无门，5 个经济体的法律规定强奸者和受害人结婚就可以免责。[3] 即使在已经有立法的国家，还存在实施问题。据 133 个国家参与的世界卫生组织调查，87% 的国家对家庭暴力有立法，但只有 44% 的国家承认做到了充分执法，因此各类暴力的立法和充分执法之间差距最大的。[4] 为避免施暴者有罪不罚，当事人求助无门，应当有机制或机构协调、监测和评估反家暴政策法律的实施情况

---

〔1〕　为受暴力侵害妇女和女童提供多部门服务和采取应对措施（秘书长的报告，2012 年 12 月 18 日），联合国文件 E/CN. 6/2013/3，11 页，http://www. dvandwork. unsw. edu. au/resources#workplace，访问时间：2018 年 12 月 6 日。

〔2〕　Eleanor Ainge Roy in Dunedin：" ' A huge win'：New Zealand brings in paid domestic violence leave"，The Guardian，July 26，2018，https://www. theguardian. com/world/2018/jul/26/new-zealand-paid-domestic-violence-leave-jan-logie，访问时间：2018 年 12 月 6 日。

〔3〕　联合国妇女署：Facts and figures：Ending violence against women，Various forms of violence，http://www. unwomen. org/en/what-we-do/ending-violence-against-women/facts-and-figures，2017 年 8 月更新，访问时间：2018 年 8 月 24 日。World Bank Group（2015），Women，Business and the Law 2016，2018 年最新数据见 http://wbl. worldbank. org/en/data/exploretopics/protecting-women-from-violence，访问时间：2018 年 12 月 6 日。

〔4〕　瑞士世界卫生组织、奥地利联合国毒品和犯罪问题办公室、美国联合国开发计划署编写：《2014 年全球暴力预防状况报告》，俞敏主译，人民卫生出版社 2017 年版，第 30 页。

和措施的有效性。[1] 而民间妇女机构的监测，是继续推动反对家暴的重要一环。[2]

问题与思考

1. 依据下列数据和现象，你对家庭暴力有什么新的思考？

（1）对女性来说，最有可能暴力致伤致死她们的地方，不是在战争和冲突之中，不是在外面，而是在家里；杀害她们的往往是亲密伴侣——恋人、丈夫、同居者或前任，而不是别人。所有对妇女的谋杀中，38%是亲密伴侣犯罪，男性的这个比例约为6%。

（2）对于儿童来说，很多意外伤亡或故意伤亡，都发生在和家人在一起的场合，其中有因忽略或照顾不周造成的伤亡；儿童还经常遭到家人以管教为名的体罚、各种理由下的照顾不周和虐待。

（3）对性少数来说，在家里遭遇身体暴力、精神暴力和经济虐待的可能性比社会上更高。

（4）对于残障人士，无论生理性别、自己所认同的性别或性倾向，最可能虐待他们的，是原生家庭或"残障之家"。

（5）很多人不施暴，但却对家庭暴力默许或容忍，尽管越来越多的人反对家庭暴力，出来制止家庭暴力、支持经受家暴者的人，仍然担心自己是"多管闲事"。

2. 对于家庭暴力，我们经常可以听到这样的议论："谁家没有不和、没有口角？牙齿和舌头还打架呢，一下就说到暴力、要国家干预，上纲上线了吧！""我家没人施暴，我周围也没有家暴。现在是不是把家庭暴力夸大了、太过分渲染了？"

如何区分家庭不和、口角和家庭暴力的异同？如何回应担心公权力过分介入私人生活的问题？

3. 我国《反家庭暴力法》第2条规定："本法所称家庭暴力，是指家庭成员之间以殴打、捆绑、残害、限制人身自由以及经常性谩骂、恐

---

〔1〕　消除对妇女歧视委员会35号一般性建议，第34段 e。
〔2〕　2017年3月1日开始，北京为平妇女权益机构发布反家暴法实施年度监测报告。

吓等方式实施的身体、精神等侵害行为。"第3条第3款规定:"国家禁止任何形式的家庭暴力。"

（1）上述规定为什么用"侵害"而不是"伤害"来界定家庭暴力的性质?

（2）年轻人如何识别和应对追求暴力、约会暴力等恋爱暴力，以及分手暴力？如何识别暴力倾向？请开列出你的问题和办法清单。

（3）反家暴法律是否应该保护免遭前恋人/伴侣或配偶的暴力对待？为什么这个问题会被提出，你认为较好的解决方案及其理由是什么？

（4）你认为亲密关系中的性暴力是一个严重问题吗？反家暴法中是否需要明文纳入性暴力？如果明文纳入，在实施中会有什么正面或负面的问题？

（5）在什么情况下，"拒绝过性生活"是亲密关系中一方的权利，而在什么情况下，这是对对方权利的侵害？经济虐待是否应该看作家庭暴力的一种类型，为什么？

拓展资料

1. 陈敏:《呐喊：中国女性反家庭暴力报告》，人民出版社 2007 年版。

2. 联合国多机构资助的亚洲六国男性气质和性别暴力研究，详见：http：//www. partners4prevention. org/about-prevention/research/men-and-violence-study.

3. 夏吟兰主编:《家庭暴力防治法制度性建构研究》，中国社会科学出版社 2011 年版。

第三节　性暴力

性暴力是性别暴力最显而易见的表现之一。虽然性暴力是和性相关的暴力，但其动机和目的远不是性本身，而是在于通过性实现对受害者的羞辱、控制、征服或占有。因此，性暴力是一种基于社会性别的侵犯，无论其实施者和受害者是何种生理性别。

一、性暴力的概念及当代的认识

（一）性暴力的表现

性暴力，指无论当事人双方为何种关系，以及在何种情形下（包括但不限于在家里和工作中）任何人通过强迫手段对另一方进行任何形式的性行为、企图发生性行为、令人厌恶的性暗示或性骚扰、性交易行为或其他另行说明的行为。[1]

这个认识，已经体现在立法改革趋势中。传统上入法或未入法的各种被迫和强制的性接触，包括身体的、语言的、非语言的接触，在越来越多的地方被视为是对人身体的完整性、性自主或性自决权的侵犯。因此，一些立法中有了"妨害性自主""性攻击""性侵犯"或"性犯罪"概括若干具体罪名，一些地方废除了"强奸"的传统罪名而以"强制性交"代之。正如联合国消除对妇女歧视委员会于2017年发布的第35号一般性建议中所述，[2] 提请各国确保将包括强奸在内的性侵犯定为侵犯人身安全及身体、性和心理完整权的犯罪，并确保对包括婚内强奸和熟人强奸或约会强奸等性犯罪的界定以缺少自愿同意为基础并将胁迫情形考虑在内。任何时效——只要存在——应优先照顾受害人/幸存者的利益，特别是应考虑作为性暴力受害人/幸存者的女童的处境，并考虑阻碍其向主管机关或当局报告其所受侵害的情形。[3]

性暴力的各种具体表现，特别是那些格外隐蔽的或人们习以为常的表现，得到了更多的揭示、讨论，以及立法、司法日益明确的回应。越来越多的国家的刑法不再"豁免"丈夫的强暴行为，因为"婚内强奸"

---

〔1〕　World Health Organization, *World Report on Violence and Health* (Geneva: World Health Organization, 2002), Chapter 6, pp. 149.

〔2〕　消除对妇女歧视委员会的"一般性建议"对缔约国理解和履行公约义务具有指导性。

〔3〕　该委员会受理的若干案例，如韦尔蒂奥诉菲律宾和R. P. B. 诉菲律宾，L. R. 诉摩尔多瓦共和国以及第33号一般性建议第51（b）段。

的概念让人们看到婚姻保障同居义务，并不意味着任何一方可以无视另一方（通常是女方）的性的自主权；法定的配偶身份并不是强暴的通行证。同样，"约会强奸"的概念也表明，同意赴约不等于必然同意进一步发展，违背一方意愿的性行为就是强暴。被揭示出来的还有家人安排的对同性恋女性的所谓"矫正性强奸"，即企图通过强迫性的异性性行为来让女同性恋"改邪归正"。强迫婚姻不再仅仅指父母包办的婚姻，还包括"童婚""弟弟娶亡兄的寡妇"等习俗。强迫同居、强迫怀孕、强迫堕胎，剥夺采取避孕措施的权利或采取措施来预防性传播疾病，[1] 以及女性生殖器官切割和强制性的"处女检查"，以性剥削为目的的强迫卖淫和贩运人口，对残障人士的性虐待，对儿童的性虐待，包括利用儿童卖淫或儿童色情制品，武装冲突中的性暴力，以及强制猥亵、性骚扰，包括要求性行为以换取好处，都进入了国际法或国内立法和政策措施的议事日程。以性暴力对付妇女权利捍卫者或人权捍卫者的行为，[2] 也正日益受到关注……

性暴力的形式多样，由于篇幅有限，本节只重点介绍对强奸、性骚扰和武装冲突中系统性的性暴力的讨论。

（二）攻击和否定都是侵权

性侵犯常常被作为性暴力的一个同义词。无论用哪个术语，性暴力或性侵犯，都是未经一方同意的被迫或违心的性方面的行为，无论这些行为是"严重的"强奸、性折磨、性虐待儿童，还是"轻微的"性骚扰，或其他侵犯性权利的行为。

对性暴力的这个理解已经大大超越了狭隘的传统定义。性骚扰长期没有纳入法律的视野，告发性侵犯的受害人常常被当作诬告的嫌疑人而

---

[1] WHO includes forced marriage, cohabitation, and pregnancy including wife inheritance within its definition of sexual violence. 详见：WHO, "Sexual violence: prevalence, dynamics and consequences", in WHO, Guidelines for medico-legal care for victims of sexual violence, Geneva, Switzerland: World Health Organization, pp. 6~16, archived from the original on 2015-11-28.

[2] "Call To Un To Denounce Rape & All Sexual Violence Against Women Human Rights Defenders", ISHR-International Service for Human Rights, http://www.ishr.ch/council/428-council-not-in-feed/1518-the-human-rights-council-must-denounce-rape-and-other-forms-of-sexual-violence-against-women-defenders.

反复受到盘问调查，一些国家的法律或司法实践豁免亲密关系之中的强迫性性行为，如认为性生活（"同居"）是伴侣的义务，因而不存在"婚内强奸"。

性暴力在通常情况下表现为攻击性的行为，如强迫或强制性的性行为，强迫结婚/同居、强迫怀孕、强迫堕胎、强迫绝育、强迫分居等，都是对他人性权利的暴力侵犯，儿童、少数族群、残障人士往往更容易遭遇这些侵犯。对性和性别少数人士，以及不合常规性别形象的男性，性暴力还包括：当众羞辱、强迫裸体、强迫触摸、攻击性器官，并往往伴随其他的语言和身体攻击和孤立。"矫正性强暴"主要针对性和性别少数妇女，[1] 同时侵害她们的身体完整性、身份认同和性自主权。

除了上述被强加的暴力，人的性权利还往往被粗暴否定。某些特定生命阶段，或某种身体或健康状态的人，往往被家庭和社会视为无性人，他们在性和生殖保健方面的需要被漠视或否认，如不让他们获得有关自身身体、性和性保健的知识，以及怀孕和生育或避孕节育方面的信息和服务；不让其得到性传播疾病的预防和处置、妇科保健；不让其有亲密关系或不准成婚、不让组成家庭；不让其怀孕或生育。无论是攻击性的还是否定性的性权利剥夺，特别容易发生在功能性残障的妇女（无论是成年还是未成年）身上。[2] 如果她居住边远，又属于其他少数群体（如宗教或文化上的少数）或者同性恋，她的权利受损则可能更甚。而这些性权利剥夺行为，直接违犯了《残疾人权利公约》（CRPD）的有关条款（第12、23、25条）。[3]

（三）重新定义强奸

20世纪90年代末以来，国际社会越来越普遍接受一个更新的定义，即认为强奸指非双方自愿的性交行为，无论是用性器官对身体任何

〔1〕　NkepileMabuse：South Africa-Horror Of Lesbian "Corrective Rape", October 27, 2011, http：//articles. cnn. com/2011-10-27/world/world_wus-sa-rapes_1_lesbians-sexual-orientation-cape-town？_s=PM：WORLD.

〔2〕　WHO and World Bank：World Report on disability, p. 59, p. 61. 这是关于残障的首份综合性报告。更多信息见 https：//www. who. int/disabilities/world_report/2011/en/.

〔3〕　WHO and World Bank：World Report on disability, p. 78.

部位的侵入，和/或以任何物品或任何身体部位侵入生殖器或肛门。换言之，任何一种非双方自愿的性插入的行为均被视为强奸，无论这种行为是用什么方法、程度多么轻微；除了强迫的阴道交，强迫性的肛交、口交或利用药物作用进行的性侵入都是强奸。任何意欲但未能完成插入的行为被视为企图强奸（或曰"强奸未遂"）。因为"这种侵犯是通过武力，或使用武力的威胁，如暴力、逼迫、监禁、心理压迫或是滥权，或利用有胁迫性的环境来对付另一个人，而对方并非真心地同意"。[1]

一些国家的刑法则采用了更为广义的概念，不仅包含了之前被列为强奸的罪行，也纳入了那些不依靠插入证据的暴行。[2] 如加拿大的《刑法》规定了以等级表示的性攻击罪（第271条）、带有武器的性攻击罪、威胁第三方或造成身体伤害罪（第272条）以及情节恶劣的性攻击罪，即涉及犯罪者致使申诉人遭受伤害、残害、毁损或危及生命（第273条）。2004年土耳其《刑法》第102条将性攻击定义为"某人通过性行为对他人的身体完整性进行侵害的罪行"；将强奸定义为"某人，包括已婚配偶通过向他人体内插入某一器官或其他物体而对此人的身体完整性进行侵害的罪行"。

各国关于意愿、同意的定义，也从要求一方不使用武力或暴力胁迫演进到要求另一方明确同意。加拿大的《刑法》采纳的是"积极同意"标准，及申诉人自愿表达同意进行有关的性行为。2003年英国的《性犯罪法》规定了"同意"的法律定义、对有理由相信同意的检试以及关于同意和被告相信同意的一系列有据可依的结论性假设。为了避免对申诉人/幸存者在是否同意问题上的二次伤害，一些国家刑法对强奸的定义为基于某些胁迫情形的存在，而不是证明缺乏同意，如2000年纳

---

〔1〕 国际刑事法院的《犯罪要件》融合了众多判例法的发展形成的强奸定义得到国际社会的广泛采纳。详见 *ICC Elements of Crimes. umn. edu.* 〔2014-02-12〕；*KeyText: The Statute of the International Criminal Court Protects against Sexual Crimes. Clg. portalxm. com.* 〔2014-02-12〕。

〔2〕 ［比］让-马里·亨克茨、［英］路易丝·多斯瓦尔德-贝克：《习惯国际人道法》，法律出版社2007年版，与规则93相关的实践所提到的澳大利亚、比利时、加拿大、格鲁吉亚、新西兰、韩国、南非和英国的国内立法。Philip Weiner, "The Evolving Jurisprudence of the Crime of Rape in International Criminal Law", Boston College Law Review, Vol. 54, No. 3, 2013, p. 1218.

米比亚的《打击强奸法》和 2003 年莱索托的《性犯罪法》。如果一国刑法中有基于"胁迫情形"的定义，重要的就是要确保所列情况必须是全面的，而不是将重点重新集中到使用武力或暴力上。

上述对强奸行为的新的定义，各个国家在立法或修法上的采纳日益增多。当事人——主要是妇女和女童，也包括男童和成年男子，[1] 以及性和性别少数群体——遭受的全部性侵犯以及这种暴力侵犯带来的影响得到了考虑，更多受害人得以寻求司法正义。

（四）儿童格外需要保护

对儿童的性暴力发生在家庭、教育环境、工作环境和社区中。儿童性虐待的全球发生率，估计在女性中为 19.7%，在男性中为 7.9%，遭受性虐待的女孩数量是男孩的 2 倍左右。[2] 针对 21 个国家（其中大多为发达国家）的研究综述指出，7%～36% 的女性和 3%～29% 的男性报告说在童年阶段曾经遭受性虐待。大多数研究发现，女童遭受虐待的比率是男性的 1.5 倍至 3 倍。[3] 估计在全球 18 岁以下的人中，有 1.5 亿女孩和 7 300 万男孩遭遇过被迫性交或涉及身体接触的其他形式的性暴力。[4]

家庭中性侵犯儿童的大多是男性成员。某些国家的法律没有规定关于做出性承诺和缔结婚姻的最低年龄，这使得儿童可能遭受伴侣的暴力侵害。教育环境中的性暴力的实施者大多是男性教师和同学。每年有 6000 万女童在学校或上学路上遭遇性侵害。16 岁以下的女童工最多工作是从事家务，她们经常遭到雇主家庭男性成员的性暴力；剥削 18 岁

---

〔1〕 中国的案例：身患艾滋病的男子董某，趁男性朋友李某酒醉在其家里熟睡之机，对其实施了性侵。日前董某被北京顺义区人民法院以强制猥亵罪判处有期徒刑 1 年，缓刑 1 年。据了解，这是《刑法修正案（九）》施行以来，北京市法院审判的首例"男男"强奸案。参见百度贴吧，https：//tieba.baidu.com/p/5516515562，访问时间：2018 年 1 月 15 日。

〔2〕 联合国教科文组织《校园暴力和欺凌全球数据报告》2017 年，25 页；全球教育监测、联合国教科文组织和联合国女童教育计划 2015 年联合发布的一份政策文件 "School-related gender-based violence is preventing the achievement of quality education for all"。

〔3〕 首个《联合国研究暴力侵害儿童行为问题独立专家的报告》，2006 年，第 44 段。

〔4〕 秘书长的报告："女童"，2009 年 8 月 21 日，联合国文件编号 A/64/315，第 7 页，https：//www.refworld.org/cgi-bin/texis/vtx/rwmain/opendocpdf.pdf？reldoc = y&docid = 4ac9ac 692，访问时间：2019 年 3 月 4 日。

以下儿童从事卖淫、色情及类似活动等暴力行为，殃及每年进入这些行业的大约 100 万名儿童，他们中许多都是被胁迫、被绑架、被贩卖以及被骗来从事这些活动的，即是人口拐卖的受害者。儿童遭受到来自社区成员的性暴力和性剥削，施暴者常常是认识的人或者是处于信任位置的成年人（如邻居、体育教练、牧师、警察等）。[1]

城市化和全球化促进了人口流动性，助推了对儿童的性剥削。一些过去从未有过儿童色情旅游业的国家（如越南）开始出现这个问题；[2] 大型体育赛事让儿童沦为性剥削受害者的风险更高，国际社会、各国政府、儿童权利维护者、旅行和旅游业以及主要体育组织开始进行协作，共同降低儿童遭受性剥削的风险[3]。

新的通信技术，特别是互联网络的发展刺激了描绘对儿童的性暴力材料的开发、传播及使用。网络还被用于在线教唆或"抚慰"（获得儿童的信任，以便将他们带入可能对他们造成伤害的境况）。网络还使儿童更容易看到暴力或色情材料、受到骚扰和恐吓，包括受到成人和其他儿童的欺负；女童遭受带有性侵害性质的网络欺凌的风险更高，包括非意愿的带有性意味的信息、网络恐吓和网络跟踪，以及性勒索。[4]

《儿童权利公约》（于 1989 年 11 月 20 日联合国会议通过，1990 年 9 月 2 日生效）规定缔约国保护儿童免受任何形式的性剥削和性虐待的义务，包括采取一切适当的立法、行政、社会和教育措施，防止引诱或强迫儿童从事任何非法的性活动、利用儿童卖淫或从事其他非法的性行为、利用儿童进行淫秽表演或充当淫秽题材（第 34 条）。国家尤其有

[1] 首个《联合国研究暴力侵害儿童行为问题独立专家的报告》，2006 年，第 44、52、66、67、75 和 80 段。

[2] 2013 年 3 月 6 日人权理事会第 22 届会议会外活动：跨国合作和企业社会责任：保护儿童免遭旅行和旅游中的性剥削，https://www.ohchr.org/CH/Issues/Children/Pages/SideEventHRC22.aspx，访问时间：2019 年 3 月 4 日。

[3] 2014 年 3 月 11 日人权理事会第 25 届会议会外活动：在主要体育赛事背景下保护儿童免遭性剥削，https://www.ohchr.org/CH/Issues/Children/Pages/SideEventHRC25.aspx，访问时间：2019 年 3 月 4 日。

[4] 2016 年联合国秘书长的报告：Protecting Children from Bullying，转引自联合国教科文组织《校园暴力和欺凌全球数据报告》2017 年，20 页。

义务防止和保护儿童免受国家工作人员以及私人的性侵犯。联合国大会于 2000 年 5 月 25 日通过《儿童权利公约关于买卖儿童、儿童卖淫和儿童色情制品问题的任择议定书》（2002 年 1 月 18 日生效），要求各缔约国立法惩处买卖儿童、儿童卖淫和儿童色情制品，尤其是最恶劣的童工现象——雏妓，并指出了相关问题的国际的执法标准。

2006 年研究暴力侵害儿童行为问题独立专家的报告是联合国第一项针对各种暴力侵害儿童形式的全球综合研究，也开创了始终和儿童对话的先河。[1] 到 2013 年，90% 的国家有保护儿童免遭性剥削的立法。[2] 我国有关法律和政策在这个过程中得到了进一步发展和完善，国务院妇女儿童工作委员会办公室编辑了详尽的《儿童暴力伤害预防与处置工作指引》，于 2014 年出版。[3]

《欧洲委员会保护儿童免受性剥削与性虐待公约》[4]（2010 年 7 月 1 日生效）。批准此公约的国家同意对于和年龄在最低合法性交年龄以下的儿童从事性行为（不论实际性行为内容为何）处以刑事处分；该公约开创性的条款涉及儿童在家庭中受到的性虐待和性剥削。此条约针对欧洲委员会成员国而制定，亦开放给世界其他地区的国家供签署。

（五）强化被害人权利的理念

性暴力在大多数国家都被定为犯罪，但对其进行调查、起诉和认定的比率却大大低于和其严重程度相当的其他罪行。究其原因，是植根于性别的陈规定型态度降低了妇女得到公正对待的机会，也让性和性别少

---

〔1〕　研究暴力侵害儿童行为问题独立专家的报告，https：//documents-dds-ny.un.org/doc/UNDOC/GEN/N06/491/04/PDF/N0649104.pdf？OpenElement.

〔2〕　Office of the Special Representative of theSecretary-General on Violence against Children：Toward A World Free From Violence Global Survey On Violence Against Children，纽约，2013 年 10 月。

〔3〕　国务院妇女儿童工作委员会办公室：《儿童暴力伤害预防与处置工作指引》，中国妇女出版社 2014 年版。

〔4〕　Council of Europe Convention on the Protection of Children against Sexual Exploitation and Sexual Abuse，2007 年 10 月 25 日通过，2010 年 7 月 1 日生效。截至 2014 年 7 月，所有欧洲委员会的成员国都已签署，但亚美尼亚、阿塞拜疆和爱尔兰尚未批准和生效。https：//www.coe.int/en/web/conventions/full-list/-/conventions/treaty/201/signatures，访问时间：2018 年 8 月 31 日。

数、男性受害者更不敢求助也更缺乏救济渠道。[1] 20 世纪 70 年代以来，在妇女运动推动下，这种状况开始得到改观；20 世纪 90 年代以来，这种改变获得了加速，保护受害人权利的理念逐渐得到强化。

1. 性暴力不再被免责。如今，某些特定情形、关系或身份不再成为"豁免"性暴力的盾牌。

申诉人/当事人的身份，之前的性经历，包括是否从事过性交易，不仅不再作为将强奸行为合理化的依据，甚至都不必须纳入法庭调查范围。美国国会于 1978 年通过"强奸盾牌条款"，在一切涉及不正当性行为的民事或刑事案件中，任何证明被害人其他性行为或性倾向的证据，一律不予采纳。此条款使被害人在强奸案件中不会受到过多对于其道德、操守和之前行为的无谓拷问，避免再出现因为无地自容而在审判中精神崩溃以致怀疑、憎恨司法的情况。这个条款在美国联邦证据规则第412 条中得到具体体现。澳大利亚《刑事诉讼法》规定，只有当被害人以往的性生活史直接涉及指控且根据特定案件的所有情况认为使用该证据是正当的，才允许就有关被害人以往的性生活史提问；询问证人或被害人尽可能在被告人不在场时进行，以保护性犯罪被害人；涉及被害人隐私的案件，应该在审判的公开性上加以限制。我国 2013 年的一则判例显示，某男在网络聊天中认识了从事性交易的某女，见面时两人出现分歧，该男要求退还 500 元，该女不同意，该男强行与其发生性关系，最终被认定为强奸。[2]

亲密关系（约会关系，以及同居或婚姻关系）中的强迫性、攻击性的性交行为，在大多数国家不再成为法律上的强奸"特区"，一些国家明文立法规定，婚姻关系或其他关系不得为性攻击指控进行辩护，并且/或者颁布具体规定对其进行定罪。如非洲的莱索托、纳米比亚、南非和斯威士兰的刑法均已对婚内强奸进行定罪。在亚太地区，巴布亚新

〔1〕 多萝西·Q. 托马斯、罗宾·S. 利维："对妇女的普遍侵犯"，载［美］阿斯金等编：《妇女与国际人权法·第 1 卷，妇女的人权问题概述》，黄列、朱晓青译，生活·读书·新知三联书店 2007 年版，第 155 页。

〔2〕 子侑："'强奸危害性'：'陪酒女'并不低人一等"，网易新闻，http：//view.163.com/13/0718/14/942T3J8H00012Q9L.html，访问时间：2019 年 3 月 2 日。

几内亚于 2002 年废除了与强奸有关的婚姻豁免权；尼泊尔最高法院于 2002 年在妇女、法律和发展论坛诉尼泊尔王国政府案中指出，婚内强奸豁免是违反宪法的，并违反了《公民权利和政治权利国际公约》以及《消除对妇女一切形式歧视公约》。

我国《刑法》对强奸的实施者没有明文规定任何例外。司法实践中，自 1997 年以来，我国判决过几起"婚内强奸"，属于包办婚姻、已经作出离婚判决但判决尚未送达当事人的情形。[1]

2. 看见受害者，看见权利。性暴力侵害了谁、侵害了什么？很长一段历史中，对女性的性暴力，受害者不是女性本人，性暴力侵犯和妨害的不是当事人的福祉和权利，而是社会的"公序良俗"，是受害女性的家庭，其实是其父亲、兄长或丈夫的所有权、是他们的荣誉和尊严。因此，让施暴者娶被侵犯的女性为妻成为一种"善后"方式。女性的意愿始终都被抹杀。大多数文化中女性就这样被当作父系家庭的所有物，出嫁前属于父亲，出嫁后属于丈夫。和这样的性别制度相辅相成的，是对受害者进行有意无意地再度伤害，把她们视为不洁、不贞、不祥之人，当作实施者的战利品而遭遇自己人的回避和排斥。人们可能会同情承受者的痛苦、恐惧、负疚，以及由于性暴力直接造成的身心受伤、间接带来的社会苛责、生存面临的困难，也会从尊严和人格受损的角度为他们感到悲伤和愤怒，但很少从她们本人的权利角度来对性暴力进行认识和处理。

"性暴力是对妇女身体最个人的和最私密的部分的一种侵入，也是

---

〔1〕　1997 年 10 月 8 日，上海市青浦县人民法院应王某离婚诉讼要求判决准予离婚，但判决书尚未送达当事人。在这期间，王某至钱某处拿东西，强行与钱某发生性关系。法院经审理后认为，法院一审判决准予离婚后，双方已不具备正常的夫妻关系，在此情况下，被告人王某违背妇女意志，采用暴力手段，强行与钱某发生性关系，其行为已构成强奸罪。法院一审判处被告人王某有期徒刑 3 年、缓刑 3 年；1999 年 1 月，安徽凤阳县李某（男）与年仅 19 岁的吉某（女）在未进行婚姻登记的情况下，按当地习俗进行了婚礼。但婚礼后的吉某却拒绝与李某同房，李某便以暴力手段强行与吉某发生了性关系。2000 年初，在吉某持续不断地控告下，李某被凤阳县公安局逮捕归案。2000 年 6 月李某被安徽凤阳县法院以强奸罪判处有期徒刑 3 年。刘福国："黑龙江首起婚内强奸案判决 丈夫强奸妻子被判 3 年"，载《中国妇女报》2004 年 1 月 10 日，中国网，http://www.china.com.cn/chinese/funv/479996.htm，访问时间：2019 年 3 月 2 日。

对她自身核心的一种强暴"，受害者/幸存者的感受，道出了性暴力的性质。[1] 随着社会性别研究和妇女人权的理念的发展，一些研究揭示出为什么性暴力作为刑事犯罪，遭遇者几乎都面临身败名裂的顾虑、调查过程中反复受到的二度伤害，以及难以逾越的证据标准；而行为人受到起诉、审判和惩处的比率和其他严重犯罪相比却非常之低。[2] 对受害者而言，仅仅惩治施害者还远不足以实现社会正义，她们理应得到的公平还包括身心复原、重建生活所需的支持和帮助、有质量的服务。而且，不能仅仅看见受害者所遭遇的侵犯，也要看到他们自己应对暴力、修复创伤、重建生活中的自主性和能动性，因此，妇女权利倡导者建议用"幸存者"来补充或代替片面的"受害者"概念，因为他们作为过来人的经历和需求，他们对自己的身心完整性、身体和性的自主权的主张，应该是改革和完善法律、政策的出发点和归宿。

妇女运动和性别研究，让女性遭遇的性暴力得到重视，让受害者从侵犯中求生、复原的经历得到重视，让以当事人为中心的应对性侵犯方式得到接受。妇女运动推动了从社区、国家到国际不同层面的变化，从人权的视角去审视和改变社会文化和习俗、正式和非正式的组织制度、立法和司法系统。这个过程中，更多被遮蔽的受害者被看见，无论是男童、性和性别少数，或男性成人；更多的性暴力被看见，无论是在家庭、职场、军队、公共场所、监禁场所，平时或战乱。性暴力的社会性别根源也开始被看见——陈陈相因的性别规范和性别秩序，都是性暴力滋生和持续的温床，都让性暴力成为攻击和征服对方、张扬己方的优势和胜利的象征——而这反过来又继续强化支配性、掠夺性、霸权性的传统的"血性男儿""阳刚气概"。由此，男性一方面成为侵犯者，另一

---

〔1〕 拉迪卡·库马拉斯瓦米、丽萨·M.科伊斯："对妇女的暴力"，载〔美〕阿斯金等编：《妇女与国际人权法·第1卷，妇女的人权问题概述》，黄列、朱晓青译，生活·读书·新知三联书店2007年版，第203~208页。

〔2〕 联合国人权委员会于1994年3月4日通过了第1994/45号决议（英文），决定任命一位暴力侵害妇女、其原因及后果问题特别报告员。人权委员会于2003年第59届会议通过第2003/45号决议（英文），延长了其任务授权。更多信息和报告参见 https://www.ohchr.org/CH/Issues/Women/SRWomen/Pages/SRWomenIndex.aspx，访问时间：2019年3月2日。

方面，男性作为受害者的性暴力又格外具有杀伤力且格外难以被报告。[1]

由此，如今针对性暴力的思路十分重视预防。初级预防主要依靠各类教育，即教育儿童和成人理解和践行性别平等、尊重每个个人的身体边界和身体自主权；预防也包括惩治行为人和其他相关责任方，以避免今后的伤害。法律改革也是预防的重要途径。

二、性骚扰：不再被轻描淡写的性别暴力

（一）何谓性骚扰

性骚扰的概念林林总总。"性骚扰包括不受欢迎的具有性动机的行为，如身体接触和求爱动作，带黄色的字眼，出示淫秽书画和提出性要求，不论是以词语还是用行动来表示。"[2]

从表现形式来看，性骚扰可以分为语言的、非语言的或身体的性骚扰。非语言的性骚扰包括表情、眼神、动作、出示图片、使其观看音像制品，发送网上信息、手机短信/微信，等等。

从情节来看，性骚扰是一个集合名词，包括从有性意味的言语、表情和举止，到非意愿的身体接触。不同国家用各种刑事罪名起诉的各类性骚扰，就有勒索、敲诈、贿赂、腐败、性威胁、性剥削等。

性骚扰可以分为直接和间接的。直接的指针对具体受害人的骚扰，间接的指具有冒犯性或敌意性的环境，如把女性当作性客体的黄色笑

---

〔1〕　Sivakumaran, Sandesh（2007），"Sexual Violence Against Men in Armed Conflict" in European Journal of International Law, Vol. 18, no. 2, pp. 253~276；gration Review, Issue 27, January-y, pp. 8~9；Solangon, Sarah and Preeti Patel（2012），"Sexual violence against men in countries affected by armed conflict" in *Conflict, Security and Development*, 12：4, pp. 417~442；Russell, Wynne（2007），"Sexual violence against men and boys" in *Forced Migration Review*, Issue 27, pp. 22~23；Sivakuraman, Sandesh（2005），"Male/Male Rape and the 'Taint' of Homosexuality" in *Human Rights Quarterly*, Volume 27, Number 4, November 2005, pp. 1274~1306；Stanko, Elizabeth A. and Kathy Hobdell（1993），"Assault on Men：Masculinity and Male Victimization" in *British Journal of Criminology*, 33（3），pp. 400~415；Mezey, Gillian C. and Michael B. King（2000），"Treatment for Male Victims of Sexual Assault" in *G. Mezey and M. B. King（eds.）Male Victims of Sexual Assault*.

〔2〕　消除对妇女歧视委员会第 19 号一般性建议：对妇女的暴力行为，第 18 段，1992年。

话、黄段子，让女性参加非意愿性的陪餐陪酒活动，视女性为玩物的性展示或进行性暴露。女性是各类性骚扰的主要受害者，一些情况下男性也遭遇同性或异性的性骚扰，性和社会性别少数常常是各类性骚扰的受害者，特别是在敌意的环境中。

性骚扰可能发生在各种场合，如劳动、工作（包括军队）场合，学校里、求学过程中，以及公共空间如公共交通、公共文体休闲场合等。加拿大一份大型调查显示，1/4 的女生在学校受到过性骚扰。[1]

骚扰者可能是素不相识以后也不相干的陌生人，可能是认识的人，如邻居、同伴（如同学、同事或朋友）、社交场合中相遇的人，还可能是有利害关系的工作对象、客户，以及明显在权势上处于上风的人，如：年长者对年幼者，高地位者对低地位者，教师或学校职工对学生，资深雇员、主管或雇主对普通、下级雇员或实习生，招募者对应聘者，医生、咨询师对求医、咨询者……因此有人据发生情境将骚扰分为日常生活型、教育/学术型、职务型、补偿/交换型。其中教育/学术型、职务型、交换型中，往往存在多次的、难以逃脱的被骚扰境况，而受害者往往因为被迫接受某些"好处"（如为了得到学业或事业机会）而被视为两厢情愿。

相当高比例的妇女遭遇过性骚扰。我国有关性骚扰的调查研究始于20 世纪 90 年代中期。一些专家学者和相关部门、社会团体的调查及个案研究显示，在调查地区曾遭受到性骚扰的人占调查总数的 32% 左右，其中女性占 72% 左右；[2] 82.88% 的人报告最近 3 年来遭遇过性骚扰。[3] 中国妇女地位调查数据显示，基层管理人员遭遇非意愿的身体接触的比例最高，而负责人、高层管理人员遭遇非意愿的性要求的比例

---

〔1〕 转引自联合国教科文组织《校园暴力与欺凌全球现状报告》，2017 年，第 25 页，全球教育监测、联合国教科文组织和联合国女童教育计划 2015 年联合发布的一份政策文件 "School-related gender-based violence is preventing the achievement of quality education for all"。

〔2〕 中国法学会反对家庭暴力网络、中国社科院法学所性别与法律研究中心向人大和政协提交的关于《人民法院审理性骚扰案件若干规定》的建议书（2008 年 2 月）。

〔3〕《工作场所性骚扰调查研究》报告，《工作场所性骚扰调查研究》项目组（王行娟、王金玲、鲁英），2007. 3~2008. 12，第 8 页。

最高。[1] 国际上的情况大同小异。在亚太国家，报告在工作场合受到某种形式骚扰的妇女比例为30%~40%。对于妇女工人的特定群体，如家庭工人和移徙工人，此种暴力风险更高。40%~50%的欧洲联盟妇女报告在工作场所受到某种形式的性骚扰。[2]

2012年6月，上海地铁第二运营公司发布官方微博，画面是一名女性着"透视装"候乘地铁的背影，文字为"穿成这样，不被骚扰，才怪。地铁狼较多，打不胜打，人狼大战，姑娘，请自重啊!"[3] 这则微博貌似提醒女性预防性骚扰，字里行间实则传递的是骚扰有理、骚扰无责的意思，引起很多网民的愤怒和妇女权利捍卫者的抗议。"我可以骚你不可以扰"的抗议声不胫而走，并受到主流媒体的纷纷关注，由此刷新了很多人对性骚扰的理解——性骚扰是否成立，不取决于他人的行为和动机，而取决于接受方是否欢迎。这次争议或许是我国首次大规模地公开讨论性骚扰的现象、内涵和预防、处理责任。

（二）性骚扰入法的历程及实施情况

性骚扰在20世纪70年代成为法律名词。美国和英国在这一时期率先接受了性骚扰的诉讼。1977年澳大利亚新南威尔士州的《消除歧视法》规定，在就业、教育机构、接收货物或服务、租房或试图租房、买卖土地和体育活动中发生的性骚扰触犯了法律。

美国1980年平等就业机会委员会颁布的指导原则，将性骚扰界定为："不受欢迎之性方面示好之举，要求性方面好处，或其他具有性本质之口头或肢体行为……①顺从该项行为是作为某位个人明示或默示之就业条件或情况；②个人顺从或拒绝该项行为，是作为影响他就业决定之基础；③该项行为之目的或结果，会不合理干涉某位个人之工作表

---

〔1〕　刘小楠、宋月萍、李线玲："法律权益和认知与妇女地位"，载宋秀岩主编：《新时期中国妇女社会地位调查研究》，中国妇女出版社2013年版，第484页。

〔2〕　引自联合国文件《防止暴力侵害妇女和女孩行为 秘书长的报告》（E/CN. 6/2013/4)，第48段。

〔3〕　网易网，http://lady. 163. com/special/sense/nvrenxingdong02. html，访问时间：2019年3月2日。《女声》电子周刊第116期和第117期分别以题为"拒绝自重，微博引爆反骚扰辩论"和"我可以骚，性自由不折中"对"性骚扰"问题进行深入报道。社会性别与发展网、妇女观察网、帆葆网等多家妇女机构的网站也进行报道。

现，或造成一胁迫性、敌意性或冒犯性之工作环境。"

1985 年，一个判例发展出"非雇员性骚扰"（non-employee sexual harassment）概念，[1] 从而包括了第三者（如顾客）实施性骚扰的情况，并允许受害人依契约法提起不当干扰雇佣契约之诉。这样，对工作场所屡见不鲜的情况，诸如医院中病人对护士，娱乐场所中客人对侍应生，采访对象对记者等的性骚扰，开始有了诉讼的司法依据。

法律不仅禁止或追究实施者的行为，也禁止或追究有关机构的行为或不作为。用人单位、公共场合的管理机构，有责任创造条件，预防和制止性骚扰。20 世纪 90 年代以后，特别是进入 21 世纪以来，越来越多的国家和地区建立或完善了对性骚扰的法律政策，或制定了专门的法律，或通过反歧视法、性别平等法、劳动法及劳动合同法、平等教育法等法律形式，对工作场所和教育中的性骚扰问题进行规制。

我国于 2005 年 8 月 28 日通过的《妇女权益保障法（修正案）》增加了两项规定：禁止对妇女实施性骚扰。受害妇女有权向单位和有关机关投诉（第 40 条）；违反该法规定，对妇女实施性骚扰或者家庭暴力，构成违反治安管理行为的，受害人可以提请公安机关对违法行为人依法给予行政处罚，也可以依法向人民法院提起民事诉讼（第 58 条）。于 2007 年 9 月 27 日修订的《四川省〈中华人民共和国妇女权益保障法〉实施办法》第 47 条进一步规定："……构成犯罪的，依法追究刑事责任。在工作场所发生对妇女实施的性骚扰，造成妇女身体、精神、名誉损害，单位或者雇主有过错的，应当依法承担相应的民事赔偿责任。"

2012 年 4 月 28 日，国务院颁布《女职工劳动保护特别规定》，首次在国家劳动法规里规定了性骚扰及用人单位的责任："在劳动场所，用人单位应当预防和制止对女职工的性骚扰。"

2001 年以来，全国已经有至少数十宗涉及工作场所的性骚扰诉讼，并有胜诉的案例。2014 年以来，由于高校教师对学生的各种性失当行为相继爆出，一些高校师生呼吁教育部出台政策，于是"不得对学生实

---

[1] Kersul v. Skulls Angels Inc., 纽约州最高法院 1985 年 11 月 8 日判决（130 Misc. 2d 345, 345, N. Y. Sup. Ct. 1985）。

施性骚扰"被纳入对高校教师的禁令"红七条"。2018年以来曝光的多起案例，促成了人们更加广泛和深入的对性骚扰的讨论，提升了人们的认识，推动了政府部门、学校、雇主、行业协会、司法机关等机构的重视。浙江省杭州市西湖区检察院和西湖区教育局于2018年8月6日联合会签《关于建立校园性骚扰处置制度的意见》，这是全国第一个有关校园性骚扰的处置机制。2018年夏天以来，陆续有公益机构和各类机构推出防治性骚扰的政策和机制。[1] 2018年11月8日，教育部印发对幼儿园、中小学、高校教师的职业行为10项准则，纳入严禁"猥亵""性骚扰"的内容；同年12月12日，最高人民法院将性骚扰损害责任纠纷增加为独立案由（2019年1月1日起施行）。

三、直面冲突中的性暴力

1992年，前南斯拉夫冲突中普遍发生的强奸和故意致使成千上万妇女受孕现象爆出，战争和冲突中的性暴力开始受到新闻媒体、学术研究和国际机构空前的关注。由此，一个个历史伤疤被揭开，二战中日军强征"慰安妇"、性侵亚洲和太平洋岛国被占领区妇女的罪证大量曝光，苏军和盟军在欧亚战场的强奸行为也被渐次披露；20世纪70年代后期红色高棉统治柬埔寨时的强制性夫妻分居、强迫婚姻和强暴被揭发出来。[2] 更多当代大规模的侵害爆发，1994年发生在卢旺达的种族屠杀，[3] 进入21世纪后南苏丹、刚果民主共和国、伊拉克、叙利亚和缅甸的冲突，都伴生着大规模的性暴力。

（一）基于性和性别的多重侵害

"与冲突有关的性暴力"指发生在冲突中、冲突后或其他令人关切

---

〔1〕　如北京阿拉善SEE基金会、广州非营利艺术机构黄边站、致力于农村女童和妇女发展的绿芽基金会等在2018年夏秋先后出台了本机构的性骚扰防治机制。

〔2〕　参见http：//gbvkr.org/。

〔3〕　如卢旺达图西族妇女约有25~50万人遭受强奸。Association of Widows of the Genocide (Avega), *Survey on Violence Against Women in Rwanda*, Kigali, 1999; M. Olujic and V. Nikolic-Ristanovic, cited in Jeanne Ward, If Not Now, When? Addressing Gender-based Violence in Refugee, Internally Displaced, and Post-Conflict Settings. A Global Overview. RHRC Consortium, 2002. 转引自联合国机构间常设委员会（IASC）:《人道环境中的性别暴力干预指南：以预防和回应紧急情况下的性暴力为焦点》，2005年。

的局势（如政治纷争）中的性暴力。[1] 它包括对妇女、男子、女童或男童实施的强奸、性奴役、强迫卖淫、强迫怀孕、强迫堕胎、强迫绝育、强迫婚姻或任何其他形式的性暴力。该术语还包括在冲突局势中犯下的以性暴力或性剥削为目的的贩运人口的行为。[2] 这些性暴力与冲突本身存在直接或间接联系，即时间、地理和/或因果联系，[3] 这些联系可能体现在施害者类型特征（往往属于国家或非国家武装团体，包括恐怖主义实体）、受害者类型特征（往往是受迫害的政治、族裔或宗教少数群体的实际或认定成员，或基于实际或认定的性取向和性别认同成为犯罪目标）、有罪不罚的大气候（通常与国家机构瘫痪有关）、跨界后果（如流离失所或人口贩运等）和/或违反停火协议规定等方面。[4]

性暴力被用作一种战争武器，一种攻击、霸占和羞辱敌方的手段，其实是非法的政策、战术或战略。[5] 冲突中群体性强奸（轮奸）盛

〔1〕 Conflict-Related Sexual Violence：Report of the Secretary-General, UN Doc. A/66/657 - S/2012/33, 13 January 2012, para. 3; see also "Analytical and Conceptual Framing of Conflict-Related Sexual Violence", Stop Rape Now, available at：www. pakresponse. info/LinkClick. aspx? fileticket = QmSWiCA4rUw%3D&tabid = 71&mid = 433.

〔2〕 秘书长的报告：Report of the Secretary-General on conflict-related sexual violence, https：//undocs. org/en/S/2018/250，第 2 段；另参见"Gender dimension of trafficking in persons in conflict and post-conflict settings as it relates to the women and peace and security agenda of the Security Council", 贩运人口特别是贩运妇女和儿童问题特别报告员的报告，http：//undocs. org/zh/A/73/171，访问时间：2018 年 7 月 29 日。

〔3〕 Conflict-Related Sexual Violence：Report of the Secretary-General, UN Doc. A/66/657 - S/2012/33, 13 January 2012, para. 3; see also "Analytical and Conceptual Framing of Conflict-Related Sexual Violence", Stop Rape Now, available at：www. pakresponse. info/LinkClick. aspx? fileticket = QmSWiCA4rUw%3D&tabid = 71&mid = 433.

〔4〕 秘书长的报告：Report of the Secretary-General on conflict-related sexual violence, https：//undocs. org/en/S/2018/250，第 2 段；另参见"Gender dimension of trafficking in persons in conflict and post~conflict settings as it relates to the women and peace and security agenda of the Security Council", 贩运人口特别是贩运妇女和儿童问题特别报告员的报告，http：//undocs. org/zh/A/73/171，访问时间：2018 年 7 月 29 日。

〔5〕 格洛丽亚·加焦利："武装冲突中的性暴力：对国际人道法和人权法的违反"，载《红十字国际评论》2015 年 9 月刊。https：//www. icrc. org/zh/international-review/sexual-violence-armed-conflict，访问时间：2018 年 8 月 17 日。

行，[1]　如在刚果东部三个饱受战争摧残的省份中，73%针对女性的强奸和38%针对男性的强奸都是轮奸。[2]　各种形式的性虐待、性剥削大行其道，即为了获得性而实际或企图对弱势者、有权势差别的人或受托照管者的任何虐待，实施者通过对他人的性暴力在经济、社会或政治等方面获益。[3]

与冲突有关的性暴力，很多是国家所为或纵容的。施暴者包括政府部队、负责保护平民的警察、难民营工作人员、边防守卫人员、当地政客。有时受害者的家属在死亡威胁下被迫实施强奸。遭遇性暴力之后，妇女的身体或性器官有时会遭到残害，人被杀害、遗弃、听任死亡。性羞辱比比皆是，如妇女遭到任意的脱衣搜身，被迫赤身裸体地做事，当着士兵的面或在众人面前裸体。妇女和女孩被迫与武装人员或对方人员"结婚"，这种强迫婚姻其实是对反复强奸和性奴役的一种委婉说法。尤其让人震惊的是，妇女被难民营和为保护她们而设立的庇护机构贩卖，甚至被贩卖给在当地的联合国维持和平人员服务。全球一度有多个举报，指出联合国维持和平部队和工作人员以及世界各地军事基地的士兵和工作人员实施强奸和其他性虐待。[4]

"我会生下这个孩子。"17岁的萨米拉（化名）告诉联合国儿童基金会的工作人员。她是缅甸西部若开邦北部的罗兴亚人，世代居住在缅甸西部，却没有缅甸国民身份。2017年8月底政府军开始清剿行动，导致了至少72万罗兴亚人逃离缅甸，到邻近的孟加拉国的考克斯巴扎地区寻求庇护。这期间，新婚两个月的萨米拉丈夫被杀害，几天后，三

---

〔1〕　［英］乔安娜·伯克：《性暴力史》，马凡等译，江苏人民出版社2014年版，第392页；Dara Kay Cohen, "Female Combatants and Violence in Armed Groups: Women and Wartime Rape in Sierra Leone", *World Politics*, Vol. 65, 2013, pp. 383~415。

〔2〕　伊丽莎白·简·伍德："与冲突相关的性暴力和晚近研究的政策意义"，张膑心译，载《国际红十字评论》2015年9月刊，第74页。

〔3〕　联合国机构间常设委员会（IASC）：《人道环境中的性别暴力干预指南：以预防和回应紧急情况下的性暴力为焦点》，2005年。

〔4〕　对妇女的暴力特别报告员拉迪尔·库马拉斯瓦米："武装冲突期间（1997~2000年）国家实施和/或怂恿的暴力侵害妇女行为"之内容提要，2001年，https://undocs.org/zh/E/CN.4/2001/73。

名士兵来到她家门前，强奸了她和另外两名罗兴亚女孩。像萨米拉这样遭遇性暴力并因此怀孕的罗兴亚妇女和女孩达数万名。但不是每个女孩都能像她这样坦然而勇敢地宣布："不管是男是女，都是我的孩子，也不管孩子的父亲是谁。"[1]

萨米拉的遭遇凸显了冲突中性暴力受害者的多重弱势——她属于宗教、文化和族群方面的少数人，在世代居住的地区却没有国民身份；在国家从军人掌权转向民选政府、社会趋于安定的大背景下，她所属的群体却受到清剿，在战火中离乡背井；在一个以成年人为标准的社会上，萨米拉还是个孩子；作为孩子，在本该优先受到各种保护的童年，她却已经走进婚姻；在主流价值标准中，婚姻是女性的归宿，而她新婚2个月就失去丈夫成了寡妇；逃难中的怀孕分娩已属不易，何况还是被官军强暴后怀上的孩子，种种污名让许多在冲突中被强暴受孕的妇女和女孩尽量隐身，不去寻求医疗援助，而这让她们面临孕产期的健康和生命风险；生下孩子后，她们还有可能遭到自己族群的排斥，在族群中难以容身……

冲突中的性暴力造成的很多长期后果令几代人挥之不去。无论是抗日战争时期的中国，还是20世纪90年代以后的波斯尼亚和黑塞哥维那、尼泊尔等，受害者及其后代的身心创伤、贫困、健康不良和社会隔阂至今历历可辨。因战争强暴而出生的儿童在之后几十年都饱受身份和归属的困扰。哥伦比亚是在法律上承认战争中因强奸而生儿童为受害者的唯一国家，但这些儿童还是难以在不被污名化的情况下获得补偿。他们往往被贴上"坏种"或"敌人孩子"的标签，与母亲所在的族群和社区疏离。他们的弱势情形可能导致被征募、激进/极端化和遭到贩运。[2]

---

〔1〕 联合国新闻："消除冲突中性暴力行为国际日：关注罗兴亚女性因战时强奸怀孕面临的困境"，https：//news. un. org/zh/story/2018/06/1011252，访问时间：2019年9月30日。

〔2〕 秘书长的报告：Report of the Secretary-General on conflict-related sexual violence，https：//undocs. org/en/S/2018/250，第14、19段。联合国从2016年6月19日开始纪念"消灭冲突中性暴力行为国际日"，不仅呼吁结束冲突中的性暴力，并且致力于保护因战时强奸而出生的儿童的权利。

（二）法律的发展

1995 年，一些民间组织组成联盟倡导建立国际刑事法院（ICC），1997 年联盟内诞生了"促进性别公正妇女核心小组"，致力于开展倡导，如要求国际刑事法院的各个机关任命有独立性的妇女和性别问题专家；将性暴力纳入反人类罪和战争罪，这样，承认国际刑事法院管辖权的国家就有义务配合进行调查和起诉，不得以国家主权为理由掩盖国内罪行，无论犯罪的是谁、地点在哪里，负责处理性暴力问题的公共机构要对国际社会负责而不仅是对本国公民负责。这个小组还督促加强对犯罪受害者的保护。这些主张使得国际刑事法院的检察官不仅调查安理会或各国提交的各类案件，而且有权依据受害人、民间组织和任何可靠的来源所提供的信息，对犯罪指控进行调查。通过把妇女置于国际公民社会的中心，以及确保把性暴力作为一种重罪，促进性别公正妇女核心小组开创了一种新的工具来敦促各国对妇女承担更多的责任，防治并检举侵犯妇女人权的犯罪行为。[1]

1998 年 7 月通过的《国际刑事法院罗马规约》，将强奸列入危害人类罪（第 7 条）和战争罪（第 8 条）。妇女们从 20 世纪初开始的呼吁，终于被国际社会接受。但对"性暴力"，《国际刑事法院罗马规约》和国际刑事法院的《犯罪要件》尚无工作定义。为了更好地指引检察官、辩护律师、受害者的代表，以及司法领域的其他相关方都能理解什么是有性性质的行为，"促进社会性别公正妇女核心小组"于 2018 年 9 月号召公民社会组织参与调查和倡导。[2]

1998 年 10 月 2 日，卢旺达问题国际刑事法庭的一项判决，首次认定强奸属于种族灭绝罪。判决吉塔拉马省塔巴镇的镇长让·保罗·阿卡

---

〔1〕 UNRISD: *Gender Equality: Striving for Justice in An Unequal World*, Feb. 2005, p176. 这里一些地方没有完全采纳本书中文版的翻译，如其中将 gender 翻译为"男女平等"，而作者认为不妥。参见联合国社会发展研究所:《男女平等，在不平等的世界里争取公正》，中文版，中国对外翻译出版公司，2007 年，北京，180 页. 详见: *K. P. Prakash: "International Criminal Court: A Review", Economic and Political Weekly*, Vol. 37, No. 40（Oct. 5 ~ 11, 2002）, pp. 4113~4115.

〔2〕 Campaign to Define Sexual Violence: http://hosted.verticalresponse.com/400077/49588b0808/1748500415/a562b78308/.

耶苏（Jean-Paul Akayesu）犯有种族灭绝罪、反人类强奸罪，判处若干个终身监禁，包括为强奸和大量发生的性暴力而获的 80 年监禁。[1] 时任庭长、后任联合国人权高专的法官纳维·皮莱（Navanethem Pillay）表示："我们希望能够发出一个讯息，亦即，强奸将不再是战争过后的战利品之一。"这是自 1948 年《防止及惩治灭绝种族罪公约》生效以来国际法院第一次宣布某个个人犯有灭绝种族罪。[2]

此后，2001 年 2 月，前南斯拉夫问题国际刑事法庭认定波黑塞族军队某侦察队队长 Kunarac 以及 Kovac、Vukovic 犯有反人类强奸罪、违反战争法和惯例强奸罪，分别判处 28、20、12 年监禁。法庭认为，强奸可以同时触犯战争罪和反人类罪。[3]

这几个联合国法庭的突破，促成了 2002 年 9 月通过的国际刑事法院的《犯罪要件》中对强奸的界定："侵害人侵害一个人的身体，不管多么轻微，①侵害人用其性器官侵入受害人身体的任何一部分；或者②用任何物品或任何身体的其他部分侵入受害者的肛门或阴道之开口。""侵害行为通过武力，或者针对本人或第三人威胁使用武力，例如导致害怕暴力、胁迫、拘留、精神压制或滥用权力，或者利用了强制环境，或者侵害不能自主表达意志的人。"这样，男性作为强奸的受害人，也能有机会伸张其权益。这个概念也逐渐被很多国际机构和国家立法所采纳。

---

〔1〕 Amnesty International, It's in Our Hand, Stop Violence Against Women, 2004, p78. 美国大屠杀纪念馆百科全书在线版：https://encyclopedia.ushmm.org/content/en/article/rwanda-the-first-conviction-for-genocide。

〔2〕 皮莱是有泰米尔血统的南非人，是南非高等法院首位非白人法官。载维基百科，https://zh.m.wikipedia.org/zh~cn/%E5%8D%A2%E6%97%BA%E8%BE%BE%E9%97%AE%E9%A2%98%E5%9B%BD%E9%99%85%E5%88%91%E4%BA%8B%E6%B3%95%E5%BA%AD, Quoted in citation for honorary doctorate, Rhodes University, April 2005 accessed at 存档副本（2008-10-01）（原始内容存档于 2006-09-26）。参见 2016 年 10 月 6 日皮莱访问记：https://www.diplomaticourier.com/posts/interview-navi-pillay-former-un-high-commissioner-human-rights.

〔3〕 Case information sheet on the Foca Case (Kunarac, Kovac & Vukovic) (IT-96-23 and 23/1) (PDF); The Prosecutor v. Dragoljub Kunarac, Radomir Kovac, and Zoran Vukovic, IT-96-23-T& IT-96-23/1-T (PDF).

2007 年 2 月 26 日前南斯拉夫问题国际刑事法庭（ICTY）判决塞尔维亚在波斯尼亚战争中对女性实施有系统的性暴力（强奸营），直接执行了种族灭绝的行为。这是第一起判决国家实施性别暴力的案例，也是自 1948 年《防止及惩治灭绝种族罪公约》生效以来国际法院第一次宣布国家违反该公约的判例。

尽管很多人不满意迄今为止的缓慢进展，但放眼历史，可以看到《日内瓦公约》以后的长期停滞已经在 20 世纪后半期被打破，20 世纪 90 年代以来国际、区域和国内的法律进步获得了加速。国际层面上，人道法、人权法和国际刑法相辅相成地协力推进禁止强奸和其他形式的性暴力，人权机构和国际刑事法庭频繁地互相引用、互相深化彼此在性暴力领域的分析，[1] 国际刑事法院还在幸存者的参与方面做了有意义的尝试。[2] 这和安理会第 1325 号决议彼此呼应：妇女不仅是受害者，妇女作为冲突中性暴力的幸存者的参与，是探索正义、和平新范式的要素。所有这些，都鼓舞并激励更多的行动者督促各国在国内法律体系方面的进步，以及更好地承担国际义务，让冲突中性暴力的实施者承担罪责，让受害者获得康复服务、司法救济和赔偿。

问题与思考

1. 如何辨别自己的言行会不会构成性骚扰？请和同伴讨论一个问

---

〔1〕　"对武装冲突期间强奸及其他形式性暴力的预防与刑事制裁"，红十字国际委员会网，https：//www. icrc. org/zh/document/prevention - and - criminal - repression - rape，访问时间：2018 年 8 月 17 日。

〔2〕　https：//en. wikipedia. org/wiki/International_Criminal_Court#cite_note-107，详见：International Criminal Court. "Victims and witnesses". Archived from the original on 2 July 2007. Retrieved 29 June 2006. Accessed 22 June 2007；Ilaria Bottigliero（April 2003）. "The International Criminal Court-Hope for the Victims". 32 SGI Quarterly. pp. 13~15. Accessed 24 July 2007；Moffett, Luke. "Realising Justice for Victims before the International Criminal Court"（PDF）；Article 43（6）of the Rome Statute. Accessed 18 October 2013；Article 68 of the Rome Statute. Accessed 18 October 2013；International Criminal Court, 17 October 2006. Report on the activities of the Court at the Internet Archive PDF（151 KB）；"US Department of State Cable, 10NAIROBI11, Kenya：Inadequate Witness Protection Poses Painful Dilemma", Wikileaks. ch. Retrieved 5 March 2011.

题清单和参考答案。[1]

2. 如何看待校园中师生之间的亲密关系？这样的关系和性骚扰有什么瓜葛？这样的关系会有什么第三方效应？对师生亲密关系的禁令，在什么方面上保护或减损了不同性别的个体的权利？

3. 发生性关系前，如何清楚表明/听到自己/对方"不"或者"要"的意思？亲密关系中的拒绝性生活，在什么意义上是实现权利，在什么意义上是对对方的侵权？

4. 2014 年，德国拟出台严厉措施打击涉及未成年人性犯罪。根据下面报道，请列出在保护儿童免受性暴力和对儿童有关性的限制之间，有哪些需要进一步讨论的问题，以及如何实现儿童利益最大化。

据央广网（北京）2014 年 9 月 19 日报道，德国联邦内阁已经于本周批准了司法部长马斯提交的一份有关性犯罪的法律草案，其中包括猥亵儿童、拍摄传播儿童不雅视频和照片等，同时该草案还明确了个人持有保留未成年人的裸照以及视频等以情色为目的的制品为违法行为，将会依法受到惩处，最高可判 3 年监禁。这份草案是德国现有性犯罪法的补充和修订，也可以看作是欧盟未来相关法律的蓝本，核心是延长了性犯罪的诉讼时效，并且对一些法律上的漏洞做了补充和修正。比如未成年人不雅照问题，过去只是在对当事人构成性侵及猥亵的时候才能定罪。如果一个坏人趁孩子熟睡之际，拍摄不良目的的裸体照片，对这一行为如何界定，是否应该被看作是猥亵行为，法律没有明确的解释，而根据新草案的条文，该行为将会依法受到严惩。

近年来针对未成年人性犯罪的案例在德国层出不穷，尤其是教会以及高层政客的娈童丑闻屡见报端，造成了非常恶劣的社会影响，呼吁加大对未成年人保护的声音也越来越高。去年德国国会议员、政界新星埃达蒂因在自己的电脑里私藏大量不能说明目的的儿童色情照片而遭到警方的调查，在社会上引起轩然大波，成为轰动一时的政治丑闻。埃达蒂无疑身败名裂，虽然从此断送了扶摇直上的政治仕途，但是却因为法律

---

〔1〕 ［美］格雷·F. 凯利：《性心理学：第 8 版》，耿文秀等译，上海人民出版社 2011 年版，第 482 页清单。

上的空白而无须为此承担任何相应的刑事责任。这一事件在各界引发了广泛的讨论，怎样更好地保护未成年人免受侵害，以及在网络时代如何打击以制造、传播淫秽色情影视图片为手段的犯罪行为成为人们关注的焦点。同时也促使德国政府加快了修改性犯罪法的进程。

对于该法律草案德国各界反映不一。未成年人保护组织明确表示欢迎，认为新法能够更好地保障未成年人在一个安全的环境中健康成长，有效防止针对未成年人的侵害行为的发生。而律师协会以及一些媒体则持另外一种看法，担心新法的适用范围扩大化，也就是说一些原本没有任何恶意的日常行为也会因为新法的实施而受到制裁。比如说父母或亲友给孩子拍的一些我们俗称的"光腚照"，或者记者出于工作需要拍摄保留的一些相关照片等，都可能会受到一定的限制甚至是惩罚。不过也有专家指出，根据法律条文解释，此类行为不属于恶意制造和传播儿童淫秽物品的范畴，不会因为新法而被禁止或者受到惩罚。[1]

你周围是否存在处于多重弱势的同伴？你是否愿意了解他们对性暴力的看法？如果愿意，请做一次访谈。

拓展资料

1. 联合国秘书长的报告："关于侵害妇女的一切形式的暴力行为的深入研究"，（A/61/122/Add.1），2006 年 7 月 6 日。

2. ［日］石田米子、内田知行主编：《发生在黄土村庄里的日军性暴力——大娘们的战争尚未结束》，赵金贵译，社会科学文献出版社2008 年版。

3. ［英］乔安娜·伯克著：《性暴力史》，马凡等译，江苏人民出版社 2014 年版。

---

[1] "德国出台严厉措施打击涉及未成年人性犯罪"，央广网，http://china.cnr.cn/qqhygbw/201409/t20140919_516467574.shtml，访问时间：2019 年 11 月 20 日。

第四节　消除一切形式的性别暴力

各种形式的性别暴力存在于人类活动的一切场所，包括家庭、社区、公共场所、职场、娱乐、政治、体育、健康服务和教育环境，以及互联网空间——其中公共领域和私人领域可能更加难以截然分开。[1] 性别暴力可能由国家或非国家行为者的行为或不行为引发，可以发生在国家领土之内，也可能发生在国家领土之外，如国家以其本身的身份或作为国际或政府间组织或联盟成员的活动中（如派遣的国际维持和平部队的域外军事行动，或私人公司的域外业务活动）。[2]

无论哪种情况，国家都承担着消除性别暴力的义务。限于篇幅，本节将粗略介绍人口贩运、童婚和强迫婚姻，以及女性生殖器切割这三种性别暴力及应对状况。更全面、深入地认识性别暴力和治理之道，有赖于学习者的后续探索。

一、人口贩运

（一）性别视角下的人口贩运状况

人口贩运是一个性别中立的词汇，而女性是人口贩运最主要的受害者。[3] 一般而言，人口贩运指以剥削为目的通过暴力威胁或使用暴力，或通过其他形式的胁迫，通过诱拐、欺诈、欺骗、滥用权力或滥用脆弱境况，或通过授受酬金或利益取得对另一人有控制权的某人的同意等手段招募、运送、转移、窝藏或接收人员。剥削应至少包括利用他人卖淫进行剥削或其他形式的性剥削（如包办婚姻、强迫婚姻）、强迫劳动或

〔1〕　秘书长题为"深入研究一切形式的暴力侵害妇女行为"的报告（A/61/122/Add. 1 和 Corr. 1）。

〔2〕　消除对妇女歧视委员会第 30 号一般性建议，第 9 段，以及关于瑞士（CEDAW/C/CHE/CO/4-5）和德国（CEDAW/C/DEU/CO/7-8）定期报告的结论性意见。

〔3〕　尽管国内法使用"拐卖"，很多文献用"贩卖"，但本文采用"贩运"，以同时涵盖招收、运送和强迫的含义。关于"贩运妇女"的定义，详见路易斯·江："贩卖妇女"，载〔美〕阿斯金等编：《妇女与国际人权法·第 1 卷，妇女的人权问题概述》，黄列、朱晓青译，生活·读书·新知三联书店 2007 年版，第 334~336 页，第 370~377 页。

服务、奴役或类似奴役的做法、劳役或切除器官。[1]

成年妇女占全球人口贩运受害者的51%，女童占儿童贩运受害者中的3/4；人口贩运受害者中妇女和女童共占70%，其中每4名妇女和女童中有3人是因为性剥削而被贩运，[2] 在其他部门强迫劳动受害者中女性也占到58%之多。[3] 最近10年来越来越多的成年男子也成为人口贩运的对象。据估计，全球被奴役人数现有高达2700万人，超过18世纪、19世纪黑奴买卖的高峰。[4]

被贩运的女童和妇女以9~38岁年龄段最多，9岁以下的幼童和39岁以后年龄段的受害者中，性别大致相当。80%的男性被外人贩运，而女性中60%被亲友贩运。其中，被亲密伴侣贩运的性别比最高（女性为16%，男性为5%），被家人和朋友贩运的女性比例分别为16%和9%，而男性分别为11%和5%。被控制的方式也有很显著的性别差异，女性受害者遭遇最多的是被限制自由、心理/精神控制，男性则最普遍地遭遇虚假承诺和被扣留收入。男性处于被贩运状态的时间略长于女性（2.3年：1.8年）。[5]

性剥削当今仍然是80%左右人口贩运受害者的处境。被贩运"成婚"者几乎都是女性。女性（包括女童）占450万强迫卖淫者的98%。[6] 被贩运的跨性别者遭遇性剥削的比例高达85%，并有5%左右

---

〔1〕《联合国打击跨国有组织犯罪公约关于预防、禁止和惩治贩运人口特别是妇女和儿童行为的补充议定书》，http：//www.un.org/chinese/esa/women/protocol1.htm。

〔2〕 UNODC（2016）. Global Report on Trafficking in Persons 2016，联合国毒品和犯罪问题办公室：《全球人口贩运问题报告》（联合国出版物，出售品编号：E.16.IV.6），第7、28页。https：//www.unodc.org/unodc/en/human-trafficking/faqs.html，关于男性增加，参见图表：https：//www.ctdatacollaborative.org/story/human-trafficking-and-gender-differences-similarities-and-trends。

〔3〕 国际劳工组织和自由行走基金会：《现代奴隶制全球估算：强迫劳动和强迫婚姻》（日内瓦，国际劳工组织，2017年）。

〔4〕 参见 http：//www.stopvaw.org/Trafficking_in_Women。

〔5〕 参见 https：//www.ctdatacollaborative.org/story/human-trafficking-and-gender-differences-similarities-and-trends。

〔6〕 国际劳工组织和自由行走基金会：《现代奴隶制全球估算：强迫劳动和强迫婚姻》（日内瓦，国际劳工组织，2017年）。

的受害者遭遇性和劳动双重剥削。而较少得到报告的其他形式的剥削有：强迫劳动或抵押劳工（成年女性和女童的比例在 2005～2015 年间也显著增加），家庭奴役和强迫婚姻（主要是女性受害），器官买卖（尽管分性别数据不详，但有研究指出，妇女和女孩更愿意为了帮助家庭而出卖器官[1]）。

每年大约有 100 万儿童（其中多数是女童）被胁迫、诱拐、出卖、沦为童妓或色情对象。[2] 买卖儿童中，男孩价格远远高于女孩，男孩更多是被没有儿子的家庭以传宗接代的目的非法收养，女孩更多地作为家庭劳动工和童养媳。被强迫在年幼时结婚的儿童中，女孩往往比男孩更小、早婚对女孩健康和发展危害更大。招募为童兵的则是男孩居多。此外，拐卖儿童也被用于非自愿的乞讨、劳动剥削和性剥削。随着网络日益发达，网络上的儿童性剥削开始出现，包括儿童色情片和儿童遭性侵的影像，然而逮捕和起诉件数仍非常低。

（二）国际公约和文件聚焦妇女和女童

《禁止贩卖人口及取缔意图赢利使人卖淫的公约》（1949 年 12 月 2 日联合国大会通过，1951 年 7 月 25 日生效）取代了 20 世纪初 33 年间曾有的 4 个禁止贩卖妇女与强迫卖淫的国际公约。直到 20 世纪 70 年代中期，会员国每年报告有关法律、规定和政策措施的信息的机制才得以建立。截至 2018 年 12 月，该公约有 82 个缔约国，另有 13 个国家签署

---

〔1〕 关于器官移植中男性多为受方、女性多为供方的性别差异，详见 Judith L. Steinman：Gender disparity in organ donation，https：//linkinghub. elsevier. com/retrieve/pii/S15508579068021 35；Francesca Puoti 等对意大利的研究（2016 年），Puoti et al. Biology of Sex Differences（2016）7：35，DOI 10. 1186/s13293 - 016 - 0088 - 4，https：//core. ac. uk/download/pdf/81793920. pdf；Eva Maria Teegena 等：Gender Mainstreaming and Transplant Surgery，Visc Med 2016；32：286 - 289，DOI：10. 1159/000446357，https：//www. karger. com/Article/Pdf/446357。另据报道，全球用于移植手术的器官，1/4 来自非法贩运。据世界卫生组织指出，人体器官贩卖中，固定有 5% 到 10% 为肾脏买卖。非法器官移植主要通过互联网进行，争取器官的病患会先在网络上进行激烈地竞标，在病患进行手术前，移植器官的价钱早已讲好，协调工作也已经在网络上敲定。器官贩卖在以色列、巴基斯坦、土耳其、巴西、尼泊尔、菲律宾、科索沃、伊朗及苏联等亚洲、东欧国家较为普遍。

〔2〕 Office of Special Representative of the Secretary-General on Violence against Children：Toward a World Free from Violence. Global Survey on Violence Against Children，Global_Survey_Booklet，2013.

但未批准该公约。

《消除对妇女一切形式歧视公约》第 6 条对缔约国要求有进一步的义务，即不仅是事后惩罚，而要采取适当措施，包括立法措施，打击任何形式的贩卖妇女和利用妇女卖淫的行为。该公约建立了缔约国的审查机制（消除对妇女歧视委员会），并以委员会的"一般性建议"来阐释特定条款的意义，提供对特定缔约国的"结论性意见"供缔约国实施，并在下一个报告中汇报。在其第 19 号建议中，公约委员会指出，贫穷、失业、战争、武装冲突和被恐怖分子占领，造成贩运妇女的增加。此外，还存在贩运妇女的新的形式。

全面应对各种形式的人口贩运的国际共识是《联合国打击跨国有组织犯罪公约关于预防、禁止和惩治贩卖人口特别是妇女和儿童行为的补充议定书》（简称 2000 年《补充议定书》或《巴勒莫议定书》，于 2000 年 11 月通过，2003 年 10 月 25 日生效）。[1] 此前，《儿童权利公约》，以及其他公约，如《公民权利和政治权利国际公约》《经济、社会、文化权利国际公约》和更早的《禁奴公约》，以及国际劳工组织有关强迫劳动的公约等，[2] 均有相关规定。而《巴勒莫议定书》提供了对 173 个缔约国有约束力的定义，并在定罪、跨境合作、预防和保护受害者方面有所规定，如缔约国要在本国法律或行政制度中载有各种必要措施，以便向被害人提供有关法院程序和行政程序以及援助方面的信息，使其意见和关切在对犯罪者提起刑事诉讼的阶段得到体现和考虑（第 6 条）；确保本国法律制度载有各项必要措施，使被害人可以就所受损害获得赔偿（第 6 条）；采取或加强立法或其他措施，以抑制那种助长剥削人，特别是对妇女儿童的剥削从而导致贩运需求（第 9 条）；以及考虑采取立法或其他措施，允许人口贩运被害人在适当情况下在本国国内临时或永久居留（第 7 条）。

---

〔1〕《巴勒莫议定书》经过认证的文本、缔约情况等更多信息，https：//treaties. un. org/Pages/ViewDetails. aspx？ src＝IND&mtdsg_no＝XVIII-12-a&chapter＝18&lang＝en。

〔2〕 详见《国际劳工组织关于强迫劳动的标准新议定书和建议书概览》，2016 年版，https：//www. ilo. org/wcmsp5/groups/public/---asia/---ro-bangkok/---ilo-beijing/documents/publication/wcms_616016. pdf。

2002 年，联合国人权高级专员玛丽·罗宾逊发布《关于人权和人口贩运的建议原则与指南》，设立了以被贩运者的人权为中心的关键原则。

各区域的相关人权文件包括：《美洲防止、惩罚和根除对妇女暴力行为公约》（1994 年），南亚区域合作联盟（南盟）的《防止和打击贩运妇女儿童从事卖淫公约》（2002 年）。《欧洲委员会打击贩运人口行动公约》（2008 年 2 月通过）除了定罪和惩处外，还要求各缔约国采取立法或其他措施，帮助被害人恢复健康，并为他们提供补偿。

在实施和监督方面，机构间打击贩运人口协调小组在联合国系统内发挥作用；贩卖人口，尤其是妇女和儿童的人权问题特别报告员（2004 年联合国人权委员会创设）、当代形式奴隶制包括其因果问题特别报告员（2007 年由人权理事会创设），[1] 以及暴力侵害妇女行为包括其因果问题特别报告员和买卖儿童、儿童卖淫和儿童色情制品问题特别报告员、暴力侵害儿童问题秘书长特别代表和负责冲突中的性暴力问题的秘书长特别代表，主要作用是和主要利益相关方保持联系、向各国提供咨询、与联合国和各区域组织联系和就这些问题提出报告。

（三）挑战

在人口贩运方面仍缺乏令人满意的定义，导致在日益复杂的现实面前认识和应对贩运妇女（包括女童）中的诸多不足。任何预防、阻止、追责，都取决于清晰、适用、得到广泛认可的定义。[2]

现有国际公约内容本身存在不足且未能充分实施。以《巴勒莫议定书》为例，一个批评是认为它过分聚焦于陷于剥削境地的手段，而不是剥削本身。因此欧盟委员会专家组主张各国超越《巴勒莫议定书》，定罪一切剥削行为，无论是通过人口贩运，还是通过人口走私、无证移

---

〔1〕 取代联合国经济和社会理事会 1974 年建立的"当代奴隶形式工作组"，该工作组的业绩受到高度重视，其工作参见路易斯·江：《贩卖妇女》，载［美］阿斯金等编：《妇女与国际人权法·第 1 卷，妇女的人权问题概述》，黄列、朱晓青译，生活·读书·新知三联书店 2007 年版，第 367~368 页。

〔2〕 路易斯·江："贩卖妇女"，载［美］阿斯金等编：《妇女与国际人权法·第 1 卷，妇女的人权问题概述》，生活·读书·新知三联书店 2007 年版，第 370~377 页。

民、被强迫劳动的公民，或其他奴役形式，无论是在性产业还是其他产业。[1] 欧洲人权法院2010年1月在 Rentsev v. Cyprus and Russian 一案中支持了这个观点。

妇女非政府组织指出《巴勒莫议定书》对被贩运的受害者保护不足。执法方面有许多强制性用语，但在保护方面的规定就弱化了很多，使用的是"酌情""尽可能"等词汇。[2] 尽管议定书强调的是三个"P"即预防、保护和起诉（Prevention Protection Prosecertion），但实践中，往往变成了三个"D"，即对受害者的拘留、遣返和去权（Detention，Deportation and Disempowerment）。很多贩运的受害者没有得到保护，没有获得有公信力的法律服务、心理协助、居住和工作的机会，而只是被拘留和遣返。更有甚者，她们被以保护之名关在各种"康复中心"中长达数年，形同拘禁。[3] 许多反贩运措施有损于相关人群，特别是本应受益的人群的权利反而受损，如限制了特定妇女群体的流动性，或合理化对家政工和性交易者的歧视等等。

尽管从理想的角度看《巴勒莫议定书》有以上不足，但在现有情况下，遵循它仍有助于完善立法和现有法律的实施。我国于2009年底批准加入《巴勒莫议定书》。这标志着我国对贩运人口的理解和应对措施开始和国际接轨。我国公安部官员指出，目前国内法律和执法仍然使用的是"打拐"话语。在我国刑法中，贩运人口是拐卖妇女儿童的违法犯罪行为。这与国际刑警组织、联合国等国际组织定义的"贩运人口"概念有些区别，概念要窄很多。而加入《巴勒莫议定书》，"这意味着，需要在法律和制度上实现与国际的接轨。实际上，拐卖犯罪的形

---

〔1〕 MarjanWijiers and Lin Chew, "Face sheets 3", *The Right Guide*, *A Tool to assess the human rights impact of anti-trafficking laws and policies*, Aim For Human Rights（the Netherlands），2010, p14.

〔2〕 MarjanWijiers and Lin Chew, "Face sheets 3", *The Right Guide*, *A Tool to assess the human rights impact of anti-trafficking laws and policies*, Aim For Human Rights（the Netherlands），2010, p15.

〔3〕 MarjanWijiers and Lin Chew, *The Right Guide*, *A Tool to assess the human rights impact of anti-trafficking laws and policies*, Aim For Human Rights（the Netherlands），2010, p. 6.

式，也已超出原本刑法所规定的范围"。[1] 公安部官员强调"我们在打拐上有意识地要求各地，要把被拐卖强迫从事卖淫等色情服务的妇女视为被害人"，[2] 而不是把她们视为违法犯罪者。此外，我国刑法中只有拐卖妇女儿童罪，而且"拐卖"的定义导致用武力和出卖之外形式的贩运剥削难以得到法律制裁。

二、童婚

（一）童婚的存在状况及危害

童婚，指至少一方未满 18 岁的正式或非正式婚姻。有些情况下也被称为早婚。绝大多数童婚，都涉及女童，有时女童的配偶也不满 18 岁。女童在许多情况下会被迫嫁给年长很多的男性，没有或无法表示充分、自由和知情的同意而结婚。如果婚姻一方或双方均未表示充分、自由和知情同意，则可将童婚视为强迫婚姻的一种形式。[3] 在移徙情境中，为确保女童在家庭宗族内成婚或者为远房家庭成员或他人提供移徙至或生活在特定目的地国的证件，也可能发生强迫婚姻。强迫婚姻有时还被作为女童逃避冲突后贫穷的一种手段。

几乎每个国家都存在童婚问题，全球有 6000 万童妻（child brides）。发展中国家里，1/3 的女孩在 18 岁之前结婚，1/9 的女孩在 15 周岁生日前已为人妇。如果趋势不逆转，到 2020 年，全球将有 1.4 亿女孩会在 18 岁生日前结婚。而农村女童童婚的可能性较之城市女童大 2 倍。全球半数以上童婚发生在南亚大陆。1991 年~2007 年间南亚的童婚率显著下降，主要是低年龄段下降，据信这与 15 岁以下女童在学率的提升相关。

我国第六次全国人口普查（2010 年）数据显示，女童有配偶率是

---

〔1〕 苏永通："公安部：'拐卖犯罪仍处在高发和多发期"，载《南方周末》2010 年 11 月 5 日。

〔2〕 苏永通："公安部：'拐卖犯罪仍处在高发和多发期"，载《南方周末》2010 年 11 月 5 日。

〔3〕 根据消除对妇女歧视委员会第 31 号和儿童权利公约委员会第 18 号联合一般性意见/建议（2014 年），https：//tbinternet.ohchr.org/_layouts/treatybodyexternal/Download.aspx? symbolno＝CEDAW%2fC%2fGC%2f31%2fCRC%2fC%2fGC%2f18&Lang＝zh，访问时间：2019 年 3 月 2 日。

男性的将近 5 倍，15 岁~17 岁有配偶者中女性是男性的 3 倍，比女童有配偶率最高的青海达 10.84%，接下来依次为云南、新疆、西藏、贵州。而发达地区如上海，15 岁~19 岁常住人口中，男性有配偶比重从上次人口普查的 0.1% 上升到 1.1%，女性从 0.7% 上升到 3.1%；浙江男性早婚人口从 0.56% 跳升到 2.78%，女性早婚人口也升高 2.06 个百分点。云南女性早婚率从 6.79%（1995 年）增加到 7.04%（2010 年），而男性的早婚率从 2.73%（1995 年）下降到 1.58%（2010 年）。

童婚和早婚危及人权，对女童的影响远远大于男童，无论是就受影响人数而言，还是就其短期和终身后果而言都是如此。

童婚往往伴随早孕、频繁妊娠和生产，青春期怀孕会增加并发症，导致孕产妇发病率和死亡率高于平均水平。在世界范围内，与妊娠相关的并发症是 15 岁~19 岁女童（已婚或未婚）死亡的主要原因。年幼母亲所生的婴儿死亡率也高于年长母亲所生的婴儿（有时候高出 2 倍）。

童婚还造成辍学率上升，尤其是女童未完成学业就被迫离开学校，这使得女童更容易和社会脱离，陷于孤立境地，行动自由权受限的风险增加，并导致之后经济难以自立。

童婚使女童无法做出关系自己人生的重大决策，特别是在男方年龄明显大于女方以及女童受教育程度有限时，女童在有关自己生活的事务中往往决策权有限。作为童妻的女孩还更容易遭遇家庭暴力，包括性虐待和婚内强暴。强迫婚姻通常导致女童缺乏人身和经济自主权、企图逃匿或自焚、自杀以逃避或逃离婚姻。

（二）禁止童婚的法律规定

禁止童婚的法律主要包括如下内容：

将双方在非自由和完全同意的情况下缔结的任何婚姻定义为强迫婚姻；设立专门的强迫婚姻罪。如欧洲议员大会第 1468 号决议"强迫婚姻和童婚"（2005 年）为消除对自由表示、完全同意的疑问，授权书记官长在结婚前与双方进行约谈。挪威和爱尔兰的法律中也有类似条款。

结婚的最低年龄为 18 岁，年满 18 岁前禁止订婚。将 18 岁以前缔结的任何婚姻定义为童婚，并设立专门的童婚罪，将参与安排或缔结强迫婚姻或童婚者定为刑事犯。鉴于在童婚之前常常要进行订婚，法律也应该禁止在年满 18 岁前订婚。如冈比亚颁布《儿童法》（2005 年）、塞拉利昂通过《儿童权利法》（2007 年），以履行《儿童权利公约》及其两项任择议定书，以及《非洲儿童权利与福利宪章》。印度《禁止童婚法》（2007 年）对安排童婚者规定了严厉的惩罚措施，对于进行、教唆或指导童婚者，或者参与主持、推动、允许或未能阻止童婚者规定了具体的惩罚措施。

为尊重儿童在做出影响其生活的决定方面不断发展的能力和自主权，在特殊情况下可以允许未满 18 岁的成熟的、有能力的儿童结婚，条件是其必须年满 16 岁而且由法官依据法律规定的合法例外理由以及成熟和未受文化和传统影响的证据做出决定。[1]

2014 年 11 月 14 日通过的《消除对妇女歧视委员会第 31 号和儿童权利委员会第 18 号联合一般性建议／一般性意见》，[2] 是两个人权条约机构有史以来第一次联合通过的文件，指出在童婚问题上各缔约国的义务涵盖数据统计、立法执法、防止措施、保护性措施和响应服务等方面。

（三）挑战

消除童婚，不仅是立法和执法的议题，更是让文化和人权理念深入人心的议题。有些缔约国实行多元法律体系，即使法律明确禁止童婚等有害做法，习惯法和宗教法法庭的法官以及传统的判决机制内的判官的观念（如认为习惯体系职权范围内的事项不应受到国家或其他司法机构的审查和监督）、偏见（如认可对妇女和女孩的传统地位）和能力，也容易导致对童婚的支持，拒绝或者限制了受害者获得公正待遇。

应对这些挑战，需要妇女和女童从立法源头上的充分参与。相关利

---

〔1〕 根据消除对妇女歧视委员会第 31 号和儿童权利公约委员会第 18 号联合一般性意见／建议（2014 年）。https：//tbinternet. ohchr. org/_layouts/treatybodyexternal/Download. aspx？symbolno＝CEDAW%2fC%2fGC%2f31%2fCRC%2fC%2fGC%2f18&Lang＝zh。

〔2〕 https：//tbinternet. ohchr. org/_layouts/treatybodyexternal/Download. aspx？symbolno＝CEDAW%2fC%2fGC%2f31%2fCRC%2fC%2fGC%2f18&Lang＝zh，儿童权利委员会已经在 2014 年 9 月其第六十七届会议上通过了联合案文。

益攸关方充分、广泛地参与起草政策制定和有关立法，有机会发表意见，以及有关社群组织能参与和跟进，才能让妇女和儿童的主要关切得到准确的认定和处理，确保法律内容和执法工作不因支持某些主流态度和社会规范而削弱。

仅仅是立法禁止远远不够，国家还应采取措施向包括已进入事实婚姻和/或怀孕的女孩提供各种可行选项和机构支助。特别是完成教育的机会，可以让女孩通过正规和非正规教育方案继续求学，获得知识、培养自尊心和承担生活责任，包括为其提供可持续生计的手段，避免早育。需要加强对困境儿童的支持和帮助，包括通过司法制度保护儿童的政策和方案，以减少其可能再次受到伤害或助长暴力行为的风险，避免因身处贫困、经历或目睹家庭暴力或性虐待等困境，而成为或再次成为人口拐卖、强迫婚姻或其他因素导致的童婚受害者。

我国《婚姻法》规定了最低结婚年龄为女性20岁、男性22岁，且不承认事实婚姻。但童婚的实际存在，表明要求我国在保障女童权利方面有更加精准的措施。2000年以来，国务院颁发的《中国妇女发展纲要》和《中国儿童发展纲要》都没有提及童婚问题，各省相应的妇女和儿童发展规划中，绝大多数也未见提及。这意味着童婚现象需要进一步引起各有关方面的重视。特别是预防方面，迫切需要在中学开展以权利为本的适宜的综合性性教育，需要为青少年提供防止早孕、性传播感染和艾滋病毒的信息，以及防止使用和滥用酒精及其他有害物质的服务和方案，确保个人安全，减少由此引起的非意愿怀孕、童婚、早育以及相关的健康风险。

三、女性生殖器切割

（一）状况

女性生殖器切割，指没有任何健康益处地对女性生殖器官造成伤害或改变的所有操作。女性生殖器切割大多是在幼女从婴儿期到15岁期间的某一时间加以实施。这些操作可能引起严重的出血和泌尿问题，后出现的囊肿、感染和分娩并发症会加重新生儿死亡危险。这些操作大部分由传统的切割者实施，这些切割者通常在社区中扮演着接生等其他重要角色。

目前全球生活着至少 2 亿遭遇过生殖器切割的女性，其中大多数在满 15 岁之前遭遇切割。根据 2016 年报告，每年大概 300 万年轻女性深受其害。如果目前的趋势继续下去，随着人口的自然增长，未来 15 年遭遇切割的女性人数还会显著上升。受害女性相对集中地分布在全球大约 30 个西非、东非、东北非、西亚、东南亚和南亚国家，以及欧洲、北美及澳大利亚的移民社区。[1] 她们中的半数集中在埃及、埃塞俄比亚和印度尼西亚这三个国家。索马里、几内亚和吉布提曾经是此风最盛的国家，分别有 98%、97% 和 93% 的 15 岁~49 岁的女童和妇女遭受了切割。有些国家盛行对女童切割，目前大约 4000 多万遭受切割生殖器的女性在 14 岁及以下。这种"割礼"盛行率最高的国家为冈比亚和毛里塔尼亚，分别占 14 岁及以下的女孩的 56% 和 54%，以及印度尼西亚（占 11 岁及以下的女童的半数）。

实施女性生殖器切割时，由于通常使用传统方式，未经消毒的刀片等利器导致切割过程中女孩失血过多，以及感染、昏迷，甚至死亡。随后的健康问题包括：严重疼痛、发炎、发烧、小便问题；远期健康危害包括：小便疼痛、尿道感染、阴部感染、排经问题、性交疼痛、丧失性快感，以及分娩困难（如难产、失血过多或新生儿窒息、死亡）甚至丧生。有的需要在几年后重新或反复做手术，以便其能有性生活和分娩。此外，还伴随抑郁、焦虑、低自尊和创伤后应激失调等精神健康问题。

支持女性生殖器切割的理由各种各样，包括健康、文化、宗教和美学的说辞。目前国际社会达成共识，认为它是影响到全球各区域的人权议题。联合国确定每年 2 月 6 日为"女性生殖器切割零容忍国际日"。

（二）国际倡导和法律发展

1993 年的世界人权大会上，女性生殖器切割被宣布为侵犯妇女人权的做法。1994 年在开罗召开的联合国人口和发展大会上，《国际人口

---

〔1〕 UNICEF: *Female Genital Mutilation/Cutting: A Global Concern*, https://data.unicef.org/resources/female-genital-mutilationcutting-global-concern/.

与发展会议行动纲领》敦促政府禁止这种有害行为，并要求政府鼓励和帮助民间团体消除这种习俗。1995 年在北京召开的第四次世界妇女大会通过的《北京宣言和行动纲要》，将妇女生殖器切割作为有害的传统做法，认为是对妇女的暴力的一种形式；呼吁各国政府颁布和执行立法，惩治暴力侵害妇女行为者。此后，联合国大会和联合国妇女地位委员会多次通过有关决议，加速敦促各国对切割女性生殖器行为的立法、执法和监测。

自 20 世纪 90 年代初以来，越来越多的司法管辖区将女性外阴切割作为其庇护决定中的一种迫害形式。1994 年，加拿大移民和难民委员会在 Farah v. Canada 一案中将女性生殖器切割描述为"酷刑性的习俗"，确认为一种迫害形式。英国、奥地利、比利时和德国也有了类似的认定。欧洲人权法院指出它毫无异议地属于 1950 年欧洲人权公约第 3 条的虐待范围。

1998、1999 年，非洲统一组织（非洲联盟的前身）和西非经济和货币联盟（西非经货联盟）先后通过宣言，呼吁成员国立法禁止切割女性生殖器做法。2003 年，非洲联盟通过了《非洲人权和人民权利宪章关于非洲妇女权利的议定书》，其中包括以制裁为后盾的立法措施，全面禁止所有形式的切割女性生殖器和所有其他做法，以消灭这种现象。

2001 年，欧洲议会第 2001/2035（INI）号决议，是关于切割女性生殖器立法的详细而全面的决议，2009 年 3 月，欧洲议会再次通过关于在欧盟打击切割女性生殖器现象的决议，并呼吁尽最大努力实现全部 27 个成员国现行法律最大程度的协调统一。2001 年，欧洲委员会也通过关于切割女性生殖器的第 1247 号决议，呼吁各成员国提出具体立法禁止切割生殖器，并宣布切割生殖器是对人权和身体完整权的侵犯。2009 年 4 月，欧洲委员会议会大会通过一项决议，请各成员国调整其国内立法，禁止并惩处强迫婚姻、切割女性生殖器和任何其他基于性别的侵犯人权行为。

到 2007 年 3 月期间，18 个非洲国家通过了反对妇女生殖器切割的立法。5个国家通过了全国性立法对实施行为定罪。布基纳法索、埃及、加纳、塞拉利昂、肯尼亚、塞内加尔等国家还逮捕或起诉了有关责任人，约10个有来自女性生殖器切割习俗地方移民的发达国家，也在相关法律中规定此行为为犯罪。

2012年，联合国大会通过了一项里程碑式的决议，呼吁国际社会增强努力，消除这种做法。

在2013年报告的基础上，联合国儿童基金会于2016年发表了一份更新的报告，概述了30个国家中女性生殖器切割问题的流行情况以及全球各地对这一做法的看法、态度、趋势、处理规划和对策。

2016年5月，世界卫生组织与联合国人口基金和联合国儿童基金会女性生殖器切割问题联合规划合作发布了首部基于证据的《女性生殖器切割造成的健康影响管理指南》，该指南是围绕生殖器遭到切割女性的卫生干预方法，系统审查了现有最佳证据，在此基础上制定完成。

联合国提高妇女地位司编撰的《暴力侵害妇女立法手册补编—针对妇女的"有害做法"》建议的立法原则包括：不为处罚目的区分不同形式的切割女性生殖器做法；明确规定"同意"不能成为切割女性生殖器指控的辩护理由；将切割女性生殖器犯罪行为单独、分开定罪；以及确定行为人将受到与对儿童犯罪有关的更严厉的刑事惩罚；规定所有有关专业人士，包括日托中心、儿童福利部门、卫生和社会服务机构、校内外照料计划以及宗教社区的工作者和雇员向有关当局报告切割女性生殖器案件。[1]

近几年，医疗专业人员开始成为切割女性生殖器的施暴者。立法也需对医疗专业人员的行为进行规范，并对那些宽恕或实施任一"有害做法"的医疗专业人士进行制裁。如贝宁《在贝宁共和国打击切割女性生殖器做法的2003年第3号法律》第9条规定，对那些未能采取行动阻止切割女性生殖器行为的人进行惩罚。根据厄立特里亚《第158/

---

〔1〕 联合国提高妇女地位司：《暴力侵害妇女立法手册补编针对妇女的"有害做法"》，纽约，2011年，第16~17页，http：//120.52.51.15/www.un.org/womenwatch/daw/vaw/hand-book/Supplement-to-Handbook-Chinese.pdf。

2007 号废除女性割礼公告》，如果实施女性割礼的人是医疗专业人士将加重惩罚，法院可以令犯罪人暂停从业最多达 2 年。挪威法律规定医务人员如果故意不通过报告或其他方式阻止切割生殖器行为的发生，将受到罚款或者可长达 1 年监禁的处罚。

（三）成效和挑战

随着持续的倡导和干预，反对女性生殖器切割已经取得了很多进展，但同时也仍然面临着挑战。

1. 在数据搜集方面：目前已经有 30 个国家有具全国代表性的数据，其中 18 个是非洲国家。近 30 年来，15 岁～19 岁少女中被实施切割的比例在下降，如利比里亚减低 41%，布基纳法索降低 31%，肯尼亚降低 30%，埃及降低 27%。[1]

2. 立法方面：仍有一些国家没有立法禁止女性生殖器切割，如印尼、马里、喀麦隆、利比里亚、塞拉利昂。[2] 缺乏普遍立法带来的问题是跨国实施切割。如马里成为来自布基纳法索（Burkina Faso）、塞内加尔（Senegal）和几内亚科纳克里（Guinea-Conakry）的女性生殖器切割从业者的避风港，这些从业者往往把女孩带过边境进入马里，然后才施行切割行为，这样他们就可以逃避自己国家对此行为的惩罚。

3. 法律实施方面：有法不依的情况仍然非常普遍，人们很少报告，或者法官不敢判决，有的地方还发生攻击法官的事件。肯尼亚 2014 年以来只起诉过 76 个案子。[3] 冈比亚 2015 年立法禁止生殖器切割，惩罚包括罚款 1050 美元或三年监禁，或者二者并罚。有人认为法律发挥了很好的作用，尽管实施以来未见起诉的案例报道。而随着领导人的更

---

〔1〕 UNICEF：*Female Genital Mutilation/Cutting*：*A Global Concern* ，https：//data. unicef. org/resources/female-genital-mutilationcutting-global-concern/.

〔2〕 Legislation on Domestic Violence, Rape and FGM/C, Finding Convergence In Policy Frameworks：A Background Paper on Policy Links Between Gender, Violence Against Women and Girls, and Female Genital Mutilation/cutting, February 2017, UNWOMEN, p17.

〔3〕 Emma Batha, FGM - Why "Medicalization" of Female Genital Mutilization Is a Serious Threat to Women, LONDON, Feb. 6, 2017 (Thomson Reuters Foundation).

迭，这方面的执法开始松懈，很多地方有公开回潮。[1] 2018 年 7 月，一名 10 岁的小女孩流血致死的悲剧，让索马里总检察官宣布了第一项起诉。[2] 这个国家有着全球最高的女性生殖器切割盛行率，很多女孩在 5~9 岁期间被实施了生殖器切割。这个事件让人们看到媒体和公众态度的作用。

4. 社区和公众态度：调查显示，公众态度已经发生变化，多数人已经不赞成这种做法，包括 2/3 的男孩和成年男人。2008 年以来，20 个国家中的 1.5 万个社区和区乡公开申明摈弃这个做法，其中 2015 年就有 2000 个社区。联合国儿童基金、联合国人口基金共同领导了全球最大的一个消除女性生殖器切割计划，包括和各级政府，社区、宗教领导人、多方相关者的合作。塞内加尔距离成为全世界第一个宣布彻底摈弃切割女性生殖器做法的国家仅一步之遥。2008 年至 2011 年期间，该国宣布放弃"割礼"的村庄从 300 个增加到 5315 个，以每年大约增加 550 个社区的速度递增，增幅为 16%。该项目也在埃及和苏丹取得了可观的成绩。[3]

5. 地下化、商业化、医疗化趋势：随着立法和执法的进展，女性生殖器切割开始走向地下。为了避免被发现，操作开始在深夜进行，或对更加低龄的女童实施，甚至最小只有一周的婴幼儿。根据联合国数据，在埃及、苏丹、几内亚、肯尼亚、尼日利亚和也门，开始出现新的趋势，即由医疗人员付费进行女性生殖器切割，以显得有合法性。肯尼

---

〔1〕 Gambia-Resurgence Of Fgm & Child Marriage, Formerly Banned, But Returning With New Political Leadership By Nellie Peyton & Lamin Jahateh BANJUL, Jan 23, 2018（Thomson Reuters Foundation）.

〔2〕 Kate Hodal：Death of 10-year-old girl prompts first FGM prosecution in Somalia's history, The Guardian, July 26, 2018, https：//www.theguardian.com/global-development/2018/jul/26/first-fgm-prosecution-in-somalia-history-death-10-year-old-girl.

〔3〕 聚光灯倡议，消除暴力侵害妇女和女童行为，http：//www.un.org/zh/spotlight-initiative/facts_and_figures.shtml。

亚的数据表明，目前 15% 的切割由医生、助产士等专业人员进行。[1]扭转这个局面，需要发挥医疗机构、医生、护士和助产士协会的作用，并从医护学校的课程设置着手。[2]

四、国家"必须履行的义务"

消除一切形式的性别暴力，国家是主要的义务承担者。国家义务包括两方面。一方面是非歧视的义务，即国家及其机关和人员不参与直接或间接歧视妇女的任何行为或做法，确保法律、政策、方案和程序不歧视妇女；另一方面是积极作为的义务，包括必须建立有效且可获取的法律和法律服务框架，以防范和解决私人或国家人员在域内或域外犯下的一切形式的基于性别的暴力行为。为此，需要在预防、保护、起诉和惩罚、补救和赔偿、数据收集与监测，以及国际合作领域采取一系列措施。[3]

（一）没有理由拖延的职责

性别暴力，主要表现为暴力侵害妇女和女童行为，是当今世界上最普遍、最持久和最具毁灭性的一种侵犯人权行为。20 世纪 70 年代以来的妇女运动，特别是 20 世纪 90 年代以来的活跃在不同基层社区和国际层面的全球妇女人权运动，让各种过去被视若无睹的性别暴力进入了地方、国家和国际的法律政策改革日程，立法进程获得了加速，执法状况得到了日渐加强的督促。

---

〔1〕 Damaris Seleina Parsitau is the Director of the Institute of Women, Gender, & Development Studies‐Egerton University, Kenya, https：//www. brookings. edu/blog/education‐plus‐development/2018/06/19/how‐outlawing‐female‐genital‐mutilation‐in‐kenya‐has‐driven‐it‐underground‐and‐led‐to‐its‐medicalization/？ utm_campaign = Brookings%20Brief&utm_source = hs_email&utm_medium = email&utm_content = 63923825.

〔2〕 2018. 2. 6, Dr. Enshrah Ahmed is the Regional Advisor for Gender, Human Rights and Culture with the United Nations Population Fund‐Arab States Regional Office (ASRO). http：//arabstates. unfpa. org/en/news/fgm‐performed‐clinics‐can‐make‐it‐dangerously‐attractive, FGM Performed in Clinics Can Make It Dangerously Attractive.

〔3〕 联合国消除对妇女歧视委员会《关于基于性别的暴力侵害妇女行为的第 35 号一般性建议，更新第 19 号一般性建议》（2017 年 7 月 14 日发布），第 21、22、23 段。http：//tbinternet. ohchr. org/_layouts/treatybodyexternal/Download. aspx？ symbolno = CEDAW/C/GC/35 & Lang = en，访问时间：2017 年 10 月 26 日。

在这个过程中，新的机制得到创设。越来越多的国家建立了促进平等的国家机制，并制定了包括消除性别暴力的国家人权行动计划，以及针对特定暴力如家庭暴力、贩运妇女儿童等问题专题行动计划。在联合国层面，1994 年人权委员会任命了一名对妇女暴力及其因果问题的特别报告员。该特别报告员的使命是从政府、条约机构、非政府组织、政府间组织等处寻求、接收和调查关于对妇女暴力及其原因与后果的信息，并据此提出国家、区域和国际层面消除对妇女暴力的措施和办法。报告员一个任期为三年，从 1994 年迄今已有 4 位专家担任此职。任职期间，她们得与联合国系统内外很多机构开展合作，并就暴力问题撰写多份国别访问报告和年度主题报告。2004 年，人权委员会任命一名贩卖人口特别是妇女和儿童的特别报告员。此外，还有密切相关的当代形式奴隶制包括其因果问题特别报告员，买卖儿童、儿童卖淫和儿童色情制品问题特别报告员。2016 年，联合国人权理事会创设了防止基于性取向和性别认同的暴力和歧视的独立专家位置；2009 年，联合国任命了一名暴力侵害儿童问题秘书长特别代表；2010 年，联合国任命了一名冲突中性暴力联合国秘书长特别代表。这些任务负责人向各国提供协助，方法包括进行国别访问，提供具体的咨询、与联合国和各区域组织联系和就这些问题提出报告。[1]

我国已经有了一系列法律和政策来反对性别暴力，特别是针对妇女的暴力。反家庭暴力的法律政策体系逐步建立，2000 年以来，31 个省（自治区、直辖市）中的 29 个先后制定了专门的预防和制止家庭暴力的地方性法规或政策；2001 年修改的《婚姻法》纳入了反家庭暴力的 3 个条款；2015 年 12 月通过《反家庭暴力法》（2016 年 3 月 1 日开始实施）对反性骚扰有了初步的规定；2005 年修订的《妇女权益保障法》增加了禁止对妇女实施性骚扰的条款；2012 年颁布实施的《女职工劳

---

〔1〕 联合国打击贩运人口的全球行动计划，联合国大会 2010 年 7 月 30 日第 64/293 号决议通过，http：//www. un. org/zh/documents/treaty/files/A-RES-64-293. shtml；关于执行《联合国打击贩运人口的全球行动计划》的政治宣言，联合国大会 2017 年 9 月 27 日第 72/1 号决议通过，http：//www. un. org/zh/documents/treaty/files/A-RES-72-1-1. shtml。

动保护特别规定》要求用人单位应当预防和制止对女职工的性骚扰。2015 年 8 月通过的《刑法修正案（九）》加强了对受害人的保护，更加有力地惩处强奸幼女、拐卖妇女儿童的犯罪行为；[1] 同时男性也被纳入强制猥亵的受害人而得到保护。

（二）2030 年议程的目标

"消除公共和私营部门针对妇女和女童一切形式的暴力行为，包括贩卖、性剥削及其他形式的剥削"和"消除童婚、早婚、逼婚及割礼等一切伤害行为"，经由全球妇女的广泛动员和努力倡导，成为 2030 年可持续发展目标（SDG）的具体目标 5.2 和 5.3。

这是消除性别暴力最明确的全球阶段性目标。对应上述具体目标 5.2 有两项指标，一是按暴力形式和年龄组分列有过伴侣的妇女和 15 岁及以上女童在过去 12 个月中遭到过现任或前任伴侣殴打、性暴力或心理暴力的比例，二是按年龄组和发生地分列的妇女和 15 岁及以上女童在过去 12 个月中遭到过亲密伴侣之外其他人的性暴力的比例。

对应上述具体目标 5.3，相应的两项指标分别是：20 至 24 岁妇女中在 15 岁以前和 18 岁以前结婚或同居的妇女所占百分比；按年龄组分列的 15 岁至 49 岁女童和妇女中生殖器被切割过的人所占百分比。

其他可持续发展目标也与消除性别暴力直接相关。教育方面，具体目标 4.7："到 2030 年，确保所有进行学习的人都掌握可持续发展所需的知识和技能，具体做法包括开展可持续发展、可持续生活方式、人权和性别平等方面的教育、弘扬和平和非暴力文化、提升全球公民意识，以及肯定文化多样性和文化对可持续发展的贡献"。目标 11："建设包容、安全、有抵御灾害能力和可持续的城市和人类住区"（其具体目标 11.2 为"向所有人提供安全、负担得起的、易于利用、可持续的交通运输系统，改善道路安全，特别是扩大公共交通，要特别关注处境脆弱者、妇女、儿童、残疾人和老年人的需要"；其具体目标 11.7 为"向所有人，特别是妇女、儿童、老年人和残疾人，普遍提供安全、包容、

---

〔1〕　国务院新闻办公室：《中国性别平等与妇女发展》白皮书，政府网，http：//www.gov.cn/zhengce/2015-09/22/content_2936783.htm，访问时间：2018 年 12 月 15 日。

无障碍、绿色的公共空间"）。目标 16："创建和平、包容的社会以促进可持续发展，让所有人都能诉诸司法，在各级建立有效、负责和包容的机构"（其具体目标 16.1 为"在全球大幅减少一切形式的暴力和相关的死亡率"；其具体目标：16.2 "制止对儿童进行虐待、剥削、贩卖以及一切形式的暴力和酷刑"）。

我国政府快速响应，于 2016 年 10 月出台落实方案。方案承诺："预防和制止针对妇女和女童一切形式的暴力行为，严厉打击严重侵害妇女和女童的犯罪行为，包括拐卖妇女儿童、强迫妇女卖淫等，及时受理侵害妇女权益案件。保护妇女儿童合法权益。""根据《婚姻法》和有关法律规定，禁止童婚和未达法定婚龄结婚，禁止包办、买卖婚姻和其他干涉婚姻自由的行为，保障妇女儿童的生命健康权不受侵犯。"[1] 2016 年 12 月 3 日，国务院公开印发《中国落实 2030 年可持续发展议程创新示范区建设方案》，鼓励多元参与，并将研究制定促进自然人、法人和其他组织为国家可持续发展议程创新示范区建设提供支持的政策措施，鼓励国家可持续发展议程创新示范区所在地政府建立共同发展基金。[2]

现状仍然不容乐观。对此，消除对妇女歧视委员会的紧迫感溢于言表，在其第 35 号一般性建议中，采用了不同寻常的"尽快""须立即履行""不得以任何理由……拖延执行"的表述："缔约国的全面义务是以一切适当手段尽快采取政策消除对妇女的歧视行为，包括基于性别的暴力侵害妇女行为，该义务须立即履行；不得以任何理由，包括经济、文化或宗教理由为由拖延执行"。[3]

---

〔1〕 国务院《中国落实 2030 年可持续发展议程国别方案》，第 26 页，政府网，http：//www.gov.cn/xinwen/2016－10/13/5118514/files/4e6d1fe6be1942c5b7c116e317d5b6a9.pdf，参见 http：//www.gov.cn/xinwen/2016－10/13/content_5118514.htm。

〔2〕 国务院关于印发中国落实 2030 年可持续发展议程创新示范区建设方案的通知，2016 年 12 月 3 日，http：//www.gov.cn/zhengce/content/2016－12/13/content_5147412.htm。

〔3〕 联合国消除对妇女歧视委员会《关于基于性别的暴力侵害妇女行为的第 35 号一般性建议，更新第 19 号一般性建议》，第 21 段，2017 年 7 月 14 日发布，http：//tbinternet.ohchr.org/_layouts/treatybodyexternal/Download.aspx？symbolno＝CEDAW/C/GC/35&Lang＝en，访问时间：2017 年 10 月 26 日。

消除性别暴力的一个重要任务，是确认各种形式的性别暴力。而这是一个难能穷尽的任务清单，无法在有限的篇幅中——讨论。一些特别弱势的人群如女囚面临的暴力问题，我们没有具体涉及。再如杀害女性[1]这种暴力行为，仍在以新的令人震惊的方式和规模发生，要求相关国家和国际社会更好地确认问题和采取对策；而强迫绝育[2]，尽管在很多国家已经不再继续实施，但如何杜绝和弥补这类侵犯妇女人权的行为，仍然需要更多的探讨。

问题与思考

1. 在贩运女性、童婚、女性生殖器切割，以及荣誉谋杀、杀害女婴这类性别暴力中施害者——和家庭暴力、性暴力等有所不同，其中有相对多的女性参与。请分析是什么因素导致了这些不同，请选择一个议题来探讨如何应对女性参与施害的问题。

2. 选择本节一个具体议题，查看你所在的地方有哪些法律政策正在实施，有哪些完善立法和支持的讨论正在进行，你可以如何贡献于此？

3. 为什么"杀害女性"成为一个重要议题，并在一些国家的法律中成为单独的罪名？

4. 发生在历史上的强迫绝育和发生在当代东欧、秘鲁等国家和地区的强迫绝育有哪些异同？如何应对那些合理化强迫绝育的说辞？

5. 女囚所面临的暴力对待问题，有什么国际框架和国内机制？

6. 为什么说性别平等教育对性别暴力的预防很关键？

拓展资料

1. 联合国提高妇女地位司：《暴力侵害妇女立法手册补编 针对妇女的"有害做法"》，纽约，2011 年（中文版参见：http：//120.52.51.15/www. un. org/womenwatch/daw/vaw/handbook/Supplement-to-Hand-

---

〔1〕　参见维基百科条目：https：//en. wikipedia. org/wiki/Femicide。

〔2〕　更多信息见 http：//www. stopvaw. org/forced_coerced_sterilization。

book–Chinese. pdf）。

2. 朱莉·莫特斯、南希·弗劳尔斯、玛利凯·达特:《妇女和女童人权培训实用手册》，社会性别与发展资源小组译，社会科学文献出版社 2004 年版。

3. 国际特赦组织:《全系于你——停止暴力对待妇女》，2004 年，https：//www. amnesty. org/download/Documents/88000/act770012004zho. pdf。

4. UNESCO，UNWOMEN:《解决校园性别暴力全球指导纲要》，2016 年，https：//unesdoc. unesco. org/ark：/48223/pf0000246651_chi。

5. 国际劳工组织:终结针对劳动世界中的妇女和男人的暴力和骚扰，2018 和 2019 年，报告五，包括报告 5（1），报告五（2A）、报告五（2B）和报告五（2A）（增编），中文版可从国际劳工组织网站下载：https：//www. ilo. org/ilc/ReportsavailableinChinese/lang－－en/index. htm，访问时间：2019 年 6 月 5 日。

第六章　保障性别平等的法律和机制

第一节　保障性别平等的国际标准和机制

妇女问题是国际社会关注的重点，联合国等国际组织长期致力于通过建立国际人权标准以及实施机制，推动国家履行尊重、保障和实现男女平等的义务。为了构建性别平等的国际法秩序，联合国将妇女问题作为人权领域的重要议题，发动了全面的研究，制定了一系列国际公约对妇女人权进行保护，为实现妇女平等享有各项权利奠定了法律基础。与此同时，联合国还建立了相应的监督机制，以监督和促进国家对于妇女人权的平等保障。近年来，国际社会对于性别平等的关注已经从妇女扩展至性和性别少数者群体，一方面，推动已有的国际标准和机制适用于性和性别少数者，另一方面则结合性和性别少数群体自身的特点，倡导并制定了一系列国际文件，从而推动性和性别少数者平等地享有各项人权。

一、保障性别平等的国际标准

在促进性别平等的国际标准中，既包括有拘束力的国际人权法渊源，也包括没有拘束力的国际人权法的辅助资料；而在以国际人权公约为核心的国际法渊源中，既包括综合性的国际人权公约，也包括专门性的国际人权公约。国际人权法的辅助资料，例如世界人权大会宣言以及联合国大会决议等，虽然不具有法律效力，但是却拥有重要的权威性。

这些国际人权公约和国际文件共同构成保障和促进性别平等的国际秩序。

（一）保障性别平等的普遍性人权公约和宣言

1.《联合国宪章》及《世界人权宣言》。第二次世界大战的结束掀开了人权国际保护的序幕，妇女群体的人权问题也开始进入国际社会关注的视野。为避免人类再次遭受世界性战争的侵害，促进人权的普遍尊重与实现，1945 年 6 月 26 日通过的《联合国宪章》在序言中郑重"重申基本人权，人格尊严与价值，以及男女与大小各国平等权利之信念"，并在第 1 条第 3 款中宣布联合国的宗旨之一是促成国际合作，以解决国际属于经济、社会、文化及人类福利性质之国际问题，且不分种族、性别、语言或宗教，增进并激励对于全体人类之人权及基本自由之尊重。此外，《联合国宪章》还在第 13 条第 2 款、第 55 条第 3 款、第 76 条第 3 款和第 4 款反复规定了"不分种族、性别、语言或宗教，助成全体人类之人权及基本自由之实现"。由此，性别平等作为《联合国宪章》的基本原则和目标得以确立，并第一次成为有普遍法律约束力的国际法准则。虽然《联合国宪章》并未通过专门条款对性别平等的保障进行具体规定，但作为首个世界性的郑重宣誓，其对性别平等，特别是男女平等基本原则的强调，无疑为以后妇女人权保护的发展指明了方向，也为联合国采取推进性别平等的具体措施和行动提供了法律依据。

为了弥补《联合国宪章》关于人权问题原则性规定的不足，加强联合国在人权事务中的职能，1948 年 12 月 10 日，由人权委员会起草的《世界人权宣言》在联合国大会上获得通过。该宣言作为"国际人权宪章"的第一个文件，其在第 2 条宣示："人人有资格享受本宣言所载的一切权利和自由，不分种族、肤色、性别、语言、宗教、政治或其他见解、国籍或社会出身、财产、出生或其他身份等任何区别。"在其后条文中，宣言对人人享有的各项权利作出进一步规定，其中，第 16 条特别规定了男女婚姻家庭中的平等权利，第 25 条规定了"母亲有权享受特别照顾和协助"。虽然宣言就其渊源而言并无法律拘束力，但作为第一个宣示全面保障人权的国际文件，该宣言得到了普遍认可，其很多条款早已转化为习惯法或作为一般法律原则，为世界各国在人权保护方面确立了共同的标准。

2. 联合国核心人权公约。1966 年联合国大会通过的"人权两公约"——《公民权利和政治权利国际公约》和《经济、社会、文化权利国际公约》，将《世界人权宣言》确立的性别平等原则在公约中加以规定，进一步增强了其法律约束力。两公约在第 2 条均规定了一般性的平等原则，"人人享有公约所承认的权利，不分种族、肤色、性别、宗教、政治和其他见解、国际或社会出身、财产、出生或其他身份等任何区别。"为了强调性别平等，两公约还在第 3 条特别强调了："每一缔约国承担保证男子和妇女在享有本公约所载一切权利"。上述条款使性别平等成为了国际人权宪章的基本原则，为妇女及性少数者平等享有公约所保障的人权夯实了法律基础。与此同时，性别平等原则在联合国通过的《儿童权利公约》《保护所有移徙工人及其家庭成员权利国际公约》《残疾人权利公约》等公约中被反复确认，故而成为了国际人权法中无可置疑的重要原则。此外，联合国核心人权公约还结合各自不同的保障主体或职能，对于推进性别平等进行了具体的规定。例如，在《残疾人权利公约》第 6 条规定了残障妇女的平等权利："缔约国确认残疾妇女和残疾女孩受到多重歧视，在这方面，应当采取措施，确保她们充分和平等地享有一切人权和基本自由。缔约国应当采取一切适当措施，确保妇女充分发展，地位得到提高，能力得到增强，目的是保证妇女能行使和享有本公约所规定的人权和基本自由。"又如，《儿童权利公约》第 34 条规定缔约国承担保护儿童免遭一切形式的色情剥削和性侵犯之害，并通过《儿童权利公约关于买卖儿童、儿童卖淫和儿童色情制品问题的任择议定书》等，努力消除对于儿童的性暴力等歧视，尽管上述各公约覆盖所有性别，但是鉴于女童在遭受性剥削的群体中占有很大的比例，因此相关国际法保障对于保障女童的权益具有更大的价值。

（二）保障性别平等的专门性人权公约

1.《消除对妇女一切形式歧视公约》。尽管《联合国宪章》以及国际人权宪章等关于性别平等的规定具有突破性的历史意义，但是这些公约对于妇女人权的保障主要是原则性的，从具体内容来看，仅针对妇女的某几项权利进行保护，而缺乏全面性和系统性。为使妇女人权在各个领域实现平等，并照顾到妇女的特殊需要，编纂一项专门的综合性公约保障其权利是非常必要的。为此，1979 年 12 月 18 日联合国大会通过了《消除对妇女一切形式歧视公约》，开启了妇女人权国际保障的新里程。该公约不仅将以往人权公约中有关性别平等的规定进一步系统化和具体化，而且对于妇女人权的确认和保障达到了前所未有的高度，因此被誉为"国际妇女人权宪章"。截至 2018 年 12 月 21 日，该公约已经有 189个缔约国，在联合国核心人权公约中，仅次于《儿童权利公约》缔约国的数目，列第二位。

《消除对妇女一切形式歧视公约》包括序言和正文部分，共计 30条。在序言中，公约指出，尽管存在旨在促进男女权利平等的各项国际公约，但歧视妇女的现象仍然普遍存在。公约敦促缔约各国，采取一切必要措施消除对妇女的一切形式的歧视。在第一部分，公约阐释了"对妇女的歧视"一词，即指基于性别而作的任何区别、排斥或限制，并强调了缔约国在消除对妇女歧视方面的义务，包括采取立法和其他一切适当措施，消除对妇女的歧视。第二部分，主要涉及对妇女平等享有政治权利的保护，要求缔约国采取一切适当措施，消除在本国政治和公共事务中对妇女的歧视，保证妇女与男子有平等的选举权，担任公职以及代表本国政府参加各国际组织的工作的权利；保证妇女与男子有取得、改变或保留国籍的同等的权利。第三部分，主要规定缔约国要消除对妇女在教育、就业和社会保健等方面的歧视。保证妇女在学前教育、普通教育、技术、专业和高等教育以及各种职业培训方面与男性平等；保证妇女在就业方面不受歧视，具体包括享有相同的就业机会、享有自由选择职业的权利、同工同酬、享有相同的社会保障等内容，还特别规定保证妇女不致因为结婚或生育而受歧视；在保健方面，保证妇女在男女平等的基础上取得各种保健服务。这一部分还特别规定了消除对农村妇女的歧视，保证她们在男女平等的基础上参与农村发展并受其惠益。第四部分，主要规定缔约国应给予男女在法律面前平等的地位，并在公民事务上，给予妇女与男子同等的法律行为能力；消除在家庭、婚姻、财产所有、子女教育等方面对妇女的歧视。第五部分，规定建立"消除对妇女歧视委员会"及缔约国报告，以监督公约的实施。第六部分，主要是关于公约批准程序的事项。《消除对妇女一切形式歧视公约》作为联合国通过的有关妇女人权保护最重要的国际公约，其在促进性别平等和保障妇女人权方面发挥了重要作用。

2. 其他专门性人权公约。除了《消除对妇女一切形式歧视公约》这一综合性公约之外，联合国及其专门机构还通过了一系列专门公约来保障与妇女密切相关的各项人权。例如，1952 年通过的《妇女政治权利公约》保障妇女与男子享有相同的政治权利，规定妇女有权参加一切选举，并且担任国家公职的条件应与男子平等。这是国际社会首次在法律上承认妇女享有平等的政治权利，包括选举权。[1] 1957 年通过的《已婚妇女国籍公约》，规定各国应给予妇女在取得、改变或保留国籍方面的权利，以防止因婚姻关系的成立、消灭或其夫国籍之变更而影响妇女的国籍。1962 年通过的《关于婚姻之同意、结婚最低年龄及婚姻登记结婚之公约》，规定只有经双方当事人完全自由同意才能缔结婚姻，缔约国应采取立法行动明定结婚之最低年龄，并在适当之正式登记册上予以登记，以确定妇女平等的缔婚自由。

此外，联合国专门机构也通过了一系列国际文件来保障在各项人权领域的性别平等。例如，联合国教科文组织于 1962 年通过的《取缔教育歧视公约》明确禁止教育领域中的性别歧视。国际劳工组织也先后通过了《对男女工人同等价值的工作付予同等报酬公约》《保护生育公约》和《消除就业和职业歧视公约》等，对妇女就业和与工作条件有关的权利进行保护，促进妇女平等地享有工作权。

（三）保障性别平等的国际会议文件

除了有拘束力的国际人权公约外，国际社会召开的世界妇女大会、世界人权会议或发展会议等也通过了一系列保障促进性别平等的宣言和

---

〔1〕［加］丽贝卡·J. 库克编著：《妇女的人权：国家和国际的视角》，中国社会科学出版社 2001 年版，第 132 页。

决议，对于推进妇女权利等人权问题具有重要意义。

1. 世界妇女大会的文件。世界妇女大会是联合国推动世界妇女事业发展的重要平台，也是维护社会公正、推进性别平等的重要举措。此外，世界妇女大会还是总结妇女人权保障成果，规划发展目标和制定发展措施的重要途径，因此具有十分重要的意义。

1975 年在墨西哥城召开的第一次世界妇女大会，通过了《关于妇女的平等地位和她们对发展与和平的贡献的墨西哥宣言》（以下简称《墨西哥宣言》）。该宣言指出，妇女在现实生活中更多地和平等地参与所有不同层次的决策过程，对于加速发展的步调与维持和平将会作出决定性的贡献。《墨西哥宣言》要求对于妇女尽早充分参加国家和国际生活予以迫切考虑，而为了实现这一目标，则必须进一步消除在家庭生活、财产关系和子女养育、文化及职业教育方面对妇女的歧视。宣言还明确界定了"男女平等"，即指男女的人格尊严和价值的平等以及男女权利、机会和责任的平等。第一次世界妇女大会还通过了《实现妇女年目标而制定的世界行动计划》，并将 1976 年~1985 年定为"联合国妇女十年：平等、发展与和平"，为妇女参与国家和国际层面活动和社会全面发展规划了蓝图。

随后，国际社会又召开了三次世界妇女大会。1980 年在哥本哈根举办的第二次世界妇女大会，在总结《世界行动计划》的前五年执行情况后，提出了《联合国妇女十年后半期行动纲领》，敦促各国政府采取法律和政策措施，扩大妇女参加政治和其他决策过程，加速妇女充分参与经济和社会发展战略，解决其就业，保健、教育、培训等问题。1985 年在内罗毕举行的第三次世界妇女大会，通过了《提高妇女地位内罗毕前瞻性战略》，在提出的保障妇女权利的各项措施中，突出了妇女对国家层面和国际层面各项事务的平等参与的重要性，强调妇女作为社会发展的参与者、决策者、贡献者和受益者的地位，以及进入社会经济、政治和社会发展的主流的路径建设。1995 年在北京举行的第四次世界妇女大会通过了《北京宣言》和《北京行动纲领》，重申了妇女权利是人权，强调了不同环境和框架下的妇女权利相应的战略目标，以及各国政府在推动性别平等方面应采取的具体措施，进一步强化了"确保将社会性别视角纳入所有政策和方案的主流"的理念。

2. 世界人权大会及发展峰会的文件。1993 年在维也纳召开的第二届世界人权大会第一次提出了妇女人权的概念，并将妇女人权问题列入会议日程，专门进行了讨论。大会通过的《维也纳宣言和行动纲领》明确指出："妇女和女童的人权是普遍性人权当中不可剥夺和不可分割的一个整体部分。妇女在国家、区域和国际各级充分和平等参与政治、公民、经济和文化生活，消除基于性别的一切形式的歧视是国际社会的首要目标。"该宣言的历史意义就在于第一次肯定了妇女人权在人权中的重要地位，也标志着"妇女人权"正式被国际社会所承认和接受。妇女人权概念的提出，使"妇女"这个一直被忽视的群体受到关注，并为人权的研究和实践确立了新的评价标准，维护了人类尊严和社会公正平等的人权精神。此外，《维也纳宣言和行动纲领》还强调，"妇女平等地位和妇女人权应纳入联合国全系统活动的主流"，由此启动了联合国主导的性别主流化的重要发展历程，并使妇女人权的国际保护进入了一个新的阶段。

2000 年 9 月，联合国首脑会议通过《联合国千年宣言》，申明关于自由与平等的人权价值对 21 世纪的国际关系是必不可少的。其中自由即指人们不分男女，有权在享有尊严、免于饥饿和不担心暴力、压迫或不公正对待的情况下过自己的生活，养育自己的儿女。平等即指不得剥夺任何个人和任何国家得益于发展的权利，必须保障男女享有平等的权利和机会。为了实现上述目标，宣言设立了 8 个方面的发展目标，并将男女儿童平等地接受所有各级教育、降低产妇死亡率、促进性别平等并赋予妇女权力、消除对妇女一切形式的暴力行为等促进性别平等以及各项基本价值实现的关键目标。[1] 可以说，《联合国千年发展宣言》为整个联合国系统共同努力达成性别平等的一致目标提供了政治性框架。

2015 年 9 月联合国大会通过的《2030 年可持续发展议程》是继

---

〔1〕《联合国千年宣言》，A/RES/55/22，2000。

《联合国千年宣言》之后新的国际社会的发展蓝图。[1] 自通过以来，该议程已引起世界各国的高度重视和逐步实施。《2030 年可持续发展议程》设立了 17 个发展目标，169 个具体项目，并将人权原则作为发展议程的基本原则。性别平等不仅在目标 5 "实现性别平等，增强所有妇女和女童权能"中得以确立，在其他 16 项目标中也均有体现。可以说，没有性别平等，就不可能实现可持续发展。其中，目标 5 又分设 9 个具体目标，与《联合国千年宣言》相比，《2030 年可持续发展议程》增加了消除针对妇女和女童一切暴力行为，包括贩运、性剥削和其他一切形式的剥削；消除童婚、早婚、逼婚和割礼等一切伤害行为；承认和尊重无薪酬的护理照料和家务；妇女经济赋权和信息赋权以增强妇女权能；以及敦促各国通过政策和有执行力的立法，促进性别平等。可见，《2030 年可持续发展议程》为实现性别平等提供了更为全面的指导，使国际社会逐渐意识到充分发挥妇女的潜能对于推动世界经济的发展有着极其重要的影响。

（四）其他保障性别平等的国际文件

1. 联合国的相关文件。在国际人权公约以及重要的国际性会议文件之外，联合国大会、人权理事会等机构还通过了多项推进性别平等的决议，敦促各国在公民权利、政治权利以及经济、社会和文化权利方面保障性别平等。例如，1993 年 12 月 20 日，联合国大会通过《消除对妇女的暴力行为宣言》，[2] 明确界定了"对妇女的暴力行为"的基本含义、表现形式及对妇女的不利影响，要求各国及联合国机构采取积极措施，努力消除对妇女的暴力行为。又如人权理事会通过《将妇女的人权纳入整个联合国系统的工作》《关于孕产妇死亡率和发病率》《关于消除针对妇女的歧视》等。[3] 与此同时，人权条约机构还结合实践发布了一系列关于国际人权公约的一般性意见或建议，阐释国际人权规则和标准，在其职能范围内督导缔约国履行保障性别平等的国际义务。其

---

〔1〕《变革我们的世界：2030 年可持续发展议程》，A/RES/70/1，2015。

〔2〕 A/RES/48/104，1993.

〔3〕 A/HRC/RES/6/30，2007；A/HRC/RES/11/8，2009；A/HRC/RES/12/17，2009.

中，截至 2018 年底，《消除对妇女一切形式歧视公约》已经通过了 37 项一般性建议，对于消除对于妇女的歧视、提高性别平等具有重要的指导意义。此外，其他核心人权机构也就职能范围推进性别平等发布了一系列相关意见。例如，经济、社会、文化权利委员会通过的《第 16 号一般性意见：男女在享受一切经济、社会及文化权利方面的平等权利》、人权委员会通过的《第 28 号一般性意见：第 3 条（男女权利平等)》，以及儿童权利委员会通过的《第 4 号一般性意见：在〈儿童权利公约〉框架内青少年的健康和发展》等。[1]

近年来，随着人权意识的提高，性别平等工作的推进，国际社会还加强了对于性和性别少数群体平等享有人权的倡导和保障，并通过了一系列国际文件。自 2003 年以来，联合国大会通过了一系列决议，推动对于性和性别少数群体的人权保障。例如多次通过关于法外处决、即审即决或任意处决的决议，提请各国注意因性倾向或性别认同而被杀戮的情况。[2] 2011 年 6 月，人权理事会通过了《人权、性取向和性别认同》决议，[3] 对世界各个地区因个人性倾向和性别认同而遭受暴力和歧视的情况表示严重关切，也是联合国关于这一人权问题的第一项专门决议。它的通过为联合国人权事务高级专员办事处（简称人权高专）编写关于该问题的第一份联合国官方报告——《基于性取向和性别认同对个人的歧视性法律、做法和暴力行为》奠定了基础，并明确规定了国家在防止基于性取向和性别认同的暴力和歧视方面的义务。[4] 对此，人权高专办还专门编写了名为《生而自由一律平等——国际人权法中的

[1] E/C. 12/2005/4, 2005；CCPR/C/21/Rev. 1/Add. 10, 2000；CRC/GC/2003/4, 2003.

[2]《法外处决、即决处决或任意处决》，A/RES/57/214, 2003；《法外处决、即决处决或任意处决》，A/RES/59/197, 2005；《法外处决、即决处决或任意处决》，A/RES/61/173, 2007；《法外处决、即决处决或任意处决》，A/RES/63/182, 2009；《法外处决、即决处决或任意处决》，A/RES/65/208, 2011；《法外处决、即决处决或任意处决》，A/RES/67/168, 2013。

[3] Human rights, sexual orientation and gender identity, A/HRC/RES/17/19, 2011.

[4] Report of the United Nations High Commissioner for Human Rights: Discriminatory laws and practices and acts of violence against individuals based on their sexual orientation and gender identity, A/HRC/19/41, 2011.

性取向和性别认同》的出版物，指导国家履行相关的国际人权义务。该文件详细阐明了国家在保障女同性恋者、男同性恋者、双性恋者和变性人方面所承担的国际义务，促进基于性倾向和性别认同的暴力和歧视问题在国家和全球层面的讨论，并将工作落实到国家层面。具体来说，国家在保障性和性别少数者方面应承担 5 项核心法律义务：①保护个人免遭因仇恨同性恋和变性人的暴力；②防止女同性恋者、男同性恋者、双性恋者和变性人遭受酷刑和残忍、不人道或有辱人格的待遇；③同性恋去罪化；④禁止基于性倾向和性别认同的歧视；⑤尊重言论、结社与和平集会自由。这一文件明确了迫切需要各国采取行动的领域，相关国际人权义务对于联合国所有成员国均具有法律约束力。此外，2014 年 9 月，人权理事会又通过了一项关于《人权、性取向和性别认同》问题的新决议，[1] 再次对这种侵犯人权行为表示严重关切，并请高级专员提交关于《基于性取向和性别认同对个人的歧视性法律、做法和暴力行为》最新情况的报告，以期在实施现有国际人权法和标准方面分享消除基于性倾向和性别认同的暴力和歧视的实践经验和良好方法。

2. 非政府组织和学术团体的文件。与此同时，非政府组织和学术团体也通过了一系列文件，进一步推进保障性和性别少数者性别平等的相关研究与实践。例如，2006 年 11 月，在印度尼西亚日惹市卡渣玛达大学举行的专家会议上，29 名来自 25 个国家、有着不同背景的专家，一致通过了《日惹原则》。《日惹原则》体现了可适用于性倾向和性别认同问题的有关国际人权法的规则及国家义务，肯定了所有国家在对性和性别少数群体的待遇上都必须遵守有约束力的国际人权准则。《日惹原则》倡导建立一个不同的未来："所有人生而自由，平等享有尊严和权利，这一宝贵的、与生俱来的权利完全可以实现"。该原则在序言中言明，性倾向和性别认同是每个人的尊严和人性中不可或缺的组成部分，不能成为歧视或虐待的根据。[2] 性和性别少数群体应享有平等的

---

[1] Human Rights, Sexual Orientation and Gender Identity, A/HRC/RES/27/32, 2014.

[2] 《日惹原则》，http://yogyakartaprinciples.org/wp-content/uploads/2016/08/principles_ch.pdf。

权利，包括：普遍享有人权的权利、在法律面前获得承认的权利、生命权、隐私权、不受任意剥夺自由的权利、获得公平审判的权利、不受酷刑和残忍不人道和有辱人格的待遇或处罚的权利、工作权、适当生活水准权等所有公民权利、政治权利和经济社会文化权利。

二、保障性别平等的国际机制

为了推动人权国际保障的发展，联合国建立了一系列人权机制来监督国家履行国际人权义务，提升国家对于人权的尊重、保障和实现。现有的联合国人权机制主要包括宪章机制和条约机制，两者共同推进世界范围内人权的发展，并对于保障性别平等做出了前所未有的贡献。

（一）宪章机制与性别平等

宪章机制是以《联合国宪章》为法律基础，以大会、秘书处等机构为依托，以联合国成员国为监督对象的人权保障机制。宪章机制的实施机制包括普遍定期审议机制、特别程序、申诉机制以及调查程序等人权监督机制。尽管这些机制都负有推进性别平等的责任，但是人权理事会及其框架下的普遍定期审议机制和特别程序、妇女地位委员会以及人权事务高级专员及其办事处的相关职能和实践更具有突出意义。

1. 推进性别平等的主要机构。（1）人权理事会。人权理事会是于2006年根据联合国大会决议建立的大会的附属机构，是接替人权委员会负责联合国人权事务的主要机关。人权理事会由政府代表组成，在推进性别平等与人权方面发挥如下的职能：①起草保障性别平等的国际人权文件，在全球范围内协调各方利益、不同价值观以取得共识，推进保障性别平等的综合性及专门性公约等文件的制定。②建立并运行普遍定期审议机制、特别程序、申诉机制、调查机制等机制，在全球范围内监督并处理包括性别歧视在内的人权问题，实施性别平等的国际规则。③发动并拟定有关性别平等的研究及合作项目，推动联合国大会、经社理事会等机构以及成员国制定和开展消除性别歧视的计划和行动。因此，人权会在保障性别平等的联合国进程中发挥中流砥柱的作用。

（2）妇女地位委员会。联合国妇女地位委员会隶属于联合国经社理事会，是经社理事会下设的 6 个职司委员会之一。委员会于 1946 年建立，最初由 15 个成员组成，现在拥有 45 个成员。成员由经社理事会选举，任期 4 年。委员会每年开会一次，时间为 10 个工作日。[1]

妇女地位委员会的目标是推进男女权利平等原则的贯彻落实，其主要职责包括：就妇女在政治、经济、公民、社会和教育等领域的权利改善提出建议和报告；就妇女权利方面引起迫切需要关注的问题，向人权理事会提出建议；帮助筹备和召开有关妇女问题的会议；制定提高妇女地位的计划和预算；负责起草和制定有关妇女地位的公约、宣言，如《妇女政治权利公约》《已婚妇女国籍公约》《关于婚姻之同意、结婚最低年龄及婚姻登记之公约》和《消除对妇女的暴力宣言》等，为妇女权利的保护提供了国际标准。此外，妇女地位委员会还负责监督和落实重要国际会议关于推进性别平等的建议和进程。例如，1995 年第四次世界妇女大会过后，联合国大会授权妇女地位委员会将大会通过的男女平等的进程并入其工作日程，定期检查《北京宣言》和《北京行动纲领》中普遍关注的关键领域，并在联合国性别主流化的活动中发挥主导和促进作用。此外，妇女地位委员会还在《联合国千年发展目标》和《2030 年可持续发展议程》通过后，对于性别平等的子项目的实施提供了一系列的支持，以加速两性平等和妇女权利在世界发展中的落实。[2]综上，可以说妇女人权问题能得到国际社会的持续关注，妇女事业在世界各国的蓬勃发展，妇女权利保护标准的不断提升以及妇女地位和境况的提高都是与妇女地位委员会的工作和贡献分不开的。

（3）联合国人权事务高级专员及其办事处。联合国人权事务高级专员（以下简称人权高专）是由联合国秘书长任命的、并在其领导下负责人权事务的官员。人权高专办事处是联合国秘书处的组成部分，负责协助人权高专的工作，它的前身是秘书处的人权中心。人权高专的职能定位于联合国系统内负责人权事务的、高水平的政治性权威，并对国际人权公约的实施发挥监督作用。其具体工作涉及防止人权侵犯行为、保证所有人权得到尊重、促进国际合作以保护人权、协调联合国内所有

---

〔1〕 http：//www. un. org/zh/globalissues/women/csw. shtml.

〔2〕 http：//www. unwomen. org/en/csw.

相关活动，以及加强、简化和整合联合国系统人权领域的工作。在推动性别平等方面，人权高专主要通过如下四个方面来履行相关职责。①监督国际人权法，包括性别平等原则在国际和国内层面的实施，推进国家对妇女以及性和性别少数群体平等权利的尊重、保障和实现。人权高专不仅有权对于某些性别歧视事件进行处理，而且还有权进行调查和批评，以敦促有关国家和地区对于歧视问题进行关注和解决。②制定联合国关于推进性别平等的人权事务规划。人权高专实际扮演着领导和推动人权事业发展的政治权威的角色，指导着联合国推进性别平等工作发展方向和进程。③为推动性别平等的条约和宪章机制提供行政支持。④建立全球范围内国家间以及非政府组织间关于性别平等的对话机制。

（4）联合国妇女署。联合国妇女署是联合国 2010 年通过决议建立的旨在促进世界各地两性平等、扩大女性的机会和反对妇女歧视的机构。[1] 该机构由联合国原提高妇女地位司、提高妇女地位国际研究训练所、秘书长两性平等问题和提高妇女地位问题特别顾问办公室，以及联合国妇女发展基金四个机构合并而成，旨在整合联合国在促进性别平等和妇女赋权领域的资源并加强其工作效率，以应对诸如经费不足和职能分散等挑战，从而巩固相关成就。[2]

联合国妇女署在《联合国宪章》《消除对妇女一切形式歧视公约》《北京宣言》和《北京行动纲领》《2030 可持续发展议程》以及有关妇女、和平与安全的国际公约、决议等文件框下开展工作，侧重于在消除暴力、领导与参与、经济赋权、安全与发展等领域推进两性平等。联合国妇女署根据普遍性原则，在接到会员国要求时，通过开展支助规范制定工作和业务活动，为所有区域发展程度不同的所有会员国提供关于两性平等、妇女赋权和妇女权利以及两性平等主流化的指导和技术支助。联合国妇女署的工作不但增强了联合国在社会性别相关的问题上工作的一致性的同时，还将对联合国系统在性别平等方面的承诺进行监督和问责，从而推进性别平等的全面持续性进步。

---

〔1〕　UN doc. A/RES/64/289，2010.

〔2〕　http：//www. unwomen. org/en.

2. 主要机制。（1）普遍定期审议。普遍定期审议是全面定期审议联合国所有成员国履行人权义务和承诺的情况并提出建议来推动人权发展的监督机制。根据联合国大会第 60/251 号决议和人权理事会第 5/1 号决议，普遍定期审议是"根据客观和可靠的信息，以确保普遍、平等地对待并尊重所有国家的方式，定期普遍审议每个国家履行人权义务和承诺的情况；该审议机制是由联合国会员国驱动、通过相关国家充分参与，开展互动对话的合作机制"。[1] 具体而言，该机制旨在帮助国家确定在人权方面的积极进展和面临的挑战，通过提供改善人权的建议、技术支持和能力建设，以及分享和交流提高人权状况的各种先进做法，支持国家间的人权合作，尤其是帮助和支持发展中国家参与人权机制及后续行动的实施，从而促进世界范围内人权的发展。

普遍定期审议的对象是联合国所有成员国，该机制通过 4 年半的时间完成所有审议工作。审议的内容包括国家报告、联合国人权高专编纂的报告以及利益攸关方提交的报告，审议的根据则是《联合国宪章》《世界人权宣言》、各国加入的国际人权公约以及自愿做出的人权保证和承诺。经过审议，人权理事会将会通过关于一国人权状况的工作报告，并就该国所收到的人权建议等问题与受审议国进行交流互动，从而帮助国家推进人权进步。

普遍定期审议机制对于性别平等的推进表现在如下几个方面：①性别平等原则是该机制审议一国所有人权状况的基本原则，由于普遍定期审议机制是唯一一个全面审议所有国家所有人权的机制，因此该机制发挥着在世界范围内监督和推动公民和政治权利以及经济、社会和文化权利方面的性别平等的作用。②普遍定期审议机制能够全面检视性别平等问题，该机制审议的内容不仅包括国家报告，还包括联合国以及非政府组织的报告，其反映的性别平等问题及信息相对完整和全面。普遍定期审议机制的独特作用就在于它正式确认了非政府组织在监督性别平等相关人权事务中的合法地位，为非政府组织进入联合国人权机制架起了合

---

〔1〕 Human Rights Council, A/RES/60/251, 2006; Institution-building of the United Nations Human Rights Council, A/HRC/RES/5/1, 2007.

法的桥梁。③重申条约机构以及特别程序所关注的一国的性别平等问题和实践，进而引起受审议国家及国际社会的重视。④普遍定期审议机制属于同侪审查，受审议的国家会收到世界各国关于该国推进性别问题的建议，对于其他国家经验的借鉴受审议有助于国家进一步推进性别平等的事业。

以 2009 年、2013 年、2018 年普遍定期审议机制对我国妇女人权保障方面提出的建议及接受情况为例。在这三次审议中，各国提出的建议主要包括：通过关于家庭暴力的具体立法；继续努力进一步提高妇女地位，并逐步消除农村地区阻碍男女平等的传统观念；对政府机构开展人权教育，特别是关于妇女、儿童和残障群体权利的教育；保护妇女、儿童和残障群体权利以及改善卫生状况和社会福利；加紧实施关于性别平等的法律；以及保护性和性别少数群体的平等权利等。中国对上述建议表示接受并采取了一系列措施予以实施。当然普遍定期审议机制并不会止步于一次审议，对于建议的履行从而推动性别平等的发展不断前进，才是普遍定期审议机制真正的价值所在。与其他人权机制相比，普遍定期审议机制在性别平等问题发挥全面性、一般性以及政治性的推动作用。

（2）特别程序。特别程序是旨在从专题角度或具体国别角度对人权问题提供建议和报告的独立人权专家机制。[1] 该程序包括国别任务和专题任务，主要是通过调查和研究，以及提供建议或公开报告的方式，解决人权问题和改善人权状况，以推动对人权的保障和发展。特别程序是联合国首个具有实质意义的人权监督机制。

特别程序最初是人权委员会为了回应人权申诉来文而设立的机制。[2] 如前所述，20 世纪 60 年代，随着亚非拉民族独立运动的兴起，种族歧视等一系列问题成为联合国急需解决的人权事项。面对日益高涨的人权呼声，联合国再也不能对于违反人权的事件无动于衷，因此于

---

〔1〕　https：//www.ohchr.org/CH/HRBodies/SP/Pages/Welcomepage.aspx.

〔2〕　P. Alston, *The United Nations and Human Rights：a Critical Appraisal*, OUP, 1992, p. 144.

1967 年由经社文理事会通过了第 1235 号决议，授权人权委员会处理国别人权问题，并委派专家对国别或专题人权问题进行彻查并报告。[1] 特别程序由此而建立起来，并在日后的发展中经历了一系列的变化和完善。

特别程序在保障性别平等方面的主要职能包括：①接受、分析与性别平等相关的信息或者申诉，并与国家进行沟通，积极解决相关歧视问题。特别程序专家通过受理个人来文，帮助受难者进行人权呼吁，伸张正义，在其无望得到国内救济的情况下，提供重要的国际救济途径。[2] ②在特殊情况下，发出紧急呼吁，以敦促国家关注和解决急迫或者严重的性别歧视问题。③就包括性别歧视在内的相关人权问题进行国别访问，并撰写报告，提出消除歧视、促进平等人权建议。

截至 2018 年 12 月 31 日，特别程序共有 44 个专题任务和 12 个国别任务，基本涵盖了人权领域的主要事项和所有国家的人权问题。[3] 由于平等是最基本的人权原则，因此在这些人权任务中，都会涉及对于性别平等问题的考察和评估，其中，专注于提升性别平等的专题包括如下几项。

人权委员会于 1994 年 3 月 4 日任命的关于"暴力侵害妇女、其原因及后果问题特别报告员"，[4] 其主要职责包括：向各国政府、各条约机构、专门机构和其他特别报告员以及政府间组织与非政府组织等机构，征求和接收有关暴力侵害妇女原因及后果的信息；建议在当地、国家、区域、国际各级可采取的措施、方式和方法，以消除对妇女一切形式的暴力及其原因，纠正其后果；与人权理事会所有特别程序和其他人权机制，以及各条约机构携手工作，并在履行职责时与妇女地位委员会

---

〔1〕 侵害权利及基本自由问题，包括所有国家内，由其殖民地及其附属国家及领土内种族歧视、分离及种族隔离之政策，经社理事会第 1235 号决议。

〔2〕 Oliver Hoehne, "Special Procedures and the New Human Rights Council—A Need for Strategic Positioning", *Essex Human Rights Review*, vol. 4, No. 1, 2007.

〔3〕 "人权理事会特别程序简介"，联合国人权高专网站，http：//www.ohchr.org/CH/HRBodies/SP/Pages/Welcomepage.aspx，访问时间：2019 年 1 月 22 日。

〔4〕 Question of Integrating the Rights of Women into The Human Rights Mechanisms of the United Nations and the Elimination of Violence Against Women, E/CN.4/RES/1994/45, 1994.

密切合作，以采取综合全面的办法解决暴力侵害妇女的问题。

　　人权委员会于 2004 年 4 月 21 日第 60 届会议通过决议，决定任命关于"贩卖人口尤其是妇女和儿童的人权问题特别报告员"，[1] 委员会要求报告员积极响应可能侵犯人权的可靠信息，以保护实际或潜在的受害妇女的人权，并与其他相关特别报告员，尤其是妇女暴力问题特别报告员充分合作，全面考虑他们在此问题上的贡献。此外，特别报告员的职责还包括：在被贩运者受到侵犯或其人权未能得到保护的情况下采取行动，并为特定国家或地区防止和打击贩运人口、保护其受害者制定人权建议，开展国别访问。

　　人权理事会于 2010 年 9 月第 15 届会议上设立了关于"法律和实践中的歧视妇女问题工作组"，这是实现男女平等漫长道路上的里程碑事件。[2] 工作组的重点任务是与各国、有关联合国机构、专家和民间社会组织开展对话，以确定、推广并交流有关废除歧视妇女的法律及行政执法方式的最佳做法。2013 年 12 月 12 日至 19 日，应中国政府的邀请，法律和实践中的歧视妇女问题工作组于对中国进行了访问。工作组在报告中，首先肯定了中国在性别平等法律方面所取得的进展，包括在就业、社会保障和婚姻法方面所建立的一套消除对妇女歧视的法律和政策框架等成果。同时工作组也指出，中国在落实反歧视立法方面还存在一系列挑战，例如在招聘、薪资、辞退和职业隔离方面的歧视仍然存在，中国政府应该向妇女提供更多诉诸司法或行政法庭的机会，以推进性别平等的真正实现。

　　人权理事会于 2016 年在第 32 届会议上通过决议，建立了关于"防止基于性取向和性别认同的暴力和歧视问题独立专家"。[3] 独立专家主要负责评估现有国际人权公约在消除基于性倾向或性别认同的暴力和歧视方面的执行情况，查明有关暴力和歧视的根源，同时确定解决此问题

---

　　〔1〕　Special Rapporteur on Trafficking in Persons, Especially in Women and Children, E/CN. 4/RES/2004/110, 2004.

　　〔2〕　Elimination of Discrimination Against Women, A/HRC/RES/15/23, 2010.

　　〔3〕　Protection Against Violence and Discrimination Based on Sexual Orientation and Gender Identity, A/HRC/RES/32/2, 15 July 2016.

的最佳做法。在此基础上，独立专家还负责与各国和其他相关利益攸关方进行对话和磋商，提供咨询服务、技术援助，以促进实施保护所有人免遭基于性取向和性别认同的暴力和歧视的措施，并支持各国为防止和消除这一暴力和歧视问题所做出的努力。

除了上述专门推进性别平等的特别报告员外，还有其他人权专题的报告员也在执行人权任务的过程中发挥了消除性别歧视、推进性别平等的职能作用。例如，人权委员会于1982年设立的关于"法外处决、即审即决或任意处决问题特别报告员"，[1] 自1999年以来开始定期关注因性倾向和性别认同遭到死亡威胁或被杀害的人，特别是惨受侵害的变性人群体。在2006年向人权理事会提交的报告中，该特别报告员指出：男同性恋者、女同性恋者、双性恋者和变性人的境况日益引发与本专题任务相关的人权争议，其中，有两种情况引起特别报告员对于性和性别少数群体的特别关注。其一，跨性别人群因为性别认同问题遭受国家工作人员的杀害，而这种杀戮行为却不会得到任何惩罚或者起诉。其二，性和性别少数会因为参与双方合意的私下同性性行为而被起诉或受到惩罚。对此，特别报告员认为上述对于性和性别少数群体的待遇问题从根本上违背了所有国际人权标准，[2] 并建议各国政府强化对于性和性别少数群体的生命与安全权的保障。具体措施包括：立即彻底调查对于性和性别少数群体的谋杀和死亡威胁行为；消除针对性和性别少数者的仇恨和偏见，就防治和减少针对性和性别少数者实施的犯罪和暴力行为制定各项政策和方案。[3]

还如，联合国人权委员会于1985年通过决议任命的关于"酷刑和其他残忍、不人道或有辱人格的待遇或处罚问题特别报告员"近年来也将其关注的视角投射在性和性别少数者群体上。[4] 该特别报告员在其

---

〔1〕 Summary or Arbitrary Executions, E/Res/1982/35, 1982.

〔2〕 特别报告员向人权理事会的报告，E/CN. 4/2006/5, 2018。

〔3〕 法外处决、即决处决或任意决定问题特别报告员的报告，E/CN. 4/2000/3, 第116段。

〔4〕 The Commission on Human Rights: Torture and other Cruel, Inhuman or Degrading Treatment or Punishment, E/CN. 4/RES/1985/33.

报告中多次强调了关于基于性倾向或性别认同而虐待囚犯和被拘留人的问题，并在 2001 年的报告中指出：性和性别少数者因其性别定位或者性取向原因而增加了受到酷刑和其他形式虐待的危险性。在被剥夺人身自由的情况下，性和性别少数群体尤其容易遭到人身攻击和性侵犯。[1]各国应当保护"所有人，而无论其……性倾向（或）变性身份"免遭酷刑和残忍、不人道或有辱人格的待遇或处罚。[2] 除此之外，特别程序的其他人权专题，例如关于受教育权、健康权、残障者权利等特别报告员也在其履行人权任务中充分关注性别平等的问题，并发挥了独特的作用，在此不一而足。综上所述，特别程序通过受理个人来文、与国家沟通以及国别方式对于性别歧视等问题展开调查和监督，从而在其职责范围内推动对于妇女和性和性别少数群体在各个人权专题领域内的性别平等。

（二）条约机制与性别平等

条约机制是以联合国核心国际人权公约为基础，以条约机构为依托，以缔约国为监督对象的人权机制。条约机制包括国家报告、个人或国家申诉、调查机制等机制。由于性别平等原则几乎是所有国际人权公约的基本原则，因此联合国核心人权公约都会处理交叉式的性别歧视等问题，在职能范围内推进性别平等。但是由于条约机制对于各项公约的监督方法具有相似性，因此，在此主要围绕《消除对于妇女一切形式歧视公约》及其条约机构对于性别平等的保障制度和实践进行研究。

1. 消除对妇女歧视委员会。消除对妇女歧视委员会是依据《消除对妇女一切形式歧视公约》第 17 条设立的，旨在监督缔约国落实《消除对妇女一切形式歧视公约》情况的独立专家机构，由 23 名在人权领域具有崇高道德地位和能力的、以个人资格任职的专家组成。消除对妇女歧视委员会主要通过国家报告、个人来文以及调查机制来监督国家对于公约的履行情况，从而推进性别平等的进程。

---

〔1〕　酷刑和其他残忍、不人道或有辱人格的待遇或处罚问题特别报告员的临时报告，A/56/156。

〔2〕　禁止酷刑委员会第 2 号一般性意见，CAT/C/GC/2，2008。

2. 国家报告机制。国家报告机制是国家在签署和批准公约后，向条约机构递交的关于该国保障公约权利所采取的措施、进展以及遇到的障碍因素等内容的报告，以期通过国家与条约机构的建设性对话以及对国别结论性意见的实施，来推动国家对国际人权公约的实施。国家报告机制是国际社会以及国家监督自身履约状况的首要的措施，也是条约机制唯一的强制性措施。

根据《消除对妇女一切形式歧视公约》第 18 条规定，在公约对缔约国生效后一年内，缔约国向联合国秘书长提交国家报告，随后，每 4 年并随时在消除对妇女歧视委员会的请求下提交国家报告。国家报告需指出影响公约义务履行的各种因素和困难。第 21 条规定，委员会可根据对所有收到缔约国的报告和资料的审查结果，提出意见和一般性建议。除了对于根据国家报告提出的国别结论性意见外，消除对妇女歧视委员会已通过 37 项一般性建议，以解释公约的规则，指导缔约国履行国家义务，监督和推进对于性别平等和妇女人权的保障。

在《消除对妇女一切形式歧视公约》及其条约机构的框架下，国家报告机制对于推进性别平等发挥着如下作用：首先，国家报告的撰写促使政府对于妇女人权状况的发展进行周期性的监测，而从性别等角度的信息收集和分析能够帮助政府更好地了解不同群体对人权享有的程度和差距，从而为制定今后的人权计划或者妇女发展纲要提供基础信息和依据。其次，通过国家报告的撰写和数据调查，发现法律制度或政策中歧视妇女的障碍因素，并针对性地形成解决对策。最后，通过国家报告机制提供的对话平台，引发国际和国内社会对于性别歧视问题的关注，在分享他国平等保障人权经验的同时，采取积极行动推进国内的性别平等事业。

但是缔约国报告制度在实施过程中也存在一些问题，以致严重影响其职能的有效发挥。其中最为突出的问题就是国家报告的延迟提交甚至不交。随着联合国人权公约的不断增加，国家承担的报告义务不断加重，导致延迟提交报告的现象普遍存在。另外，国家提交的报告在内容方面也有诸多不尽如人意之处，例如报告内容的完整性、准确性、及时性上都不能达到委员会的要求。缔约国的报告本应是消除对妇女歧视委员会评价缔约国实施公约情况的重要参考依据，但实际提交的报告质量却难以承担这一任务，报告内容过于简单、相关数据不准确、无实例支撑等都是报告的常见问题。一些缔约国报告甚至只展示在妇女权利保障方面取得的成就，而不涉及条约实施过程中存在的不足与困难。此外，委员会还因人力、物力资源缺乏存在着审议工作负荷大、没有足够会议时间的问题，因此导致了大量报告积压未审，降低了缔约国与委员会对话、沟通的质量，这也是消除对妇女歧视委员会在实际工作中急需解决的问题之一。

我国作为《消除对妇女一切形式歧视公约》的缔约国，分别在1983年、1989年、1997年、2004年和2012年提交了缔约国报告。消除对妇女歧视委员会通过审议国家报告，提出了进一步改进性别平等的建议。以消除对妇女歧视委员会《关于中国第七和第八次合并定期报告的结论性意见》为例，[1] 其主要向中国提出了如下几个方面的建议：①在歧视妇女的定义方面，在立法中通过相关定义，以确保妇女在生活的各个领域不会受到直接和间接的歧视。②在司法援助方面，通过提供法律援助等办法，使妇女有效获得司法救助，并在相关情况下支持促进妇女获得司法救助的非政府组织。③在建立国家人权机构方面，依照《巴黎原则》，在明确的时限内设立一个独立的、负有促进妇女权利和两性平等职能的国家人权机构。④在特别措施方面，应将暂行特别措施作为一种必要的策略，以加快公约规定的各个领域实现男女实质平等，特别是增进在族裔和宗教方面属于少数群体的妇女以及残疾妇女的权利。⑤在参与政治生活和公共生活方面，应采用更多规范性暂行特别措施，例如配额制等，以加快妇女全面平等地参加各类公共机构。⑥在教育方面，在男女平等的基础上向妇女和女童提供教育，并增加财政和其他资源；提供更多必要的服务，包括向少数民族妇女和女童提供母语教育，以及消除残疾妇女和女童获得教育的一切障碍。⑦在就业方面，消

---

〔1〕　消除对妇女歧视委员会：《关于中国第七和第八次合并定期报告的结论性意见》，CEDAW/C/CHN/CO/7-8。

除结构上的就业不平等和职业分隔现象，采取措施减少男女之间的工资差距，并建立解决纠纷的机制，协助遭受就业歧视的妇女寻求司法救济；以及制定要求雇主对工作场所的性骚扰承担责任的法律规定。⑧在健康权方面，向所有妇女提供免费的计划生育措施，无论其婚姻状况如何，并且在学校中开展适合各年龄阶段的性和生殖健康教育。而对于上述建议，我国还有未落实的部分，有待于进一步通过采取措施积极推进。

国家报告机制旨在通过缔约国与条约机构的对话等工作机制推动一国的人权状况呈现螺旋式上升，根据消除对妇女歧视委员会的实践，定期报告和审议并采取相应的后续行动才能切实推动性别平等的进程。

3. 个人来文程序。个人来文程序是指个人因其国际人权公约所保障的人权受到侵害而向有关条约机构寻求国际救济的程序。《消除对妇女一切形式歧视公约任择议定书》第2条规定了个人来文程序，授权个人因缔约国的性别歧视等问题向消除对妇女歧视委员会提出申诉。该任择议定书还在第3条和第4条规定了消除对妇女歧视委员会接受个人来文的标准：①来文应以书面提出，不得匿名；②来文指控的国家既是公约缔约国，也批准或加入了该任择议定书；③已用尽国内救济；④来文所涉事件不处于另一国际调查或解决程序的审查之中；⑤来文有根据且证据充足。根据该任择议定书第6条规定，委员会在收到个人来文后，将以秘密方式提请有关缔约国注意来文所揭示的人权问题，而接到要求的缔约国应在6个月内向委员会提出书面解释或声明。经过初步调查，委员会将举行秘密会议审查有关来文，并将审查的结论及相关人权建议递交来文者及有关国家。缔约国应在6个月内对委员会的建议进行书面答复，包括根据委员会的意见和建议采取的任何行动等。此外，根据该任择议定书第5条的规定，委员会在就来文的实质问题作出决定之前，有权请求该国考虑采取必要的临时措施，以避免对声称被侵权的受害者造成可能无法弥补的损害。

截至2018年，在《消除对妇女一切形式歧视公约》的189个缔约国中，有109个国家加入了公约任择议定书，接受个人来文程序。截至

2018 年 8 月，委员会共收到 52 例个人来文，受理了其中的 25 例，作出裁判并提出人权建议。在受理的案件中，主要涉及如下妇女权利：当局未对遭受家暴的妇女提供适当保护；被迫节育；影响妇女公平和公正审判权利的性别歧视；治疗性流产法律和法规的缺失；未根据妇女特殊生理需求调整拘留条件；与怀孕相关且导致受害者死亡的不当治疗等。综上，个人来文程序为妇女寻求人权保障提供了国际救济途径，保障她们在用尽国内救济后仍有获得权利补救的机会，该程序旨在通过受理个案来敦促缔约国积极履行公约义务，促进性别平等。

4. 调查程序。调查程序是指条约机构对于缔约国重大的、严重或系统性的侵犯人权行为进行秘密调查的任择程序。该程序通过书面沟通或者国别访问的方式对有关人权事件进行调查，并将调查结果和建议提交给有关当事国，以敦促其改善人权状况。

目前在联合国核心国际人权公约中，有 6 个公约或议定书规定了调查程序。《消除对妇女一切形式歧视公约任择议定书》第 8 条规定了调查程序，授权消除对妇女歧视委员会在收到关于缔约国严重或系统地侵犯妇女人权的信息时，展开调查。尽管该程序未对信息来源做出具体限定，但是委员会必须判定相关信息揭示了严重性或系统性侵犯人权的事实并真实可靠后，才能采取进一步的调查行动。根据消除对妇女歧视委员会的意见，所谓"严重地"是指对人权侵害的惨烈性、剧烈性及严重性。例如对于妇女的生命、身体或精神健全的侵犯。[1] 消除对妇女歧视委员会一旦确认了相关的信息真实性后，将提请有关缔约国在规定的时限内提交对关于侵犯妇女人权情况的解释或说明。在考虑缔约国提交的意见和其他可靠信息的基础上，消除对妇女歧视委员会将指定一名或多名委员作为调查员进行秘密调查，并提交调查报告。在书面调查不足以查明问题的必要情况下，调查员还可以在缔约国同意的前提下进行国别访问，从而进一步核实侵犯人权的情况，并撰写包括调查结果、结论意见及建议在内的报告，并与有关缔约国进一步沟通，从而敦促其解

---

〔1〕　Gudmundur Alfredsson, Jonas Grimheden, *International Human Rights Monitoring Mechanisms: Essays in Honour of Jakob Th. Möller, MarinusNijhoff Publisher, 2nd*, p. 96.

决相关妇女人权问题。

尽管调查程序及其国别访问的目的是通过与政府的合作来查明事实，而非对于有关当事国进行谴责和控告，但是由于该程序涉及"严重或系统侵犯"人权的状况以及国别访问而具有较强的政治敏感性，因此引起部分国家的排斥。因此，调查程序是《消除对妇女一切形式歧视公约任择议定书》的任择性机制。截至2018年，消除对妇女歧视委员会共对5个国家的妇女人权问题展开调查，分别是：大不列颠及北爱尔兰联合王国的限制妇女堕胎问题；菲律宾限制妇女获得性健康和生殖健康的服务；墨西哥某地存在绑架、强奸和谋杀妇女的暴力行为；加拿大失踪和被谋杀的土著妇女；吉尔吉斯斯坦对于绑架新娘行为打击不力的问题。

综上，《消除对妇女一切形式歧视公约》框架下的调查程序是旨在防止和制止缔约国大规模侵犯妇女人权的情况的人权监督程序，帮助有关国家发现和纠正严重的性别歧视问题，从而推进对妇女人权的保障。但是在实践中，由于条约机制的资源限制等原因，这一机制的实践并不丰富。

以联合国及其核心人权公约为主导的国际人权标准和实施机制，不仅为推动性别平等提供了共同的价值和规则基础，而且还提供了国际法框架下的实践平台。整个国际保障体系在引导和监督国家履行人权义务、推进性别平等方面发挥了无以取代的重要作用。

问题与思考

1. 对照相关国际人权标准，中国在保障性别平等的制度和实践方面存在哪些差距？

2. 性和性别少数群体如何援用国际人权标准来保障性别平等，是否存在障碍？

3. 特别程序对于保障性别平等的价值？

4. 条约机制中的哪些机构具有保障性别平等的职能？

拓展资料

1. Anne Hellum, *Women's human rights*, Cambridge, United Kingdom, 2013.

2. Marsha A. Freeman, The UN Convention on the Elimination of All Forms of Discrimination Against Women: A Commentary, *Oxford Commentaries on International Law*, *Oxford University Press*, 2012.

第二节　保障性别平等的国内法与机制

除了一系列国际公约和国际监督机制，很多国家的国内法也都明确规定保障性别平等、禁止性别歧视，并建立了促进性别平等的机构和相关机制。

一、国内法保障性别平等的发展过程

各国和地区保障性别平等的法律制度从立法形式和立法内容上都逐渐发展变化。对性别平等的保障在立法形式上经历了从零散分布趋向统一立法的发展过程。

（一）分散的禁止性别歧视的法律条款

二战中女性开始大量涌入劳动力市场，但是由于"公共领域"与"私人领域"分野的传统观念仍在意识形态中占主导地位，劳动力市场中性别歧视和性别隔离严重，同工不同酬的现象很普遍，职场性骚扰的问题也逐渐凸显。为了应对这些问题，20世纪50年代、60年代开始，各国和地区逐渐出台禁止性别歧视方面的法律规定，但多散见于宪法、民法、刑法、行政法、劳动法、社会保障法等法律中。目前仍然有一些国家，主要依赖分散在宪法及各个部门法中禁止性别歧视、促进性别平等的条款来保障平等的实现。

（二）制定专门的性别平等单行法

20世纪70年代开始，各国和地区出现大量专门的禁止性别歧视的单行立法。如，英国的《平等报酬法》《性别歧视法》，美国的《怀孕

歧视法》，荷兰的《男女同工同酬法》《平等待遇法》，爱尔兰的《男女就业平等法》，法国的《男女职业平等法》，澳大利亚的《反性别歧视法》，日本的《男女雇用机会平等法》，韩国的《男女就业平等法》[1]，菲律宾的《禁止歧视妇女法》《反性骚扰法》，我国香港特别行政区的《性别歧视条例》《家庭岗位歧视条例》，德国的《联邦男女平等法》，墨西哥的《男女平等一般法》等。

目前仍有一些国家和地区通过专门的性别平等法（或反性别歧视法），辅以其他相关法律和法规，形成防治性别歧视、促进性别平等的法律体系。比如，韩国没有一部统一的平等法或者反歧视法，仅在其《宪法》中规定保障国民平等权利，禁止歧视的基本原则。其《国家人权委员会法》禁止包括性别、性倾向、容貌等身体条件、婚姻状况、家庭状况等在内的 19 种歧视。工作领域中的性别平等和歧视问题主要由《促进男女就业机会平等和支持工作与家庭平衡法案》来调整。此外，韩国《性别平等框架法》《雇佣政策基本法》《女性发展基本法》《劳动标准法》等法律中也包含了保障性别平等、禁止性别歧视的内容。[2]

再以我国香港特别行政区为例，《香港特别行政区基本法》和《香港人权法案条例》确立了所有人在法律上一律平等的基本原则，是香港保障性别平等立法的基础。香港对性别平等的保护主要集中在《性别歧视条例》中。《性别歧视条例》将基于性别、婚姻状况、怀孕、家庭岗位的歧视行为及性骚扰定为违法行为。同时香港的《家庭岗位歧视条例》禁止基于家庭岗位的歧视，保障有家庭照顾责任的人能平等参与到教育、就业等领域中来，不遭受歧视。另外，香港的《雇佣条例》中也有对女性就业权保护的内容，主要体现在关于产假的规定中。由于《性别歧视条例》和《家庭岗位歧视条例》篇幅较长，以及法律语言严谨晦涩，香港平等机会委员会制定的实务守则（《性别歧视条例雇佣实

---

〔1〕 2007 年 12 月 21 日该法更名为《促进男女就业机会平等和支持工作与家庭平衡法案》，于 2008 年 6 月 22 日起生效。

〔2〕 林燕玲、刘小楠、何霞：《反就业歧视的案例与评析：来自亚洲若干国家和地区的启示》，社会科学文献出版社 2013 年版，第 255 页。

务守则》和《家庭岗位歧视条例雇佣实务守则》）起到了很好的补充作用。

（三）制定统一的平等法或者反歧视法

20世纪90年代以后，各国和地区除修订并出台大量新的反歧视单行法外，也开始制定统一的反歧视法。以瑞典为例，2009年1月1日，一部新的《反歧视法案》生效，这部新法不仅在工作、教育等10个领域中禁止基于性别、跨性别的身份认同或性别表达、种族、宗教或其他信仰、残障、性倾向和年龄的歧视和报复行为，也规定了在工作和教育领域中雇主和教育提供者为了促进平等所应采取的积极措施。瑞典原有的四个平等监察部门也于2009年合并成一个新的平等监察部门。

瑞典立法模式的变化与欧洲其他国家的反歧视法发展趋势是一致的。比如，英国在已经出台了多部禁止歧视的单行法律法规的情况下，于2010年又制定了统一的《平等法》，整合了原有的反歧视单项法律，如《平等报酬法》《性别歧视法》《种族关系法》《残障歧视法》等，同时也合并了原有的几个平等机构，成立了一个统一的反歧视机构，即平等及人权委员会。德国也自2006年开始施行《一般平等待遇法》，禁止在劳动市场准入、雇佣条件、工作条件、职业指导、职业培训、雇主、雇员团体或者其他任何与职业有关团体的加入以及社会保障、社会福利、教育、面向公众提供的商品、服务和房产等范围内的基于种族、民族、性别、宗教或信仰、残障、年龄、性倾向的歧视。德国也依据《一般平等待遇法》设立了德国联邦反歧视局，把《一般平等待遇法》禁止的8种歧视都纳入管辖范围之内。除了上面提到的几个国家，其他很多欧洲国家也都出台了专门的平等法，如挪威的《平等与反歧视法》、荷兰的《平等待遇法》、芬兰的《平等法》、奥地利的《平等待遇法》、法国的《平等机会法》、比利时的《一般反歧视法》等。

总体来说，虽然目前世界各国和地区对于性别平等的法律保障形式不尽相同，但是性别歧视已经为各国和地区所普遍禁止，而且相关的立法内容和立法技术逐渐完善。这种发展不仅限于欧美经济发达国家，比如，土耳其于2016年颁布了《人权与平等机构法》，禁止基于性别、种族、肤色、语言、宗教、信仰、教派、哲学或政治观点、民族起源、财富、出身、婚姻状况、健康状况、残疾和年龄的歧视。公共机构、专业机构、自然人和法人在提供教育和培训、司法、执法、卫生、交通、通讯、社会保障、社会服务、社会救助、体育、住宿、文化、旅游和类似的服务时不得歧视。肯尼亚 2007 年《就业法》规定禁止在就业所有阶段的、国际劳工组织第 111 号公约列举的各种事由的直接歧视和间接歧视，还规定在发生指控歧视的情况下，将举证责任负担转移给雇主。该法案还要求雇用 20 人以上的雇主采纳并实施一项关于性骚扰的政策声明。该法明确地把监督责任委托给负责平等和非歧视事务的主管国家当局。[1]

二、世界部分国家和地区保障性别平等的法律和机制

（一）保障性别平等的国内法的主要内容

目前世界上大多数国家和地区都有禁止性别歧视的立法，已经形成一个多层次的保障性别平等的法律体系，并且随着社会的发展与权利保障水准的提高，各国的性别平等立法在近些年呈现出新的发展趋势和特点。各国的法律规定虽然不尽相同，但是一般都包括以下这些内容。

1. 明确规定歧视的概念和分类。法律意义上的"歧视"有特殊的含义、分类和构成要件。各国的反歧视法中一般都会明确规定歧视的概念、构成要件，并一般将歧视分为直接歧视、间接歧视、骚扰、报复性歧视等类型，并进行界定。

比如，瑞典《反歧视法案》把歧视分为 6 种类型，即直接歧视、间接歧视、无障碍设施通达性不足、骚扰、性骚扰、歧视指令。①直接歧视是指某人因其性别、跨性别认同或表达、种族、宗教或其他信仰、残障、性倾向或者年龄，在类似情形下受到的待遇比他人受到的、曾经受到的或可能受到的待遇不利而处于劣势。②间接歧视是指某人因某一规定、标准或程序的适用而处于劣势，此种规定、标准或程序看似中立，但可能使得特定性别、跨性别认同或表达、种族、宗教或其他信

---

〔1〕 国际劳工局：《工作中的平等：不断的挑战》，2011 年版，第 15 页。本报告可在国际劳工局网上查询：www.ilo.org/declaration。

仰、残障、性倾向或年龄的人处于特定的劣势，除非此种规定、标准或程序具有合法的目的且所使用的方式对于达成该目的是适当和必要的。③无障碍设施通达性不足是指由于没有采取合理的具有可达性的措施而使残障人士受到不利对待。④骚扰是指由于对他人的性别、跨性别认同或表达、种族、宗教或其他信仰、残障、性倾向或年龄的歧视而损害其尊严的行为。⑤性骚扰是指损害人尊严的与性有关的行为。⑥歧视指令是指向处于从属或依附地位或者致力于执行其给予的任务的人发出以前述1~4种方式歧视某人的命令或指示。

德国《一般平等待遇法》第3条也把歧视分为直接歧视、间接歧视、骚扰、性骚扰、歧视指令等不同类型，并进行了分类解释。我国香港特别行政区的《性别歧视条例》把歧视分为直接歧视和间接歧视，同时也对性骚扰、使人受害的歧视、指示他人做出歧视以及施压以使他人做出歧视等行为做出禁止性的规定。

2. 明确规定禁止从事的歧视行为。比如在工作领域中，各国和地区立法全面禁止整个职业环节中的性别歧视（包括直接歧视、间接歧视、报复性歧视、性骚扰等），保障就业机会和待遇平等。韩国《促进男女就业机会平等和支持工作与家庭平衡法案》第二章对法律适用的雇佣范围进行了列举，禁止包括招聘、录用、工作分配、工资、津贴、岗位培训、岗位调动、晋升、退休和解聘各个工资环节的歧视。此外，该法案还禁止在工作场所实施性骚扰，并提供预防性补救措施。

在教育领域中，英国于2010年颁布的《平等法》禁止教育机构基于学生的性别、跨性别身份和性倾向等原因而拒绝录取、不提供教育或者开除、不提供相关福利、设施或者服务，或者在选课以及使用娱乐和训练设施的时候歧视、骚扰、不当责罚。瑞典《反歧视法案》要求教育提供者应当进行以目标为导向的工作，以积极地促进儿童、未成年人和学生在教育活动中获得平等权利和机会。规定在招生、学分、延长学业或休学后重新开始学业、更换导师、撤销导师或博士课程或学习项目的其他资源、研究生的奖学金以及对学生的纪律处罚等方面禁止基于性别、跨性别的身份认同或性别表达、性倾向等事由的歧视和报复行为。

3. 预防和制止性骚扰。例如，挪威的《平等与反歧视法》禁止骚扰和性骚扰。根据该法，骚扰是指具有冒犯性、恐吓性、敌对性或侮辱性的目的或效果的行为、忽略或陈述。性骚扰是指任何形式的不受欢迎的性关注，其目的或效果是具有冒犯性、恐吓性、敌对性、侮辱性或令人生厌的。该法要求雇主和教育机构预防和制止各自领域中的性骚扰。瑞典《反歧视法案》要求雇主应当在其资源和环境所能及的范围内实施措施，以保证工作条件适合于不同性别的雇员，并采取措施以预防和阻止雇员遭受性骚扰；也要求教育提供者采取措施以预防和阻止参加或申请参加活动的儿童、未成年人和学生遭受性骚扰。

4. 采取积极的措施促进性别平等。各国和地区立法对性别平等的理解不断深化，对于国家、社会、雇主、教育提供者、服务提供者等在促进性别平等方面的要求也逐渐增多，不仅要求政府、雇主、教育提供者、服务提供者等不得实施歧视行为，而且还有义务主动去阻止、避免以及预防不平等待遇的发生，并采取积极的措施促进性别平等。

（1）提供生育保障，帮助男女职工兼顾工作和家庭。比如，根据瑞典的《育儿假法》，父母可以享有 480 天育儿假，父母各有 3 个月的专享育儿休假，其他时间可以选择由父亲或者母亲来休假。西班牙承认协调个人、家庭和工作的权利，以及鼓励男女共同承担家庭责任。比如：①通过与雇主签订协议或进行集体谈判，员工有调整其工作日长度和安排的权利，女员工有将母乳喂养时间计入全时休假的权利。②如果是多胎，母乳喂养假期可按比例增长。③为照料 8 岁以下儿童或残障者，可将工作日削减 $1/8 \sim 1/2$ 。④如果因怀孕、生育、母乳喂养或产假造成残障，可不按照休假计划休年假的权利。⑤可允许自愿请假 4 个月至 5 年。⑥为照顾家人，员工最长可请两年的假期，并可将假期分为较短的间隔。⑦如果母亲死亡，即使其不从事任何工作，父亲也有资格享有产假。如果母亲无法工作，其可将假期转至父亲。⑧如果生育、收养或领养的儿童存在残障状况，则产假可延长两周。如果早产或新生婴儿需要照顾，则产假可延长至 13 周。⑨不论母亲的产假情况如何，父亲有权在儿童出生、收养或领养过程中享有 13 天陪产假（再加上已许可的两天，或集体协议允许的更长时间）。如果为多胎生育、收养或抚养，每一儿童可增加两天。父亲可通过与雇主签订协议在整个产假期间或其终止后按照全时或非全时方式行使这一权利（法律生效6年后，陪产假将为4周）。⑩享有产假或陪产假的任何人均有权在此期间改善其工作条件。[1]

（2）开展宣传教育、建立歧视申诉机制。比如，德国的《一般平等待遇法》规定雇主有义务采取必要的措施防止歧视的发生。雇主应该以恰当的方式对雇员进行反歧视培训，并应利用其影响确保不发生歧视行为。同时该法还规定，雇主应该在企业内部设立申诉机构，申诉机构的职责在于受理、审查以及向雇主报告有关歧视的申诉。如果雇员违背了反歧视禁令，雇主有义务根据具体情况采取合适的、必需的和恰当的措施来制止歧视行为，比如警告、换岗、调动或者解雇。雇员在工作中受到第三人的歧视，雇主有义务根据具体情况采取合适的、必要的、恰当的措施保护雇员。雇主还应当在企业内或者劳动场所解释并告知《一般平等待遇法》和《劳动法庭法》的内容以及雇员在企业或者工作场所的相关申诉权利。

（3）开展调查和评估。比如，瑞典《反歧视法案》要求雇主应当进行以目标为导向的促进性别平等的工作：①在招聘方面，雇主有义务积极促进性别均衡，要求雇主通过教育和培训、培养技能和其他适当的方式促进男女在不同种类的工作和不同员工类别中的平等分配。雇主也需要对这些措施的效果进行后续的评估。②关于报酬问题，为了发现、纠正和防止在报酬和雇佣其他方面不公平的性别差异，雇主应当每年对其内部的薪酬及其他雇佣条款的相关规定和实践，以及从事相同或者具有同等价值的工作的男女员工的报酬差异进行调查和分析，评估所存在的报酬差异与性别是直接相关或间接相关。在教育领域，瑞典《反歧视法案》规定教育提供者需要制定预防和阻止骚扰和性骚扰的指南，并且应该对这些指南和惯例进行后续跟进和评估。

---

〔1〕　西班牙政府向消除对妇女歧视委员会提交的执行《消除对妇女一切形式歧视公约》的第6次定期报告第193段。

5. 建立畅通的救济机制。对于性别歧视，各国和地区立法都建立了多种救济途径。比如，根据我国香港特别行政区的相关立法，如果员工受到歧视或者性骚扰，可以：①向所属机构的管理层作出投诉。②向职员会或所属的工会寻求其他形式的协助。③如果所属机构管理层对事件并不理会，处理欠佳或者受害人不愿意向其投诉，可以向政府有关部门投诉，香港政府各行政部门均设有投诉机制。④向平等机会委员会投诉。⑤向法院起诉。在瑞典根据《反歧视法案》，遭受就业性别的救济途径主要有三种：①向工会投诉；②向平等监察专员投诉；③向法院起诉。

6. 明确规定严格的法律责任。加大对就业歧视行为惩罚措施的力度是各国和地区反歧视制度发展的趋势。比如，美国《1964年民权法案》规定：雇员在101人以下的案件每位受害者获得赔偿的上限是5万美元，雇员在500人以上的案件的每位受害者获得赔偿的上限是30万美元。《1991年民权法案》加大了补偿性赔偿与惩罚性赔偿的法律责任，并规定对故意歧视判处支付应发报酬、恢复原职。美国就业歧视的法律责任包括：雇用、升职、复职、赔偿预期工作损失（front pay），支付应发的工资福利（back pay），支付违约金；补偿性赔偿与惩罚性赔偿；赔偿利息损失；授予资历、禁令救济、赔偿律师费与诉讼费。在加拿大，一旦就业歧视行为被确认，那么可能获得的法律救济包括：停止歧视行为、恢复职务、给予赔偿以及一定数额的精神损害赔偿（不超过2万加元）。如果法庭认为歧视行为人具有故意或者放任情节，可以对其课以不超过2万加元的惩罚性赔偿。德国《一般平等待遇法》规定，如果是求职者在求职过程中遭受了就业歧视，但有证据证明即使抛开歧视的原因，该求职者也不会被予以录用，则该求职者可以获得不超过3个月工资的经济补偿。[1] 法国的《刑法典》设专节规定歧视罪，雇主在经济活动、劳动就业、提供物品或服务的过程中有歧视的行为，

---

〔1〕 卢杰锋："歧视的法律责任和救济"，载刘小楠主编：《反歧视法讲义》，法律出版社2016年版，第303页。

将受到 3 年监禁并处 4.5 万欧元罚金或者处罚。[1]

（二）保障性别平等的国内机制

各国和地区通过各种机制和制度来保障性别平等的实现。下文将简要介绍，为了防止产生制度性歧视而发展出的法律政策的社会性别影响评估机制，以及为了保障性别平等立法的实施而成立的专门平等（反歧视）机构。

1. 社会性别影响评估机制。社会性别影响评估制度旨在运用社会性别方法分析即将颁布实施的法律规范，防止法律规范出现性别盲点，防止法律以中性面目出现时，其背后的"男性"价值和标准对男女产生的不同影响，尤其是对妇女弱势地位和经验的忽略而给妇女带来的不利后果，进而追求适合两性关系的立法对策，并提出修改的具体建议，使法律超越两性的形式平等而实现实质平等，实现性别公正。[2]

1995 年第四次世界妇女大会提出社会性别主流化，要求将社会性别观点纳入所有立法、公共政策方案和项目。为此《北京行动纲领》要求各国政府应设法确保在作出决策以前，进行一次关于这些决定对妇女和男性各有什么影响的分析；定期审查国家政策、方案和项目及其执行情况，评价就业和收入政策的影响，以保证妇女是发展的直接受益者；并在经济政策和规划中考虑到妇女对发展的全面贡献，包括有酬的和无酬的贡献；促进致力于男女平等的国家战略和目标，以求消除妇女行使权利的障碍和消除一切形式对妇女的歧视；酌情同立法机关的成员合作，促进在所有立法与政策中纳入性别观点；赋予所有部门从性别观点出发并参照《北京行动纲领》审查政策和方案的职权；将执行此职权的责任放在最高级次；设立和/或加强部门间协调机构，以执行此职权和监测发展，并同有关机构建立网络。

可见，《北京行动纲领》中要求的法律和政策性别影响评估既包括立法前评估也包括立法后评估。立法前评估是指在立法过程中，对法律

---

〔1〕 冯祥武：《反就业歧视法基础理论问题研究》，中国法制出版社 2012 年版，第 252 页。

〔2〕 刘明辉主编：《社会性别与法律》，高等教育出版社 2012 年版，第 28 页。

条款实施后可能对男女两性不同影响进行预测和评估，提出建议和对策，防止制定具有歧视或者其他损害性别平等的法律。如果制定的法律没有进行社会性别影响评价，就不能通过、生效。社会性别影响评估是防止歧视性法律出台的事前预防机制。立法后评估是法律和政策颁布实施以后，对女性受到的实际影响和法律和政策实施相关进行分析评价，再对其进行修改的事后补救措施。

目前，世界上许多国家和地区已经开始在立法和决策中关注社会性别的影响。例如，加拿大在 20 世纪 80 年代就为把性别意识纳入主流而对国内的所有法律进行了清理，在国家性别平等监督机制方面，加拿大司法部启动"性别平等项目"，将性别顾问派往各部委，把关审查政府所有的行政政策，防止性别歧视的政策出台。[1] 为了协助政府人权推行性别主流化，我国香港特别行政区"妇女事务委员会"在参考了外国经验和考虑了本地情况后，设计了一套"社会性别主流化检视清单"，以此作为分析工具，帮助政府人员在制定法例、政策和计划时，能充分考虑社会性别及需要。检视列表是一份包含了一系列简单问题的分析工具，旨在协助政府人员在设计、实施、监察和评估政策的过程中，更有系统地考虑两性的不同需要和观点。检视清单的设计是为应用在所有政策、法例和计划上。虽然它并非针对个别决策局和部门而设计，但有助于推行性别主流化时的一致性，并作为评估成效的基准。此外，它可应用在新的及现有的法例、政策和计划中。自从 2002 年引入性别主流化检视清单以来，香港特别行政区已在多个政策及工作范畴采用检视清单。同时，不少决策局和部门的人员在其日常工作流程中，也已采纳性别主流化的概念，考虑两性的需要和观点。各政府决策局和部门对使用性别主流化检视清单均给予正面的评价，他们表示检视清单可以提高员工对性别问题的意识和触觉，协助他们获取妇女团体的有用意见和建议，以及通过性别分类数据确定须注意的重要范畴。[2]

---

〔1〕 刘明辉主编：《社会性别与法律》，高等教育出版社 2012 年版，第 29 页。

〔2〕 香港妇女事务委员会："性别主流化检视清单"，性别主流化网站，http：//www. lwb. gov. hk/Gender_Mainstreaming/chi/strategy1. html，访问时间：2018 年 9 月 15 日。

2. 建立专门的反歧视执法机构。国家建立促进性别平等、提高妇女地位的机制，是充分利用政府资源，有效调动社会资源，推进性别平等与妇女发展的重要保障。世界上很多国家和地区都在平等法（或反歧视法）中明确规定建立专门的、独立性的执法机构，其职能主要是受理歧视投诉，监督反歧视法的执行，因此也被视为是应对歧视的专门救济机构。在不同的国家和地区，这一机构的名称不尽相同。比如，英国的平等与人权委员会，瑞典、挪威的平等监察专员，荷兰的平等待遇委员会，美国的平等就业机会委员会，加拿大和韩国的人权委员会，香港的平等机会委员会，等等。各国和地区的平等机构职责范围方面也不完全相同，但是一般来说，"其职责权限主要有四方面：①解释及宣传法律；②负责处理歧视方面的投诉；③支持/代理歧视案件起诉或主动独立起诉；④监督反歧视法的实施"。[1]

与司法机构相比，专门的反歧视机构有自己突出的优势与特点：其一，更具亲民性。与复杂的司法程序和威严的司法机构相比，专门机构在解决问题时更注意对当事人心理的疏导，促使事情在和谐的氛围中解决，这种温和与折中的方式更为普通大众（特别是矛盾双方）所接受，因而也能在更广泛的层面解决各种歧视问题。其二，申诉是免费的。从经济的角度考虑，向专门机构申诉比向法院提起诉讼成本要低得多，受害人不会因此而加重负担，有经济顾虑。这也是向专门机构寻求救济比诉讼更容易为普通民众接受的一个不容忽视的因素。其三，富于主动性。与司法机关的被动性相反，专门机构往往是反歧视法的主动执行者和推动者。除接受当事人投诉外，专门机构通常还被赋予主动展开调查的权力。这样，他们一旦发现问题，就可以主动出击，必要时甚至可以代表被歧视者直接向法院提起相关诉讼。其四，在反歧视问题上，更具专业性。作为专门应对歧视、促进平等的机构，专门机构通常有该领域的专家和不同方面的代表，如法律专家、劳动关系专家、企业代表等，他们通过大量的实际调查和数据统计分析，发展出衡量和评价就业歧视

---

〔1〕　王春光："平等委员会"，载刘小楠主编：《反歧视法讲义》，法律出版社2016年版，第317页。

问题的一系列有效方法。上述种种原因，使得人们在歧视发生时，更乐于选择到专门的反歧视机构进行申诉，而不是到法院"打官司"。

三、我国保障性别平等的法律与机制

(一) 保障性别平等的法律及完善

我国批准了联合国《经济、社会、文化权利国际公约》《消除对妇女一切形式歧视公约》，以及国际劳工组织《1958 年消除就业和职业歧视公约》（第 111 号公约）《同酬公约》（第 100 号公约）等一系列人权公约，并把这些公约内容转化为国内法，保障性别平等、消除性别歧视，成为政府的国际义务。

我国促进性别平等的法律体系不断完善，已经形成了以《宪法》为核心、以《妇女权益保障法》为主体、以《劳动法》《就业促进法》《教育法》《义务教育法》《女职工劳动保护特别规定》等各种单行法律法规、地方性法规及行政法规为补充的保障妇女权益和促进性别平等的法律体系，从而在更广泛领域为妇女权益提供法律支持。

1. 保障性别平等的法律框架和主要规定。

（1）宪法。《宪法》第 33 条第 2、3 款规定"中华人民共和国公民在法律面前一律平等。国家尊重和保障人权"。第 34 条专门规定了政治权利的平等，即年满 18 周岁的中国公民，不分民族、种族、性别、职业、家庭出身、宗教信仰、教育程度、财产状况、居住期限，都有选举权和被选举权。而专门保障男女平等的规定主要体现在第 48 条中，该条规定了"妇女在政治的、经济的、文化的、社会的和家庭的生活等各方面享有同男子平等的权利。国家保护妇女的权利和利益，实行男女同工同酬，培养和选拔妇女干部"。

（2）法律。我国有多部法律对禁止性别歧视，保障性别平等，尤其是保护女性的权益进行了规定。

第一，专门法——《妇女权益保障法》。1992 年颁布的《妇女权益保障法》，于 2005 年进行了修订，分为总则、政治权利、文化教育权益、劳动和社会保障权益、财产权益、人身权利、婚姻家庭权益、法律责任和附则，共 9 章，对妇女权益领域和法律责任进行了全面补充和

完善。

《妇女权益保障法》的总则部分，在重申男女平等宪法原则的基础上，进一步确立了"实行男女平等是国家的基本国策。国家采取必要措施，逐步完善保障妇女权益的各项制度，消除对妇女一切形式的歧视"的方针和原则，以法律的形式肯定了我国政府对国际社会作出的庄重宣言。总则部分也明确并强化了政府及相关部门、机构的职权和责任；明确《妇女权益保障法》的执法主体是政府，突出了政府的主导地位；规范了妇联团体的职能作用；特别突出了反对性别歧视的立法理念，明确指出消除对妇女一切形式的歧视。

第二章规定妇女享有与男子平等的政治权利。妇女有权通过各种途径和形式，管理国家事务，管理经济和文化事业，管理社会事务，并享有平等的选举权和被选举权。为了切实保障妇女的参政权，法律规定全国人民代表大会和地方各级人民代表大会的代表中，应当有适当数量的妇女代表。国家采取措施，逐步提高全国人民代表大会和地方各级人民代表大会的妇女代表的比例；国家机关、社会团体、企业事业单位培养、选拔和任用干部，必须坚持男女的平等，并有适当数量的妇女担任领导成员。

第三章规定妇女享有与男子平等的文化教育权利。这种平等权利包括入学、升学、毕业分配、授予学位、派出留学等各个方面，以及妇女从事科学技术研究和文学艺术创作等文化活动的权利。政府、社会、学校和家庭必须采取有效措施，保证女童，特别是贫困、残疾和流动人口中的女童接受义务教育的权利。

第四章规定妇女享有与男子平等的劳动和社会保障权利。这主要包括：劳动就业的权利，同工同酬的权利和休息的权利，获得安全和卫生保障以及特殊劳动保护的权利，享受社会保险、社会救助、社会福利和卫生保健等权利。任何单位在录用职工时不得以性别为理由拒绝录用妇女或者提高对妇女的录用标准；不得因结婚、怀孕、产假、哺乳等情形，降低女职工的工资，辞退女职工或单方面解除劳动合同；在晋升、晋级、评定专业技术职务以及享受福利待遇等方面，不得歧视妇女；各单位在执行国家退休制度时，不得以性别为由歧视妇女；不得安排不适合妇女从事的工作和劳动；妇女在经期、孕期、产期和哺乳期受特殊保护；国家推行生育保险制度，建立健全与生育相关的其他保障制度。

第五章规定妇女享有与男子平等的财产权利。妇女在农村土地承包经营、集体经济组织收益分配、土地征收或者征用补偿费使用以及宅基地使用等方面，享有同男子平等的权利；任何组织和个人不得以妇女未婚、结婚、离婚、丧偶等为由，侵害妇女在农村集体经济组织中的各项权益；妇女在婚姻、家庭财产关系中，享有与男子平等的所有权和继承权；丧偶妇女有权处分继承的财产，任何人不得干涉。

第六章规定妇女享有与男子平等的人身权利。妇女的人身自由和生命健康权不受侵害。法律禁止溺、弃、残害女婴；禁止歧视、虐待生女婴的妇女和不育妇女；禁止用迷信暴力等手段残害妇女；禁止虐待、遗弃病、残妇女和老年妇女；禁止拐卖、绑架妇女；禁止收买被拐卖、绑架的妇女；禁止阻碍解救被拐卖、绑架的妇女；禁止对妇女实施性骚扰；禁止组织、强迫、引诱、容留、介绍妇女卖淫或者对妇女进行猥亵活动；禁止组织、强迫、引诱妇女进行淫秽表演等活动。妇女的名誉权、荣誉权、隐私权、肖像权等人格权受法律保护，禁止用侮辱、诽谤等方式损害妇女的人格尊严。

第七章规定妇女享有与男子平等的婚姻家庭权利。妇女享有平等的结婚和离婚自由权，在夫妻关系中男女平等。妇女有独立的姓名权，有参加社会生产和社会活动的自由。禁止对妇女实施家庭暴力，国家采取措施，预防和制止家庭暴力。在离婚问题上妇女受到特殊保护。

第八章强化国家机关在保障妇女权益方面的职责，明确妇联等妇女组织在诉讼中的特殊地位和作用，全面确定了保障妇女权益的法律机制。

第九章附则部分仅有的两个条款规定省、自治区、直辖市人民代表大会常务委员会可以根据本法制定实施办法，以及该法的施行时间。

第二，其他法律。《民法总则》《刑法》《劳动法》《就业促进法》《劳动合同法》《社会保险法》《工会法》《教育法》《义务教育法》《婚姻法》《人口与计划生育法》《农村土地承包法》《收养法》《未成年人保护法》《残疾人保障法》《母婴保健法》《广告法》等法律中都包含促进性别平等方面的规定。

以劳动领域和教育领域为例：1995 年《劳动法》总则第 3 条规定劳动者享有平等就业和选择职业的权利。第二章"促进就业"中规定，劳动者就业，不因民族、种族、性别、宗教信仰不同而受歧视。妇女享有与男子平等的就业权利。在录用职工时，除国家规定的不适合妇女的工种或者岗位外，不得以性别为由拒绝录用妇女或者提高对妇女的录用标准。第三章"劳动合同和集体合同"中规定，女职工在孕期、产期、哺乳期内的，用人单位不得解除劳动合同。第五章"工资"中规定，工资分配应当遵循按劳分配原则，实行同工同酬。此外，《劳动法》还专设了第七章"女职工和未成年工特殊保护"，特殊保护主要体现在劳动禁忌和产假的规定。第九章"社会保险和福利"中规定，国家发展社会保险事业，建立社会保险制度，设立社会保险基金，使劳动者在生育等情况下获得帮助和补偿。劳动者在生育等情形下，依法享受社会保险待遇。

2008 年《就业促进法》在总则中规定，劳动者依法享有平等就业和自主择业的权利。劳动者就业，不因民族、种族、性别、宗教信仰等不同而受歧视。该法还专门设立"公平就业"一章，首先明确了政府义务，即"各级人民政府创造公平就业的环境，消除就业歧视，制定政策并采取措施对就业困难人员给予扶持和援助"，同时要求"用人单位招用人员、职业中介机构从事职业中介活动，应当向劳动者提供平等的就业机会和公平的就业条件，不得实施就业歧视"。第 27 条则专门针对女性的平等就业权提出"国家保障妇女享有与男子平等的劳动权利。用人单位招用人员，除国家规定的不适合妇女的工种或者岗位外，不得以性别为由拒绝录用妇女或者提高对妇女的录用标准。用人单位录用女职工，不得在劳动合同中规定限制女职工结婚、生育的内容"。

《教育法》第 9 条第 2 款规定："公民不分民族、种族、性别、职业、财产状况、宗教信仰等，依法享有平等的受教育机会。"第 37 条规定"受教育者在入学、升学、就业等方面依法享有平等权利。学校和有关行政部门应当按照国家有关规定，保障女子在入学、升学、就业、授予学位、派出留学等方面享有同男子平等的权利。"

《义务教育法》第 4 条规定："凡具有中华人民共和国国籍的适龄儿童、少年，不分性别、民族、种族、家庭财产状况、宗教信仰等，依法享有平等接受义务教育的权利，并履行接受义务教育的义务。"

第三，行政法规与规章。国务院及其部委也出台了大量行政法规与规章，以保障妇女权益，促进性别平等。例如，2012 年修订的《女职工劳动保护特别规定》，对女职工的劳动权利进行保护。比如，用人单位应当加强女职工劳动保护，采取措施改善女职工劳动安全卫生条件，对女职工进行劳动安全卫生知识培训；用人单位不得因女职工怀孕、生育、哺乳降低其工资、予以辞退、与其解除劳动或者聘用合同；在劳动场所，用人单位应当预防和制止对女职工的性骚扰；女职工在孕期不能适应原劳动的，用人单位应当根据医疗机构的证明，予以减轻劳动量或者安排其他能够适应的劳动；对怀孕 7 个月以上的女职工，用人单位不得延长劳动时间或者安排夜班劳动，并应当在劳动时间内安排一定的休息时间；怀孕女职工在劳动时间内进行产前检查，所需时间计入劳动时间；对哺乳未满 1 周岁婴儿的女职工，用人单位不得延长劳动时间或者安排夜班劳动；用人单位应当在每天的劳动时间内为哺乳期女职工安排 1 小时哺乳时间（生育多胞胎的，每多哺乳 1 个婴儿每天增加 1 小时哺乳时间）；女职工比较多的用人单位应当根据女职工的需要，建立女职工卫生室、孕妇休息室、哺乳室等设施，妥善解决女职工在生理卫生、哺乳方面的困难。这些规定中既有禁止歧视的要求，也有要求雇主基于女性生理特点及母性给予保护，积极地促进平等的规定。该特别规定将女职工禁忌从事的劳动范围在附录中加以列示，这些禁忌主要包括：①矿山井下作业；②体力劳动强度分级标准中规定的第 4 级体力劳动强度的作业；③每小时负重 6 次以上、每次负重超过 20 公斤的作业，或者间断负重、每次负重超过 25 公斤的作业。除此之外还规定了女职工在经期、孕期和哺乳期禁忌从事的劳动范围。

《人才市场管理规定》第 37 条规定："用人单位违反本规定，以民族、性别、宗教信仰为由拒绝聘用或者提高聘用标准的，招聘不得招聘人员的，以及向应聘者收取费用或采取欺诈等手段谋取非法利益的，由县级以上政府人事行政部门责令改正；情节严重的，并处 10 000 元以下罚款。"

《就业服务与就业管理规定》重申了劳动者依法享有平等就业的权利，不因民族、种族、性别、宗教信仰等不同而受歧视。对用人单位和中介机构的雇佣行为也作出规范，要求用人单位和中介机构在发布的招用人员简章或招聘广告，不得包含歧视性内容。

第四，地方性法规和规章。地方性法规和规章也是促进性别平等的有益补充。我国所有省（自治区、直辖市）都制定了《实施〈中华人民共和国妇女权益保障法〉办法》。绝大部分省（自治区、直辖市）都已经出台了就业促进法实施办法或者就业促进条例，以及预防和制止家庭暴力的专门性地方法规或政策。尤其值得一提的是，2012 年，深圳出台了《深圳经济特区性别平等促进条例》，这是我国第一个也是目前唯一一个专门的性别平等条例。

2. 性别平等立法的不足与完善。我国虽然已经建立起保障性别平等和妇女权益的立法体系，但是相关法律规定较为分散；在立法模式和立法技术上尚有不足；原则性的规定比较多，可操作性差；等等。因此，应继续完善性别平等立法，把法律政策纳入社会性别主流化，用社会性别视角加以审视，消除性别歧视的法律规定。

（1）缺少专门的平等法来规制性别歧视、保障性别平等。我国没有专门的反歧视法，有关性别平等的立法过于分散，没有形成一个有机的体系。虽然《劳动法》《就业促进法》《教育法》等多部法律法规都禁止性别歧视，但是这些法律原则性的规定比较多。《妇女权益保障法》和《女职工劳动保护特别规定》只专门保护女性权益，并不适用于男性。这种"特殊保护的立法模式的基础是女人的生理特点和弱势地位，它强化了传统的分工模式"[1]。因此，应转变立法思路，制定一部专门的、涵盖面广、可操作性强的《性别平等法》。

在我国，作为保障性别平等专门法的《妇女权益保障法》，从保障妇女权益的角度，推动两性平等的实现。在当今妇女地位普遍处于弱势的情况下，这种立法曾经起了一定的作用。然而，从实现性别平等的角度考察，男性同样可能成为性别刻板印象的受害者，权益也可能受到侵犯，而性少数群体的权利更难得到保障。我国应该采用性别中立的立法形式，同时保护男性和女性的平等权利，而且要打破二元分立的性别意识，性和性别少数群体同样应该享受平等权利。同时立法也应该关注女性群体内部的多元性、复杂性和个体差异，尽量赋予不同个体选择的空间和选择的自由，而不被性别身份所束缚。

平等法适用于不同性别，并不会导致忽视女性的权益和需求，也并不意味着法律追求的是形式平等或者对男女相同对待。在一些国家和地区，家庭照顾假、育婴留职停薪、育婴津贴、育儿工时调整与减少等都不是专为女性而设计的，男性同样可以因为具备法定事由而请假，从而强调男女共同承担育儿和家庭照顾责任，并同时保障两性的工作权，而非给予单一性别特殊的优惠或待遇。这并不会影响女性享有这些权利，相反这样的法律规定有助于转变传统的性别观念，鼓励男女两性都平等承担家庭责任，这样就不会产生所谓雇佣女性会造成人事成本增加的结果。同时，除了禁止性别歧视的规定以及男女共享的一些假期以外，这部法律也规定了女性独有的生理假、流产假、产假等，而且女工在妊娠期间可以改调轻松容易的工作，雇主不得拒绝。而男性也有独有的陪产假。

（2）缺乏性别歧视的定义和分类。我国《妇女权益保障法》《劳动法》《就业促进法》《教育法》等多部法律法规中明确禁止性别歧视，但是都没有对性别歧视做出界定、进行分类。消除对妇女歧视委员会在对中国政府履约报告的结论性意见中，也多次指出中国法律仍然没有按

---

[1] 景春兰："中国女性工作权立法的性别本质主义检讨"，载《河北法学》2011年第6期。

照《消除对妇女一切形式歧视公约》的要求，为"对妇女的歧视"做出定义，建议"中国按照公约第 1 条的规定在本国立法中通过关于歧视妇女的全面定义，以确保妇女在生活的各个领域不会受到直接和间接的歧视。尤其是，缔约国应当确保有适足的执行机制和制裁措施配合禁止基于性和/或性别的歧视"。[1]

（3）保障机会和待遇平等的法律规定不全面。以工作场所的性别平等为例，我国立法中关于招聘环节的性别歧视的禁止性规定较为集中，但是国家层面的法律中对于培训进修中性别的平等机会以及积极鼓励促进女性职业发展尚缺乏规定。虽然多部法律规定了同工同酬，但是没有扩展到同等价值工作相同报酬的范围，由于职业隔离而导致的女性工资水平低于男性的问题无法依法解决。制度性歧视尚未完全消除，比如关于男女不同龄退休的规定，侵犯了女职工的平等工作权，并成为女性晋升和职业发展的严重障碍。

（4）主动预防性别歧视、积极促进性别平等的规定不足。我国现行法律法规主要还是禁止用人单位实施就业性别歧视，但是对于用人单位积极宣传倡导性别平等、在企业内部实现社会性别主流化、进行分性别统计、制定性别平等计划，或者建立调查、申诉机制预防和制止性别歧视等方面都缺乏明确的规定。用人单位防治性骚扰的法律义务和责任不清晰，导致性骚扰的规定过于简单，缺乏界定，也没有对性骚扰行为进行列举。这种原则性的规定不仅影响了公众对性骚扰的认知程度，而且由于缺少可操作性，导致在司法实践中难以直接援用。用人单位具体应当尽到什么防范义务、投诉及受理的程序以及雇主没有履行性骚扰防范义务、所应承担的法律责任，法律中都没有明确规定，这无疑会影响遭受性骚扰的女性向雇主求助。

（5）救济渠道单一，行政监管不力。我国企业、教育机构等缺乏专门的性别歧视的内部申诉机制，我国也没有类似平等机会委员会的专门机构来处理性别歧视案件。虽然一些就业性别歧视问题可以通过仲裁

---

〔1〕　消除对妇女歧视委员会：《关于中国第七和第八次合并定期报告的结论性意见》，CEDAW/C/CHN/CO/7-8（2014），第 12 段。

解决，但是仲裁所保障和强调的不是平等就业的权利，而是劳动争议解决，而且招聘环节的就业歧视问题无法通过仲裁方式解决。在司法中，由于诉讼的时间和经济成本较高，通过司法途径解决性别歧视的案件很少。虽然最高人民法院于 2018 年底新增了平等就业权纠纷的案由，但此案由仍放在一般人格权侵权案由之下，仍然无法解决性别歧视诉讼的举证责任和赔偿责任等问题。

（6）法律责任不明确，处罚额度过低。目前我国立法中关于性别歧视法律责任的规定，虽然涵盖了多种责任主体，责任的类型也涉及民事责任、行政责任和刑事责任，但是，相关规定仍然是纲领性、原则性的，仅能起到宣示性作用。在司法实践中，歧视案件的当事人能够获得的赔偿数额非常有限，比如近几年的几起招聘中的性别歧视诉讼，求职者虽然胜诉，但当时都仅仅得到 2000 元的经济损害赔偿。

（二）保障性别平等的机制和新举措

中华人民共和国成立的 70 年中，中国促进性别平等、提高妇女地位的机制不断健全，作用日益凸显。促进平等、消除歧视也成为党和政府近几年来持续关注的议题。党的十八大报告指出："必须坚持维护社会公平正义。公平正义是中国特色社会主义的内在要求。要全体人民共同奋斗、经济社会发展的基础上，加紧建设对保障社会公平正义具有重大作用的制度，逐步建立以权利公平、机会公平、规则公平为主要内容的社会保障体系，努力营造公平的社会环境，保证人民平等参与、平等发展权利。"2013 年《中共中央关于全面深化改革若干重大问题的决定》进一步明确提出"规范招人用人制度，消除城乡、行业、身份、性别等一切影响平等就业的制度障碍和就业歧视"。习近平总书记在 2017 年底中央经济工作会议上强调"就业要解决好性别歧视、身份歧视问题"。国务院总理李克强在 2018 年和 2019 年的两会政府工作报告中也反复强调："要健全劳动关系协商机制，消除性别歧视和身份歧视""坚决防止和纠正就业中的性别和身份歧视"。近年来，中国在保障性别平等，尤其是在治理就业领域中的性别歧视方面，有关部门提出很多新举措。

1. 法律与政策的性别评估机制。2012 年 3 月江苏省首创地方政策法规性别平等咨询评估机制。江苏省政策法规性别平等咨询评估委员会还聘请了 51 位指导委员、专业委员和特邀委员，这些委员主要来自从事法学、妇女理论研究和相关实务工作的领导、专家和学者，他们接受省政府法制办和省妇联的委托，对政策法规制定和实施中涉及性别平等及妇女权益保障有关内容和情况进行调研论证、跟踪调查、舆情收集、分析评价，及时评估其合理性、科学性、有效性。咨询评估的范围包括：涉及妇女权益的立法和规范性文件制定计划，地方性法规、规章、省政府和省有关部门规范性文件制定和实施中的有关内容和情况。[1]"2012-2018 年，全国 30 个省（区、市）建立了法规政策性别平等评估机制，将男女平等价值理念引入法规政策的制定、实施和监督各环节，加强政策法规制定前研判、决策中贯彻、实施后评估的制度化建设，进一步体现了新时代妇女群众的意志和期盼，进一步丰富了新时代科学立法和民主立法的生动实践。"[2] 但是，"法律政策的性别平等评估机制正处于建立过程，国家层面上尚未以法律或政策的形式明确开展性别平等评估的机构和职责。"[3] 今后应将法律政策性别平等评估机制纳入国家层面的立法评估，在立法论证、听证、评估中关注法律规定对不同性别人群的影响。

2. 国务院妇女儿童工作协调委员会。中国政府于 1990 年 2 月 22 日成立了全国促进性别平等的协调议事机构——国务院妇女儿童工作协调委员会。1992 年《妇女权益保障法》颁布实施后，为更好地保障妇女儿童权益，1993 年 8 月国务院妇女儿童工作协调委员会更名为国务院妇女儿童工作委员会（简称"国务院妇儿工委"），负责组织、协

---

〔1〕　"江苏全国首创地方政策法规性别平等咨询评估机制"，中国江苏网，http：//life. jschina. com. cn/system/2012/03/06/012869139. shtml，访问时间：2018 年 12 月 26 日。

〔2〕　国务院办公厅：《平等 发展共享：新中国 70 年妇女事业的发展与进步》白皮书。央广网 http：//baijiahao. baidu. com/s? id = 1645092523310572625&wfr = spider&for = pc，访问时间：2019 年 9 月 19 日。

〔3〕　许春芳、马冬玲："提高妇女地位机制与性别主流化"，载《中国妇运》2015 年第 7 期。

调、指导、督促有关部门，共同促进性别平等与妇女发展。国务院妇女儿童工作委员会由相关政府部门部级领导组成，由国务院领导任主任，下设办公室，办公室设在全国妇联，配备专职人员承担日常工作。国务院妇儿工委的成员单位来自政府各部委和社会团体。全国 31 个省（自治区、直辖市）内县级以上人民政府均成立了相应机构，基本形成了纵向贯通、横向联动、协同配合的促进性别平等与妇女发展组织体系。

国务院妇儿工委的基本职能主要有四个方面，即协调和推动政府有关部门做好维护妇女儿童权益工作；协调和推动政府有关部门制定和实施妇女和儿童发展纲要；协调和推动政府有关部门为开展妇女儿童工作和发展妇女儿童事业提供必要的人力、财力、物力；指导、督促和检查各省、自治区、直辖市人民政府妇女儿童工作委员会的工作。因此，国务院妇儿工委成立以来，致力于落实男女平等基本国策以及妇女儿童的生存、保护和发展。国务院妇儿工委的工作职能不断强化，尤其在制定实施促进妇女发展的国家规划纲要方面发挥了重要作用。但是，妇儿工委作为我国提高妇女地位的政府机构并非是一个完全独立的机构，"各级妇儿工委基本职能是协调议事，其权威性和工作力度有待进一步加强，部门间的工作协调性需进一步加强，存在高层次动员参与少，缺乏后续跟进、监督和评估的机制，以及关注议题较散的情况"。

3. 多部门建立联合机制保障女性平等就业权。自 2016 年开始，江苏省、黑龙江省等 8 个省市的人力资源和社会保障厅及妇女联合会针对女性在求职应聘中面临的挑战，陆续出台关于"促进女性平等就业权利保障工作的意见"，构建信息沟通机制、重大案件联席机制、联动听庭机制、联合督查督办机制、约谈等协作和工作机制。

人力资源和社会保障部在经过一年的深度调研、访谈和多方论证的基础上，联合教育部、司法部、最高人民法院、全国妇联等九部门于 2019 年 2 月印发了《关于进一步规范招聘行为促进妇女就业的通知》。该通知通过列举各用人单位、人力资源服务机构的"六不得"，进一步明确就业性别歧视判定标准：①不得限定性别（除国家规定的女职工禁忌劳动范围等情况外）或性别优先；②不得询问妇女婚育情况；③不得将妊娠测试作为入职体检项目；④不得差别化地提高对妇女的录用标准；⑤不得将限制生育作为录用条件；⑥不得以性别为由限制妇女求职就业、拒绝录用妇女。该通知的另一个特点是，加强女性劳动者维护平等就业权利的机制建设。消除就业性别歧视是一项复杂的系统工程，需要各部门明确职责分工，加强协调配合，多种手段齐抓共管才能产生良好的成效。因此，"九部门"分工合作、各司其职：人力资源社会保障部门会同有关部门加强对招用工行为的监察执法，引导合法合理招聘，加强面向妇女的就业服务和职业技能培训；教育部门负责推进中小学课后服务；司法部门提供司法救济和法律援助；卫生健康部门要促进婴幼儿照护服务发展；国有资产监督管理部门负责加强对各级各类国有企业招聘行为的指导与监督；医疗保障部门要完善落实生育保险制度；工会组织积极推动企业依法合规用工；妇联组织会同有关方面组织开展相关评选表彰，加强宣传引导，加大对妇女的关心关爱；人民法院要积极发布典型案例、指导性案例，充分发挥裁判的规范、引导作用；同时，人力资源社会保障部门、工会组织、妇联组织等部门分别设立就业性别歧视投诉举报热线，对涉嫌就业性别歧视的用人单位开展联合约谈。

4. 制定指导手册促进工作场所性别平等。在广泛调研的基础上，全国总工会于2019年2月推出《促进工作场所性别平等指导手册》。该手册超越单纯促进妇女就业和女职工保护的传统定位，运用社会性别视角看待性别平等，倡导企业社会责任，着力于消除就业歧视。该手册的另一个亮点是，对于工作场所性别平等和性别歧视分别做出界定，并把歧视分为直接歧视和间接歧视两种。该手册也强调，就业性别歧视不仅仅存在于招聘环节，用人单位基于劳动者的性别、婚育状况，在招聘、录用、工作岗位安排、工资福利、培训、晋升、工作时间、工作条件、社会保障、解除或终止劳动关系等方面区别对待，损害劳动者平等的权利、机会、待遇的行为都可能构成歧视。该手册着重从就业机会平等、职业发展机会平等、薪酬待遇平等、生育保护、为职工平衡工作和家庭责任提供支持、预防和制止职场暴力和性骚扰六个版块，详细解读性别平等和相关法律法规规定，明示用人单位应建立的制度机制、工会组织应发挥的作用，分析点评实践案例，提供检查清单，旨在推进用人单位建立健全性别平等制度机制，并为工会组织促进工作场所性别平等和职工依法维护自身权益提供帮助和指导。

5. 妇联组织促进女性公平就业的约谈制度。2016 年 7 月 12 日，全国妇联在总结基层促进女性公平就业的相关经验基础上，为了化解招聘性别歧视引发的社会矛盾纠纷，制定并下发了《妇联组织促进女性公平就业约谈暂行办法》。该暂行办法阐明了约谈的目的，即"妇联组织针对招用、录用过程中歧视女性的突出问题，向用人单位通报情况，听取意见，沟通交流，调解矛盾，指导、督促用人单位转变歧视观念，改正歧视行为，建立完善促进公平就业的相关制度和措施的维权工作"。该暂行办法下发各省试行后，各地纷纷探索建立约谈机制，落实约谈办法，通过干预典型个案，引导用人单位依法依规开展人力资源管理。

2017 年 9 月开始实施的《河北省妇女权益保障条例》已经把约谈机制用地方法规形式加以制度化。该条例第 19 条规定："对在员工招聘和录用过程中存在歧视女性问题的单位，所在地的妇女联合会可以约谈其主要负责人，并督促指导用人单位在约定期限内纠正歧视女性的制度和行为；必要时，妇女联合会可以邀请劳动保障行政部门、媒体等相关组织参与约谈，并下达整改意见书。对用人单位存在歧视女性问题拒不改正的，可视情况将其纳入不良记录名单。"

6. 地方成立促进平等的专门机构。早在 2012 年 9 月，河北省新乐市为了推动平等就业，借鉴香港平等机会委员会相关经验，在全国率先成立了首家促进平等就业委员会。该委员会主任由新乐市市长担任，成员由市政府办公室、市人社局、市就业局、市妇联及各乡镇政府、街道办事处负责人担任。促进平等就业委员会自成立之日起，发放了大量印有消除性别歧视的宣传海报，开展了平等就业培训活动，提高了受训人员对就业性别歧视的识别率，提升了对招聘性别歧视的投诉和纠纷处理能力。

深圳市根据《深圳经济特区性别平等促进条例》，于 2017 年成立了深圳市性别平等促进办公室。

但是，总体来说，我国目前对性别歧视还缺乏有效的监督机制，法律缺少实施和执行力度。我国有必要建立一个职能集中、权威性、独立性和专业性较强的类似国外人权委员会或者平等机会委员会的专门性机构，将妇女人权的保护纳入国家的总体人权保障机制中，整合资源，形成合力，建立有效保护妇女人权的机制，以保护和促进性别平等。这一机构除负责处理和解决歧视方面的投诉，进行调解或作出裁决外，还应具有向政府、企业、教育机构及司法机关提供有关反歧视方面的法律咨询及建议的职能；并且负责向社会开展教育与宣传，提高公民的平等意识，倡导社会多元化及宽容思想。

问题与思考

1. 请简述通过国内法保障性别平等的发展过程。

2. 国外保护性别平等立法和机制的特点有哪些？

3. 其他国家和地区的反歧视制度有哪些可以供我国借鉴？

4. 如何进一步完善我国保障性别平等的立法和机制？

拓展资料

1. 刘小楠：《港台地区性别平等立法及案例研究》，法律出版社2013年版。

2. 林燕玲主编：《反就业歧视的制度与实践：来自亚洲若干国家和地区的启示》，社会科学文献出版社2011年版。

3. 刘小楠：《20年，我们走了多远？95世妇会后中国妇女权利发展状况研究》，法律出版社2015年版。

图书在版编目（ＣＩＰ）数据

社会性别与人权教程/刘小楠主编. —北京：中国政法大学出版社，2019.12
ISBN 978-7-5620-9414-2

Ⅰ．①社… Ⅱ．①刘… Ⅲ．①男女平等－社会法学－高等学校－教材②人权法－中国－高等学校－教材　Ⅳ．①D913.04②D922.7

中国版本图书馆CIP数据核字(2019)第293789号

书　　名	社会性别与人权教程
	Shehui Xingbie Yu Renquan Jiaocheng
出 版 者	中国政法大学出版社
地　　址	北京市海淀区西土城路 25 号
邮　　箱	fadapress@163.com
网　　址	http://www.cuplpress.com (网络实名：中国政法大学出版社)
电　　话	010-58908435(第一编辑部) 58908334(邮购部)
承　　印	北京中科印刷有限公司
开　　本	650mm×960mm　1/16
印　　张	26.25
字　　数	351 千字
版　　次	2019 年 12 月第 1 版
印　　次	2020 年 1 月第 1 次印刷
定　　价	62.00 元